史记

中国历史上第一部纪传体通史

国学经典

宋涛/主编

辽海出版社

【第三卷】

前　言

“史记”本来是古代史书的通名，司马迁称自己的著作为《太史公书》，班固把它记录在《汉书·艺文志》里，便直写“《太史公》百三十篇”。就是后汉时应劭的《风俗通义》和荀悦的《汉纪》提到这书也只称它为“太史公记”，还没有把“史记”的名词专门隶属给司马迁。直到唐朝编撰《隋书》，才正式把“《史记》一百三十卷”列为“史部”中的头一部，下注“目录一卷，汉中书令司马迁撰”。于是“史记”之名便由通名演化为专名。

《史记》的记事，上起轩辕，下至汉武帝太初年间，是一部纪传体通史。它包括本纪、表、书、世家、列传五个部分，共一百三十篇，五十余万字，是一部博大精深、前无古人的历史著作，也是我国文学史上最伟大的文学著作之一。

《史记》在史学的成就，首先表现在司马迁创设了一种全新的具有影响力的记事体例。司马迁在写史时，首先掌握了他那时代里所认可的历史上的政治中心人物，所以他把黄帝以下一直到他当代的帝王，编成《五帝本纪》等十二篇。这些“本纪”在详载帝王事迹的同时，把同一时代社会上发生的重大变化也有计划地编排进去，贯穿起来，基本上成为有系统的编年大事记。其次把“并时异世，年差不明”的事迹，仿周代史官谱牒的体制，编成《三代世表》等十篇。于是历代相传的世系，列国间交涉纠纷的关系，主要职官的更迭等繁复混杂的事项都给这纵横交织的表格排列得头绪分明，眉目清疏了。再次，创立《礼书》《乐书》《律书》《历书》《天官书》《封禅书》《河渠书》《平准书》等八篇。这些“书”，不仅仅是“朝章国典”，还包括天文、地理、政治、经济、风俗、艺术等种种知识。还有，创编了“世家”三十篇。把春秋、战国和汉初主要王侯、外戚的传世本末写成了各个不同的国别史。最后是《伯夷列传》等人物传记七十篇，总称“列传”。列传基本上是描写各个人物生活的“专传”，但对于那些业绩相连、彼此相关的人物，写成了叙述多人的“合传”。还有些人，或者行事的作风相类似，或者品质的气味差不多，便“以类相从”地作成了若干篇“类传”。每篇末了，又大都附有“论赞”。

《史记》是一部反映我国古代三千年社会发展的通史，是我国先秦文化的集大成者，司马迁在研究总结先秦文化方面做出了巨大贡献。但是司马迁更伟大更重要的贡献在于他对秦汉之际和对西汉社会前期的研究。

综观《史记》各体，“纪”是年代的标准，“传”是人物的动态，“世家”是纪传合体的国别史，“表”和“书”是贯穿事迹演化的总线索。它们之间互相联系、互相补充，而以“本纪”和“列传”作为经纬线，由此贯穿分别组织安排，成为古代修史的范式，一直被以后历代史学家所推崇。在吸收继承以往解作的基础上，我们重新注解了《史记》，用以帮助读者认知《史记》。

关于原文：

原文参照前代版本，编注对原著的错漏、衍文等，用［　］、〈　〉等符号做了整理，对原文直接予以引用，不再注出。对文中的难以辨识字、残字，注文中参照有关史料补充注解。

关于注释：

①为便于读者阅读，编注者把原文各卷分成若干段落，在段落后作注释。

②对原文中古地名，注出今地名。

③对原文中官职、典籍、制度择要注释。

④对今人不易理解的词语作注释。

⑤对原文中的难字、生僻字注现代汉语拼音并解释。

中国是文化悠久的民族，垂统五千年，就因为有深厚的根本，固能承前启后，传之久远。《史记》的博大精深和它在史学与文学上的伟大成就使我国历史的本源再现。故此，鲁迅曾称赞《史记》为“史家之绝唱，无韵之《离骚》”。

目录

楚世家第十

楚之先祖出自帝颛顼高阳[①]。高阳者，黄帝之孙[②]，昌意之子也[③]。高阳生称[④]，称生卷章，卷章生重黎。重黎为帝喾高辛居火正[⑤]，甚有功，能光融天下，帝喾命曰祝融[⑥]。共工氏作乱[⑦]，帝喾使重黎诛之而不尽。帝乃以庚寅日诛重黎，而以其弟吴回为重黎后，复居火正，为祝融。

【注释】

①颛顼（zhuān xū）：传说中的五帝之一。号高阳氏。②黄帝：传说中中原各族的共同祖先。姬姓，号轩辕氏、有熊氏。③昌意：黄帝次子，为嫘（léi）祖所生。④称（chèn）：人名。⑤帝喾（kù）：传说中的五帝之一。号高辛氏。黄帝重孙。居亳（故城在今河南偃师县）。⑥祝融：掌火官的封号。⑦共工氏：古代部族名。传说与颛顼、帝喾、尧、禹等都有冲突。

吴回生陆终。陆终生子六人，坼剖而产焉[①]。其长一曰昆吾；二曰参胡；三曰彭祖；四曰会人；五曰曹姓；六曰季连，芈姓[②]，楚其后也。昆吾氏，夏之时尝为侯伯[③]，桀之时汤灭之[④]。彭祖氏，殷之时尝为侯伯[⑤]，殷之末世灭彭祖氏。季连生附沮，附沮生穴熊，其后中微[⑥]，或在中国[⑦]，或在蛮夷[⑧]，弗能纪其世。

【注释】

①坼（chè）剖：割裂，剖开。②昆吾，国名，相传在今河南濮阳县一带。参胡：国名，相传在今陕西韩城市南。彭祖：人名，大彭国祖先，相传其国在今江苏徐州市。会（guì）人：即郐国，故址在今河南密县东北。曹姓：曹氏祖先，封国在今山东西南部。芈（mǐ）：季连始据以为姓。③夏：我国历史上第一个朝代，约当今公元前21—前16世纪左右。④桀：夏朝末代君主。暴虐无道，被商汤推翻，败于鸣条（今山西夏县北。一说在夏县西。夏县即古安邑），流放于南巢（今安徽巢县）而死。汤：商朝开国君主。又名成汤。建都亳（今河南商丘市南）。⑤殷：朝代名。商王盘庚从奄（今山东省曲阜市）迁到殷（今河南安阳市西北），因而商也称殷。约公元前16世纪至前1066年。详见《殷本纪》。⑥中微：中途衰落。⑦中国：指华夏族居住的中原地区。⑧蛮夷：对边远部族的泛称。

周文王之时[①]，季连之苗裔曰鬻熊[②]。鬻熊子事文王[③]，蚤卒[④]。其子曰熊丽。熊丽生熊狂，熊狂生熊绎。

【注释】

①周文王：姬昌。商代末年周族领袖。②苗裔：后代子孙。③子事：像儿子般服侍。④蚤：通“早”。

熊绎当周成王之时[①]，举文、武勤劳之后嗣[②]，而封熊绎于楚蛮[③]，封以子男之田[④]，姓芈氏，居丹阳[⑤]。楚子熊绎与鲁公伯禽、卫康叔子牟、晋侯燮、齐太公子吕伋俱事成王[⑥]。

【注释】

①周成王：姬诵。武王儿子。年幼继位。②举：推荐；选拔。文、武：即周文王、周武王。周武王，姬发，文王儿子。③楚蛮：楚国蛮荒地区。④子男：爵位名。⑤丹阳：邑名。故城在今湖北省秭归县东南。⑥伯禽：周公旦的儿子，公爵，封于鲁。卫康叔：卫国始祖。周武王弟。初封于康（今河南禹县西北），所以叫“康叔”。牟：姬牟。康叔子，侯爵。封于卫（今河南淇县一带）。晋侯燮：成王封弟叔虞于唐。侯爵。子燮嗣改国号为晋。齐太公：吕尚。齐国始祖。封于齐。吕伋：公爵，封于齐。

熊绎生熊艾，熊艾生熊黮[①]，熊黮生熊胜。熊胜以弟熊杨为后。熊杨生熊渠[②]。

【注释】

①黮（dàn）：通“亶”。②熊杨：又作“熊钖”“熊炀”。

熊渠生子三人。当周夷王之时[①]，王室微，诸侯或不朝，相伐。熊渠甚得江汉间民和[②]，乃兴兵伐庸、杨粤[③]，至于鄂[④]。熊渠曰：“我蛮夷也，不与中国之号谥[⑤]。”乃立其长子康为句亶王[⑥]，中子红为鄂王[⑦]，少子执疵为越章王[⑧]，皆在江上楚蛮之地。及周厉王之时[⑨]，暴虐，熊渠畏其伐楚，亦去其王[⑩]。

【注释】

①周夷王：姬燮。②江汉：长江、汉水。③庸：国名。在今湖北省竹山县西南。杨粤：国名。一本作杨雩，或作杨越，今地不详。④鄂：地名。在今湖北鄂州市一带。⑤号：称号。⑥康：熊康，即后面提到的熊毋康。句亶（gōu dàn）：地名。在今湖北江陵县境。⑦中（zhòng）子：第二个儿子；中间的儿子。中，通“仲”。红：即后面提到的熊挚红。鄂：今武昌市。与上文“鄂”非一地。⑧越章：地名。今地不详。有的指在今湖北江陵一带。⑨周厉王：姬胡。⑩去（qù）其王：免除自己的王号。

后为熊毋康，毋康蚤死。熊渠卒，子熊挚红立。挚红卒，其弟弑而代立[①]，曰熊延。熊延生熊勇。

【注释】

①三国蜀谯周认为此处文有脱漏，应为“熊渠卒，子熊翔立；卒，长子挚有疾，少子熊延立”。

熊勇六年，而周人作乱，攻厉王，厉王出奔彘。熊勇十年，卒，弟熊严为后。

熊严十年，卒。有子四人，长子伯霜，中子仲雪，次子叔堪，少子季徇。熊严卒，长子伯霜代立，是为熊霜。

熊霜元年，周宣王初立[①]。熊霜六年，卒，三弟争立。仲雪死；叔堪亡，避难于濮[②]；而少弟季徇立，是为熊徇。熊徇十六年，郑桓公初封于郑[③]。二十二年，熊徇卒，子熊咢立。熊咢九年，卒，子熊仪立，是为若敖。

【注释】

①周宣王：姬静。前827—前782年在位。②濮（pú）：古代部族名，又称百濮。居住在今湖北省西南部和湖南省西北。③郑桓公：姬友。郑国开国君主。前806—前771年在位。初封于郑（今陕西华县境）。

若敖二十年，周幽王为犬戎所弑[①]，周东徙[②]，而秦襄公始列为诸侯[③]。

【注释】

①周幽王：姬宫涅（shēng）：前781—前771年在位。②东徙：幽王子平王因为镐京残破，又畏犬戎逼犯，就东迁洛邑，历史上称为东周。③秦襄公：春秋时秦国的创立者。

二十七年，若敖卒，子熊坎立，是为霄敖。霄敖六年，卒，子熊眴立[①]，是为蚡冒[②]。蚡冒十三年，晋始乱，以曲沃之故[③]。蚡冒十七年，卒。蚡冒弟熊通弑蚡冒子而代立，是为楚武王。

【注释】

①眴，音xún，xuàn，shùn。②蚡，音fén。③曲沃：晋邑名。在今山西闻喜县东北。东周初年，晋昭侯封桓叔于此，从此引起内乱。

武王十七年，晋之曲沃庄伯弑主国晋孝侯[①]。十九年，郑伯弟段作乱[②]。二十一年，郑侵天子之田[③]。二十三年，卫弑其君桓公[④]。二十九年，鲁弑其君隐公[⑤]。三十一年，宋太宰华督弑其君殇公[⑥]。

【注释】

①庄伯：桓叔子。主国：宗主国。因为曲沃是由晋国分封的，故称晋为“主国”。事详。②段：郑庄公弟姬段。③郑侵天子之田：郑庄公二十四年（前720年），命令祭足带兵收割周王境内的麦和稻。事见《郑世家》。④桓公：姬完。前734—前719年在位。⑤隐公：姬息姑。前722—前712年在位。⑥太宰：官名。辅佐国君治理国家，简称为宰。华督：杀死大司马孔父嘉，抢走其妻子。殇公：子姓，名与夷。前719—前711年在位。

三十五年，楚伐随[①]。随曰：“我无罪。”楚曰：“我蛮夷也。今诸侯皆为叛相侵，或相杀。我有敝甲[②]，欲以观中国之政[③]，请王室尊吾号[④]。”随人为之周[⑤]，请尊楚，王室不听，还报楚。三十七年，楚熊通怒曰：“吾先鬻熊，文王之师也，蚤终。成王举我先公，乃以子男田令居楚，蛮夷皆率服，而王不加位，我自尊耳[⑥]。”乃自立，为武王，与随人盟而去[⑦]。于是始开濮地而有之[⑧]。

【注释】

①随：周初姬姓封国。都城在今湖北随县境。②敝甲：破旧的铠甲，指代武装力量。③观：参与；观察。④王室：指周王室。⑤之：前往。⑥自尊：自己加封尊位。⑦盟：在神面前立誓缔约；联合。⑧濮：地域名。

五十一年，周召随侯，数以立楚为王[①]。楚怒，以随背己，伐随。武王卒，师中而兵罢[2]。子文王熊赀立[3]，始都郢[4]。

【注释】

①数（shǔ）：数说；责备。②师：军队。兵：指战役。罢：停止。③赀（zī）：通“资”。④郢（yǐng）：邑名。

文王二年，伐申过邓[1]，邓人曰“楚王易取”，邓侯不许也。六年，伐蔡，虏蔡哀侯以归[2]，已而释之。楚强，陵江汉间小国[3]，小国皆畏之。十一年，齐桓公始霸[4]，楚亦始大。

【注释】

①申：相传为伯夷的后裔，居于今陕西、山西两省间。邓：国名，曼姓。地在今湖北襄樊市北。②蔡哀侯：姬献舞。前694—前675年在位。③陵：通“凌”。侵侮。④齐桓公：姜小白。前685—前643年在位。任用管仲、鲍叔牙等进行改革，国力富强，成为春秋时期的第一个霸主。

十二年，伐邓，灭之。十三年，卒，子熊囏立[1]，是为庄敖[2]。庄敖五年，欲杀其弟熊恽[3]，恽奔随，与随袭弑庄敖代立，是为成王。

【注释】

①囏：古“艰”字。②庄敖（áo）：楚国从武王称王立谥以后，对无谥号的君主称敖，不称王，与以前称若敖、霄敖的情况有所不同。③恽，音yùn。

成王恽元年，初即位，布德施惠，结旧好于诸侯。使人献天子，天子赐胙[1]，曰：“镇尔南方夷越之乱[2]，无侵中国。”于是楚地千里。

【注释】

①胙（zuò）：祭过宗庙的供肉。②镇：镇抚。夷越：泛指东南各部族。

十六年，齐桓公以兵侵楚，至陉山[1]。楚成王使将军屈完以兵御之，与桓公盟。桓公数以周之赋不入王室[2]，楚许之[3]，乃去。

【注释】

①陉（xíng）山：楚地。在今河南漯河市东。②周之赋：指向周纳苞茅之类的贡品。③许：答应；承应。

十八年，成王以兵北伐许[1]，许君肉袒谢[2]，乃释之。二十二年，伐黄[3]。二十六年，灭英[4]。

【注释】

①许：国名。公元前11世纪周初所封。②肉袒：裸露上身，表示惶恐。谢：认罪。③黄：国名。都城在今河南潢川县西北。④英：国名。其地在今安徽省西部金寨县一带。

三十三年，宋襄公欲为盟会[1]，召楚。楚王怒曰：“召我，我将好往袭辱之。”遂行，至盂[2]，遂执辱宋公，已而归之。三十四年，郑文公南朝楚[3]。楚成王北伐宋，败之泓[4]，射伤宋襄公，襄公遂病创死[5]。

【注释】

①宋襄公：子姓，名兹甫。前650—前637年在位。②盂：宋邑名。故城在

今河南睢县西北。③郑文公：姬捷。前762—前628年在位。④泓：水名。这里指今河南柘城县西北泓水北岸。⑤创（chuāng）：创伤。

三十五年，晋公子重耳过楚[①]，成王以储侯客礼飨[②]，而厚送之于秦。

【注释】

①重耳（前697—前628年）：即晋文公。前636—前628年在位。②飨（xiǎng）：通“享”。用酒食款待。

三十九年，鲁僖公来请兵以伐齐[①]，楚使申侯将兵伐齐，取穀[②]，置齐桓公子雍焉[③]。齐桓公七子皆奔楚，楚尽以为上大夫[④]。灭夔[⑤]，夔不祀祝融、鬻熊故也。

【注释】

①鲁僖公：姬申。前659—前627年在位。②穀（gǔ）：齐邑名。故城在今山东东阿县东。③雍：姜雍。④上大夫：官名。周代卿以下设大夫，分上、中、下三等。⑤夔（kuí）：国名。与楚国同姓。

夏，伐宋，宋告急于晋，晋救宋，成王罢归。将军子玉请战，成王曰：“重耳亡居外久，卒得反国[①]，天之所开[②]，不可当[③]。”子玉固请，乃与之少师而去。晋果败子玉于城濮[④]。成王怒，诛子玉。

【注释】

①反：通“返”。②开：启发。③当：抵挡。④城濮：晋邑名。在今山东鄄城县西南临濮集。

四十六年，初，成王将以商臣为太子，语令尹子上[①]。子上曰：“君之齿未也[②]，而又多内宠[③]，绌乃乱也[④]。楚国之举常在少者[⑤]。且商臣蜂目而豺声，忍人也[⑥]，不可立也。”王不听，立之。后又欲立子职而绌太子商臣。商臣闻而未审也[⑦]，告其傅潘崇曰[⑧]：“何以得其实？”崇曰：“飨王之宠姬江芈而勿敬也。”商臣从之。江芈怒曰：“宜乎王之欲杀若而立职也[⑨]。”商臣告潘崇曰：“信矣[⑩]。”崇曰：“能事之乎？”曰：“不能。”“能亡去乎？”曰：“不能。”“能行大事乎[⑪]？”曰：“能。”冬十月，商臣以宫卫兵围成王。成王请食熊蹯而死[⑫]，不听。丁未，成王自绞杀。商臣代立，是为穆王。

【注释】

①语（yù）：告诉。令尹：官名。②齿未：年纪不大。齿，年龄。③内宠：宫内宠幸的妃妾。④绌（chù）：通“黜”。废弃；贬退。⑤举：立。指确立太子。⑥忍：残忍。⑦审：详查；细究。⑧傅：老师。⑨宜：合适；应当。⑩信：果真；的确。⑪大事：指杀君夺位的事。⑫熊蹯（fán）：熊掌。

穆王立，以其太子宫予潘崇，使为太师[①]，掌国事。穆王三年，灭江[②]。四年，灭六、蓼[③]。六、蓼，皋陶之后[④]。八年，伐陈[⑤]。十二年，卒。子庄王侣立。

【注释】

①太师：官名。位列三公（太师、太傅、太保）之首。②江：国名，嬴姓。③六（lù）：国名。其都城在今安徽六安市东北。蓼（liáo）：国名。其都城在今河南固始县东北。④皋陶（yáo）：传说中东夷族的首领。⑤陈：国名。其地辖今河南东部、安徽一部分。都陈（今河南淮阳县）。

庄王即位三年，不出号令，日夜为乐，令国中曰："有敢谏者死无赦！"伍举入谏[①]。庄王左抱郑姬，右抱越女[②]，坐钟鼓之间[③]。伍举曰："愿有进隐[④]。"曰："有鸟在于阜[⑤]，三年不蜚不鸣[⑥]，是何鸟也？"庄王曰："三年不蜚，蜚将冲天；三年不鸣，鸣将惊人。举退矣，吾知之矣。"居数月，淫益甚。大夫苏从乃入谏。王曰："若不闻令乎？"对曰："杀身以明君[⑦]。臣之愿也。"于是乃罢淫乐，听政，所诛者数百人，所进者数百人，任伍举、苏从以政，国人大说[⑧]。是岁灭庸。六年，伐宋，获五百乘[⑨]。

【注释】

①伍举：封在椒邑，又名椒举。②郑姬、越女：泛指美女。③钟鼓：乐器，此处指代歌舞乐人。④隐：隐语，名词。⑤阜（fù）：土山。⑥蜚：通"飞"。⑦明：使……明白；感悟，使动用法。⑧说（yuè）：通"悦"。⑨乘（shèng）：古代一车四马为一乘。

八年，伐陆浑戎[①]，遂至洛[②]，观兵于周郊[③]，周定王使王孙满劳楚王[④]。楚王问鼎小大轻重[⑤]，对曰："在德不在鼎。"庄王曰："子无阻九鼎[⑥]！楚国折钩之喙[⑦]，足以为九鼎。"王孙满曰："呜呼！君王其忘之乎？昔虞夏之盛[⑧]，远方皆至，贡金九牧[⑨]，铸鼎象物，百物而为之备，使民知神奸[⑩]。桀有乱德，鼎迁于殷，载祀六百[⑪]。殷纣暴虐[⑫]，鼎迁于周。德之休明[⑬]，虽小必重；其奸回昏乱[⑭]，虽大必轻。昔成王定鼎于郏鄏[⑮]，卜世三十[⑯]，卜年七百，天所命也。周德虽衰，天命未改[⑰]。鼎之轻重，未可问也。"楚王乃归。

【注释】

①陆浑戎：居住在陆浑的戎族。居住在今河南嵩县西北。②洛：水名。今流经河南省西北部的洛河。③观兵：检阅军队。④周定王：姬瑜。前606—前586年在位。王孙满：周王朝大夫。⑤鼎：相传为夏禹收集九州的铜铸成的九个鼎，后以表示权位的象征，成为历代传国的重宝。⑥阻：恃；依仗。⑦钧：剑一类的兵器。喙（huì）：指刀剑上的刃尖。⑧虞：虞舜时代。⑨九牧：九州之牧。⑩神奸：鬼神怪异之物为害的情况。⑪桀（jié）：夏朝末代君主，后被商汤推翻，出奔南方而死。载祀：年岁，唐虞称载，夏称岁，商称祀，周称年。⑫殷：商朝的别称。⑬休明：美好清明。⑭奸回：邪恶。回，邪僻。⑮郏鄏（jiá rǔ）：地名。在今河南洛阳市西王城公园一带。⑯卜：占卜。用火烤裂龟甲，凭灼开的裂纹来推测吉凶祸福。⑰天命：上天的意志。

九年，相若敖氏[①]，人或谗之王，恐诛，反攻王，王击灭若敖氏之族。十三年，灭舒[②]。

【注释】

①若敖：复姓。②舒：国名。地在今安徽庐江县西南。

十六年，伐陈，杀夏徵舒[①]。徵舒弑其君[②]，故诛之也。已破陈，即县之[③]。群臣皆贺，申叔时使齐来[④]，不贺。王问，对曰："鄙语曰[⑤]，牵牛径人田[⑥]，田主取其牛。径者则不直矣，取之牛不亦甚乎？且王以陈之乱而率诸侯伐之，以义伐之而贪其县，亦何以复令于天下！"庄王乃复国陈后[⑦]。

【注释】

①夏徵舒：陈国大夫。②弑其君：夏徵舒杀死陈灵公，因其母与灵公通奸。③县：设县。动词。④申叔时：楚国大夫。⑤鄙语：俗语。⑥径：笔直走。⑦复国陈后：使陈国太子重建国家。

十七年春，楚庄王围郑，三月克之。入自皇门[①]，郑伯肉袒牵羊以逆[②]，曰："孤不天[③]，不能事君，君用怀怒，以及敝邑[④]，孤之罪也。敢不唯命是听！宾之南海[⑤]，若以臣妾赐诸侯[⑥]，亦唯命是听，若君不忘厉、宣、桓、武[⑦]，不绝其社稷[⑧]，使改事君，孤之愿也，非所敢望也。敢布腹心[⑨]。"楚群臣曰："王勿许。"庄王曰："其君能下人[⑩]，必能信用其民，庸可绝乎[⑪]！"庄王自手旗[⑫]，左右麾军[⑬]，引兵去三十里而舍[⑭]，遂许之平[⑮]。潘尪入盟[⑯]，子良出质[⑰]。夏六月，晋救郑，与楚战，大败晋师河上，遂至衡雍而归[⑱]。

【注释】

①皇门：郑都新郑的外城门。②郑伯：郑襄公姬坚。前604—前587年在位。肉袒牵羊：裸露上身牵着羊，表示认罪。逆：迎接。③不天：不为天所保佑。④及：到。⑤宾：通"摈"。放逐；屏弃。南海：南方海边。⑥若：或者。臣妾：奴隶。男奴叫奴，女奴叫妾。⑦厉、宣：周厉王、周宣王，郑建国前的先祖。⑧社稷：土神和谷神。⑨布：表白。腹心：真诚的心意。⑩下人：对人卑下谦逊。⑪庸：岂；难道。⑫手旗：用手举旗。手，动词。⑬麾（huī）：通"挥"。指挥。⑭舍：休息；住宿。⑮平：议和。⑯潘尪（wāng）：楚国大夫。⑰子良：郑襄公弟。⑱衡雍：郑邑名。故城在今河南原阳县西南。

二十年，围宋，以杀楚使也[①]。围宋五月，城中食尽，易子而食，析骨而炊。宋华元出告以情[②]。庄王曰："君子哉！"遂罢兵去。

【注释】

①杀楚使：前年，宋国杀死了楚使臣申舟。②华元：宋国大夫。

二十三年，庄王卒，子共王审立[①]。

【注释】

①共（gōng）：通"恭"。谥号用字。

共王十六年，晋伐郑。郑告急，共王救郑。与晋兵战鄢陵[①]，晋败楚，射中共王目。共王召将军子反。子反嗜酒，从者竖阳穀进酒[②]，醉。王怒，射杀子反，遂罢兵归。

【注释】

①鄢陵：郑邑名。②从者：随从人员；卫士。

三十一年，共王卒，子康王招立。康王立十五年卒，子员立[①]，是为郏敖。

【注释】

①员（yún）：《左传》作"麇"。

康王宠弟公子围、子比、子皙、弃疾。郏敖三年，以其季父康王弟公子围为令尹，主兵事。四年，围使郑，道闻王疾而还。十二月己酉，围入问王疾，绞而弑之，遂杀其子莫及平夏。使使赴于郑[1]。伍举问曰[2]：“谁为后？”对曰[3]：“寡大夫围[4]。”伍举更曰：[5]“共王之子围为长。”子比奔晋，而围立，是为灵王。

【注释】

①使使（shǐ）：派遣使者，第一个“使”音shǐ，动词派遣。赴：讣告；报丧。②伍举问：这是伍举设作郑君问使者，作为使者出使前的演习。③对曰：这是使者向扮演郑君的伍举的回答。④寡：帝王自称或臣下对别国自称本国的君主与夫人等的谦辞。这句话是使者向扮演郑君的伍举所欲回答的讣辞。⑤更：改变；更正。这里指伍举为使者更改讣辞。意在掩饰公子围杀君之事。

灵王三年六月，楚使使告晋，欲会诸侯。诸侯皆会楚于申。伍举曰：“昔夏启有钧台之飨[1]，商汤有景亳之命[2]，周武王有盟津之誓[3]，成王有岐阳之蒐[4]，康王有丰宫之朝[5]，穆王有涂山之会[6]，齐桓有召陵之师[7]，晋文有践土之盟[8]，君其何用？”灵王曰：“用桓公。”时郑子产在焉[9]。于是晋、宋、鲁、卫不往。灵王已盟，有骄色。伍举曰：“桀为有仍之会[10]，有缗叛之[11]。纣为黎山之会[12]，东夷叛之[13]。幽王为太室之盟[14]，戎、翟叛之[15]。君其慎终[16]！”

【注释】

①夏启：夏禹的儿子。夏朝的建立者。钧台：台名。相传故址在今河南禹县南。②商汤：商朝开国君主。景亳（bó）：即北亳。命：文告。③盟津：即孟津，古黄河津渡口名。故址在今河南孟津县东。誓：誓师。④岐阳：岐山之南，在今陕西岐山县东北一带。蒐（sōu）：打猎。⑤康王：周康王姬钊。在位时继承父亲成王的政策，加强了统治，史称“成康之治”。丰宫：周成王庙。在今陕西户县东。⑥穆王：周穆王姬满。曾西击犬戎，东伐徐戎。⑦召（shào）陵：楚邑名。故城在今河南郾城县东。⑧践土：郑地名。在今河南原阳县西南。⑨子产：公孙侨，字子产。郑国大夫，春秋时有名的政治家。⑩有仍：古国名。地在今山东济宁县境。⑪有缗：古国名。地在今河南虞城县北。⑫黎山：古地名。在今河南省浚县东南。⑬东夷：泛指东方各部族。⑭太室：山名。即今河南登封市北的嵩山。⑮戎、翟（dí）：泛指西北地区各部族。翟，通“狄”。⑯慎终：事情一开始就考虑后果，表示谨慎从事。

七月，楚以诸侯兵伐吴，围朱方[1]。八月，克之，囚庆封[2]，灭其族。以封徇[3]，曰：“无效齐庆封弑其君而弱其孤[4]，以盟诸大夫[5]！”封反曰：“莫如楚共王庶子围弑其君兄之子员而代之立！”于是灵王使疾杀之。

【注释】

①朱方：吴地名。在今江苏镇江市丹徒区境。②囚：囚禁；关押。③徇：当众宣示。④弱：欺压；挟制。孤：指年幼继位的齐景公。⑤盟诸大夫：指庆封、崔杼强迫卿大夫订盟，支持他们控制齐国政权。

七年，就章华台[1]，下令内亡人实之[2]。

【注释】

①就：建成。章华台：供游览的高台，相传在今湖北沙市市东北。②内：通“纳”。收容。

八年，使公子弃疾将兵灭陈。十年，召蔡侯①，醉而杀之。使弃疾定蔡，因为陈、蔡公②。

【注释】

①蔡侯：蔡灵侯姬般。前542—前531年在位。②陈、蔡公：楚灭陈、蔡后设为县，称县的长官为公。

十一年，伐徐以恐吴①。灵王次于乾谿以待之②。王曰："齐、晋、鲁、卫，其封皆受宝器，我独不③。今吾使使周求鼎以为分④，其予我乎？"析父对曰⑤："其予君王哉！昔我先王熊绎辟在荆山⑥，荜露蓝蒌⑦，以处草莽，跋涉山林，以事天子，唯是桃弧棘矢以共王事⑧。齐，王舅也⑨；晋及鲁、卫，王母弟也⑩：楚是以无分而彼皆有。周今与四国服事君王，将唯命是从，岂敢爱鼎？"灵王曰："昔我皇祖伯父昆吾旧许是宅⑪，今郑人贪其田，不我予，今我求之，其予我乎？"对曰："周不爱鼎，郑安敢爱田？"灵王曰："昔诸侯远我而畏晋⑫，今吾大城陈、蔡、不羹⑬，赋皆千乘⑭，诸侯畏我乎？"对曰："畏哉！"灵王喜曰："析父善言古事焉⑮。"

【注释】

①徐：国名。其地在今江苏泗洪县南。②次：驻扎。乾（gān）谿：楚邑名。③不：通"否"。④分：指分器。古代帝王分赐诸侯世代保存的宗庙宝器。⑤析父：楚国大夫。⑥辟：通"僻"。偏僻。荆山：山名。在今湖北南漳县西。⑦荜（bì）露：简陋的车子。蓝蒌：通"褴褛"。衣服破烂。⑧桃弧棘矢：桃木制的弓，棘枝制的箭。共：通"供"。供给；服劳役。⑨王舅：齐丁公吕伋是周成王的舅父。⑩母弟：同母所生的弟弟。⑪昆吾：人名。见前注。许：地名。宅：居住。昆吾曾居许地，故曰"旧许是宅"。⑫远：疏远；抛弃。动词。⑬大城：扩建加固城池。大，动词。陈：指原陈国都城宛丘（故城在今河南淮阳市）。不羹（láng）：古城名。东不羹故城在今河南舞阳县西北，西不羹故城在今河南襄城县东南。此处指西不羹。⑭赋：军队。古代按田赋出士兵，所以称军队为赋。乘（shèng）：甲车，一乘配甲士三人，步卒七十二人。⑮此对王言为子革之词，非析父。

十二年春，楚灵王乐乾谿，不能去也。国人苦役。初，灵王会兵于申，缪越大夫常寿过①，杀蔡大夫观起。起子从亡在吴，乃劝吴王伐楚，为间越大夫常寿过而作乱②，为吴间。使矫公子弃疾命召公子比于晋③，至蔡，与吴、越兵欲袭蔡。令公子比见弃疾，与盟于邓。遂入杀灵王太子禄，立子比为王，公子子皙为令尹，弃疾为司马④。先除王宫⑤，观从从师于乾谿，令楚众曰："国有王矣。先归，复爵邑田室⑥。后者迁之。"楚众皆溃，去灵王而归。

【注释】

①缪（lù）：侮辱。②间（jiàn）：从中挑拨离间。下句的"间"，指间谍。③矫：假托，诈称。④司马：官名。掌握军政和军赋。⑤除：清除。⑥爵邑：官位；封地。

灵王闻太子禄之死也，自投车下①，而曰："人之爱子亦如是乎？"侍者曰："甚是。"王曰："余杀人之子多矣，能无及此乎？"右尹曰②："请待于郊以听国人。"王曰："众怒不可犯。"曰："且入大县而乞师于诸侯。"王曰："皆叛矣。”又曰：“且奔诸侯以听大国之虑[3]。”王曰：“大福不再，只取辱耳。”于是王乘舟将欲入鄢[4]。右尹度王不用其计，惧俱死，亦去王亡。

【注释】

①投：跌倒。②右尹：官名。次于令尹。③虑：调停；谋划。④鄢：又名鄢郢，楚别都。

灵王于是独傍偟山中[1]，野人莫敢入王[2]。王行遇其故涓人[3]，谓曰：“为我求食，我已不食三日矣。”涓人曰：“新王下法[4]，有敢饷王从王者[5]，罪及三族[6]，且又无所得食。”王因枕其股而卧。涓人又以土自代，逃去。王觉而弗见，遂饥弗能起。芋尹申无宇之子申亥曰[7]：“吾父再犯王命[8]，王弗诛，恩孰大焉！”乃求王，遇王饥于釐泽[9]，奉之以归。夏五月癸丑，王死申亥家，申亥以二女从死，并葬之。

【注释】

①傍偟：同“徬徨”，徘徊。②野人：郊野的农民。③涓（juān）人：主管宫廷打扫清洁的人员。涓，同“涓”。④新王：指公子比。⑤饷：用食物款待。⑥三族：有几种说法：一指父母、兄弟、妻子；一指父族、母族、妻族；一指父、子、孙。⑦芋尹：有两解：一指芋邑的大夫；一指管理芋园的官。⑧再犯：两次解犯。⑨釐泽：地名在今湖北监利县西北。

是时楚国虽已立比为王，畏灵王复来，又不闻灵王死，故观从谓初王比曰[1]：“不杀弃疾，虽得国犹受祸。”王曰：“余不忍。”从曰：“人将忍王。”王不听，乃去。弃疾归。国人每夜惊[2]，曰：“灵王入矣[3]！”乙卯夜，弃疾使船人从江上走呼曰：“灵王至矣！”国人愈惊。又使曼成然告初王比及令尹子皙曰[4]：“王至矣！国人将杀君，司马将至矣[5]！君蚤自图，无取辱焉。众怒如水火，不可救也。”初王及子皙遂自杀。丙辰，弃疾即位为王，改名熊居，是为平王。

【注释】

①初王：子比在位时间很短，死后没给谥号，所以称“初王”。②国人：春秋时对居住在国都的人的通称，属于统治阶级，有参与议论国事的权利。③灵王入矣：“灵”是谥号，此当为衍文。④曼成然：任郊尹。弃疾的得力助手。⑤司马：指弃疾。

平王以诈弑两王而自立[1]，恐国人及诸侯叛之，乃施惠百姓。复陈蔡之地而立其后如故，归郑之侵地。存恤国中[2]，修政教。吴以楚乱故，获五率以归[3]。平王谓观从：“恣尔所欲[4]。”欲为卜尹[5]，王许之。

【注释】

①两王：灵王和初王。②存恤：慰问赈济。③五率：灵王派去进攻徐国的五员将领：荡侯、潘子、司马督、嚣尹午、陵尹喜。率，通“帅”。④恣：听任；任凭。⑤卜尹：掌管卜筮的官，相当于大夫的职位。

初，共王有宠子五人，无適立[1]，乃望祭群神[2]，请神决之，使主社稷，而阴与巴姬埋璧于室内[3]，召五公子斋而入[4]。康王跨之，灵王肘加之，子比、子皙皆远之。平王幼，抱其上而拜，压纽[5]。故康王以长立，至其子失之；围为灵王，乃身而弑；子比为王十余日，子皙不得立，又俱诛。四子皆绝无后。唯独弃疾后立，为平王，竟续楚祀[6]，如其神符[7]。

【注释】

①适（dí）：通“嫡”。②望祭：遥望而祭祀。望，祭祀山川名。③室内：指祖庙内。④斋：祭祀前洗濯洁身，表示庄严恭敬。⑤纽：璧的把手。⑥祀：祭祀。指代王位。⑦神符：神灵的符应。

初，子比自晋归，韩宣子问叔向曰[1]：“子比其济乎[2]？”对曰：“不就。”宣子曰：“同恶相求，如市贾焉，何为不就？”对曰：“无与同好，谁与同恶？取国有五难：有宠无人，一也；有人无主[3]，二也；有主无谋，三也；有谋而无民，四也；有民而无德，五也。子比在晋十三年矣，晋、楚之从不闻通者，可谓无人矣；族尽亲叛，可谓无主矣；无衅而动[4]，可谓无谋矣；为羁终世[5]，可谓无民矣；亡无爱征，可谓无德矣。王虐而不忌，子比涉五难以弑君[6]，谁能济之[7]！有楚国者，其弃疾乎？君陈、蔡，方城外属焉[8]。苛慝不作[9]，盗贼伏隐，私欲不违，民无怨心。先神命之，国民信之。芈姓有乱，必季实立[10]，楚之常也。子比之官，则右尹也；数其贵宠，则庶子也；以神所命，则又远之；民无怀焉，将何以立？”宣子曰：“齐桓、晋文不亦是乎？”对曰：“齐桓，卫姬之子也，有宠于釐公[11]。有鲍叔牙、宾须无、隰朋以为辅[12]，有莒、卫以为外主[13]，有高、国以为内主[14]。从善如流[15]，施惠不倦，有国，不亦宜乎？昔我文公，狐季姬之子也，有宠于献公[16]。好学不倦。生十七年，有士五人[17]，有先大夫子馀、子犯以为腹心[18]，有魏犨、贾佗以为股肱[19]，有齐、宋、秦、楚以为外主[20]，有栾、郤、狐、先以为内主[21]。亡十九年，守志弥笃[22]。惠、怀弃民[23]，民从而与之。故文公有国，不亦宜乎？子比无施于民，无援于外，去晋，晋不送；归楚，楚不迎。何以有国！”子比果不终焉，卒立者弃疾，如叔向言也。

【注释】

①韩宣子：韩起，晋国执政大臣。叔向：羊舌肸（xī）。晋国大夫，博学多识。②济：成功。③主：主力；依靠力量。④衅（xìn）：间隙；破绽；可乘之机。⑤羁：寄居；在外作客。终世：一辈子。⑥涉：涉足；经历。⑦济：帮助。⑧方城：山名。即今河南叶县南的一线大山。属：归附。⑨苛慝（tè）：暴虐邪恶。⑩必季实立：即前文子上所云“楚国之举常在少者”。如季连为陆终少子，以后有多次少者立位之事。季，排行末位。⑪釐公：齐釐公。桓公之父。⑫鲍叔牙：齐国大夫。帮助齐桓公杀公子纠后，力荐管仲为相，使齐桓公完成霸业。宾须无：齐国贤臣。隰（xí）朋：齐国大夫。⑬莒（jǔ）：国名。都城在今山东莒县。齐桓公曾在这里避难。卫：国名。都楚丘（今河南滑县东）。卫国也曾帮助齐桓公回国。⑭高、国：高氏、国氏。齐国贵族。⑮从善：听从好的、正确的意见。⑯献公：晋献公，文公之父。⑰士五人：赵衰、孤偃、贾佗、先轸、魏犨（chōu）。⑱子馀：赵衰字。跟从文公流亡十九年，回国后，帮助文公创建霸业。子犯：狐偃字。文公舅父，又称舅犯。机智多谋，帮助文公创建霸业。腹心：即心腹。⑲股肱（gōng）：比喻帝王左右辅助得力的臣子。⑳齐、宋、秦、楚以为外主：这四国都曾支持晋文公。㉑栾、郤（xì）、狐、先：指栾枝、郤縠（hú）、狐突、先轸，四人都是晋国大夫。㉒弥：更加。笃：深厚。㉓惠、怀：指晋惠公、怀公父子。

平王二年，使费无忌如秦为太子建取妇[1]。妇好，来，未至，无忌先归，说平王曰[2]：“秦女好，可自娶，为太子更求。”平王听之，卒自娶秦女，生熊珍。更为太子娶。是时伍奢为太子太傅[3]，无忌为少傅。无忌无宠于太子，常谗恶太子建。

建时年十五矣，其母蔡女也，无宠于王，王稍益疏外建也。

【注释】

①费无忌：楚国大夫，平王宠臣。如：往；到。取：通“娶”。②说（shuì）：劝说。③伍奢：伍举的儿子。楚国大夫。太子太傅、少傅：教导、辅佐太子的官。

六年，使太子建居城父①，守边。无忌又日夜谗太子建于王曰：“自无忌入秦女，太子怨，亦不能无望于王②，王少自备焉。且太子居城父，擅兵③，外交诸侯，且欲入矣。”平王召其傅伍奢责之。伍奢知无忌谗，乃曰：“王奈何以小臣疏骨肉？”无忌曰：“今不制，后悔也。”于是王遂囚伍奢。乃令司马奋扬召太子建，欲诛之。太子闻之，亡奔宋。

【注释】

①城父：楚邑名。故城在今安徽亳县东南。②望：怨恨。③擅：专；独揽。

无忌曰：“伍奢有二子，不杀者为楚国患。盍以免其父召之①，必至。”于是王使使谓奢：“能致二子则生，不能将死。”奢曰：“尚至，胥不至②。”王曰：“何也？”奢曰：“尚之为人，廉，死节，慈孝而仁，闻召而免父，必至，不顾其死。胥之为人，智而好谋，勇而矜功③，知来必死，必不来。然为楚国忧者必此子。”于是王使人召之，曰：“来，吾免尔父。”伍尚谓伍胥曰：“闻父免而莫奔，不孝也；父戮莫报，无谋也；度能任事，知也④。子其行矣，我其归死。”伍尚遂归。伍胥弯弓属矢，出见使者，曰：“父有罪，何以召其子为？”将射，使者还走，遂出奔吴。伍奢闻之，曰：“胥亡，楚国危哉。”楚人遂杀伍奢及尚。

【注释】

①盍：何不。②胥：伍子胥，名员（yún）。逃奔吴国后，帮助吴王阖闾刺杀吴王僚，夺取王位，使吴国日益强大。③矜（jīn）：崇尚。④知：通“智”。

十年，楚太子建母在居巢①，开吴②。吴使公子光伐楚③，遂败陈、蔡，取太子建母而去。楚恐，城郢④。初，吴之边邑卑梁与楚边邑钟离小童争桑⑤，两家交怒相攻，灭卑梁人⑥。卑梁大夫怒⑦，发邑兵攻钟离。楚王闻之怒，发国兵灭卑梁。吴王闻之大怒，亦发兵，使公子光因建母家攻楚，遂灭钟离、居巢。楚乃恐而城郢。

【注释】

①居巢：楚邑名。故城在今安徽巢县东北。一说在今合肥市西北。②开：引导。③公子光：即吴王阖闾。④城：筑城。动词郢：平王将郢都移至今江陵县东北。⑤卑梁：楚邑名。在今安徽天长市西北。钟离：楚邑名。在今安徽凤阳县东。⑥卑梁人：指卑梁争桑的小童一家。⑦大夫：指地方行政长官。

十三年，平王卒。将军子常曰：“太子珍少，且其母乃前太子建所当娶也。”欲立令尹子西，子西，平王之庶弟也，有义。子西曰：“国有常法，更立则乱，言之则致诛。”乃立太子珍，是为昭王。

昭王元年，楚众不说费无忌，以其谗亡太子建，杀伍奢子父与郤宛①。宛之宗姓伯氏子嚭及子胥皆奔吴②，吴兵数侵楚③，楚人怨无忌甚。楚令尹子常诛无忌以说众，众乃喜。

【注释】

①郤宛：楚国左尹。②宗姓：同姓同族。伯氏子嚭（pǐ）：又称嚭伯。③数（shuò）：多次。

四年，吴三公子奔楚[①]，楚封之以扞吴[②]。五年，吴伐取楚之六、潜[③]。七年，楚使子常伐吴，吴大败楚于豫章[④]。

【注释】

①三公子：据《佐传》所载，只有掩馀和烛庸二人。②扞：通“捍”。抵御。③潜：楚邑名。故城在今安徽霍山县东北。④豫章：汉水以东、长江以北地区名。

十年冬，吴王阖闾、伍子胥、伯嚭与唐、蔡俱伐楚[①]，楚大败，吴兵遂入郢，辱平王之墓[②]，以伍子胥故也。吴兵之来，楚使子常以兵迎之，夹汉水阵。吴伐败子常，子常亡奔郑。楚兵走，吴乘胜逐之，五战及郢。己卯，昭王出奔。庚辰，吴人入郢。

【注释】

①唐：国名。都城在今湖北随县西北唐县镇。②辱平王墓：掘开平王墓，挖出平王尸体，鞭打了三百下。

昭王亡也至云梦[①]。云梦不知其王也，射伤王。王走郧[②]。郧公之弟怀曰：“平王杀吾父[③]，今我杀其子，不亦可乎？”郧公止之，然恐其弑昭王，乃与王出奔随。吴王闻昭王往，即进击随，谓随人曰：“周之子孙封于江汉之间者，楚尽灭之。”欲杀昭王。王从臣子綦乃深匿王[④]，自以为王，谓随人曰：“以我予吴。”随人卜予吴，不吉，乃谢吴王曰[⑤]：“昭王亡，不在随。”吴请入自索之，随不听，吴亦罢去。

【注释】

①云梦：泽名。②郧（yún）：楚邑名。故城在今湖北安陆市。原是诸侯国，被楚所灭。③吾父：即曼成然。平王杀死曼成然后，不忘他旧日的功劳，命其子斗（dòu）辛为郧邑大夫。④子綦（qí）：人名。⑤谢：推辞；拒绝。

昭王之出郢也，使申鲍胥请救于秦[①]。秦以车五百乘救楚，楚亦收余散兵，与秦击吴。十一年六月，败吴于稷[②]。会吴王弟夫概见吴王兵伤败，乃亡归，自立为王。阖闾闻之，引兵去楚，归击夫概。夫概败，奔楚，楚封之堂谿[③]，号为堂谿氏。

【注释】

①申鲍胥：楚国大夫。一作申包胥。②稷：楚邑名。故城在今河南桐柏县东南。③堂谿：楚邑名。故城在今河南西平县西。

楚昭王灭唐。九月，归入郢。十二年，吴复伐楚，取番[①]。楚恐，去郢，北徙都鄀[②]。

【注释】

①番（pó）；楚邑名。故城在今江西鄱阳县。②鄀（ruò）：楚邑名，故城在今湖北宜城市东南。

十六年，孔子相鲁[①]。二十年，楚灭顿[②]，灭胡[③]。二十一年，吴王阖闾伐越。越王勾践射伤吴王，遂死[④]。吴由此怨越而不西伐楚。

【注释】

①孔子（前551—前479年）：孔丘，字仲尼。②顿：国名。地在今河南项城市东。③胡：国名。地在今安徽阜阳市。④勾践射伤吴王，遂死：事详《吴太伯世家》。

二十七年春，吴伐陈，楚昭王救之，军城父。十月，昭王病于军中。有赤云如鸟，夹日而蜚。昭王问周太史[①]，太史曰："是害于楚王，然可移于将相。"将相闻是言，乃请自以身祷于神。昭王曰："将相，孤之股肱也，今移祸，庸去是身乎[②]！"弗听。卜而河为祟[③]，大夫请祷河。昭王曰："自吾先王受封，望不过江、汉，而河非所获罪也。"止不许。孔子在陈，闻是言，曰："楚昭王通大道矣。其不失国，宜哉！"

【注释】

①太史：官名。②庸：岂；难道。③河：黄河。

昭王病甚，乃召诸公子大夫曰："孤不佞[①]，再辱楚国之师[②]，今乃得以天寿终[③]，孤之幸也。"让其弟公子申为王，不可。又让次弟公子结，亦不可。乃又让次弟公子闾，五让，乃后许为王。将战，庚寅，昭王卒于军中。子闾曰："王病甚，舍其子让群臣，臣所以许王，以广王意也[④]。今君王卒，臣岂敢忘君王之意乎！"乃与子西、子綦谋，伏师闭涂[⑤]，迎越女之子章立之[⑥]，是为惠王。然后罢兵归，葬昭王。

【注释】

①佞（nìng）：有才能。②再辱楚国之师：指昭王七年吴军大败楚军于豫章，十年吴军攻入郢都两次败楚。再，两次。③天寿：天年；自然的寿数。④广：宽慰。⑤伏师闭涂：秘密行军，断绝沿途交通。⑥越女：昭王娶自越国的妃子。

惠王二年，子西召故平王太子建之子胜于吴，以为巢大夫[①]，号曰白公[②]。白公好兵而下士，欲报仇。六年，白公请兵令尹子西伐郑。初，白公父建亡在郑，郑杀之，白公亡走吴，子西复召之，故以此怨郑，欲伐之。子西许而未为发兵。八年，晋伐郑，郑告急楚，楚使子西救郑，受赂而去。白公胜怒，乃遂与勇力死士石乞等袭杀令尹子西、子綦于朝，因劫惠王，置之高府[③]，欲弑之。惠王从者屈固负王亡走昭王夫人宫[④]。白公自立为王。月余，会叶公来救楚[⑤]，楚惠王之徒与共攻白公，杀之。惠王乃复位。是岁也，灭陈而县之。

【注释】

①巢：楚邑名。故城在今安徽巢县东北。②白：楚邑名。故城在今河南息县东北。③高府：楚王别宫。④昭王夫人：惠王母越女。⑤叶（shè）公：名沈诸梁。任叶邑大夫，所以称叶公。叶，今河南叶县南。

十三年，吴王夫差强[①]，陵齐、晋，来伐楚。十六年，越灭吴。四十二年，楚灭蔡。四十四年，楚灭杞[②]。与秦平。是时越已灭吴而不能正江、淮北[③]；楚东侵，广地至泗上[④]。

【注释】

①夫差：详见《吴太伯世家》。②杞：国名。周朝分封的诸侯国。③正：长，统治；管辖。江、淮北：指今江苏江都市到安徽盱眙县一带。④泗上：泗水之滨。

五十七年，惠王卒，子简王中立[1]。

【注释】

①中，音 zhòng。

简王元年，北伐灭莒[1]。八年，魏文侯、韩武子、赵桓子始列为诸侯[2]。

【注释】

①莒：小国名，在今山东莒县。②魏文侯：魏斯。魏国的建立者。前 445—前 396 年在位。曾任用李悝、吴起、西门豹，兴修水利，进行改革，使魏国成为当时的强国。韩武子：韩启章。前 424—前 409 年在位。赵桓子：赵嘉。前 424 年在位。

二十四年，简王卒，子声王当立。声王六年，盗杀声王，子悼王熊疑立。悼王二年，三晋来伐楚[1]，至乘丘而还[2]。四年，楚伐周。郑杀子阳[3]。九年，伐韩，取负黍[4]。十一年，三晋伐楚，败我大梁、榆关[5]。楚厚赂秦，与之平。二十一年，悼王卒，子肃王臧立。

【注释】

①三晋：本指从晋国分裂的韩、赵、魏三国，有时也可单指其中的一国。②乘（shèng）丘：邑名。③子阳：郑国相。④负黍：韩邑名。故城在今河南登封市西南。⑤大梁：邑名。故城在今河南开封市。榆关：大梁西边的一个关口。

肃王四年，蜀伐楚[1]，取兹方[2]。于是楚为扞关以距之[3]。十年，魏取我鲁阳[4]。十一年，肃王卒，无子，立其弟熊良夫，是为宣王。

【注释】

①蜀：国名。在今巴县到成都市一带。②兹方：地名。在今湖北松滋市西。③扞（hàn）关：楚关名。在今湖北长阳县西。距：通“拒”。④鲁阳：楚邑名。古鲁县。

宣王六年，周天子贺秦献公[1]。秦始复强，而三晋益大，魏惠王、齐威王尤强[2]。三十年，秦封卫鞅于商[3]，南侵楚。是年，宣王卒，子威王熊商立。

【注释】

①秦献公：嬴师隰。前 384—前 362 年在位。②魏惠王：魏 nd823。前 369—前 319 年在位。齐威王：田因齐。前 356—前 320 年在位。③卫鞅：公孙鞅。卫国人。封于商（今陕西商县东南），也称商鞅。

威王六年，周显王致文武胙于秦惠王[1]。

【注释】

①周显王：姬扁。前 368—前 321 年在位。文武胙：祭祀周文王、周武王的祭肉。秦惠王：即秦惠文王。嬴驷。前 337—前 311 年在位。

七年，齐孟尝君父田婴欺楚[1]，楚威王伐齐，败之于徐州[2]，而令齐必逐田婴，田婴恐，张丑伪谓楚王曰[3]："王所以战胜于徐州者，田盼子不用也[4]。盼子者，有功于国，而百姓为之用。婴子弗善而用申纪[5]。申纪者，大臣不附，百姓不为用，故王胜之也。今王逐婴子，婴子逐，盼子必用矣。复搏其士卒以与王遇[6]，必不便于王矣。"楚王因弗逐也。

【注释】

①孟尝君：田文。齐国贵族。田婴：齐国相。封于薛（今山东滕州市南）。称薛君。欺楚：田婴表面上装着与楚国亲善，暗中却唆使越王进攻楚国。②徐州：齐邑名。故城在今山东滕州市南。③张丑：田婴门客。④田盼子：齐国将军，田婴的同族。⑤申纪：齐国将军。⑥搏：通"抚"，安抚；慰勉。

十一年，威王卒，子怀王熊槐立。魏闻楚丧，伐楚，取我陉山。

怀王元年，张仪始相秦惠王[1]。四年，秦惠王初称王。

【注释】

①张仪：魏国贵族后代。相（xiàng）：辅佐为相。

六年，楚使柱国昭阳将兵而攻魏[1]，破之于襄陵[2]，得八邑。又移兵而攻齐，齐王患之。陈轸适为秦使齐[3]，齐王曰："为之奈何？"陈轸曰："王勿忧，请令罢之。"即往见昭阳军中，曰："愿闻楚国之法，破军杀将者何以贵之？"昭阳曰："其官为上柱国，封上爵执珪[4]。"陈轸曰："其有贵于此者乎？"昭阳曰："令尹。"陈轸曰："今君已为令尹矣，此国冠之上[5]。臣请得譬之。人有遗其舍人一卮酒者[6]，舍人相谓曰：'数人饮此，不足以遍，请遂画地为蛇，蛇先成者独饮之。'一人曰：'吾蛇先成。'举酒而起，曰：'吾能为之足。'及其为之足，而后成人夺之酒而饮之，曰：'蛇固无足，今为之足，是非蛇也。'今君相楚而攻魏，破军杀将，功莫大焉，冠之上不可以加矣。今又移兵而攻齐，攻齐胜之，官爵不加于此；攻之不胜，身死爵夺，有毁于楚：此为蛇为足之说也。不若引兵而去以德齐[7]，此持满之术也[8]。"昭阳曰："善。"引兵而去。

【注释】

①柱国：楚官名，为最高武官，也称上柱国，地位仅次于令尹。②襄陵：魏地名。在今河南睢县。③陈轸：楚国人。善于游说。④执珪：楚最高爵位名。⑤国冠之上：喻指最高的官位。⑥遗（wèi）：赠送。舍人：王公贵族的家臣。卮（zhī）：古代酒器。⑦德：施恩惠。⑧持满：保守成业，保全功业。

燕、韩君初称王。秦使张仪与楚、齐、魏相会，盟啮桑[1]。

【注释】

①啮桑：魏邑名。故城在今江苏沛县西南。

十一年，苏秦约从山东六国共攻秦[1]，楚怀王为从长[2]。至函谷关[3]，秦出兵击六国，六国兵皆引而归，齐独后。十二年，齐湣王伐败赵、魏军[4]，秦亦伐败韩，与齐争长。

【注释】

①苏秦：东周洛阳人。②从：通"纵横"的"纵"。从长：六国合纵之长。③函谷关：关名。故址在今河南灵宝市东北。④齐湣王：田地。前300—284年

在位。

十六年，秦欲伐齐，而楚与齐从亲[①]，秦惠王患之，乃宣言张仪免相[②]，使张仪南见楚王，谓楚王曰："敝邑之王所甚说者无先大王[③]，虽仪之所甚愿为门阑之厮者亦无先大王[④]。敝邑之王所甚憎者无先齐王，虽仪之所甚憎者亦无先齐王。而大王和之[⑤]，是以敝邑之王不得事王，而令仪亦不得为门阑之厮也。王为仪闭关而绝齐[⑥]，今使使者从仪西取故秦所分楚商於之地方六百里[⑦]，如是则齐弱矣。是北弱齐，西德于秦，私商於以为富，此一计而三利俱至也。"怀王大悦，乃置相玺于张仪[⑧]，日与置酒，宣言"吾复得吾商於之地"。群臣皆贺，而陈轸独吊[⑨]。怀王曰："何故？"陈轸对曰："秦之所为重王者，以王之有齐也。今地未可得而齐交先绝，是楚孤也。夫秦又何重孤国哉，必轻楚矣。且先出地而后绝齐，则秦计不为。先绝齐而后责地[⑩]，则必见欺于张仪。见欺于张仪，则王必怨之。怨之，是西起秦患，北绝齐交。西起秦患，北绝齐交，则两国之兵必至[⑪]。臣故吊。"楚王弗听，因使一将军西受封地。

【注释】

①从亲：合纵亲善。②宣言：扬言；宣扬。③敝邑：古代称自己国家的谦辞。先：先于；前于。④门阑之厮：看门的仆役。门阑：门框。厮：干粗活的奴隶或仆役。⑤和：和睦亲近。⑥闭关：闭塞关门。⑦商於（wū）：地区名。方：方圆；纵横。⑧玺：印。⑨吊：慰问遭遇不幸的人。⑩责：责求；索取。⑪两国：韩、魏两国。

张仪至秦，详醉坠车[①]，称病不出三月，地不可得。楚王曰："仪以吾绝齐为尚薄邪[②]？"乃使勇士宋遗北辱齐王。齐王大怒，折楚符而合于秦[③]。秦齐交合，张仪乃起朝，谓楚将军曰："子何不受地？从某至某，广袤六里[④]。"楚将军曰："臣之所以见命者六百里[⑤]，不闻六里。"即以归报怀王。怀王大怒，兴师将伐秦。陈轸又曰："伐秦非计也。不如因赂之一名都，与之伐齐，是我亡于秦[⑥]，取偿于齐也，吾国尚可全。今王已绝于齐而责欺于秦，是吾合秦齐之交而来天下之兵也，国必大伤矣。"楚王不听，遂绝和于秦，发兵西攻秦。秦亦发兵击之。

【注释】

①详：通"佯"。假装。坠：落；跌下。②薄：不深刻。邪：通"耶"。③楚符：指楚国勇士宋遗所持符信。④广袤（mào）：指土地的面积。东西为广，南北为袤。⑤见命：接受命令。⑥我亡于秦：指贿赂秦国的都邑。

十七年春，与秦战丹阳[①]，秦大败我军，斩甲士八万，虏我大将军屈匄、裨将军逢侯丑等七十余人[②]，遂取汉中之郡[③]。楚怀王大怒，乃悉国兵复袭秦，战于蓝田[④]，大败楚军。韩、魏闻楚之困，乃南袭楚，至于邓[⑤]。楚闻，乃引兵归。

【注释】

①丹阳：此丹阳在汉中丹水北岸地区，今陕西丹凤县东南，河南淅川县西。②大将军：官名。为将军的最高称号，职掌统兵征战。匄：通"丐"。裨（pí）：次；副。逢：读 páng。③汉中：郡名。地在今陕西南部和湖北西北部。④蓝田：秦县名。故城在今陕西蓝田县西。⑤邓：邑名，在今河南漯河市东南，蔡地。

十八年，秦使使约复与楚亲，分汉中之半以和楚。楚王曰："愿得张仪，不愿得地。"张仪闻之，请之楚。秦王曰："楚且甘心于子，奈何？"张仪曰："臣善其左右靳尚[1]，靳尚又能得事于楚王幸姬郑袖[2]，袖所言无不从者。且仪以前使负楚以商於之约[3]，今秦楚大战，有恶[4]，臣非面自谢楚不解。且大王在，楚不宜敢取仪。诚杀仪以便国，臣之愿也。”仪遂使楚。

【注释】

①靳（jìn）尚：楚怀王的宠臣。②幸姬：宠妃。③负：背弃；违背。④恶（wù）：仇恨；憎恨。

至，怀王不见，因而囚张仪，欲杀之。仪私于靳尚[1]，靳尚为请怀王曰：“拘张仪，秦王必怒。天下见楚无秦，必轻王矣。”又谓夫人郑袖曰：“秦王甚爱张仪，而王欲杀之，今将以上庸之地六县赂楚[2]，以美人聘楚王[3]，以宫中善歌者为之媵[4]。楚王重地，秦女必贵，而夫人必斥矣[5]。夫人不若言而出之。”郑袖卒言张仪于王而出之。仪出，怀王因善遇仪，仪因说楚王以叛从约而与秦合亲，约婚姻。张仪已去，屈原使从齐来[6]，谏王曰：“何不诛张仪？”怀王悔，使人追仪，弗及。是岁，秦惠王卒。

【注释】

①私：私下；秘密。②上庸之地六县：相当今湖北房县、竹山、保康、竹溪等县之地。③聘：古代出嫁、娶妇都叫聘。④媵（yìng）：随嫁，也指随嫁的人。⑤斥：斥退；排斥。被动用法。⑥屈原（约前 340—前 278 年）：屈平，字原。

二十年，齐湣王欲为从长，恶楚之与秦合，乃使使遗楚王书曰：“寡人患楚之不察于尊名也[1]。今秦惠王死，武王立[2]，张仪走魏，樗里疾、公孙衍用[3]，而楚事秦。夫樗里疾善乎韩[4]，而公孙衍善乎魏；楚必事秦，韩、魏恐，必因二人求合于秦，则燕、赵亦宜事秦。四国争事秦，则楚为郡县矣[5]。王何不与寡人并力收韩、魏、燕、赵，与为从而尊周室，以案兵息民[6]，令于天下？莫敢不乐听，则王名成矣。王率诸侯并伐，破秦必矣。王取武关、蜀、汉之地[7]，私吴、越之富而擅江海之利[8]，韩、魏割上党[9]，西薄函谷[10]，则楚之强百万也。且王欺于张仪，亡地汉中，兵锉蓝田[11]，天下莫不代王怀怒。今乃欲先事秦！愿大王孰计之[12]。”

【注释】

①察：考虑。尊名：珍贵的名号。②武王：嬴荡。前 310—前 307 年在位。③樗（chū）里疾：秦惠王异母弟。因住在樗里（今陕西渭南）得名。号称“智囊”。公孙衍：号犀首，魏人。④乎：通“于”。樗里疾的母亲是韩国人，所以樗里疾与韩国友善。⑤楚为郡县：楚地将成为秦国的郡县，意即楚国将被秦国灭亡。⑥案：通“按”。按住；停止。息：养息。⑦武关：秦关名。旧址在今陕西丹凤县东南丹江上，非今址。蜀：今四川长江以北地区。汉：汉中郡。⑧私：私自享有。擅：独占。⑨上党：郡名。⑩薄：迫近。⑪锉：折伤；挫败。⑫孰：通“熟”。仔细；认真。

楚王业已欲和于秦，见齐王书，犹豫不决，下其议群臣[1]。群臣或言和秦，或曰听齐。昭睢曰[2]：“王虽东取地于越，不足以刷耻；必且取地于秦，而后足以刷耻于诸侯。王不如深善齐、韩以重樗里疾[3]，如是则王得韩、齐之重以求地矣。秦破韩宜阳[4]，而韩犹复事秦者，以先王墓在平阳[5]，而秦之武遂去之七十里[6]，以故尤畏秦。不然，秦攻三川[7]，赵攻上党，楚攻河外[8]，韩必亡。楚之救韩，不能使韩不亡，然存韩者楚也。韩已得武遂于秦，以河山为塞⑨，所报德莫如楚厚，臣以为其事王必疾⑩。齐之所信于韩者，以韩公子眛为齐相也。韩已得武遂于秦，王甚善之⑪，使之以齐、韩重樗里疾，疾得齐、韩之重，其主弗敢弃疾也。今又益之以楚之重，樗里子必言秦，复与楚之侵地矣。”于是怀王许之，竟不合秦，而合齐以善韩。

【注释】

①下：交下。②昭雎（jū）：楚国大夫，谋臣。③重：加强；抬高。④宜阳：韩邑名。故城在今河南宜阳县境。⑤平阳：韩邑名。故城在今山西临汾市西南。⑥武遂：韩邑名。故城在今山西临汾县西南。⑦三川：地区名。属韩国。⑧河外：当时三晋人称黄河以南地区。这里指韩国南境。⑨河山：河，黄河。山，韩国西部的崤山、华山。塞：险要之处。⑩疾：迅速；不迟疑。⑪善：赞助。

二十四年，倍齐而合秦①，秦昭王初立②，乃厚赂于楚。楚往迎妇。二十五年，怀王入与秦昭王盟，约于黄棘③。秦复与楚上庸。二十六年，齐、韩、魏为楚负其从亲而合于秦，三国共伐楚。楚使太子入质于秦而请救④。秦乃遣客卿通将兵救楚⑤，三国引兵去。

【注释】

①倍：通“背”。背弃。②秦昭王：即秦昭襄王。嬴稷（一作“则”）。前306—前251年在位。③黄棘：楚邑名。故城在今河南新野县东北。④太子：即后来继位的顷襄王。⑤客卿：官名。通：人名。

二十七年，秦大夫有私与楚太子斗，楚太子杀之而亡归。二十八年，秦乃与齐、韩、魏共攻楚，杀楚将唐眛，取我重丘而去①。二十九年，秦复攻楚，大破楚，楚军死者二万，杀我将军景缺。怀王恐，乃使太子为质于齐以求平。三十年，秦复伐楚，取八城。秦昭王遗楚王书曰：“始寡人与王约为弟兄，盟于黄棘，太子为质，至欢也。太子陵杀寡人之重臣②，不谢而亡去，寡人诚不胜怒，使兵侵君王之边。今闻君王乃令太子质于齐以求平。寡人与楚接境壤界，故为婚姻，所从相亲久矣。而今秦楚不欢，则无以令诸侯。寡人愿与君王会武关③，面相约，结盟而去，寡人之愿也。敢以闻下执事④。”楚怀王见秦王书，患之。欲往，恐见欺；无往，恐秦怒。昭雎曰：“王毋行，而发兵自守耳。秦虎狼，不可信，有并诸侯之心。”怀王子子兰劝王行，曰：“奈何绝秦之欢心！”于是往会秦昭王。昭王诈令一将军伏兵武关，号为秦王。楚王至，则闭武关，遂与西至咸阳⑤，朝章台⑥，如蕃臣⑦，不与亢礼⑧。楚怀王大怒，悔不用昭子言。秦因留楚王，要以割巫、黔中之郡⑨。楚王欲盟，秦欲先得地。楚王怒曰：“秦诈我而又强要我以地！”不复许秦，秦因留之。

【注释】

①重丘：楚邑名。故城在今河南泌阳县东北。②重臣：在朝廷中居重要职位的大臣。③武关：关塞名。在今陕西丹凤县东南丹江上。④下执事：实指对方，但不直说对方的一种委婉辞令。⑤咸阳：秦都城。故城在今陕西咸阳市东北。⑥章台：秦王离宫的台名。旧址在今陕西西安市长安区旧城西南隅。⑦蕃臣：属国的君主。蕃，通“藩”。⑧亢礼：以平等之礼相待。亢，同“抗”。⑨要（yāo）：要挟。巫：楚郡名。地在今四川巫山县一带。黔中：楚郡名。地在今湖南、湖北、

四川和贵州四省交界地区。

楚大臣患之，乃相与谋曰[①]："吾王在秦不得还，要以割地，而太子为质于齐，齐、秦合谋，则楚无国矣。"乃欲立怀王子在国者。昭雎曰："王与太子俱困于诸侯，而今又倍王命而立其庶子，不宜。"乃诈赴于齐，齐湣王谓其相曰："不若留太子以求楚之淮北。"相曰："不可。郢中立王，是吾抱空质而行不义于天下也[②]。"或曰："不然，郢中立王，因与其新王市曰'予我下东国[③]，吾为王杀太子，不然，将与三国共立之'，然则东国必可得矣。"齐王卒用其相计而归楚太子。太子横至，立为王，是为顷襄王。乃告于秦曰："赖社稷神灵，国有王矣。"

【注释】

①相与：互相。②空质：空废无用的人质。③下东国：指前面说的淮北地区，因在长江下游，属楚国东部，所以称下东国。

顷襄王横元年，秦要怀王不可得地，楚立王以应秦[①]。秦昭王怒，发兵出武关攻楚，大败楚军，斩首五万，取析十五城而去[②]。二年，楚怀王亡逃归，秦觉之，遮楚道，怀王恐，乃从间道走赵以求归[③]。赵主父在代[④]，其子惠王初立[⑤]，行王事，恐，不敢入楚王。楚王欲走魏，秦追至，遂与秦使复之秦。怀王遂发病。顷襄王三年，怀王卒于秦，秦归其丧于楚[⑥]。楚人皆怜之，如悲亲戚[⑦]。诸侯由是不直秦[⑧]。秦楚绝。

【注释】

①应：应付；对付。②析十五城：指析邑和邻近的十五城。析，楚邑名。故城在今河南西峡县。③间（jiàn）道：小道；秘密道路。④赵主父：即赵武灵王。前 325—前 295 年在位。改穿胡服，学习骑射，陆续攻灭中山、林胡等国，国势大振。后传位给庶子何，自称主父。代：赵郡名。治所在今河北蔚县东北。⑤惠王：即赵惠文王。前 298—前 266 年在位。⑥丧（sāng）：尸棺。⑦亲戚：有两解，一谓父母兄弟；二谓内外亲属，族内曰亲，族外曰戚。⑧直：正直：以动用法。

六年，秦使白起伐韩于伊阙[①]，大胜，斩首二十四万。秦乃遗楚王书曰："楚倍秦，秦且率诸侯伐楚，争一旦之命。愿王饬士卒[②]，得一乐战。"楚顷襄王患之，乃谋复与秦平。七年，楚迎妇于秦，秦楚复平。

【注释】

①白起（？—前 257 年）：公孙起。秦国名将。身经七十多次战斗，屡战屡胜，封武安君。伊阙：山名。在今河南洛阳市南。②饬（chì）：整顿。

十一年，齐秦各自称为帝；月余，复归帝为王[①]。

十四年，楚顷襄王与秦昭王好会于宛[②]，结和亲。十五年，楚王与秦、三晋、燕共伐齐，取淮北。十六年，与秦昭王好会于鄢。其秋，复与秦王会穰[③]。

【注释】

①周赧王二十七年（前 288 年）十月，秦昭襄王称西帝，齐湣王称东帝。十二月，齐湣王去帝号，秦昭襄王也去帝号。③宛（yuān）：楚邑名。④穰（rǎng）：楚邑名。

十八年，楚人有好以弱弓微缴加归雁之上者[①]，顷襄王闻，召而问之。对曰："小臣之好射鶀雁[2]，罗鸗[3]，小矢之发也，何足为大王道也。且称楚之大，因大王之贤，所弋非直此也[4]。昔者三王以弋道德[5]，五霸以弋战国[6]。故秦、魏、燕、赵者，鶀雁也；齐、鲁、韩、卫者，青首也[7]；驺、费、郯、邳者[8]，罗鸗也。外其余则不足射者。见鸟六双[9]，以王何取？王何不以圣人为弓，以勇士为缴，时张而射之？此六双者，可得而囊载也。其乐非特朝昔之乐也[10]，其获非特凫雁之实也[11]。王朝张弓而射魏之大梁之南，加其右臂而径属之于韩，则中国之路绝而上蔡之郡坏矣[12]。还射圉之东[13]，解魏左肘而外击定陶[14]，则魏之东外弃而大宋、方与二郡者举矣[15]。且魏断二臂，颠越矣[16]；膺击郯国[17]，大梁可得而有也。王绡缴兰台[18]，饮马西河[19]，定魏大梁，此一发之乐也[20]。若王之于弋诚好而不厌，则出宝弓，碆新缴[21]，射噣鸟于东海[22]，还盖长城以为防[23]，朝射东莒[24]，夕发浿丘[25]，夜加即墨[26]，顾据午道[27]，则长城之东收而太山之北举矣[28]。西结境于赵，而北达于燕，三国布翄[29]，则从不待约而可成也。北游目于燕之辽东而南登望于越之会稽[30]，此再发之乐也。若夫泗上十二诸侯[31]，左萦而右拂之[32]，可一旦而尽也。今秦破韩以为长忧，得列城而不敢守也；伐魏而无功，击赵而顾病[33]，则秦魏之勇力屈矣[34]，楚之故地汉中、析、郦可得而复有也[35]。王出宝弓，碆新缴，涉鄳塞[36]，而待秦之倦也，山东、河内可得而一也[37]。劳民休众，南面称王矣[38]。故曰秦为大鸟，负海内而处，东面而立，左臂据赵之西南，右臂傅楚鄢郢[39]，膺击韩、魏，垂头中国[40]，处既形便，势有地利，奋翼鼓翄，方三千里，则秦未可得独招而夜射也。”欲以激怒襄王，故对以此言。襄王因召与语，遂言曰：“夫先王为秦所欺而客死于外，怨莫大焉。今以匹夫有怨，尚有报万乘[41]，白公、子胥是也。今楚之地方五千里，带甲百万，犹足以踊跃中野也[42]，而坐受困，臣窃为大王弗取也。”于是顷襄王遣使于诸侯，复为从，欲以伐秦。秦闻之，发兵来伐楚。

【注释】

①缴（zhuó）：系在箭上的生丝绳。②鶀（qí）雁：小雁。③罗鸗（lóng）：小鸟；野鸟。④弋（yì）：用绳系在箭上射；取。直：特；只。⑤三王：一说指夏禹、商汤、周文王。⑥五霸：一说指齐桓公、晋文公、楚庄王、宋襄公、秦穆公；⑦青首：头有青毛的小野鸭。⑧驺：同“邹”。国名。地在今山东邹县、费县、滕州市一带。费（bì）：鲁邑名。郯（tán）：国名。地在今山东郯城县境。邳（pí）：国名。地在今江苏邳州市境。以上四个国家当时已分别属于楚国和齐国，这里同秦、魏等国对举，是就各自的战略地位而言。⑨鸟六双：用以比喻秦、魏等十二个国家。⑩朝昔：一朝一夕。昔，通“夕”。⑪凫（fū）：野鸭。⑫上蔡：韩郡名。地在今河南上蔡县一带。⑬圉（yǔ）：魏邑名。故城在今河南杞县南。⑭定陶：魏邑名。⑮大宋：魏郡名。治所在今河南商丘市。方与（fáng yǔ）：魏郡名。治所在今山东鱼台县西北。⑯颠越：颠簸；动荡。⑰膺（yīng）击：正面进攻。膺，胸脯。⑱绡（zhēng）缴：卷收弋射的绳索。兰台：桓山之别名。在今江苏铜山县东北。⑲饮（yìn）马：牵马喝水。这里意为阅兵。西河：指当时魏国境内的一段黄河，在今河南安阳市以东一带。⑳发：发射。㉑碆（bō）：射鸟用的石制箭头。这里作动词用。㉒噣（zhòu）鸟：嘴曲如钩的大水鸟。这里指代齐国。东海：泛指东方大海。㉓还：环绕。盖：覆盖；遮拦。㉔东莒：齐国东部的莒邑。㉕浿（pèi）丘：一作“贝丘”。齐地名。在今山东博兴县东南。㉖即墨：齐邑名。故城在今山东平度市东南。㉗顾：反转；转身。午道：纵横交错的大路。㉘太山：即泰山。

㉙三国：燕、赵、楚三国。𤓰：同“翅”，一作“属”。㉚辽东：燕郡名。地在今辽宁东南部辽河以东，治所在襄平（今辽阳市）。会稽：山名。在今浙江绍兴东南。㉛十二诸侯：指宋、卫、鲁、邹等小国。十二，虚指数。㉜萦（yíng）：拘系。拂：轻微打击。㉝病：危害。㉞屈（jué）：竭；穷尽。㉟郦（lì）：邑名。故城在今河南南阳市西北。㊱鄳（méng）塞：又作冥阨。隘道名。即今河南信阳市西南的平靖关。㊲山东、河内：指今陕西华山以东到河南北部广大地区。㊳南面：古代帝王坐北向南接见诸侯臣下，因此以南面表帝王的尊位。㊴傅：接近。㊵垂头：低下头；伸长颈项。㊶万乘（shèng）：万辆兵车，借指帝位。㊷踊跃：耀武；争雄。中野：旷野之中。

楚欲与齐韩连和伐秦，因欲图周①。周王赧使武公谓楚相昭子曰②：“三国以兵割周郊地以便输③，而南器以尊楚④，臣以为不然。夫弑共主⑤，臣世君⑥，大国不亲；以众胁寡，小国不附。大国不亲，小国不附，不可以致名实⑦。名实不得，不足以伤民。夫有图周之声，非所以为号也。”昭子曰：“乃图周则无之。虽然，周何故不可图也？”对曰：“军不五不攻⑧，城不十不围⑨。夫一周为二十晋⑩，公之所知也。韩尝以二十万之众辱于晋之城下，锐士死，中士伤⑪，而晋不拔。公之无百韩以图周，此天下之所知也。夫怨结于两周以塞驺鲁之心⑫，交绝于齐，声失天下，其为事危矣。夫危两周以厚三川⑬，方城之外必为韩弱矣。何以知其然也？西周之地，绝长补短，不过百里。名为天下共主，裂其地不足以肥国，得其众不足以劲兵⑭。虽无攻之，名为弑君。然而好事之君⑮，喜攻之臣⑯，发号用兵，未尝不以周为终始。是何也？见祭器在焉⑰，欲器之至而忘弑君之乱。今韩以器之在楚，臣恐天下以器仇楚也。臣请譬之。夫虎肉臊，其兵利身⑱，人犹攻之也。若使泽中之麋蒙虎之皮⑲，人之攻之必万于虎矣。裂楚之地，足以肥国；诎楚之名⑳，足以尊主。今子将以欲诛残天下之共主，居三代之传器㉑，吞三翮六翼㉒，以高世主，非贪而何？《周书》曰‘欲起无先㉓’，故器南则兵至矣。”于是楚计辍不行㉔。

【注释】

①图：图谋；谋害。②周王赧：即周赧王姬延，周朝最后的一个王。武公：西周一个小诸侯国的国君。昭子：昭雎。③三国：指齐、楚、韩三国。④南器：南移宝器，即把周王朝的宝器运到南方的楚国。⑤共主：诸侯共同尊奉的君主。⑥世君：世代相传的君主。⑦名实：名声和实利。⑧五：五倍于敌人。⑨十：十倍于敌人。⑩一周为二十晋：周王的土地虽小，但诸侯共同尊奉，相当于二十个晋国。为，相当；等于。⑪中士：一般士兵。⑫两周：指西周和东周两个小国。⑬三川：今河南省黄河、洛河、伊河地区。这里借指韩国，因韩国有三川。⑭劲：强。使动用法。⑮好事之君：暗指问鼎的楚庄王、求鼎的楚灵王和想南移周器的楚顷襄王。⑯喜攻之臣：暗指子玉和昭子。⑰祭器：祭祀所用的礼器，如钟、鼎、樽、俎、豆之类。⑱其兵：指虎的爪牙。⑲麋（mí）：麋鹿。鹿的一种。⑳诎（qū）：谴责。㉑居：占有。㉒三翮（lì）六翼：指九鼎。三翮：指鼎足。六翼：指鼎耳。㉓《周书》：今本《尚书·周书》中无此句。㉔辍（chuò）：中止；停止。

十九年，秦伐楚，楚军败，割上庸、汉北地予秦①。二十年，秦将白起拔我西陵②。二十一年，秦将白起遂拔我郢，烧先王墓夷陵③。楚襄王兵散，遂不复战，东北保于陈城④。二十二年，秦复拔我巫、黔中郡。

【注释】

①汉北：指汉江以北。②西陵：楚国南部的要隘。③夷陵：楚国先王墓地，在夷山，因置夷陵县，故城在今湖北宜昌市东南。一说在今宜城市西郊。④陈城：原陈国都城宛丘，故城在今河南淮阳市。

二十三年，襄王乃收东地兵，得十余万，复西取秦所拔我江旁十五邑以为郡①，距秦②。二十七年，使三万人助三晋伐燕。复与秦平，而入太子为质于秦③。楚使左徒侍太子于秦④。

【注释】

①江旁：长江旁边。②距：通“拒”。③太子：熊元，即后来的考烈王。④左徒：楚官名。

三十六年，顷襄王病，太子亡归。秋，顷襄王卒，太子熊元代立，是为考烈王。考烈王以左徒为令尹，封以吴①，号春申君②。

【注释】

①吴：原吴国之地。即今江苏苏州、上海市一带。上海别号申，与春申君曾居此有关。②春申君（？—前238年）：黄歇。楚国贵族。

考烈王元年，纳州于秦以平①。是时楚益弱。

【注释】

①州：县名。故城在今湖北江陵县境。一说在今沔阳县东南。

六年，秦围邯郸①，赵告急楚，楚遣将军景阳救赵。七年，至新中②。秦兵去。十二年，秦昭王卒，楚王使春申君吊祠于秦③。十六年，秦庄襄王卒④，秦王赵政立⑤。二十二年，与诸侯共伐秦，不利而去。楚东徙都寿春⑥，命曰郢。

【注释】

①邯郸：赵都城。在今河北省邯郸市。②新中：一说为赵邑新市（在今河北巨鹿县），“中”是“市”之讹；③祠：祭祀。④秦庄襄王：嬴子楚。前249—前247年在位。⑤赵政：即嬴政。秦国的远祖与赵国远祖同宗。⑥寿春：楚邑名。

二十五年，考烈王卒，子幽王悍立。李园杀春申君①。幽王三年，秦、魏伐楚。秦相吕不韦卒②。九年，秦灭韩。十年，幽王卒，同母弟犹代立，是为哀王。哀王立二月余，哀王庶兄负刍之徒袭杀哀王而立负刍为王。是岁，秦虏赵王迁③。

【注释】

①李园：考烈王妃兄，幽王舅父。②吕不韦（？—前235年）：原为阳翟（今河南禹县）大商人。③赵王迁：前235—前228年在位。

王负刍元年，燕太子丹使荆轲刺秦王①。二年，秦使将军伐楚，大破楚军，亡十余城。三年，秦灭魏。四年，秦将王翦破我军于蕲②，而杀将军项燕③。

【注释】

①燕太子丹：燕王喜的儿子。②王翦：秦国大将。先后攻破赵国、燕国和楚国，封武信侯。蕲（qí）：楚邑名。故城在今安徽宿州市东南。③项燕：下相（今

江苏宿迁市西南）人，楚国大将。

五年，秦将王翦、蒙武遂破楚国，虏楚王负刍，灭楚名为郡云①。

【注释】

①灭楚名为郡：取消楚国称号，设置南郡、九江、会稽三郡。

太史公曰：楚灵王方会诸侯于申，诛齐庆封，作章华台，求周九鼎之时，志小天下①；及饿死于申亥之家，为天下笑。操行之不得②，悲夫！势之于人也③，可不慎与④？弃疾以乱立，嬖淫秦女⑤；甚乎哉，几再亡国⑥！

【注释】

①小：以……为小。以动用法。②操行：品行。③势：权位；势力。④与：通“欤”。语气词。⑤嬖（bì）：宠爱。⑥几（jī）：几乎；差不多。

越王句践世家第十一

越王句践①，其先禹之苗裔②，而夏后帝少康之庶子也③。封于会稽④，以奉守禹之祀⑤。文身断发⑥，披草莱而邑焉⑦。后二十余世⑧，至于允常⑨。允常之时，与吴王阖庐战而相怨伐⑩。允常卒，子句践立，是为越王。

【注释】

①越王句（gōu 勾）践（？—前 465 年）：②禹：夏后氏部落联盟首领，夏朝的建立者。姒姓，名文命。苗裔：后代子孙。③夏后：禹所在部族名。后为夏朝的别称。少康：夏朝的第六代帝王。庶子：妾所生的儿子。④封：帝王授予臣子土地或封号。⑤奉守：恭敬地掌管。祀：祭祀。⑥文身断发：古代吴越一带风俗，在身上刺上花纹，削短头发，以避水中蛟龙之害。⑦披草莱：除去丛生之草木；开辟荒野。⑧世：代。⑨至于：到，到了。⑩吴王阖庐：即姬光（？—前 496 年）。吴国国君。吴王诸樊之子，夫差之父。在位十九年（前 514—前 496 年）。吴国建都于吴（今江苏苏州）。疆域有今江苏、上海市大部和安徽、浙江的一部分。公元前 473 年为越所灭。相怨伐：因有仇恨互相攻伐。

元年①，吴王阖庐闻允常死，乃兴师伐越②。越王句践使死士挑战③，三行④，至吴陈⑤，呼而自刭⑥。吴师观之⑦，越因袭击吴师⑧，吴师败于槜李⑨，射伤吴王阖庐。阖庐且死⑩，告其子夫差曰⑪：“必毋忘越。”

【注释】

①元年：公元前 496 年。②兴师：起兵，出兵。③死士：敢死之士。④三行（háng）：排成三行。⑤陈：同“阵”。⑥自刭：自刎。⑦观：注视。⑧因：乘

机，趁势。⑨槜（zuì）李：地名。⑩且：将。⑪夫差（？—前 473 年）：吴国国君。姬姓，吴王阖庐之子。在位二十三年（前 495——前 473 年）。

三年[①]，句践闻吴王夫差日夜勒兵[②]，且以报越[③]，越欲先吴未发往伐之[④]。范蠡谏曰[⑤]：“不可。臣闻兵者凶器也[⑥]，战者逆德也[⑦]，争者事之末也[⑧]。阴谋逆德[⑨]，好用凶器，试身于所末[⑩]，上帝禁之[⑪]，行者不利[⑫]。”越王曰：“吾已决之矣。”遂兴师。吴王闻之，悉发精兵击越，败之夫椒[⑬]。越王乃以余兵五千人保栖于会稽[⑭]。吴王追而围之。

【注释】

①三年：句践三年。②勒兵：统帅军队。③报：报复。④先吴未发：抢先于吴国发兵前。⑤范蠡（lǐ）：越国大夫，楚国宛（今河南南阳）人。⑥兵：武器。凶器：杀人之器。⑦逆德：违背道义。⑧争：争夺。⑨阴谋逆德：暗中策划违背道义的事情。⑩试身于所末：亲身参与战争。末，指争夺。⑪上帝：天帝。⑫不利：没有好处。⑬夫椒：山名。在今苏州市吴中区西南太湖中。⑭保栖（qī）：守卫居住。

越王谓范蠡曰：“以不听子故至于此[①]，为之奈何[②]？”蠡对曰：“持满者与天[③]，定倾者与人[④]，节事者以地[⑤]。卑辞厚礼以遗之[⑥]，不许[⑦]，而身与之市[⑧]。”句践曰：“诺。”乃令大夫种行成于吴[⑨]，膝行顿首曰[⑩]：“君王亡臣句践使陪臣种敢告下执事[⑪]：句践请为臣，妻为妾。”吴王将许之。子胥言于吴王曰[⑫]：“天以越赐吴，勿许也。”种还，以报句践。句践欲杀妻子，燔宝器，触战以死[⑬]。种止句践曰：“夫吴太宰嚭贪[⑭]，可诱以利，请间行言之[⑮]。”于是句践乃以美女宝器令种间献吴太宰嚭。嚭受，乃见大夫种于吴王[⑯]。种顿首言曰：“愿大王赦句践之罪，尽入其宝器[⑰]。不幸不赦，句践将尽杀其妻子，燔其宝器，悉五千人触战[⑱]，必有当也[⑲]。”嚭因说吴王曰：“越以服为臣[⑳]，若将赦之，此国之利也。”吴王将许之。子胥进谏曰：“今不灭越，后必悔之。句践贤君，种、蠡良臣，若反国[㉑]，将为乱。”吴王弗听，卒赦越，罢兵而归。

【注释】

①子：古代对男子的尊称。②奈何：怎么，怎么办。③持满：保守成业。与天：得到上天的保佑。④定倾：挽危为安。与人：即“人与之”，得到人的帮助。⑤节事：事事精简节约。以地：得到地利。以地，《国语》作“与地”。⑥卑辞：恭敬谦虚的话。厚礼：重礼。遗（wèi 位）：赠送。⑦许：答应。⑧身与之市：亲身去侍候他，就像把自己卖给他一样。身，本身。市，交易，做买卖。⑨种：姓文名种。越国大夫。行成：求和。⑩膝行：跪着前行。表示尊敬或畏服。顿首：叩头。⑪亡臣：亡国之臣。下执事：指下级办事人员。⑫子胥：即伍子胥，名员（yún）（？—前 484 年），吴国大夫。⑬触战：拼命决战。⑭太宰：官名，首席大臣。嚭（pǐ）：伯氏，名嚭。⑮间（jiàn）行：潜行，从小路走。⑯见（xiàn）：推荐，介绍。⑰尽入：全部送来。入，纳。⑱悉：尽其所有。⑲必有当：必定可以取得相当的代价。⑳以：通“已”。㉑反国：返回越国。反，通“返”。

勾践之困会稽也，喟然叹曰[①]：“吾终于此乎[②]？”种曰：“汤系夏台[③]，文王囚羑里[④]，晋重耳奔翟[⑤]，齐小白奔莒[⑥]，其卒王霸[⑦]。由是观之，何遽不为福乎[⑧]？”

【注释】

①喟（kuì）然：叹息的样子。②终：完结。③汤：商朝的建立者，原为商族领袖，任用伊尹执政，后灭夏，建立商朝。系：拘囚，监禁。夏台：指均台，传说是夏桀的监狱。在今河南省禹县南。商汤曾被夏桀囚于均台。④文王：周文王，姬昌。⑤晋重耳：即晋文公（前697—前628年），姬姓，名重耳。在位九年（前636—前628年）。翟：通“狄”。部族名。当时活动于今山西、河北、河南、山东一带。⑥齐小白：即齐桓公（？—前643年），姜姓，名小白。在位四十三年（前685—前643年）。在齐国发生内乱时曾逃奔莒国（今山东莒县）。⑦其：他们。⑧何遽：如何，难道，怎见得。

吴既赦越，越王句践反国，乃苦身焦思①，置胆于坐②，坐卧即仰胆③，饮食亦尝胆也④。曰：“女忘会稽之耻耶⑤？”身自耕作，夫人自织，食不加肉⑥，衣不重彩⑦，折节下贤人⑧，厚遇宾客⑨，振贫吊死⑩，与百姓同其劳。欲使范蠡治国政⑪，蠡对曰：“兵甲之事⑫，种不如蠡；填抚国家⑬，亲附百姓⑭，蠡不如种。”于是举国政属大夫种⑮，而使范蠡与大夫柘稽行成⑯，为质于吴⑰。二岁而吴归蠡⑱。

【注释】

①苦身：让自身勤劳受苦。焦思：忧心苦思。②坐：通“座”。座位。③仰胆：仰望挂着的苦胆。④尝胆：尝胆汁。⑤女：通“汝”。⑥加：增加，两样。⑦重（chóng）彩：两层华丽的衣服。⑧折节：降低身份。下：屈己尊人。⑨厚遇：优厚地对待。⑩振贫：救济贫困。振，同“赈”。吊死：悼念死者。⑪治：治理，管理。国政：国家的政事。⑫兵甲：武装，军事，战争。⑬填（zhèn）抚：即镇抚。镇定安抚。⑭亲附：亲近归附。⑮举：整个，全部。属（zhǔ）：委托，交付。⑯柘（zhè）稽：越国大夫。⑰质：抵押。⑱归：放回。

句践自会稽归七年，拊循其士民①，欲用以报吴②。大夫逢同谏曰③：“国新流亡④，今乃复殷给⑤，缮饰备利⑥，吴必惧，惧则难必至。且鸷鸟之击也⑦，必匿其形⑧。今夫吴兵加齐、晋⑨，怨深于楚、越，名高天下，实害周室，德少而功多⑩，必淫自矜⑪。为越计，莫若结齐，亲楚，附晋⑫，以厚吴⑬。吴之志广⑭，必轻战⑮。是我连其权⑯，三国伐之，越承其弊⑰，可克也。”句践曰：“善。”

【注释】

①拊（fǔ）循：教养，训练，抚慰。士民：战士和平民。②报吴：向吴国报仇。③逢（páng）同：越国大夫。④新：最近，刚。⑤殷给：殷实富裕。⑥缮饰：整治。备利：齐全。⑦鸷（zhì）鸟：凶猛的鸟。⑧匿：隐藏。⑨加：进攻。⑩德：仁义，道德。⑪淫：满盈。⑫附：依附。⑬厚吴：巴结奉承吴国。⑭志广：欲望很大。⑮轻战：随便发动战争。⑯我连其权：指越联络齐、楚、晋的势力。权，势力。⑰越承其弊：指齐、楚、晋攻吴，越乘吴疲劳，就可以打败吴国。

居二年，吴王将伐齐。子胥谏曰：“未可。臣闻句践食不重味①，与百姓同苦乐。此人不死，必为国患。吴有越，腹心之疾②，齐与吴，疥瘊也③。愿王释齐先越④”。吴王弗听，遂伐齐，败之艾陵⑤，虏齐高、国以归⑥。让子胥⑦。子胥曰：“王毋喜！”王怒，子胥欲自杀，王闻而止之。越大夫种曰：“臣观吴王政骄矣⑧，请试尝之贷粟⑨，以卜其事⑩。”请贷，吴王欲与⑪，子胥谏勿与，王遂与之，越乃私喜。子胥言曰："王不听谏，后三年吴其墟乎[12]！"太宰嚭闻之，乃数与子胥争越议[13]，因谗子胥曰："伍员貌忠而实忍人[14]，其父兄不顾[15]，安能顾王？王前欲伐齐，员强谏[16]，已而有功[17]，用是反怨王[18]。王不备伍员[19]，员必为乱。"与逢同共谋[20]，谗之王。王始不从，乃使子胥于齐，闻其托子于鲍氏[21]，王乃大怒，曰："伍员果欺寡人[22]！"役反[23]，使人赐子胥属镂剑以自杀[24]。子胥大笑曰："我令而父霸[25]，我又立若[26]，若初欲分吴国半予我，我不受，已，今若反以谗诛我。嗟乎，嗟乎，一人固不能独立[27]！"报使者曰[28]："必取吾眼置吴东门，以观越兵入也！"于是吴任嚭政。

【注释】

①食不重（chóng）味：不吃两样好菜。②腹心之疾：比喻要害部位的大祸患。③疥癣（xuǎn）：犹"疥癣"。比喻小毛病。④释齐：放弃攻宋。先越：先对付越国。⑤艾陵：地名。在今山东省莱芜市东北。⑥高、国：这里指齐国的大臣高张和国夏。⑦让：责备，责怪。⑧骄：骄傲。⑨试尝：试探。⑩卜：估计，猜测。⑪与：给予，授予。⑫墟：变成废墟。⑬数（shuò）：屡次，频繁。议：意见，主张。⑭忍人：残忍的人，狠心肠的人。⑮父兄不顾：即不顾父兄。⑯强（qiǎng）谏：极力劝说。⑰已而：后来，不久。⑱用是：因此。⑲备：防备，戒备。⑳逢同：可能是范蠡回越后，越另派逢同到吴为质。㉑托子于鲍氏：伍员把儿子伍丰托付给齐国大夫鲍牧。㉒寡人：帝王的谦称。㉓役反：出使回来。㉔属（zhǔ）镂：剑名。㉕而：你（们）。霸：称霸。㉖若：你（们）。㉗一人：指夫差。㉘报：告诉。

居三年，句践召范蠡曰："吴已杀子胥，导谀者众[1]，可乎？"对曰："未可。"

【注释】

①导谀：阿谀，曲意逢迎。

至明年春，吴王北会诸侯于黄池[1]，吴国精兵从王，惟独老弱与太子留守[2]。句践复问范蠡，蠡曰："可矣。"乃发习流二千人[3]，教士四万人[4]，君子六千人[5]，诸御千人[6]，伐吴。吴师败，遂杀吴太子。吴告急于王[7]，王方会诸侯于黄池，惧天下闻之，乃秘之。吴王已盟黄池[8]，乃使人厚礼以请成越[9]。越自度亦未能灭吴[10]，乃与吴平[11]。

【注释】

①诸侯：由帝王分封并受帝王统辖的列国国君。黄池：地名。在今河南省封丘县西南。②惟独：只有。留守：古时帝王离开京城，命太子或大臣驻守，叫留守。③发：派遣，动员。习流：有两解：一、赦免流放的罪犯，训练成为士兵。二、进行过水战训练的士兵，即水军。④教士：受过训练的士兵。⑤君子：君王亲近有恩的禁卫军。⑥诸御：在军中有职掌的军官。⑦告急：报告紧急情况。⑧盟：立誓缔约。⑨厚礼：重礼。⑩自度（duó）：自己估量。⑪平：讲和。

其后四年，越复伐吴。吴士民罢弊[1]，轻锐尽死于齐、晋[2]。而越大破吴，因而留围之三年，吴师败，越遂复栖吴王于姑苏之山[3]。吴王使公孙雄肉袒膝行而前[4]，请成越王曰："孤臣夫差敢布腹心[5]，异日尝得罪于会稽[6]，夫差不敢逆命[7]，得与君王成以归。今君王举玉趾而诛孤臣[8]，孤臣惟命是听[9]，意者亦欲如会稽之赦孤臣之罪乎[10]？"句践不忍，欲许之。范蠡曰："会稽之事，天以越赐吴[11]，吴不取。今天以吴赐越，越其可逆天乎[12]？且夫君王蚤朝晏罢[13]，非为吴邪？谋之二十二年，一旦而弃之[14]，可乎？且夫天与弗取，反受其咎[15]。'伐柯者其则不远'[16]，君忘会稽之厄乎[17]？"句践曰："吾欲听子言，吾不忍其使者。"范蠡乃鼓进兵，曰："王已属政于执事[18]，使者去，不者且得罪[19]。"吴使者泣而去。句践怜之，乃使人谓吴王曰："吾置王甬东[20]，君百家[21]。"吴王谢曰："吾老矣，不能事君王！"遂自杀。乃蔽其面[22]，曰："吾无面以见子胥也！"越王乃葬吴王而诛太宰嚭。

【注释】

①罢弊：疲惫，困苦贫乏。罢，通"疲"。②轻锐：有快速强大战斗力的军队。③姑苏：山名。在今江苏省苏州市西南。④公孙雄：吴国大夫。⑤孤臣：失势无援之臣。布：披露。腹心：衷诚。⑥异日：当初，从前。⑦逆命：违背命令。⑧举玉趾：高抬贵足。⑨惟命是听：完全听从您的命令。⑩意者：想来，料想。⑪以越赐吴：把越国赏赐给了吴国。⑫其：岂，难道。逆天：违背天意。⑬蚤朝晏罢：说他勤劳国事，发愤图强，早上朝，迟罢朝。蚤，通"早"。晏，晚，迟。⑭一旦：忽然有一天。⑮咎（jiù）：灾祸。⑯伐柯：《诗经·豳（bīn）风·伐柯》中有"伐柯伐柯，其则不远"等句。⑰厄（è）：穷困，灾难。⑱属（zhǔ）政：托付政事。执事：范蠡指自己。⑲不者：否则，如果不这样。⑳甬东：地名。在今浙江省定海县东北的舟山岛。㉑君百家：作一百户人家的统治者。君，统治，主宰。㉒蔽：遮。

句践已平吴，乃以兵北渡淮[1]，与齐、晋诸侯会于徐州[2]，致贡于周[3]。周元王使人赐句践胙[4]，命为伯[5]。句践已去，渡淮南，以淮上地与楚[6]，归吴所侵宋地与宋，与鲁泗东方百里[7]。当是时，越兵横行于江、淮东[8]，诸侯毕贺，号称霸王。

【注释】

①淮：淮河。古四渎之一。②会：盟会。徐州：地名。在今山东省滕州市南。③致贡：进献贡品。④周元王：敬王之子，名仁。在位七年（前475—前469年）。胙（zuò）：祭祀用的肉，祭后分送给参与祭祀的人。⑤伯：方伯，诸侯的领袖。⑥淮上地：淮河流域一带。⑦泗：泗水。⑧横行：纵横驰骋。谓所向无阻。

范蠡遂去，自齐遗大夫种书曰[1]："蜚鸟尽[2]，良弓藏；狡兔死[3]，走狗烹[4]。越王为人长颈鸟喙[5]，可与共患难[6]，不可与共乐。子何不去？"种见书，称病不朝。人或谗种且作乱，越王乃赐种剑曰："子教寡人伐吴七术[7]，寡人用其三而败吴，其四在子，子为我从先王试之[8]。"种遂自杀。

【注释】

①遗（wèi）：送，给予。②蜚：通"飞"。③狡兔：狡猾的兔子。④走狗：猎狗。⑤鸟喙（huì）：嘴尖似鸟。⑥患难艰苦危险的处境。⑦术：方法，策略。⑧先王：死去的国王。

句践卒，子王鼫与立[1]。王鼫与卒，子王不寿立。王不寿卒，子王翁立。王翁卒，子王翳立。王翳卒，子王之侯立。王之侯卒，子王无强立[2]。

【注释】

①鼫（shí）与：句践的儿子。②无强：约前343—前323年在位。

王无强时，越兴师北伐齐，西伐楚，与中国争强[1]。当楚威王之时[2]，越北伐齐，齐威王使人说越王曰[③]："越不伐楚，大不王[④]，小不伯[⑤]。图越之所为不伐楚者[⑥]，为不得晋也[⑦]。韩、魏固不攻楚。韩之攻楚，覆其军[⑧]，杀其将，则叶、阳翟危[⑨]；魏亦覆其军，杀其将，则陈、上蔡不安[⑩]。故二晋之事越也，不至于覆军杀将[⑪]，马汗之力不效[⑫]。所重于得晋者何也？"越王曰："所求于晋者，不至顿刃接兵[⑬]，而况于攻城围邑乎？愿魏以聚大梁之下[⑭]，愿齐之试兵南阳、莒地[⑮]，以聚常、郯之境[⑯]，则方城之外不南[⑰]，淮、泗之间不东[⑱]；商、於、析、郦、宗胡之地[⑲]，夏路以左[⑳]，不足以备秦[㉑]，江南、泗上不足以待越矣[㉒]。则齐、秦、韩、魏得志于楚也[㉓]，是二晋不战而分地，不耕而获之。不此之为，而顿刃于河山之间以为齐、秦用[㉔]，所待者如此其失计[㉕]，奈何其以此王也！"齐使者曰，"幸也越之不亡也[㉖]！吾不贵其用智之如目[㉗]，见毫毛而不见其睫也[㉘]。今王知晋之失计，而不自知越之过，是目论也[㉙]。王所待于晋者，非有马汗之力也，又非可与合军连和也，将待之以分楚众也[㉚]。今楚众已分，何待于晋？"越王曰："奈何？"曰："楚三大夫张九军[㉛]，北围曲沃、於中[㉜]，以至无假之关者三千七百里[㉝]，景翠之军北聚鲁、齐、南阳[㉞]，分有大此者乎？且王之所求者，斗晋楚也[㉟]；晋楚不斗，越兵不起，是知二五而不知十也。此时不攻楚，臣以是知越大不王，小不伯。复雠、庞、长沙[㊱]，楚之粟也[㊲]；竟泽陵[㊳]，楚之材也[㊴]。越窥兵通无假之关[㊵]，此四邑者不上贡事于郢矣[㊶]。臣闻之，图王不王，其敝可以伯[㊷]。然而不伯者，王道失也[㊸]。故愿大王之转攻楚也。"

【注释】

①中国：指中原各诸侯国。②楚威王：熊商。在位十一年（前339—前329年）。③齐威王（？—前320年）：田婴齐。在位三十七年（前356—前320年）。说（shuì）：劝说，说服。④王（wàng）：称王，统一天下。⑤伯：通"霸"。称霸，做诸侯的盟主。⑥图：估计，猜想。⑦晋：这时晋已分为韩、魏、赵三国，此处以晋代指韩、魏两国。⑧覆：覆没，全军被消灭。⑨叶（旧读shè）：邑名。在今河南省叶县南。阳翟（zhái）：邑名。在今河南省禹县。二邑当时属韩。⑩陈：邑名。在今河南省淮阳县。上蔡：邑名。在今河南省上蔡县西南。二邑当时属魏。⑪不至于：表示不会达到某种程度。⑫马汗之力不效：不肯为越效力。马汗，战马疾驰出汗。⑬顿刃接兵：使用武器互相砍杀。顿，坏，刀刃砍坏。兵，兵器。⑭聚：聚集。大梁：魏国都，在今河南省开封市。⑮南阳：地区名。在今山东省邹县。当时属齐。莒（jǔ）：邑名。在今山东省莒县。当时属齐。⑯常：亦作"尝"，在今山东省滕州市南。郯（tán）：在今山东省郯城县西北。常、郯皆齐国南境之邑。⑰方城之外不南：魏国聚兵在大梁牵制楚国，使楚军不能南下侵越。方城之外，方城以北。方城，山名。⑱淮、泗之间不东：齐国聚兵在常、郯境上，使淮、泗之间的楚军不能东进侵齐。⑲商、於、析、郦（lì又音zhì）：四邑并属楚。商、於，在今河南省淅川县西南。析，在今河南西峡县。郦，在今河南省南阳市西北。宗胡：古邑名。在今安徽合肥市。⑳夏路以左：楚国通向中原地区大路的左边。指楚国西北部一带，即方城以西地方。夏，古代中原居民自称为夏或华夏。这里指华夏族聚居的地区，即中原地区。㉑不足：不能，不可以。㉒江南：楚国东境。泗上：楚国北境。待：防备。㉓得志：满足愿望。㉔顿刃：指作战，见上解。河：黄河。山：指华山。㉕其：之，的。㉖幸：侥幸。㉗贵：值得珍视或重视。㉘毫毛：人或鸟兽身上的细毛。㉙目论：言越王知晋之失而不自觉越之过，犹人眼睛能见毫

毛而不自见其睫。后亦比喻见识短浅。目，眼睛。㉚众：军队。㉛张：扩大，铺开。九军：多路军队的总称。㉜曲沃：邑名。在今河南省陕县西南。当时属魏。於（wū）中：邑名。在今河南省淅川县。当时属秦。㉝无假之关：即无假关，在今湖南省湘阴县北。㉞景翠：楚国大夫。㉟斗晋楚：使晋楚相斗。㊱复：复次，再则。雠：当作“犨”，楚邑名。在今河南省鲁山县东南。庞、长沙：皆楚邑名。庞，在今湖南省衡阳市东。长沙，即今长沙市。㊲楚之粟：上述三邑，是楚国的产粮地区。㊳竟泽陵：亦作“竟陵泽”。楚七泽之一。㊴楚之材：楚国产木材的地方。㊵窥兵：观兵。检阅军队以显示武力。这里指进兵。㊶不上贡事于郢（yǐng）：不向楚国进贡，即不服从楚国，不属于楚国的意思。郢，楚国都。在今湖北省江陵县西北。这里指楚国。㊷敝：坏，有“不成功”的意思。㊸王道：君主以仁义治天下的政策。

于是越遂释齐而伐楚[①]。楚威王兴兵而伐之，大败越，杀王无强，尽取故吴地至浙江[②]，北破齐于徐州。而越以此散[③]，诸族子争立[④]，或为王，或为君，滨于江南海上[⑤]，服朝于楚[⑥]。

【注释】

①释：放弃。②故：旧有的，原来的。浙江：即钱塘江。③散：纷乱，分崩离析。④族子：同族兄弟之子。⑤滨：傍水。江南：地区名。泛指长江以南。海上：指今浙江沿海地区。⑥服：顺从。朝（cháo）：朝见。

后七世，至闽君摇，佐诸侯平秦[①]。汉高帝复以摇为越王，以奉越后[②]。东越[③]，闽君，皆其后也。

【注释】

①佐：帮助。平：平息，平定。②奉：承奉，继承。③东越：越人的一支。

范蠡事越王句践，既苦身戮力[①]，与句践深谋二十余年[②]，竟灭吴[③]，报会稽之耻[④]，北渡兵于淮以临齐、晋[⑤]，号令中国[⑥]，以尊周室，句践以霸，而范蠡称上将军[⑦]。还反国[⑧]，范蠡以为大名之下，难以久居[⑨]，且句践为人，可与同患，难于处安[⑩]，为书辞句践曰[⑪]：“臣闻主忧臣劳，主辱臣死。昔者君王辱于会稽[⑫]，所以不死，为此事也。今既以雪耻[⑬]，臣请从会稽之诛[⑭]。”句践曰：“孤将与子分国而有之。不然，将加诛于子[⑮]。”范蠡曰：“君行令，臣行意[⑯]。”乃装其轻宝珠玉[⑰]，自与其私徒属乘舟浮海以行[⑱]，终不反。于是句践表会稽山以为范蠡奉邑[⑲]。

【注释】

①既：已经。苦：劳苦，困苦。②深谋：周密地谋划。③竟：终于。④耻：耻辱。⑤临：到，进逼。⑥号令：发号施令。⑦称：称作，号称。上将军：官名。⑧反：同“返”。⑨居：维持，占有。⑩处安：共处安乐。⑪辞：辞别，告别。⑫辱：受侮辱。⑬以：通“已”。⑭诛：罪过。⑮加：施加。⑯意：意志。⑰轻宝：轻便珍贵的东西。⑱私徒属：私家的徒隶。浮海：在海上浮行。⑲表：表彰，表扬。

范蠡浮海出齐[①]，变姓名，自谓鸱夷子皮[②]，耕于海畔，苦身戮力，父子治产[③]。居无几何，致产数十万[④]。齐人闻其贤，以为相[⑤]。范蠡喟然叹曰[⑥]：“居家则致千金，居官则至卿相，此布衣之极也[⑦]。久受尊名[⑧]，不祥[⑨]。”乃归相印，尽散其财，以分与知友乡党[⑩]，而怀其重宝[⑪]，间行以去[⑫]，止于陶[⑬]，以为此天下之中[⑭]，交易有无之路通⑮，为生可以致富矣⑯。于是自谓陶朱公。复约要父子耕畜⑰，废居⑱，候时转物⑲，逐什一之利⑳。居无何㉑，则致赀累巨万㉒。天下称陶朱公㉓。

【注释】

①出：去到。②自谓：自称。鸱（chī）夷：皮制的口袋。吴王夫差杀伍员，用鸱夷装了他的尸体，投之于江。范蠡认为自己的罪同伍员一样，故用“鸱夷子皮”为别号。③治产：治理产业。④致：取得，得到。⑤相：相国，辅助君主掌管国事的最高官吏。⑥喟（kuì）然：叹息的样子。⑦布衣：指平民。⑧尊名：高贵的名位。⑨不祥：不吉利。⑩乡党：周制以五百家为党，一万二千五百家为乡，后用以泛指乡里或乡亲。⑪怀：揣着，深藏。⑫间行：潜行，从小路走。⑬止：停留。陶：邑名。⑭中：中心。⑮交易：指物物交换，即买卖。⑯为生：做生意。⑰约要（yāo）：约定。⑱废居：销售储存。废，出卖。居，囤积。⑲候时：等待时机。转物：转卖货物。⑳逐什一之利：指经商赚钱。㉑居无何：待了不久。㉒致赀：得到的钱财。赀，通“资”。㉓称：称道，赞扬。

朱公居陶，生少子①。少子及壮，而朱公中男杀人②，囚于楚。朱公曰：“杀人而死，职也③。然吾闻千金之子不死于市④。”告其少子往视之。乃装黄金千溢⑤，置褐器中⑥，载以一牛车。且遣其少子，朱公长男固请欲行⑦，朱公不听。长男曰：“家有长子曰家督⑧，今弟有罪，大人不遣⑨，乃遣少弟，是吾不肖⑩。”欲自杀。其母为言曰：“今遣少子，未必能生中子也⑪，而先空亡长男，奈何？”朱公不得已而遣长子，为一封书遗故所善庄生⑫。曰：“至则进千金于庄生所⑬，听其所为⑭，慎无与争事⑮。”长男既行，亦自私赍数百金⑯。

【注释】

①少子：小儿子。②中男：次子。③职：本分。④千金之子：指富贵人家的子弟。⑤溢：即镒，二十两或二十四两为一镒。⑥褐器：粗布袋。⑦固请：坚决请求。⑧家督：长子督理家政，故称“家督”。⑨大人：父亲。⑩不肖：不才，不贤。⑪生：使之得生。⑫故所善：原来相好的朋友。⑬进：进献。所：处所。⑭听（tìng）：任凭。⑮慎：表示告诫，相当于“千万”。⑯赍（jī）：携带。

至楚，庄生家负郭①，披藜藋到门②，居甚贫。然长男发书进千金③，如其父言。庄生曰：“可疾去矣，慎毋留！即弟出，勿问所以然。”长男既去，不过庄生而私留④，以其私赍献遗楚国贵人用事者⑤。

【注释】

①负郭：靠近城郭。负，背倚。郭，外城。②藜藋（diào）：草名。③发：打开。④不过：不再探望。⑤献遗（wèi）：赠送。贵人：地位显贵的人。用事：执政，当权。

庄生虽居穷阎①，然以廉直闻于国②，自楚王以下皆师尊之③。及朱公进金，非有意受也④，欲以成事后复归之以为信耳⑤。故金至，谓其妇曰：“此朱公之金。有如病不宿诫⑥，后复归，勿动。”而朱公长男不知其意，以为殊无短长也⑦。

【注释】

①穷阎：贫民区。阎，闾里之门，意谓街巷。②廉直：廉洁正直。③师尊：当作老师一样尊重。④非：不是。⑤以为信：以显示讲信用。⑥病不宿诫：生病

死了，来不及提前交代。诫，告诫。⑦殊无短长：不见得会起什么重要作用。

庄生间时入见楚王①，言“某星宿某②，此则害于楚。”楚王素信庄生，曰：“今为奈何？”庄生曰：“独以德为可以除之③。”楚王曰：“生休矣，寡人将行之。”王乃使使者封三钱之府④。楚贵人惊告朱公长男曰：“王且赦。”曰：“何以也？”曰：“每王且赦，常封三钱之府⑤。昨暮王使使封之。”朱公长男以为赦，弟固当出也，重千金虚弃庄生⑥，无所为也，乃复见庄生。庄生惊曰：“若不去邪⑦？”长男曰：“固未也。初为事弟⑧，弟今议自赦，故辞生去。”庄公知其意欲复得其金，曰：“若自入室取金。”长男即自入室取金持去，独自欢幸。

【注释】

①间时：适当的时机。②某星宿某：天上某星的位置移动到了某处。③为：因而。④封三钱之府：封闭存储三钱（金、银、铜）的库房。⑤每王且赦，常封三钱之府：加强戒备，以防有人预知赦令而进行盗窃。⑥重：重视。虚弃：白送给。⑦若：你（们）。⑧事弟：弟弟的事情。

庄生羞为儿子所卖①，乃入见楚王曰：“臣前言某星事，王言欲以修德报之②。今臣出，道路皆言陶之富人朱公之子杀人囚楚③，其家多持金钱赂王左右，故王非能恤楚国而赦④，乃以朱公子故也。”楚王大怒曰：“寡人虽不德耳，奈何以朱公之子故而施惠乎！”令论杀朱公子⑤，明日遂下赦令。朱公长男竟持其弟丧归⑥。

【注释】

①儿子：小儿辈。指范蠡长男。②修德：做好事。报：报答。③道路：指路人。④恤：体恤，怜悯。⑤令：下令。论：判处。⑥丧：跟死者有关的事。

至，其母及邑人尽哀之①，唯朱公独笑，曰：“吾固知必杀其弟也②！彼非不爱其弟，顾有所不能忍者也③。是少与我俱④，见苦⑤，为生难⑥，故重弃财⑦。至如少弟者，生而见我富⑧，乘坚驱良逐狡兔⑨，岂知财所从来⑩，故轻弃之，非所吝惜。前日吾所为欲遣少子，固为其能弃财故也。而长者不能，故卒以杀其弟。事之理也⑪，无足悲者。吾日夜固以望其丧之来也。”

【注释】

①邑人：同邑人，即当地人。②杀：致之于死。③顾：只是，不过。不能忍：不能容忍，舍不得。④是：此，这。俱：在一起。⑤见苦：受过苦。⑥为生：谋生。⑦重弃财：重视花钱，不轻易弃财。⑧生：出生以来。⑨坚：坚车。逐狡兔：指打猎。⑩岂：哪里。⑪理：道理。一般规律。

故范蠡三徙①，成名于天下，非苟去而已②，所止必成名③。卒老死于陶，故世传曰陶朱公④。

【注释】

①三徙：自越徙于齐，又自齐徙于陶。②苟：随便。③所止：所到之处。④世传：世人相传。

太史公曰①：禹之功大矣，渐九川②，定九州③，至于今诸夏艾安④。及苗裔句践，苦身焦思，终灭强吴，北观兵中国，以尊周室，号称霸王。句践可不谓贤哉！盖有禹之遗烈焉[⑤]。范蠡三迁，皆有荣名[⑥]，名垂后世。臣主若此，欲毋显得乎！

【注释】

①太史公：指司马迁。②渐：引导疏通。③九州：指冀、兖、青、徐、扬、荆、豫、梁、雍九个州。④诸夏：指周王朝分封的各国，也泛指中国。艾（yì）安：太平。艾，通“乂”。⑤遗烈：遗留的业绩。烈，事业，功绩。⑥荣名：美名。

郑世家第十二

郑桓公友者[①]，周厉王少子而宣王庶弟也。宣王立二十二年，友初封于郑。封三十三岁，百姓皆便爱之。幽王以为司徒[②]。和集周民[③]，周民皆说[④]，河雒之间[⑤]，人便思之。为司徒一岁，幽王以褒后故[⑥]，王室治多邪[⑦]，诸侯或畔之[⑧]。于是桓公问太史伯曰[⑨]：“王室多故[⑩]，予安逃死乎？”太史伯对曰：“独雒之东土，河济之南可居[⑪]。”公曰：“何以？”对曰：“地近虢、郐[⑫]，虢、郐之君贪而好利，百姓不附。今公为司徒，民皆爱公，公诚请居之[⑬]，虢、郐之君见公方用事[⑭]，轻分公地[⑮]。公诚居之，虢、郐之民皆公之民也。”公曰：“吾欲南之江上[⑯]，何如？”对曰：“昔祝融为高辛氏火正[⑰]，其功大矣，而其于周未有兴者，楚其后也。周衰，楚必兴。兴，非郑之利也。”公曰：“吾欲居西方，何如？”对曰：“其民贪而好利，难久居。”公曰：“周衰，何国兴者？”对曰：“齐、秦、晋、楚乎？夫齐，姜姓，伯夷之后也，伯夷佐尧典礼[⑱]。秦，嬴姓，伯翳之后也[⑲]，伯翳佐舜怀柔百物[⑳]。及楚之先，皆尝有功于天下[㉑]。而周武王克纣后，成王封叔虞于唐[㉒]，其地阻险[㉓]，以此有德与周衰并亦必兴矣。”桓公曰：“善。”于是卒言王[㉔]，东徙其民雒东，而虢、郐果献十邑[㉕]，竟国之[㉖]。

【注释】

①郑：公元前806年，周宣王封其庶弟姬友（即郑桓公）于郑，都城在今陕西华县。周幽王时，迁移至东虢和郐之间。公元前375年为韩国所灭。②司徒：官名，西周置。掌管国家的土地和人民。官司籍田，负责征发徒役。③和集：同“和辑”，和协安抚。④说（yuè）：通“悦”。高兴。⑤河：黄河。雒（luò）：雒水，今河南洛河。⑥幽王、褒后：均见《周本纪》。褒后：褒姒。褒国人，姒姓。周幽王的宠妃。⑦王室：王族；朝廷。⑧畔：通“叛”。⑨太史：官名。掌起草文书，策命诸侯卿大夫，记载史事，编写史书，兼管国家典籍、天文历法、祭祀等。伯：人名。⑩故：事故；灾难。⑪济：济水。⑫虢（guó）：国名。姬姓。有东虢、西虢、北虢之分。郐（kuài）：国名。亦作桧。妘姓。在今河南密县东南，前769年为郑所灭。⑬诚：真。此处有假设之意。⑭方：正在。用事：当权。⑮轻：容易。愿意的意思。⑯之：前往；去，到。⑰祝融：帝喾时火官的称号，

后人尊为火神。高辛氏：即帝喾。五帝之一。火正：掌火官。⑱伯夷：尧舜时为秩宗（掌郊庙之官），见《五帝本纪》。典礼：掌管礼仪。⑲伯翳：即伯益。古代嬴姓各族的祖先，相传善于驯养禽兽。⑳怀柔：以文德感化人。此处意为驯服。㉑尝：曾经。㉒叔虞：周武王子，周成王弟。㉓阻险：指山川艰险梗塞之地。㉔卒：通“猝”，急速、突然。㉕十邑：指虢、郐、鄢、蔽、补、丹、依、䩉、历、莘。地当今河南新郑一带。㉖竟：终于。

二岁，犬戎杀幽王于骊山下[1]，并杀桓公。郑人共立其子掘突，是为武公。

【注释】

①犬戎：戎族的一支。

武公十年，娶申侯女为夫人[1]，曰武姜[2]。生太子寤生[3]，生之难，及生，夫人弗爱[4]。后生少子叔段，段生易，夫人爱之。二十七年，武公疾[5]。夫人请公，欲立段为太子，公弗听。是岁，武公卒，寤生立，是为庄公[6]。

【注释】

①申：国名。都城在今河南南阳市东北。②武姜：武是武公之谥，姜是姓，因称武姜。③寤生：逆生。寤通“忤”。④弗：不。⑤疾：患病。⑥庄公：郑庄公，前743—前701年在位，继武公为周平王卿士。

庄公元年[1]，封弟段于京[2]，号太叔。祭仲曰[3]：“京大于国，非所以封庶也[4]。”庄公曰：“武姜欲之，我弗敢夺也。”段至京，缮治甲兵[5]，与其母武姜谋袭郑。二十二年，段果袭郑，武姜为内应。庄公发兵伐段，段走[6]。伐京，京人叛段，段出走鄢[7]。鄢溃[8]，段出奔共[9]。于是庄公迁其母武姜于城颍[10]，誓言曰：“不至黄泉[11]，毋相见也。”居岁余[12]，已悔思母。颍谷之考叔有献于公[13]，公赐食。考叔曰：“臣有母，请君食赐臣母。”庄公曰：“我甚思母，恶负盟[14]，奈何？”考叔曰：“穿地至黄泉[15]，则相见矣。”于是遂从之，见母。

【注释】

①庄公元年：即周平王二十八年（前743年）。②京：邑名。在今河南荥阳市东南。③祭（zhài）仲：即祭足。郑国大夫。④国：国都。⑤缮治甲兵：整顿军备。缮，修整；治，训练；甲，士兵穿的用金属做的护身衣；这里指战士。兵，武器。⑥走：逃跑。⑦鄢：邑名。故城在今河南鄢陵县西北。⑧溃：乱；散。⑨共：国名。都城在今河南辉县。西周时为共伯封国，后为卫国的别邑。⑩迁：放逐；贬谪。⑪黄泉：地下深处、多有泉水，故称地下深处为黄泉。这里是指坟墓，下句“掘地至黄泉”的黄泉，则是指地下泉水。⑫居：停留。⑬颍谷：故城在今河南登封市西南。⑭恶（wù）：讨厌。⑮穿：掘通。

二十四年，宋缪公卒[1]，公子冯奔郑[2]。郑侵周地[3]，取禾[4]。二十五年，卫州吁弑其君桓公自立[5]，与宋伐郑，以冯故也。二十七年，始朝周桓王[6]。桓王怒其取禾，弗礼也[7]。二十九年，庄公怒周弗礼，与鲁易祊、许田[8]。三十三年，宋杀孔父[9]。三十七年，庄公不朝周，周桓王率陈、蔡、虢、卫伐郑[10]。庄公与祭仲、高渠弥发兵自救[11]，王师大败[12]。祝聸射中王臂[13]。祝聸请从之[14]，郑伯止之，曰：“犯长且难之[15]，况敢陵天子乎[16]？”乃止。夜令祭仲问王疾[17]。

【注释】

①宋缪公：亦作宋穆公。②公子冯：宋缪公子，后立为君，即宋庄公。③郑侵周地：《左传·隐公三年》："四月，郑祭足帅师取温之麦。秋，又取成周之禾。"周制：除分封给诸侯的领地外，周王室还直接辖有京都周围的许多城邑。温、成周都是周王室的直辖地。④禾：此指粟。⑤州吁：卫庄公庶子。⑥始：方；才。⑦礼：以礼相待。⑧祊（bēng）：邑名。⑨孔父：又称孔父嘉。宋穆公、殇公时为大司马。⑩陈、蔡、卫：均春秋时国名。详见《陈杞世家》《管蔡世家》《卫康叔世家》。⑪高渠弥：郑国大夫。⑫王师：古代指天子的军队。⑬祝聸：郑国大夫。⑭从：追逐。⑮犯：触犯；侵犯。长（zhǎng）：年高、位高或辈分高。⑯陵：欺侮。⑰问：慰问。

三十八年，北戎伐齐[①]，齐使求救[②]，郑遣太子忽将兵救齐[③]。齐釐公欲妻之[④]，忽谢曰："我小国，非齐敌也[⑤]。"时祭仲与俱，劝使取之[⑥]，曰："君多内宠[⑦]，太子无大援将不立，三公子皆君也。"所谓三公子者，太子忽，其弟突，次弟子亹也[⑧]。

【注释】

①北戎：部族名，即山戎。分布在今河北省北部。②使（shǐ）：使者。③将兵：带兵。④齐釐公：釐（xī），通"僖"。⑤敌：般配。⑥取：通"娶"。⑦内宠：指宠爱的姬妾。⑧三公子：一说指子突、子亹（wěi）、子仪。

四十三年，郑庄公卒。初，祭仲甚有宠于庄公，庄公使为卿[①]；公使娶邓女[②]，生太子忽，故祭仲立之，是为昭公。

【注释】

①卿：西周、春秋时天子、诸侯所属的高级大臣。②娶：迎。邓：国名。曼姓。

庄公又娶宋雍氏女[①]，生厉公突。雍氏有宠于宋。宋庄公闻祭仲之立忽，乃使人诱召祭仲而执之[②]，曰："不立突，将死。"亦执突以求赂焉[③]。祭仲许宋[④]，与宋盟[⑤]。以突归，立之。昭公忽闻祭仲以宋要立其弟突，九月丁亥，忽出奔卫。己亥，突至郑，立，是为厉公。

【注释】

①雍氏：宋国大夫，姞姓。②执：捉；逮捕。③赂：财物。④许：答应。⑤盟：发誓立约。

厉公四年，祭仲专国政[①]。厉公患之[②]，阴使其婿雍纠欲杀祭仲[③]。纠妻，祭仲女也，知之，谓其母曰："父与夫孰亲？"母曰："父一而已，人尽夫也。"女乃告祭仲，祭仲反杀雍纠，戮之于市。厉公无奈祭仲何，怒纠曰："谋及妇人，死固宜哉[④]！"夏，厉公出居边邑栎[⑤]。祭仲迎昭公忽，六月乙亥，复入郑，即位。

【注释】

①专国政：专擅国家大事。②患：厌恨。③阴使：暗中指使。④固：本来；诚然。⑤栎（lì）：邑名。故址在今河南禹县。

秋，郑厉公突因栎人杀其大夫单伯[①]，遂居之。诸侯闻厉公出奔，伐郑，弗克而去[②]。宋颇予厉公兵[③]，自守于栎，郑以故亦不伐栎。

【注释】

①单伯：栎邑大夫。《左传》作“檀伯”。②克：战胜。③颇：很；甚。

昭公二年，自昭公为太子时，父庄公欲以高渠弥为卿，太子忽恶之[1]，庄公弗听，卒用渠弥为卿。及昭公即位，惧其杀己，冬十月辛卯，渠弥与昭公出猎，射杀昭公于野。祭仲与渠弥不敢入厉公[2]，乃更立昭公弟子亹为君[3]，是为子亹也，无谥号[4]。

【注释】

①恶（wù）：憎恨；诋毁。②入：纳。③更：改。④谥（shì）号：封建时代在人死后按其生前事迹评定褒贬给予的称号。

子亹元年七月，齐襄公会诸侯于首止[1]，郑子亹往会，高渠弥相[2]，从，祭仲称疾不行[3]。所以然者，子亹自齐襄公为公子之时，尝会斗，相仇，及会诸侯，祭仲请子亹无行。子亹曰：“齐强，而厉公居栎，即不往，是率诸侯伐我，内厉公[4]。我不如往，往何遽必辱[5]，且又何至是！”卒行[6]。于是祭仲恐齐并杀之，故称疾。子亹至，不谢齐侯，齐侯怒，遂伏甲而杀子亹[7]。高渠弥亡归[8]，归与祭仲谋，召子亹弟公子婴于陈而立之[9]，是为郑子。是岁，齐襄公使彭生醉拉杀鲁桓公。

【注释】

①首止：卫邑，靠近郑国，故城在今河南睢县东南。②相（xiàng）：辅佐。③称疾：声称有病。④内（nà）：通“纳”。纳入。⑤何遽（jù）：如何。⑥卒：终于。⑦伏甲：埋伏武士。⑧亡：逃。⑨公子婴：《左传》作“子仪”。

郑子八年，齐人管至父等作乱，弑其君襄公。十二年，宋人长万弑其君滑公。郑祭仲死。

十四年，故郑亡厉公突在栎者使人诱劫郑大夫甫假[1]，要以求入。假曰：“舍我[2]，我为君杀郑子而入君。”厉公与盟，乃舍之。六月甲子，假杀郑子及其二子而迎厉公突，突自栎复入即位。初，内蛇与外蛇斗于郑南门中，内蛇死。居六年，厉公果复入。入而让其伯父原曰[3]：“我亡国外居，伯父无意入我，亦甚矣[4]。”原曰：“事君无二心[5]，人臣之职也[6]。原知罪矣。”遂自杀。厉公于是谓甫假曰：“子之事君有二心矣[7]。”遂诛之。假曰：“重德不报[8]，诚然哉！”

【注释】

①故：从前。甫假：亦作甫瑕、傅瑕。郑国大夫。②舍：释放。③让：责备。④甚：过分。⑤事：侍奉；服侍。⑥职：职分；职责。⑦子：古代对男子的尊称。⑧重德：大德；厚德。

厉公突后元年，齐桓公始霸。

五年，燕、卫与周惠王弟颓伐王[1]，王出奔温[2]，立弟颓为王。六年，惠王告急郑，厉公发兵击周王子颓，弗胜，于是与周惠王归，王居于栎。七年春，郑厉公与虢叔袭杀王子颓而入惠王于周。

【注释】

①弟颓伐王：事详《周本纪》。②温：邑名。故城在今河南温县西南。

秋，厉公卒，子文公踕立[①]。厉公初立四岁，亡居栎，居栎十七岁，复入，立七岁，与亡凡二十八年。

【注释】

①文公：姬踕（jié）。公元前672—前628年在位。

文公十七年，齐桓公以兵破蔡，遂伐楚[①]，至召陵[②]。

【注释】

①遂：就；于是。②召（shào）陵：楚邑名。

二十四年，文公之贱妾曰燕姞[①]，梦天与之兰，曰："余为伯儵。余，尔祖也。以是为而子[②]，兰有国香[③]。"以梦告文公，文公幸之[④]，而予之草兰为符[⑤]。遂生子，名曰兰。

【注释】

①燕姞（jí）：燕，国名。姞，姓。燕之都邑，在今河南延津县东北。②是：此；这。指示代词。此处指兰。而：你。③国香：极为浓烈的香气。后多称兰花为国香。④幸：指房事。⑤符：符信，即作为祥瑞的凭证。

三十六年，晋公子重耳过[①]，文公弗礼。文公弟叔詹曰："重耳贤，且又同姓[②]，穷而过君，不可无礼。"文公曰："诸侯亡公子过者多矣，安能尽礼之！"詹曰："君如弗礼，遂杀之；弗杀，使即反国[③]，为郑忧矣。"文公弗听。

【注释】

①重耳：即晋文公。②同姓：晋、郑同为姬姓。③即：或作"得"。反：通"返"。

三十七年春，晋公子重耳反国，立，是为文公。秋，郑入滑[①]，滑听命[②]，已而反与卫[③]，于是郑伐滑。周襄王使伯犕请滑[④]。郑文公怨惠王之亡在栎，而文公父厉公入之，而惠王不赐厉公爵禄[⑤]，又怨襄王之与卫滑，故不听襄王请而囚伯犕。王怒，与翟人伐郑[⑥]，弗克。冬，翟攻伐襄王，襄王出奔郑，郑文公居王于氾[⑦]。三十八年，晋文公入襄王成周[⑧]。

【注释】

①滑：国名。姬姓。②听：听从；顺从。③与：亲附。④伯犕（fú）：即伯服。周王室的大夫。请：请求和解。⑤爵禄：爵位和俸禄。⑥翟（dí）：通"狄"，部族名。⑦氾（fàn）：郑邑名。故城在今河南襄城县。⑧成周：城名。

四十一年，助楚击晋。自晋文公之过无礼，故背晋助楚。四十三年，晋文公与秦穆公共围郑[①]，讨其助楚攻晋者，及文公过时之无礼也。初，郑文公有三夫人，宠子五人，皆以罪蚤死[②]。公怒，溉逐群公子[③]。子兰奔晋，从晋文公围郑。时兰事晋文公甚谨[④]，爱幸之，乃私于晋，以求入郑为太子。晋于是欲得叔詹为僇[⑤]。郑文公恐，不敢谓叔詹言[⑥]。詹闻，言于郑君曰："臣谓君，君不听臣，晋卒为患。然晋所以围郑，以詹，詹死而赦郑国，詹之愿也。"乃自杀。郑人以詹尸与晋。晋文公曰："必欲一见郑君，辱之而去。"郑人患之，乃使人私于秦曰："破郑益晋[⑦]，非秦之利也。"秦兵罢。晋文公欲入兰为太子，以告郑。郑大夫石癸曰："吾闻姞姓乃后稷之元妃[⑧]，其后当有兴者。子兰母，其后也。且夫人子尽已死，余庶子无如兰贤。今围急，晋以为请，利孰大焉！”遂许晋，与盟，而卒立子兰为太子，晋兵乃罢去。

【注释】

①秦穆公：见《秦本纪》。②蚤：通“早”。③溉（jì）：通“既”，尽。④谨：恭敬。⑤僇（lù）：通“戮”。杀。⑥谓：劝说。⑦益：有利于。⑧后稷：名弃。元妃：帝王、诸侯的元配。

四十五年，文公卒，子兰立，是为缪公。

缪公元年春，秦缪公使三将将兵欲袭郑[①]，至滑，逢郑贾人弦高诈以十二牛劳军[②]，故秦兵不至而还，晋败之于崤[③]。初，往年郑文公之卒也，郑司城缯贺以郑情卖之[④]，秦兵故来。三年，郑发兵从晋伐秦，败秦兵于汪[⑤]。

【注释】

①三将：指孟明视、西乞术、白乙丙。②贾（gǔ）人：商人。弦高：郑国商人。③崤：山名。亦作“殽”。在今河南洛宁县西北。④司城：掌管城门的官吏。缯贺：人名。⑤汪：秦邑名。

往年楚太子商臣弑其父成王代立[①]。二十一年，与宋华元伐郑[②]。华元杀羊食士[③]，不与其御羊斟[④]，怒以驰郑，郑囚华元[⑤]。宋赎华元，元亦亡去。晋使赵穿以兵伐郑[⑥]。

【注释】

①往年：指穆公二年（公元前626年）。商臣：即楚穆王。②华元：宋国右师（执政大臣）。③食（sì）士：飨士；犒劳士兵。④御：驾车马的人。羊斟：人名。⑤囚：俘虏。⑥赵穿：晋国大夫。

二十二年，郑缪公卒，子夷立，是为灵公。

灵公元年春，楚献鼋于灵公[①]。子家、子公将朝灵公[②]，子公之食指动[③]，谓子家曰：“佗日指动[④]，必食异物。”及入，见灵公进鼋羹[⑤]，子公笑曰：“果然！”灵公问其笑故，具告灵公[⑥]。灵公召之，独弗予羹。子公怒，染其指，尝之而出。公怒，欲杀子公。子公与子家谋先。夏，弑灵公。郑人欲立灵公弟去疾，去疾让曰：“必以贤，则去疾不肖；必以顺[⑦]，则公子坚长。”坚者，灵公庶弟[⑧]，去疾之兄也。于是乃立子坚，是为襄公。

【注释】

①鼋（yuán）：动物名。亦称“绿团鱼”。生活于河中。②子家、子公：都是郑国的大臣。③食指：第二指。④佗（tuō）：同“他”。⑤羹：煮成浓汁的食品。⑥具：通“俱”。都；完全。⑦顺：指长幼顺序。⑧庶弟：灵公父妾所生的儿子。

襄公立，将尽去缪氏[①]。缪氏者，杀灵公，子公之族家也[②]。去疾曰：“必去缪氏，我将去之。”乃止。皆以为大夫。

【注释】

①尽去缪氏：襄公要全部驱逐他的众兄弟。缪氏，指缪公的诸子，襄公的众兄弟，不只是子公的家族。②族家：即家族。

襄公元年，楚怒郑受宋赂纵华元[①]，伐郑。郑背楚，与晋亲。五年，楚复伐郑，晋来救之。六年，子家卒，国人复逐其族，以其弑灵公也[2]。

【注释】

①纵：释放。②以：因为。

七年，郑与晋盟鄢陵[1]。八年，楚庄王以郑与晋盟，来伐，围郑三月，郑以城降楚。楚王入自皇门[2]，郑襄公肉袒掔羊以迎[3]，曰："孤能事边邑[4]，使君王怀怒以及弊邑[5]，孤之罪也。敢不惟命是听。君王迁之江南[6]，及以赐诸侯，亦惟命是听。若君王不忘厉、宣王[7]，桓、武公[8]，哀不忍绝其社稷[9]，锡不毛之地[10]，使复得改事君王，孤之愿也，然非所敢望也。敢布腹心[11]，惟命是听。"庄王为却三十里而后舍[12]。楚群臣曰："自郢至此[13]，士大夫亦久劳矣[14]。今得国舍之，何如？"庄王曰："所为伐，伐不服也。今已服，尚何求乎？"卒去。晋闻楚之伐郑，发兵救郑。其来持两端[15]，故迟，比至河[16]，楚兵已去。晋将率或欲渡[17]，或欲还，卒渡河。庄王闻，还击晋。郑反助楚，大破晋军于河上。十年，晋来伐郑，以其反晋而亲楚也。

【注释】

①鄢陵：郑邑名。故城在今河南鄢陵县西北。②皇门：郑国城门，或云郭门。③肉袒：去衣露体。掔（qiān）：通"牵"。④孤：古代王侯的自称。事：治理。边邑：边远地区；边陲。⑤弊：通"敝"。谦辞。⑥江南：地区名。泛指长江以南，但各个时代所指不同。⑦厉、宣：指周厉王、周宣王。郑桓公为厉王子，厉王是郑之祖。但郑桓公受封于宣王之时，是郑的被封之始。⑧桓、武：指郑桓公、郑武公。⑨哀：怜悯。社稷：本指古代帝王所祭祀的土神和谷神，后用作国家的代称。⑩锡：赐。⑪布：陈述。腹心：真诚之心。⑫却：撤退。舍：住宿。⑬郢（yǐng）：楚国都城。故城在今湖北江陵县西北。⑭士大夫：春秋战国称军士将佐。⑮持两端：怀二心；动摇不定。⑯比：及；等到。

十一年，楚庄王伐宋[1]，宋告急于晋。晋景公欲发兵救宋，伯宗谏晋君曰："天方开楚[2]，未可伐也。"乃求壮士得霍人解扬[3]，字子虎，诓楚[4]，令宋毋降。过郑，郑与楚亲，乃执解扬而献楚[5]。楚王厚赐与约，使反其言，令宋趣降[6]，三要乃许[7]。于是楚登解扬楼车[8]，令呼宋。遂负楚约而致其晋君命曰[9]："晋方悉国兵以救宋，宋虽急，慎毋降楚，晋兵今至矣！"楚庄王大怒，将杀之。解扬曰："君能制命为义[10]，臣能承命为信[11]。受吾君命以出，有死无陨[12]。"庄王曰："若之许我[13]，已而背之，其信安在？"解扬曰："所以许王，欲以成吾君命也。"将死，顾谓楚军曰："为人臣无忘尽忠得死者！"楚王诸弟皆谏王赦之，于是赦解扬使归。晋爵之为上卿[14]。

【注释】

①楚庄王：见《楚世家》。②方：始；正在；将。开楚：扩充楚国的势力。③霍：国名。都城在今山西霍县西南。④诓：（kuāng）：欺骗；迷惑。⑤执：逮捕。⑥趣（cù）：赶快。⑦要（yāo）：要挟。⑧楼车：设有望楼用以瞭望敌人的战车。⑨负：背弃。致：传达；表达。⑩制命：制定与发布命令。⑪承命：接受并贯彻命令。承，奉行。⑫陨（yǔn）：废弃。⑬若：你。许：应许；许可。⑭爵：授予官爵。

十八年，襄公卒，子悼公溃立[①]。

【注释】

①溃（fèi）：《左传》作“费”。

悼公元年，鄦公恶郑于楚[①]，悼公使弟睔于楚自讼[②]。讼不直[③]，楚囚睔。于是郑悼公来与晋平，遂亲。睔私于楚子反[④]，子反言归睔于郑。

【注释】

①鄦（xǔ）公：鄦，古国名，许（今河南许昌市东）的古称。恶（wù）：诽谤。②睔（gùn）：人名。讼：申诉辩解。③不直：不伸。④私：秘密活动。

二年，楚伐郑，晋兵来救。是岁，悼公卒，立其弟睔，是为成公。

成公三年，楚共王曰“郑成公孤有德焉[①]”，使人来与盟。成公私与盟。秋，成公朝晋，晋曰“郑私平于楚”[②]，执之。使栾书伐郑[③]。四年春，郑患晋围，公子如乃立成公庶兄繻为君[④]。其四月[⑤]，晋闻郑立君，乃归成公。郑人闻成公归，亦杀君繻，迎成公。晋兵去。

【注释】

①郑成公：此时成公尚在，无称谥之理。②平：媾和。③栾书：晋国执政大臣。④繻（xū）：人名。⑤其：回指上文提及的事或人，此处指“成公四年”。

十年，背晋盟，盟于楚。晋厉公怒，发兵伐郑。楚共王救郑。晋楚战鄢陵，楚兵败，晋射伤楚共王目，俱罢而去。十三年，晋悼公伐郑，兵于洧上[①]。郑城守[②]，晋亦去。

【注释】

①洧（wěi）：水名。今河南双洎河。自长葛县以下，故道原经鄢陵、扶沟两县南，至西华县西入颍水。②城守：据城守御。

十四年，成公卒，子恽立。是为釐公[①]。

【注释】

①釐（xī）：通“僖”。

釐公五年，郑相子驷朝釐公，釐公不礼。子驷怒，使厨人药杀釐公[①]，赴诸侯曰“釐公暴病卒”[②]。立釐公子嘉，嘉时年五岁，是为简公。

【注释】

①药杀：毒死。②赴：通“讣”。讣告；报丧。

简公元年，诸公子谋欲诛相子驷，子驷觉之，反尽诛诸公子。二年，晋伐郑，郑与盟，晋去。冬，又与楚盟。子驷畏诛，故两亲晋、楚。三年，相子驷欲自立为君，公子子孔使尉止杀相子驷而代之。子孔又欲自立。子产曰：[①]“子驷为不可，诛之，今又效之，是乱无时息也。”于是子孔从之而相郑简公。

【注释】

①子产（？—前522年）：公孙侨，字子产，谥成子。郑国执政大臣。

四年，晋怒郑与楚盟，伐郑，郑与盟。楚共王救郑，败晋兵。简公欲与晋平，楚又因郑使者。

十二年，简公怒相子孔专国权，诛之，而以子产为卿。十九年，简公如晋请卫君还[①]，而封子产以六邑。子产让，受其三邑。二十二年，吴使延陵季子于郑[②]，见子产如旧交，谓子产曰："郑之执政者侈[③]，难将至，政将及子。子为政，必以礼；不然，郑将败。"子产厚遇季子[④]。二十三年，诸公子争宠相杀[⑤]，又欲杀子产。公子或谏曰[⑥]："子产仁人，郑所以存者子产也，勿杀！"乃止。

【注释】

①如：往；去。②延陵：吴邑名。故城在今江苏常州市。季子：季札，又称公子札。③执政：指执政大臣伯有。侈：放纵。④厚遇：厚待。遇，款待。⑤争宠：古代贵族官僚或妃妾等互相竞争角逐，以求得到帝王的宠爱和信任。⑥公子：指子皮。

二十五年，郑使子产于晋，问平公疾。平公曰："卜而曰实沈、台骀为祟[①]，史官莫知，敢问[②]？"对曰："高辛氏有二子，长曰阏伯[③]，季曰实沈，居旷林[④]，不相能也[⑤]，日操干戈以相征伐。后帝弗臧[⑥]，迁阏伯于商丘[⑦]，主辰[⑧]，商人是因，故辰为商星。迁实沈于大夏[⑨]，主参[⑩]，唐人是因[⑪]，服事夏、商[⑫]，其季世曰唐叔虞[⑬]。当武王邑姜方娠大叔[⑭]，梦帝谓己[⑮]：'余命而子曰虞，乃与之唐，属之参而蕃育其子孙[⑯]。'及生有文在其掌曰'虞'[⑰]，遂以命之。及成王灭唐而国大叔焉[⑱]。故参为晋星。由是观之，则实沈，参神也。昔金天氏有裔子曰昧[⑲]，为玄冥师[⑳]，生允格、台骀。台骀能业其官[㉑]，宣汾、洮[㉒]，障大泽[㉓]，以处太原[㉔]。帝用嘉之[㉕]，国之汾川[㉖]。沈、姒、蓐、黄实守其祀[㉗]。今晋主汾川而灭之。由是观之，则台骀，汾、洮神也。然是二者不害君身。山川之神，则水旱之灾禜之[㉘]；日月星辰之神，则雪霜风雨不时禜之；若君疾，饮食哀乐女色所生也。"平公及叔向曰："善，博物君子也[㉙]！"厚为之礼于子产。

【注释】

①祟（suì）：古人想象中的鬼怪或鬼怪害人。②敢：自言冒昧之词。③阏（è）伯：人名。④旷：大；空阔。⑤能：亲善；和睦。⑥后帝：指唐尧。⑦商丘：邑名。商始祖契所居，故城在今河商丘市南。⑧主：主持祭祀。辰：即心宿，亦名商星、大火。二十八宿之一。⑨大夏：地名。在今山西太原市西南。⑩参（shēn）：参宿。二十八宿之一。⑪唐：国名。唐尧后代刘累的封国。都城在今山西翼城县西。⑫服事：诸侯定期朝贡，各依服数以事天子，称为服事。⑬季世：末世。⑭邑姜：周武王正妃，齐太公女娠（shēn）：怀孕。⑮帝：天帝。己：指邑姜。⑯蕃育：繁殖养育。⑰文：字。虞：《石经》古文"虞"作"㕦"，手掌纹也许有这种形状的。⑱国：封。《左传》作"封"。大叔：即叔虞。⑲金天氏：传说中古帝少昊的国号。⑳玄冥：水官。师：首长。㉑业：继承。㉒宣：宣泄；疏通。汾：水名。即今山西省中部的汾河。洮（táo）：水名。在今山西绛县西南。㉓障：修筑堤防。大泽：指台骀泽，在今山西太原市南。㉔处：居住。太原：此处太原非专名，是指汾水流域一带高平的地方。㉕帝：指颛顼。嘉：赞许；嘉奖。㉖汾川：汾水流域。㉗沈、姒、蓐（rù）、黄：四国名。都在当时晋国境内。㉘禜（yǒng，又读 yíng）：古代禳除灾祸之祭。㉙博物：能辨识许多事物。

二十七年夏，郑简公朝晋。冬，畏楚灵王之强，又朝楚，子产从。二十八年，郑君病，使子产会诸侯，与楚灵王盟于申[①]，诛齐庆封[②]。

【注释】

①申：地名。在今河南南阳市北。②庆封（？—前532年）：齐国大夫。

三十六年，简公卒，子定公宁立。秋，定公朝晋昭公。

定公元年，楚公子弃疾弑其君灵王而自立，为平王。欲行德诸侯，归灵王所侵郑地于郑。

四年，晋昭公卒，其六卿强[①]，公室卑[②]。子产谓韩宣子曰[③]："为政必以德，毋忘所以立[④]。"

【注释】

①六卿：指晋国的范氏、中行氏、知氏、韩氏、赵氏、魏氏六家。②公室：春秋战国时期诸侯的家族，也用以指诸侯国的政权。卑：衰微。③韩宣子：韩起，谥宣子。④所以立：巩固政权的条件。

六年，郑火，公欲禳之[①]。子产曰："不如修德[②]。"

【注释】

①禳（ráng）：祭祷消灾。②修德：修养德行；施行德政。

八年，楚太子建来奔[①]。十年，太子建与晋谋袭郑。郑杀建，建子胜奔吴。

【注释】

①楚太子建来奔：事见《楚世家》。来奔，犹奔来。奔，逃亡。

十一年，定公如晋。晋与郑谋，诛周乱臣[①]，入敬王于周[②]。

【注释】

①乱臣：指王弟子朝的同党。②周：指成周城。

十三年，定公卒，子献公虿立。献公十三年卒，子声公胜立。当是时，晋六卿强，侵夺郑，郑遂弱。

声公五年，郑相子产卒，郑人皆哭泣，悲之如亡亲戚[①]。子产者，郑成公少子也[②]。为人仁爱人[③]，事君忠厚。孔子尝过郑，与子产如兄弟云。及闻子产死，孔子为泣曰："古之遗爱也[④]！"

【注释】

①亲戚：古代指内外亲属，包括父母子女在内。②子产和郑成公是堂兄弟，本文记载有误。③仁爱人：仁是儒家的一种含义极广的道德范畴，其主旨是人与人互相亲爱，所以这里的"爱人"是对"仁"的具体说明。④遗爱：遗留下来的仁爱之人。

八年，晋范、中行氏反晋，告急于郑，郑救之。晋伐郑，败郑军于铁[①]。

【注释】

①铁：即铁丘。地名。在今河南濮阳县西北。

三十六年，晋知伯伐郑，取九邑。

三十七年，声公卒，子哀公易立。哀公八年，郑人弑哀公而立声公弟丑，是为共公。共公三年，三晋灭知伯[1]。三十一年，共公卒，子幽公已立。幽公元年，韩武子伐郑，杀幽公。郑人立幽公弟骀，是为缧公[2]。

【注释】

①三晋：春秋末，晋国被韩、赵、魏三家所瓜分，史称三晋。知（zhì）伯：晋国执政大臣。②缧（xū）公：骀，幽公弟，或作“缭”。

缧公十五年，韩景侯伐郑，取雍丘[1]。郑城京[2]。

【注释】

①取：轻易征服城邑或打败敌军之意。②城：筑城。

十六年，郑伐韩，败韩兵于负黍[1]。二十年，韩、赵、魏列为诸侯。二十三年，郑围韩之阳翟[2]。

【注释】

①负黍：邑名。又名黄城。②阳翟：邑名。

二十五年，郑君杀其相子阳[1]。二十七年，子阳之党共弑缧公骀而立幽公弟乙为君[2]，是为郑君[3]。

郑君乙立二年，郑负黍反，复归韩。十一年，韩伐郑，取阳城[1]。

二十一年，韩哀侯灭郑，并其国。

【注释】

①郑君：此指郑缧公。②党：同伙。③郑君：即郑康公。④阳城：郑邑名。故城在今河南登封市东南。

太史公曰：语有之，“以权利合者[1]，权利尽而交疏[2]”，甫瑕是也。甫瑕虽以劫杀郑子内厉公，厉公终背而杀之，此与晋之里克何异[3]？守节如荀息[4]，身死而不能存奚齐[5]。变所从来，亦多故矣[6]！

【注释】

①权利：权势和利益。②疏：疏远。③里克：晋献公时大夫。④荀息：晋献公时大夫。⑤奚齐：晋献公宠妃骊姬之子。⑥故：缘故；原因。

赵世家第十三

赵氏之先[1]，与秦共祖。至中衍，为帝大戊御[2]。其后世蜚廉有子二人[3]，而命其一子曰恶来[4]，事纣，为周所杀，其后为秦。恶来弟曰季胜，其后为赵。

【注释】

①赵：赵氏。原为晋卿。前403年烈侯赵籍始为诸侯。②帝大戊：殷商第七代国君，在位期间，起用伊陟、巫咸等贤臣，较有政绩，曾任命中衍担任管理车马的车正。③蜚廉：亦作飞廉。④命：即命名。

季胜生孟增。孟增幸于周成王①，是为宅皋狼②。皋狼生衡父，衡父生造父。造父幸于周缪王③。造父取骥之乘匹④，与桃林盗骊、骅骝（骍）、绿耳⑤，献之缪王。缪王使造父御，西巡狩⑥，见西王母⑦，乐之忘归。而徐偃王反⑧，缪王日驰千里马，攻徐偃王，大破之。乃赐造父以赵城⑨，由此为赵氏。

【注释】

①幸：宠爱。②宅皋狼：孟增居住皋狼，因以为号。③周缪王：即周穆王。缪，通“穆”。④骥：良马的通称。乘（shèng）匹：即八匹。并四为乘，并两为匹，两四得八。⑤桃林：地区名，在今黄河及渭水南岸，河南灵宝县至陕西渭南县一带。其地多良马。盗骊、骅骝、绿耳：周穆王所乘八骏中的三骏。⑥巡狩：相传古代帝王五年一巡狩，视察诸侯所守的地方，其后帝王外出游历亦名巡狩。⑦西王母：神话人物。也称金母，王母。⑧徐偃王：相传周穆王时期的徐国国君。嬴姓，亦称徐子，“有地方五百里。”古徐国，在今江苏泗洪县南。⑨赵城：邑名。在今山西洪洞县北赵城镇。

自造父已下六世至奄父，曰公仲，周宣王时伐戎①，为御。及千亩战②，奄父脱宣王③。奄父生叔带。叔带之时，周幽王无道，去周如晋，事晋文侯④，始建赵氏于晋国。

【注释】

①戎：我国古代西部民族的泛称，这里指西戎之别种姜氏之戎。②千亩：邑名。在今山西安泽县东北。③脱：使……脱险。④晋文侯：姬仇。

自叔带以下，赵宗益兴，五世而至赵夙。

赵夙，晋献公之十六年伐霍、魏、耿①，而赵夙为将伐霍。霍公求奔齐②。晋大旱，卜之③，曰“霍太山为祟”④。使赵夙召霍君于齐，复之⑤，以奉霍太山之祀，晋复穰⑥。晋献公赐赵夙耿。

【注释】

①晋献公：详见《晋世家》。霍：姬姓国。魏：国名。在今山西芮城县东北。耿：春秋时小国，在今山西省河津市东南。②求：霍公之名。③卜：占卜。④霍太山：即霍山，也称太岳山，在今山西省霍县东南。⑤复之：使他恢复。⑥穰（ráng）：丰收。

夙生共孟，当鲁闵公之元年也①。共孟生赵衰，字子余②。

【注释】

①鲁闵公元年：前661年。②赵衰（cuī）：即赵成子。春秋时晋国的卿。

赵衰卜事晋献公及诸公子①，莫吉；卜事公子重耳②，吉，即事重耳。重耳以骊姬之乱亡奔翟③，赵衰从。翟伐廧咎如④，得二女，翟以其少女妻重耳，长女妻赵衰而生盾。初，重耳在晋时，赵衰妻亦生赵同、赵括、赵婴齐。赵衰从重耳出亡，凡十九年，得反国。重耳为晋文公，赵衰为原大夫，居原，任国政⑤。文公所以反国及霸，多赵衰计策，语在晋事中⑥。

【注释】

①卜事：用占卜决定事奉对象。诸公子：指晋献公的几个儿子。②重耳：即后来的晋文公，献公之子。③骊姬之乱：指骊姬欲立己子奚齐为太子，于是谮杀太子申生，驱逐诸公子而引起晋国内乱的事件。翟（dí）：同“狄”。春秋时活动于齐、晋、鲁、宋、卫、邢等国之间的少数民族。④廧咎（qiáng gāo）如：春秋时赤狄部落名。⑤原：邑名。故城在今河南省济源市西北。原大夫：原邑的长官。⑥晋事：指《晋世家》。

赵衰既反晋，晋之妻固要迎翟妻①，而以其子盾为適嗣②，晋妻三子皆下事之。晋襄公之六年，而赵衰卒，谥为成季。

【注释】

①固要（yāo）：坚持要求。②適（dí）嗣：即“嫡子”。嫡，正妻所生的儿子。有时也专指正妻所生的长子。

赵盾代成季任国政二年而晋襄公卒，太子夷皋年少。盾为国多难，欲立襄公弟雍。雍时在秦，使使迎之。太子母日夜啼泣，顿首谓赵盾曰①：“先君何罪？释其適子而更求君②？”赵盾患之，恐其宗与大夫袭诛之③，乃遂立太子，是为灵公，发兵距所迎襄公弟于秦者④。灵公既立，赵盾益专国政。

【注释】

①顿首：头叩至地。②释：舍弃。更求：重新选择。③宗：宗族。同祖称宗。太子母即穆嬴，秦国宗室女。赵盾担心不答应穆嬴的要求，会引起秦国的干预、声讨。④距：同“拒”。阻挡，抵御。

灵公立十四年，益骄。赵盾骤谏①，灵公弗听。及食熊蹯，胹不熟，杀宰人②，持其尸出，赵盾见之。灵公由此惧③，欲杀盾。盾素仁爱人④，尝所食桑下饿人反扞救盾，盾以得亡⑤。未出境，而赵穿弑灵公而立襄公弟黑臀⑥，是为成公。赵盾复反，任国政。君子讥盾“为正卿⑦，亡不出境，反不讨贼”，故太史书曰：“赵盾弑其君⑧”。晋景公时而赵盾卒，谥为宣孟⑨，子朔嗣。

【注释】

①骤：屡次，多次。②熊蹯（fán）：即熊掌。胹（ér）：煮。宰人：主持掌管君主饮食膳馐的小臣。③惧：害怕。④素：一向，向来。仁爱：指同情、爱护、热心帮助人的思想感情。⑤“桑下饿人反扞救盾”事，详见《晋世家》。扞，通“捍”。保护，捍卫。以：因此。得：能够；得以。⑥赵穿：赵盾的堂弟。黑臀（tún）：晋文公的小儿子。⑦正卿：春秋各国诸侯所属高级长官的通称。⑧太史：官名。春秋时太史掌管起草文书、记载史事，兼管国家典籍、天文历法、祭祀、卜筮等。⑨宣孟：《史记志疑》卷二十三说：孟非谥也，当作“宣子”。

赵朔，晋景公之三年①，朔为晋将下军救郑②，与楚庄王战河上③。朔娶晋成公姊为夫人。

【注释】

①晋景公之三年：公元前597年。②下军：三军之一。③河上：河畔。此处“河上”指今郑州西北、荥阳东北的黄河沿岸。

晋景公之三年，大夫屠岸贾欲诛赵氏①。初，赵盾在时，梦见叔带持要而哭②，甚悲；已而笑，拊手且歌③。盾卜之，兆绝而后好④。赵史援占之⑤，曰：“此梦甚恶，非君之身⑥，乃君之子，然亦君之咎⑦。至孙，赵将世益衰⑧。”屠岸贾者，始有宠于灵公，及至于景公而贾为司寇，将作难，乃治灵公之贼以致赵盾⑨，遍告诸将曰：“盾虽不知，犹为贼首⑩。以臣弑君，子孙在朝，何以惩罪⑪？请诛之。”韩厥曰⑫：“灵公遇贼，赵盾在外，吾先君以为无罪⑬，故不诛。今诸君将诛其后，是非先君之意而今妄诛。妄诛谓之乱。臣有大事而君不闻，是无君也。”屠岸贾不听。韩厥告赵朔趣亡⑭。朔不肯，曰：“子必不绝赵祀⑮，朔死不恨。”韩厥许诺，称疾不出⑯。贾不请而擅与诸将攻赵氏于下宫⑰，杀赵朔、赵同、赵括、赵婴齐，皆灭其族。

【注释】

①屠岸贾（gǔ）：姓屠岸，名贾。②要：同“腰”。③拊手：拍手。④兆：即“卜兆”，龟甲上灼的裂纹显示出来的吉凶。绝：中断，断绝。⑤史援：史官名援。⑥身：自身，自己。⑦咎（jiù）：罪过，过失。⑧世：父子相继为一世。⑨司寇：官名。西周始置。作难：发难，起事。治：惩处。贼：杀人者。致：牵连。⑩贼首：杀人的首领，祸首。⑪惩罪：判罪。惩，处罚。⑫韩厥：即韩献子。时为晋六卿之一。⑬先君：指晋襄公。⑭趣（cù）亡：赶快逃跑。⑮必：果真。祀：祭祀。⑯称疾：声称有病。⑰下宫：后宫。

赵朔妻成公姊，有遗腹，走公宫匿①。赵朔客曰公孙杵臼，杵臼谓朔友人程婴曰：“胡不死？”程婴曰：“朔之妇有遗腹，若幸而男，吾奉之②；即女也，吾徐死耳。”居无何，而朔妇免身③，生男。屠岸贾闻之，索于宫中。夫人置儿绔中④，祝曰：“赵宗灭乎，若号⑤；即不灭，若无声。”及索，儿竟无声。已脱⑥，程婴谓公孙杵臼曰：“今一索不得，后必且复索之，奈何？”公孙杵臼曰：“立孤与死孰难⑦？”程婴曰：“死易，立孤难耳。”公孙杵臼曰：“赵氏先君遇子厚⑧，子强为其难者⑨，吾为其易者，请先死。”乃二人谋取他人婴儿负之⑩，衣以文葆⑪，匿山中。程婴出，谬谓诸将军曰：“婴不肖⑫，不能立赵孤。谁能与我千金，吾告赵氏孤处。”诸将皆喜，许之，发师随程婴攻公孙杵臼。杵臼谬曰：“小人哉程婴！昔下宫之难不能死，与我谋匿赵氏孤儿，今又卖我。纵不能立，而忍卖之乎！”抱儿呼曰：“天乎天乎！赵氏孤儿何罪？请活之，独杀杵臼可也。”诸将不许，遂杀杵臼与孤儿。诸将以为赵氏孤儿良已死⑬，皆喜。然赵氏真孤乃反在，程婴卒与俱匿山中。

【注释】

①遗腹：妇人于丈夫死前怀孕未生的子女。走：跑。②奉：事奉。此处引申为“抚养”。③免身：妇女分娩生孩子。免，同“娩”。④绔（kù）：同“袴”“裤”。此指裤裆。⑤号（háo）：大声哭，大声喊叫。⑥脱：脱身。⑦立孤：抚养孤儿。⑧先君：指赵朔。⑨强（qiǎng）：勉强。⑩谋取：设法取得。负：抱持。⑪文葆：文绣的襁褓。⑫不肖：不贤，没出息。⑬良：确实，真的。

居十五年①，晋景公疾，卜之，大业之后不遂者为祟②。景公问韩厥，厥知赵孤在，乃曰："大业之后在晋绝祀者，其赵氏乎？夫自中衍者皆嬴姓也。中衍人面鸟噣③，降佐殷帝大戊④，及周天子，皆有明德⑤。下及幽厉无道⑥，而叔带去周适晋，事先君文侯，至于成公，世有立功，未尝绝祀。今吾君独灭赵宗⑦，国人哀之，故见龟策⑧。唯君图之⑨。"景公问："赵尚有后子孙乎？"韩厥具以实告。于是景公乃与韩厥谋立赵孤儿，召而匿之宫中。诸将入问疾，景公因韩厥之众以胁诸将而见赵孤⑩。赵孤名曰武。诸将不得已，乃曰："昔下宫之难，屠岸贾为之，矫以君命⑪，并命群臣。非然，孰敢作难！微君之疾，群臣固且请立赵后⑫。今君有命，群臣之愿也⑬。"于是召赵武、程婴遍拜诸将，遂反与程婴、赵武攻屠岸贾，灭其族。复与赵武田邑如故。

【注释】

①居十五年：过了十五年。这一年是景公十九年（前581年）。②大业：即赵氏的祖先皋陶。不遂：不能顺利地成长。③噣（zhòu）：同"咮"。鸟嘴，特指钩形的鸟嘴。赵氏的祖先以鸟为图腾，作为崇拜对象，所以这里说人面鸟噣。④降（jiàng）佐：下来辅佐。⑤明德：完美的德性。⑥幽厉：指周幽王和周厉王。⑦赵宗：赵氏宗族。⑧见：同"现"。显示，显现。龟：占卜用的龟甲。策：占筮用的蓍草。⑨唯：希望。⑩因：依靠。⑪矫：假托，诈称。⑫微：如果不是。⑬愿：心愿，愿望。

及赵武冠①，为成人，程婴乃辞诸大夫，谓赵武曰："昔下宫之难，皆能死。我非不能死，我思立赵氏之后。今赵武既立，为成人，复故位，我将下报赵宣孟与公孙杵臼②。"赵武啼泣顿首固请，曰："武愿苦筋骨以报子至死③，而子忍去我死乎！"程婴曰："不可。彼以我为能成事④，故先我死；今我不报，是以我事为不成。"遂自杀。赵武服齐衰三年⑤，为之祭邑⑥，春秋祠之，世世勿绝。

【注释】

①冠（guàn）：冠礼。②下报：到九泉之下去报告，意谓死。③苦：劳苦。④成事：指能完成立孤的重任。⑤齐衰（zī cuī）：古人守丧时穿的一种衣服。⑥祭邑：供给祭祀用费的封邑。

赵氏复位十一年①，而晋厉公杀其大夫三郤②。栾书畏及③，乃遂弑其君厉公，更立襄公曾孙周，是为悼公。晋由此大夫稍强。

【注释】

①赵氏复位十一年：即晋厉公七年（前574年）。②三郤（xì）：指郤锜、郤犨（chōu）、郤至。③栾书（？—前573年）：即栾武子。初为下军之佐，后为中军元帅，代郤克为政。

赵武续赵宗二十七年①，晋平公立。平公十二年，而赵武为正卿。十三年，吴延陵季子使于晋②，曰："晋国之政卒归于赵武子、韩宣子、魏献子之后矣③。"赵武死，谥为文子。

【注释】

①二十七年：应为"二十五年"。赵武自晋景公十九年（前581年）复位，至晋平公元年（前557年），适二十五年。②延陵季子：即季札。③赵武子：即赵武。"武子"为"文子"之误。"宣子""献子"皆谥号，三子并称，赵

武也应称谥号。

文子生景叔[①]。景叔之时，齐景公使晏婴于晋，晏婴与晋叔向语[②]。婴曰："齐之政后卒归田氏[③]。"叔向亦曰："晋国之政将归六卿[④]。六卿侈矣，而吾君不能恤也[⑤]。"

【注释】

①景叔：即赵成子。②晏婴（？—前500）：字平仲，齐国大夫。叔向：姓羊舌，名肸（xī），晋国大夫，有贤名，平公任为太傅。③田氏：指春秋时齐国田氏宗族，世为齐国大臣。④六卿：晋国势力雄厚的六家卿大夫。即范氏、中行（háng）氏、知氏、赵氏、韩氏、魏氏。⑤侈：肆行无忌，意即不把晋君放在眼里。

赵景叔卒，生赵鞅，是为简子[①]。

【注释】

①简子：即赵简子。名鞅。

赵简子在位，晋顷公之九年[①]，简子将合诸侯戍于周[②]。其明年，入周敬王于周，辟弟子朝之故也[③]。

【注释】

①晋顷公之九年：前517年。②将（jiàng）：率领，统率。合：会合。戍：驻防，驻守。③入：护送。周敬王：景王之子，悼王同母弟。

晋顷公之十二年，六卿以法诛公族祁氏、羊舌氏，分其邑为十县[①]，六卿各令其族为之大夫[②]。晋公室由此益弱[③]。

【注释】

①公族：国君的宗族。此处是"公族大夫"的省称。邑：泛指卿大夫的封地。县：地方行政区划单位。②族：指同族的人。大夫：即县宰、县令。③公室：指诸侯国的国君及其宗族，也代指其国家政权机构。

后十三年[①]，鲁贼臣阳虎来奔[②]，赵简子受赂，厚遇之。

【注释】

①后十三年：晋定公十一年，鲁定公九年，即前501年。②阳虎：季孙氏的家臣。

赵简子疾，五日不知人[①]，大夫皆惧。医扁鹊视之，出，董安于问[②]。扁鹊曰："血脉治也[③]，而何怪！在昔秦缪公尝如此，七日而寤[④]。寤之日，告公孙支与子舆曰：'我之帝所甚乐[⑤]。吾所以久者，适有学也[⑥]。帝告我：晋国将大乱，五世不安[⑦]；其后将霸，未老而死[⑧]；霸者之子且令而国男女无别[⑨]。'公孙支书而藏之，秦谶于是出矣[⑩]。献公之乱[⑪]，文公之霸，而襄公败秦师于殽而归纵淫[⑫]，此子之所闻。今主君之疾与之同[⑬]，不出三日疾必间[⑭]，间必有言也。"

【注释】

①不知人：不省人事。②扁鹊：春秋战国之际的名医。姓秦，名越人。③血脉治：血脉正常。④秦缪公：即秦穆公。尝：曾。寤：醒。⑤公孙支与子舆：都是春秋时秦国大夫。公孙支即子桑，子舆亦称子车。之：往，去，到。帝所：上帝的住

处。⑥适：刚好。学：同“斆”（xiào），接受教导。⑦五世不安：指晋献公、奚齐、悼子、惠公和怀公五世，国内都不安定。⑧未老而死：晋文公称霸未久即死。⑨而：你。男女无别：男女不相离别，指晋襄公释放战俘回秦国之事。⑩秦谶（chèn）于是出：指公孙支写在秦国简策上的谶语，后来在晋国出现了。⑪献公之乱：晋献公宠爱骊姬，逼嫡子申生自杀，重耳、夷吾出奔。献公死，奚齐立，为里克所杀；悼子继立，又为里克所杀。后夷吾立，是为惠公。这一段变乱频繁的时期，即这里说的“献公之乱”。⑫殽（xiáo，亦读 yáo）：或作崤，即崤山。在今河南洛宁县西北。⑬主君：古之国君、卿、大夫，均可称主君。此处是对赵简子的敬称。后一个“之”指秦穆公。⑭间（jiàn）：病愈，病势好转。

居二日半[①]，简子寤。语大夫曰：“我之帝所甚乐，与百神游于钧天，广乐九奏万舞，不类三代之乐，其声动人心[②]。有一熊欲来援我[③]，帝命我射之，中熊，熊死。又有一罴来，我又射之，中罴，罴死[④]。帝甚喜，赐我二笥，皆有副[⑤]。吾见儿在帝侧，帝属我一翟犬[⑥]，曰：‘及而子之壮也[⑦]，以赐之。’帝告我：‘晋国且世衰，七世而亡，嬴姓将大败周人于范魁之西[⑧]，而亦不能有也。今余思虞舜之勋，适余将以其胄女孟姚配而七世之孙[⑨]’。”董安于受言而书藏之。以扁鹊言告简子，简子赐扁鹊田四万亩[⑩]。

【注释】

①居：等待，停留。②钧天：天的中央。广乐：多种乐器合奏的音乐，即宏伟壮丽的乐曲。九奏：多番演奏。古代奏乐，九次才终结，称为九成。③援：执，持。这里是抓的意思。④罴（pí）：熊的一种，即马熊或称人熊。此段谓晋国将有大难，上帝命简子灭二卿，熊与罴即二卿的祖先。⑤笥（sì）：盛东西的方形竹器。副：即备用的笥。⑥儿：小孩。指赵襄子。属（zhǔ）：托付，交给。翟（dí）犬：代国的祖先。翟，通“狄”。⑦壮：古人称年上三十，成家立业曰壮。⑧且：将。世衰：一代代衰落下去。七世：七代。指晋定公、出公、哀公、幽公、烈公、孝公、静公。嬴姓：指赵氏，赵氏的祖先姓嬴。周人：指卫人。卫侯的祖先康叔是周武王的同母弟。范魁：战国时曾为卫国所辖，后属齐国，在今河南范县境内。⑨胄女：虞舜后代之女。古称帝王的后裔为胄。七世孙：即武灵王。自简子至武灵王共历十世。“七”当为“十”。⑩亩：春秋各国尚实行井田制。周制：小亩步百。

他日，简子出，有人当道，辟之不去，从者怒，将刃之[①]。当道者曰：“吾欲有谒于主君[②]。”从者以闻。简子召之，曰：“嘻，吾有所见子晰也[③]。”当道者曰：“屏左右[④]，愿有谒。”简子屏人。当道者曰：“主君之疾，臣在帝侧[⑤]。”简子曰：“然，有之。子之见我，我何为？”当道者曰：“帝令主君射熊与罴，皆死。”简子曰：“是，且何也？”当道者曰：“晋国且有大难，主君首之[⑥]。帝令主君灭二卿，夫熊与罴皆其祖也[⑦]。”简子曰：“帝赐我二笥皆有副，何也？”当道者曰：“主君之子将克二国于翟，皆子姓也[⑧]。”简子曰：“吾见儿在帝侧，帝属我一翟犬，曰：‘及而子之长以赐之。’夫儿何谓以赐翟犬？”当道者曰：“儿，主君之子也。翟犬者，代之先也[⑨]。主君之子且必有代。及主君之后嗣，且有革政而胡服，并二国于翟[⑩]。”简子问其姓而延之以官[⑪]。当道者曰：“臣野人，致帝命耳[⑫]。”遂不见。简子书藏之府[⑬]。

【注释】

①当道：站在路中间，挡着路。辟：屏除，驱逐。刃：用刀杀。②谒（yè）：陈述，请求。③嘻（xī）：惊叹的声音，表示高兴。子晰："当道者"的名字。④屏（bíng）：屏退，让……避退。⑤臣：官吏、百姓对君主的自称。⑥首之：首当其冲。⑦二卿：指晋国的范昭子和中行文子。夫：那个。⑧二国：指赵襄子灭的代国及智伯领地。子姓：同姓。⑨代：战国时国名。在今河北省蔚县东北。⑩革政：改革政令。胡服：穿着胡人的短装。并：兼并，吞并。二国：指后文所说的"中山"和"胡地"。⑪延：邀请，聘请。⑫野人：乡下人。致：转致，转达。⑬府：盟府的省称。时赵虽未称国，早已凌驾于公室之上，所有建置皆比于诸侯。

异日，姑布子卿见简子，简子遍召诸子相之[1]。子卿曰："无为将军者[2]。"简子曰："赵氏其灭乎？"子卿曰："吾尝见一子于路，殆君之子也。"简子召子毋恤[3]。毋恤至，则子卿起曰："此真将军矣！"简子曰："此其母贱，翟婢也，奚道贵哉[4]？"子卿曰："天所授，虽贱必贵。"自是之后，简子尽召诸子与语，毋恤最贤。简子乃告诸子曰："吾藏宝符于常山上[5]，先得者赏。"诸子驰之常山上，求，无所得。毋恤还，曰："已得符矣。"简子曰："奏之。"恤曰："从常山上临代，代可取也[6]。"简子于是知毋恤果贤，乃废太子伯鲁，而以毋恤为太子。

【注释】

①姑布子卿：姓姑布，名子卿。诸子：指赵简子的几个儿子。相：相面，看骨相。②无为将军者：晋置上、中、下三军，后又置新军，称四军。四军主帅皆由正卿担任。这里说"无为将军者"，指没有能胜任正卿的人，对赵简子来说，亦即没有继承人。③毋恤：简子的庶子，即以后的赵襄子。④贱：卑微，地位卑贱。奚：何，怎么。⑤宝符：代表天命的符节。后指皇帝的印玺。⑥临：面对着。代：即代国，在常山北面约四百里。

后二年，晋定公之十四年，范、中行作乱[1]。明年春，简子谓邯郸大夫午曰[2]："归我卫士五百家，吾将置之晋阳[3]。"午许诺，归而其父兄不听，倍言[4]。赵鞅捕午，囚之晋阳。乃告邯郸人曰："我私有诛午也[5]，诸君欲谁立？"遂杀午。赵稷、涉宾以邯郸反[6]。晋君使籍秦围邯郸[7]。荀寅、范吉射与午善[8]，不肯助秦而谋作乱，董安于知之。十月，范、中行氏伐赵鞅，鞅奔晋阳，晋人围之。范吉射、荀寅仇人魏襄等谋逐荀寅，以梁婴父代之[9]；逐吉射，以范皋绎代之[10]。荀栎言于晋侯曰[11]："君命大臣，始乱者死。今三臣始乱而独逐鞅[12]，用刑不均[13]，请皆逐之。"十一月，荀栎、韩不佞、魏哆奉公命以伐范、中行氏，不克。范、中行氏反伐公，公击之，范、中行败走。丁未，二子奔朝歌[14]。韩、魏以赵氏为请。十二月辛未，赵鞅入绛[15]，盟于公宫。其明年，知伯文子谓赵鞅曰："范、中行虽信为乱，安于发之[16]，是安于与谋也。晋国有法，始乱者死。夫二子已伏罪而安于独在。"赵鞅患之。安于曰："臣死，赵氏定，晋国宁，吾死晚矣。"遂自杀。赵氏以告知伯，然后赵氏宁。

【注释】

①后二年：应作"后三年"，"阳虎奔晋"在晋定公十一年（前501年），距下文所记"十四年"整差三年。②午：赵午。赵穿的曾孙。为邯郸大夫，所以也称邯郸午。③卫士五百家：指卫国向赵鞅进献的五百户士民。开头赵鞅把他们

安置在邯郸，这时想迁往晋阳。晋阳：战国初赵国都城。在今山西省太原市西南。④父兄：父辈和兄长。这里指赵午的宗族和邯郸的贵族。倍：同“背”。违背。⑤私有：私自。赵午是邯郸大夫，捕杀他应报请晋君批准。赵鞅未经晋君批准就逮捕赵午，并且要杀他，所以说是“私有”。⑥赵稷：赵午子。涉宾：赵午家臣。以：凭借。⑦籍秦：晋国的正卿，时为晋上军司马。⑧善：友好，亲善。《左传·定公十三年》：“邯郸午，荀寅之甥也；荀寅，范吉射之姻也。”⑨魏襄：即魏襄子。名曼多。魏舒孙。梁婴父：晋大夫。⑩范皋绎：《左传》作“皋夷”。范吉射庶出的儿子。⑪荀栎（lì）：即知伯文子，亦称知栎。知氏原与中行氏同为晋大夫逝邀后，故也姓荀。⑫三臣：指范吉射、荀寅、赵鞅三人。⑬用刑：使用刑法。均：平，公平。⑭二子：指范吉射和荀寅。朝歌：邑名。在今河南省淇县。⑮绛（jiàng）：晋的都城。在今山西省翼城县东南。⑯信：确实。发：挑起，发动。

孔子闻赵简子不请晋君而执邯郸午，保晋阳，故书《春秋》曰：“赵鞅以晋阳畔[①]。”

【注释】

①书：书写，记载。畔：通“叛”。背叛，叛乱。

赵简子有臣曰周舍[①]，好直谏。周舍死，简子每听朝[②]，常不悦，大夫请罪。简子曰：“大夫无罪。吾闻千羊之皮不如一狐之腋[③]。诸大夫朝，徒闻唯唯，不闻周舍之鄂鄂[④]，是以忧也。”简子由此能附赵邑而怀晋人[⑤]。

【注释】

①臣：指家臣。②听朝：主持朝会，处理政事。③腋：胳肢窝。狐皮以腋下部分价值最高。④唯唯：恭敬而顺从的应答词。鄂鄂：同“谔谔”。直言争辩的样子。⑤附：归附。怀：安抚。

晋定公十八年，赵简子围范、中行于朝歌，中行文子奔邯郸[①]。明年，卫灵公卒。简子与阳虎送卫太子蒯聩于卫，卫不内[②]，居戚[③]。

【注释】

①中行文子：即中行寅（荀寅），“文子”是谥号。②蒯聩（kuǎi kuì）：卫襄公孙。③戚：卫邑。在今河南省濮阳县北。

晋定公二十一年，简子拔邯郸，中行文子奔柏人[①]。简子又围柏人，中行文子、范昭子遂奔齐。赵竟有邯郸、柏人。范、中行余邑入于晋。赵名晋卿，实专晋权，奉邑侔于诸侯[②]。

【注释】

①拔：攻克，占领。②名：名义，名分。侔（móu）：相等，等同。

晋定公三十年，定公与吴王夫差争长于黄池[①]，赵简子从晋定公，卒长吴[②]。定公三十七年卒，而简子除三年之丧，期而已[③]。是岁，越王勾践灭吴[④]。

【注释】

①争长（zhǎng）：争在盟会时第一个行礼。黄池：邑名，即黄亭。在今河南省封丘县西南。②卒：终于。③除三年之丧：守孝三年，除去丧服。期（jī）：一周年。④越王勾践：春秋末期越国国君。

晋出公十一年，知伯伐郑。赵简子疾，使太子毋恤将而围郑。知伯醉，以酒灌击毋恤[①]。毋恤群臣请死之[②]。毋恤曰：“君所以置毋恤，为能忍询[③]。”然亦愠知伯[④]。知伯归，因谓简子，使废毋恤，简子不听。毋恤由此怨知伯。

【注释】

①以酒灌击：拿酒强灌，并用酒杯敲击。②请死之：请求杀死他。③置：立。指立毋恤为太子。忍询（jù）：忍受耻辱。④愠（yùn）：怨恨，生气。

晋出公十七年，简子卒，太子毋恤代立，是为襄子。

赵襄子元年，越围吴。襄子降丧食[①]，使楚隆问吴王[②]。

【注释】

①降丧食：降低居丧时的饮食标准。②楚隆：襄子家臣名。问：慰问。

襄子姊前为代王夫人。简子既葬，未除服，北登夏屋[①]，请代王。使厨人操铜枓以食代王及从者，行斟，阴令宰人各以枓击杀代王及从官[②]，遂兴兵平代地。其姊闻之，泣而呼天，摩笄自杀[③]。代人怜之，所死地名之为摩笄之山[④]。遂以代封伯鲁子周为代成君。伯鲁者，襄子兄，故太子[⑤]。太子蚤死，故封其子。

【注释】

①夏屋：山名。又名贾屋山、贾母山。在今山西省代县东北，和句注山相接，为山西北部险要之地。②枓（dǒu）：一种方形有柄的杓子。各（一曰雒）：宰人名。③摩：同“磨”。笄（jí）：盘头发或别住帽子用的簪子。④摩笄之山：一名磨笄山，亦名鸣鸡山，在蔚州飞狐县（今河北涞源县）东北百五十里。⑤故：原来的。

襄子立四年，知伯与赵、韩、魏尽分其范、中行故地。晋出公怒，告齐、鲁，欲以伐四卿[①]。四卿恐，遂共攻出公。出公奔齐，道死。知伯乃立昭公曾孙骄，是为晋懿公。知伯益骄。请地韩、魏[②]，韩、魏与之。请地赵，赵不与，其围郑之辱。知伯怒，遂率韩、魏攻赵。赵襄子惧，乃奔保晋阳。

【注释】

①四卿：指晋荀瑶（知伯）与赵氏、韩氏、魏氏。②请地：索取土地。

原过从，后，至于王泽，见三人，自带以上可见[①]，自带以下不可见。与原过竹二节，莫通。曰：“为我以是遗赵毋恤[②]。”原过既至，以告襄子。襄子齐三日，亲自剖竹，有朱书曰[③]：“赵毋恤，余霍泰山山阳侯天使也。三月丙戌，余将使女反灭知氏。女亦立我百邑，余将赐女林胡之地[④]。至于后世，且有伉王，赤黑，龙面而鸟噣，鬓麋髭髯，大膺大胸，修下而冯，左衽界乘[⑤]，奄有河宗，至于休溷诸貉，南伐晋别，北灭黑姑[⑥]。”襄子再拜，受三神之令[⑦]。

【注释】

①原过：赵襄子的属官。从：指跟着逃跑。后：落在后面，走在后面。王泽：晋地名。在今山西省新绛县西南。带：腰带。②遗（wèi）：赠送，给予。③齐（zhāi）：同“斋”，斋戒。④林胡：部族名。战国时分布在今山西省朔县西北至内蒙古包头市以南一带。⑤伉（kàng）王：指赵武灵王。伉，勇健。鸟噣（zhòu）：鸟嘴，特指钩形的鸟嘴。鬓麋（mí）：鬓发散乱。髭（zī）髯：胡须很多。唇上曰髭，颊上曰髯。膺（yīng）：胸脯。修下而冯（píng）：两腿长而上身大。修，长。冯，

大。左衽（rèn）：衣襟向左边开。⑥奄有：尽有。奄，包括。河宗：指龙门河（在今河北赤城县境）的上流，岚（故治在今山西岚县北）、胜（故治在今内蒙古自治区托克托县、包头市一带）二州之地。休溷（hùn）：地区名，在今山西介休、离石一带。诸貉（mò）：本指古代居于北方的各部族。这里指活动于今山西、河北、内蒙古一带的戎狄、林胡等族。貉，通“貊”。晋别：晋国别的城邑。黑姑：戎族的一支。⑦再拜：古代的一种礼节。先后拜两次，表示礼节隆重。三神：即指原过所见的三人。

三国攻晋阳①，岁余，引汾水灌其城②，城不浸者三版③。城中悬釜而炊④，易子而食。群臣皆有外心⑤，礼益慢⑥，唯高共不敢失礼。襄子惧，乃夜使相张孟同私于韩、魏。韩、魏与合谋，以三月丙戌⑦，三国反灭知氏，共分其地。于是襄子行赏，高共为上。张孟同曰：“晋阳之难，唯共无功。”襄子曰：“方晋阳急，群臣皆懈，唯共不敢失人臣礼，是以先之。”于是赵北有代，南并知氏，强于韩、魏。遂祠三神于百邑，使原过主霍泰山祠祀。

【注释】

①三国：指韩、魏和知氏。②汾（fén）水：即今山西省境内的汾河。③浸：淹没。版：指筑墙用的墙版，古今一般高二尺，合今一尺多。④釜（fǔ）：无脚的锅。⑤外心：异心，二心。⑥慢：怠慢，轻忽。⑦以三月丙戌：把三月丙戌这一天作为共同行动的日期。

其后娶空同氏①，生五子。襄子为伯鲁之不立也，不肯立子，且必欲传位与伯鲁子代成君。成君先死，乃取代成君子浣立为太子。襄子立三十三年卒，浣立，是为献侯。

【注释】

①空同氏：以居地为氏的一个部落。

献侯少即位，治中牟①。

襄子弟桓子逐献侯②，自立于代，一年卒。国人曰桓子立非襄子意，乃共杀其子而复迎立献侯。

【注释】

①治：旧谓王都或地方官署所在地。中牟：邑名。在今河南汤阴县西。②桓子：赵简子之子。名嘉。

十年，中山武公初立①。十三年，城平邑②。十五年，献侯卒，子烈侯籍立。

【注释】

①中山：国名。春秋前期白狄别族所建立。又称鲜虞。②平邑：赵邑名。在今河南省南乐县东北。

烈侯元年，魏文侯伐中山①，使太子击守之②。六年，魏、韩、赵皆相立为诸侯，追尊献子为献侯。

【注释】

①魏文侯（？—前 396 年）：名斯，战国时魏国的建立者。②太子击：魏文侯太子，名击，即后来的魏武侯。

烈侯好音[①]，谓相国公仲连曰："寡人有爱[②]，可以贵之乎？"公仲曰："富之可，贵之则否。"烈侯曰："然。夫郑歌者枪、石二人[③]，吾赐之田，人万亩。"公仲曰："诺。"不与。居一月，烈侯从代来，问歌者田。公仲曰："求[④]，未有可者[⑤]。"有顷，烈侯复问。公仲终不与，乃称疾不朝。番吾君自代来[⑥]，谓公仲曰："君实好善[⑦]，而未知所持[⑧]。今公仲相赵，于今四年，亦有进士乎[⑨]？"公仲曰："未也。"番吾君曰："牛畜、荀欣、徐越皆可。"公仲乃进三人。及朝，烈侯复问："歌者田何如？"公仲曰："方使择其善者。"牛畜侍烈侯以仁义，约以王道[⑩]，烈侯逌然[⑪]。明日，荀欣侍，以选练举贤[⑫]，任官使能[⑬]。明日，徐越侍，以节财俭用，察度功德[⑭]。所与无不充[⑮]，君说[⑯]。烈侯使使谓相国曰："歌者之田且止。"官牛畜为师[⑰]，荀欣为中尉[⑱]，徐越为内史[⑲]，赐相国衣二袭[⑳]。

【注释】

①好（hào）音：爱好音乐。②公仲连：姓公仲，名连。赵国的改革家。③枪、石：两歌者之名。④求：物色，寻求。⑤可者：合适的。⑥番（pān）吾君：战国赵烈侯时的封君。⑦好善：喜欢推行善政。⑧所持：指达到目的的手段。⑨进士：推荐人才。进，推荐。⑩约：约束，控制。王道：儒家的政治主张。⑪逌（yóu）然：欣然同意的样子。⑫选练：选择干练的人。举贤：起用有道德有才能的人。⑬任官：任命官吏。使能：使用有才能的人。⑭察度（duó）：考察衡量。⑮所与：指向烈侯劝谏的话。充：充分。⑯说：同"悦"。⑰师：官名。师氏的简称。掌管教育贵族子弟。⑱中尉：官名。战国时赵国始置。负责指挥作战和选任官吏。⑲内史：官名。⑳二袭：两套。

九年，烈侯卒，弟武公立。武公十三年卒，赵复立烈侯太子章，是为敬侯。是岁，魏文侯卒。

敬侯元年，武公子朝作乱[①]，不克，出奔魏。赵始都邯郸。

【注释】

①武公子朝：武公之子，名朝。

二年，败齐于灵丘[①]。三年，救魏于廪丘[②]，大败齐人。四年，魏败我兔台[③]。筑刚平以侵卫[④]。五年，齐、魏为卫攻赵，取我刚平。六年，借兵于楚伐魏，取棘蒲[⑤]。八年，拔魏黄城[⑥]。九年，伐齐。齐伐燕，赵救燕。十年，与中山战于房子[⑦]。

【注释】

①灵丘：在今山东高唐县南。②廪（lǐn）丘：齐邑名。在今山东省郓城县西北。③兔台：赵地名。在今河北省大名县东。④刚平：邑名。在今山东省宁阳县东北（一说在今河南省清丰县西南）。⑤棘蒲：地名。在今河北省赵县。⑥黄城：邑名，在今河南内黄县西北。⑦房子：又作"鲂子"。赵邑名。在今河北省高邑县西南。

十一年，魏、韩、赵共灭晋，分其地。伐中山，又战于中人[①]。十二年，敬侯卒，子成侯种立。

【注释】

①中人：中山邑名。在今河北唐县西南。

成侯元年，公子胜与成侯争立，为乱。二年六月，雨雪。三年，太戊午为相[①]。

伐卫，取乡邑七十三。魏败我蔺[2]。四年，与秦战高安[3]，败之。五年，伐齐于鄄[4]。魏败我怀[5]。攻郑，败之，以与韩，韩与我长子[6]。六年，中山筑长城。伐魏，败涿泽[7]，围魏惠王[8]。七年，侵齐，至长城。与韩攻周[9]。八年，与韩分周以为两。九年，与齐战阿下[10]。十年，攻卫，取甄[11]。十一年，秦攻魏，赵救之石阿[12]。十二年，秦攻魏少梁[13]，赵救之。十三年，秦献公使庶长国伐魏少梁[14]，虏其太子、痤[15]。魏败我浍[16]，取皮牢[17]。成侯与韩昭侯遇上党[18]。十四年，与韩攻秦。十五年，助魏攻齐。

【注释】

①太戊午：戊一作"成"。②蔺：赵邑名。在今山西省吕梁市离石区西。③高安：邑名。④鄄（juàn）：卫邑名，后为齐邑。在今山东省鄄城县北旧城。⑤怀：郑邑名，后属魏。⑥长子：邑名。在今山西省长子县西南。⑦涿（zhuó）泽：魏地名。在今山西省运城市西。涿，通"浊。"⑧魏惠王（前400—前319年）：即梁惠王。⑨周：不是指周朝或周王室，是指周考王时分封的一个小诸侯国西周国，都城在今河南洛阳市西。⑩阿：齐邑名。即东阿。在今山东省东阿县西南。⑪甄（zhēn）：卫地。在今山东省鄄城县北。⑫石阿：在今山西隰县北。《六国年表》《秦本纪》皆作"石门"。石门，山名，一名白径岭。在今山西省运城市西南。⑬少梁：魏邑名。在今陕西省韩城市南。⑭庶长：秦爵名。⑮痤：公叔痤，魏国大臣。⑯浍（kuài）：水名。源出今山西省翼城县东南，西流入汾河。⑰皮牢：即皮牢城。在今山西省翼城县东北。⑱遇：相逢，不期而会。上党：郡名。

十六年，与韩、魏分晋，封晋君以端氏[1]。

【注释】

①晋君：晋静公。端氏：晋邑名。在今山西省沁水县东北。

十七年，成侯与魏惠王遇葛孽[1]。十九年，与齐、宋会平陆[2]，与燕会阿。二十年，魏献荣椽[3]，因以为檀台[4]。二十一年，魏围我邯郸。二十二年，魏惠王拔我邯郸，齐亦败魏于桂陵[5]。二十四年，魏归我邯郸，与魏盟漳水上[6]。秦攻我蔺。二十五年，成侯卒。公子緤与太子肃侯争立，緤败，亡奔韩。

【注释】

①葛孽：在今河北省肥乡县西南。②平陆：在今山东省汶上县北。③荣椽（chuán）：上等木材。④檀台：台名。在今河北省永年县西。⑤桂陵：地名。在今河南省长垣县西北。⑥漳水：即漳河。

肃侯元年，夺晋君端氏，徙处屯留[1]。二年，与魏惠王遇于阴晋[2]。三年，公子范袭邯郸，不胜而死。四年，朝天子[3]。六年，攻齐，拔高唐[4]。七年，公子刻攻魏首垣[5]。十一年，秦孝公使商君伐魏[6]，虏其将公子卬[7]。赵伐魏。十二年，秦孝公卒，商君死。十五年，起寿陵[8]，魏惠王卒。

【注释】

①徙处：迁移安置。屯留：晋邑名。在今山西省屯留县南。②阴晋：魏邑名。在今陕西省华阴市东南。③天子：指周显王。④高唐：齐邑。在今山东省高唐县东北。⑤首垣：邑名。在今河北省长垣县东北。⑥商君：指商鞅（约前390—前338年）。本卫国人。姓公孙，名鞅，也称卫鞅。⑦公子卬：魏公子名卬。⑧起：兴建。寿

陵：在常山。

十六年，肃侯游大陵[①]，出于鹿门[②]，大戊午扣马曰[③]："耕事方急，一日不作[④]，百日不食。"肃侯下车谢[⑤]。

【注释】

①大陵：邑名。在今山西省文水县东北。②鹿门：地名。在今山西省盂县西北。③扣马：牵马。④作：耕作。⑤谢：道歉。认错。

十七年，围魏黄[①]，不克。筑长城[②]。

【注释】

①黄：即敬侯二年所拔的黄城。②长城：指防齐、魏的南长城，以漳水、滏水（今河北南部滏阳河）的堤防为基础所筑。

十八年，齐、魏伐我，我决河水灌之[①]，兵去。二十二年，张仪相秦[②]。赵疵与秦战[③]，败，秦杀疵河西[④]，取我蔺、离石。二十三年，韩举与齐、魏战[⑤]，死于桑丘[⑥]。

【注释】

①决：挖开。河：黄河。②张仪（？—前310年）：本魏国人，入秦说秦惠文王，任相国，采用"连横"策略，使秦更为强大。③赵疵：赵将。④河西：指今山西、陕西两省间黄河南段之西。⑤韩举：赵将。⑥桑丘：本燕地，时属齐。在今河北省保定市北。

二十四年，肃侯卒。秦、楚、燕、齐、魏出锐师各万人来会葬[①]。子武灵王立[②]。

【注释】

①锐师：精锐部队。会葬：会合送葬。②武灵王：名雍。在位二十七年（前325—前299年）。

武灵王元年，阳文君赵豹相。梁襄王与太子嗣，韩宣王与太子仓来朝信宫[①]。武灵王少，未能听政，博闻师三人，左右司过三人[②]。及听政，先问先王贵臣肥义，加其秩[③]；国三老年八十，月致其礼。

【注释】

①梁襄王：当作"梁惠王"。襄王名嗣，时为太子。信宫：宫名。②博闻：见识广。司过：官名。主管伺察人君过失。③贵臣：德高望重的大臣。肥义：人名。

三年，城鄗[①]。四年，与韩会于区鼠[②]。五年，娶韩女为夫人。

【注释】

①鄗（hào）：邑名。②区（ōu）鼠：地名。

八年，韩击秦，不胜而去。五国相王[①]，赵独否，曰："无其实，敢处其名乎！"令国人谓己曰"君"。

【注释】

①五国相王：魏、韩、赵、燕、中山五国互相尊立为王。

九年，与韩、魏共击秦，秦败我，斩首八万级[①]。齐败我观泽[②]。十年，秦取我中都及西阳[3]。齐破燕。燕相子之为君，君反为臣[4]。十一年，王召公子职于韩[5]，立以为燕王，使乐池送之[6]。十三年，秦拔我蔺，虏将军赵庄[7]。楚、魏王来，过邯郸[8]。十四年，赵何攻魏。

【注释】

①首：头。②观泽：邑名。在今山东阳谷县西南，河南清丰县南。③中都：邑名。在今山西省平遥县西南。西阳：邑名。即中阳。在今山西省中阳县境。④君反为臣：事见《燕召公世家》。⑤公子职：燕公子名职，时在韩国。⑥乐池：战国策士，曾为秦惠文王相。⑦赵庄：赵将。⑧过：访问。

十六年，秦惠王卒。王游大陵。他日，王梦见处女鼓琴而歌诗曰[1]："美人荧荧兮[2]，颜若苕之荣[3]。命乎命乎[4]，曾无我嬴！"异日，王饮酒乐，数言所梦，想见其状。吴广闻之[5]，因夫人而内其女娃嬴[6]。孟姚也[7]。孟姚甚有宠于王，是为惠后。

【注释】

①处女：未出嫁的女子。鼓琴：抚琴，弹琴。歌诗：唱诗。②荧荧：光彩动人貌。③苕（tiáo）：草名。呈橙红色。荣：鲜艳。④命乎：叹无人知。命，命运。⑤吴广：赵人，相传为虞舜之后。⑥因：凭借。⑦孟姚：娃嬴之字。

十七年，王出九门[1]，为野台，以望齐、中山之境。

【注释】

①九门：邑名。在今河北省石家庄市东北。

十八年，秦武王与孟说举龙文赤鼎，绝膑而死[1]。赵王使代相赵固迎公子稷于燕，送归，立为秦王，是为昭王[2]。

【注释】

①孟说（yuè）：秦国力士。龙文赤鼎：铸有龙形花纹的红色大鼎。绝膑：折断膝盖骨。②昭王：即秦昭襄王。武王异母弟。

十九年春正月，大朝信宫[1]。召肥义与议天下，五日而毕。王北略中山之地，至于房子[2]，遂之代，北至无穷，西至河，登黄华之上[3]。召楼缓谋曰："我先王因世之变[4]，以长南藩之地[5]，属阻漳、滏之险[6]，立长城，又取蔺、郭狼[7]，败林人于荏[8]，而功未遂。今中山在我腹心[9]，北有燕，东有胡[10]，西有林胡、楼烦、秦、韩之边[11]，而无强兵之救，是亡社稷，奈何？夫有高世之名，必有遗俗之累[12]。吾欲胡服。"楼缓曰："善。"群臣皆不欲。

【注释】

①大朝：帝王大会群臣叫大朝，以别于平日常朝。②房子：邑名。在今河北省高邑县西南。③无穷：地名。今地不详。一说在今河北张北县南。河：指黄河。黄华：西河侧之山名。④楼缓：赵大臣名。⑤长（zhǎng）：首领。南藩：南面的属地。藩，属国，属地。⑥属（zhǔ）：连接。阻：阻碍。⑦郭狼：地名。⑧林人：即林胡。古代民族名。从事畜牧，精骑射。荏（rěn）：邑名。在今河北任县东南。⑨腹心："腹心之疾"的省称。喻深入要害处。⑩胡：即东胡，后为鲜卑。古代民族名。⑪楼烦：古部落名。精骑射，从事畜牧。⑫遗俗：为世俗所摒弃。

于是肥义侍[①]，王曰："简、襄主之烈[②]，计胡、翟之利。为人臣者，宠有孝弟长幼顺明之节[③]，通有补民益主之业[④]，此两者臣之分也。今吾欲继襄主之迹，开于胡、翟之乡，而卒世不见也[⑤]。为敌弱[⑥]，用力少而功多，可以毋尽百姓之劳，而序往古之勋[⑦]。夫有高世之功者，负遗俗之累[⑧]；有独智之虑者[⑨]，任骜民之怨[⑩]。今吾将胡服骑射以教百姓，而世必议寡人，奈何？"肥义曰："臣闻疑事无功[⑪]，疑行无名[⑫]。王既定负遗俗之虑，殆无顾天下之议矣[⑬]。夫论至德者不和于俗[⑭]，成大功者不谋于众。昔者舜舞有苗[⑮]，禹袒裸国[⑯]，非以养欲而乐志也[⑰]，务以论德而约功也[⑱]。愚者暗成事，智者睹未形，则王何疑焉。"王曰："吾不疑胡服也，吾恐天下笑我也。狂夫之乐，智者哀焉；愚者所笑，贤者察焉。世有顺我者，胡服之功未可知也。虽驱世以笑我，胡地中山吾必有之。"于是遂胡服矣。

【注释】

①肥义：赵国大臣。②简：赵简子。襄：赵襄子。烈：事业，功绩。③宠：贵宠。又疑作"穷。"穷，不得志。④通：达，得志，显贵。补民：益民。⑤卒世：终身。⑥为敌弱：我为胡服，敌人必困弱。⑦序：按次序排列。⑧负：担待。⑨独智之虑：独到的见解。⑩任：承受，担负。骜民：傲慢的百姓。⑪疑事：做事犹豫不决。⑫疑行：行动有顾虑。⑬殆：大概，也许。⑭至德：最高的德行。⑮舜舞有苗：相传舜在宫廷上表演苗人的舞蹈，苗人就来归顺了。⑯禹袒裸（tǎn luǒ）国：禹不穿衣服进入裸国。裸国，传说古代西方国名。⑰养欲：满足欲望。乐志：舒展心情。⑱务：致力，从事。论德：根据品德的高低。约功：追求功业。

使王緤告公子成曰[①]："寡人胡服，将以朝也，亦欲叔服之。家听于亲而国听于君，古今之公行也[②]。子不反亲，臣不逆君，兄弟之通义也[③]。今寡人作教易服而叔不服[④]，吾恐天下议之也。制国有常[⑤]，利民为本；从政有经[⑥]，令行为上。明德先论于贱[⑦]，而行政先信于贵[⑧]。今胡服之意，非以养欲而乐志也；事有所止而功有所出[⑨]，事成功立，然后善也。今寡人恐叔之逆从政之经，以辅叔之议[⑩]。且寡人闻之，事利国者行无邪[⑪]，因贵戚者名不累[⑫]，故愿慕公叔之义[⑬]，以成胡服之功。使緤谒之叔[⑭]，请服焉。"公子成再拜稽首曰："臣固闻王之胡服也。臣不佞[⑮]，寝疾[⑯]，未能趋走以滋进也[⑰]。王命之，臣敢对，因竭其愚忠。曰：臣闻中国者，盖聪明徇智之所居也[⑱]，万物财用之所聚也，贤圣之所教也，仁义之所施也，《诗》《书》礼乐之所用也[⑲]，异敏技能之所试也[⑳]，远方之所观赴也[㉑]，蛮夷之所义行也[㉒]。今王舍此而袭远方之服[㉓]，变古之教，易古之道，逆人之心，而怫学者[㉔]，离中国[㉕]，故臣愿王图之也。"使者以报。王曰："吾固闻叔之疾也，我将自往请之"。

【注释】

①王緤（xiè）：人名。赵臣。公子成：赵国的贵族，武灵王的叔父。②公行：公认的行动准则。③兄弟：《战国策·赵策二》作"先王"。④作教：作出谕示。教，上对下的谕告。⑤制：治理。常：常规。⑥从政：参与政事。经：常行的法制。⑦明德：修明德政。⑧行政：施行政令。贵：指贵族。⑨止：至。意即达到目的。出：成，成就。⑩辅，辅佐。议：非议。⑪行无邪：实行起来不会不正确。⑫因：依靠，倚仗。不累：不受损害。⑬愿慕：希望借助。义：威望。⑭谒：禀告，陈说。⑮不佞（nìng）：不才，没有才能。⑯寝疾：病卧在床。⑰滋进：多多进言。⑱徇（xùn）

智：《战国策·赵策二》作“睿智”。明通的智慧。⑲用：应用。⑳异敏：奇巧。㉑观赴：观摩，向往。㉒蛮夷：泛指古代中国四方的各部族。义行：即“仪型”，表率、楷模之意。㉓舍：舍弃。㉔怫（bèi）：通“悖”。违反，背逆。㉕中国：指中原地区。

王遂往之公子成家，因自请之，曰：“夫服者，所以便用也；礼者，所以便事也。圣人观乡而顺宜[①]，因事而制礼，所以利其民而厚其国也[②]。夫剪发文身[③]，错臂左衽[④]，瓯越之民也[⑤]。黑齿雕题[⑥]，却冠秫绌[⑦]，大吴之国也。故礼服莫同，其便一也。乡异而用变，事异而礼易。是以圣人果可以利其国，不一其用；果可以便其事，不同其礼[⑧]。儒者一师而俗异，中国同礼而教离[⑨]，况于山谷之便乎[⑩]？故去就之变[⑪]，智者不能一；远近之服，贤圣不能同。穷乡多异[⑫]，曲学多辩[⑬]。不知而不疑，异于己而不非者，公焉而众求尽善也[⑭]。今叔之所言者俗也，吾所言者所以制俗也[⑮]。吾国东有河、薄洛之水[⑯]，与齐、中山同之，无舟楫之用[⑰]。自常山以至代、上党[⑱]，东有燕、东胡之境，而西有楼烦、秦、韩之边，今无骑射之备[⑲]。故寡人无舟楫之用，夹水居之民，将何以守河、薄洛之水；变服骑射，以备燕、三胡、秦、韩之边[⑳]。且昔者简主不塞晋阳以及上党[㉑]，而襄主并戎取代以攘诸胡[㉒]，此愚智所明也。先时中山负齐之强兵[㉓]，侵暴吾地，系累吾民[㉔]，引水围鄗，微社稷之神灵，则鄗几于不守也。先王丑之[㉕]，而怨未能报也。今骑射之备，近可以便上党之形，而远可以报中山之怨。而叔顺中国之俗以逆简、襄之意，恶变服之名以忘鄗事之丑，非寡人之所望也。”公子成再拜稽首曰：“臣愚，不达于王之义，敢道世俗之闻，臣之罪也。今王将继简、襄之意以顺先王之志，臣敢不听命乎！”再拜稽首。乃赐胡服。明日，服而朝。于是始出胡服令也。

【注释】

①乡：地方。这里指各个地方的习俗。②厚：有益。③文身：在身上画刺花纹。④错臂：犹饰臂。以丹青画刺两臂。衽，衣襟。⑤瓯越：指今浙江省一带，古为越国地，境内有瓯江，故称。⑥黑齿：用草汁染黑牙齿。雕题：在额上刺着花纹。雕，刻；题，额。⑦却冠：鱼皮帽。⑧一：专一。用：措施，办法。“不一其用，不同其礼”，可看作“其用不一，其礼不同”的倒装，强调“不一”“不同”。⑨教：教化。离：区别，差异。⑩山谷：指偏远荒蛮的地方。便：便利。山谷之便，偏远地方民众已称便利的习俗。⑪去就：舍取，即对事物的选择。⑫异：异俗。⑬曲学：浅陋的见解。⑭尽善：完善，完美。⑮制俗：改变旧俗。⑯薄洛：薄洛津，漳水上的渡口。此处指漳水。⑰舟楫：泛指船只。楫，桨。⑱常山：山名。即恒山，古代恒山在今河北曲阳县西北。⑲骑射：骑马射箭。指骑兵。备：防守。⑳三胡：指林胡、楼烦、东胡。㉑简主：赵简子。㉒襄主：赵襄子。并戎取代：兼并戎狄，夺取代地。攘：排斥。㉓负：倚仗。㉔系累：拘捕。㉕丑之：以为可耻。

赵文、赵造、周袑、赵俊皆谏止王毋胡服[①]，如故法便。王曰：“先王不同俗，何古之法[②]？帝王不相袭，何礼之循？虙戏、神农教而不诛[③]，黄帝、尧、舜诛而不怒[④]。及至三王[⑤]，随时制法[⑥]，因事制礼。法度制令各顺其宜[⑦]，衣服器械各便其用。故礼也不必一道[⑧]，而便国不必古。圣人之兴也不相袭而王，夏、殷之衰也不易礼而灭[⑨]。然则反古未可非[⑩]，而循礼未足多也[⑪]。且服奇者志淫[⑫]，则是邹、鲁无奇行也[⑬]；俗辟者民易[⑭]，则是吴、越无秀士也[⑮]。且圣人利身谓之服，便事谓之礼。夫进退之节[16]，衣服之制者，所以齐常民也[17]，非所以论贤者也[18]。故齐民与俗流[19]，贤者与变俱。故谚曰‘以书御者不尽马之情[20]，以古制今者不达事之变’。循法之功，不足以高世；法古之学，不足以制今[21]。子不及也。”遂胡服招骑射[22]。

【注释】

①赵文、赵造、赵俊：都是赵国贵族。周袑（shào）：赵大臣，后为王傅。②法：效法。③虙（fú）戏：即伏羲。神农：传说中的上古帝王。④黄帝、尧、舜：均传说中的上古帝王、详见《五帝本纪》。⑤三王：指夏禹、商汤、周文王。⑥随时：顺应时势。⑦法度制令：法令制度。⑧礼也：当作“理世”。即治理国家。⑨易：改变。⑩反古：违反古制。⑪循礼：死守旧礼。多：称赞，肯定。⑫志淫：心意淫荡。⑬邹、鲁：国名。均在今山东省境内。邹都邾（今山东曲阜县东南），后迁都绎（今山东邹县东南纪王城），战国时为楚所灭。⑭俗辟：风俗奇特。易：简率，轻慢。⑮吴、越：国名。在今江苏、浙江一带。吴、越在春秋战国时还是僻远荒蛮之地。秀士：德才优异的人。⑯节：礼节。⑰齐：治理。常民：普通人。⑱论：评论。⑲齐民：平民。⑳以书御者：用书本知识来驾马的人。㉑制：治理。㉒招骑射：招收了骑马射箭的士兵。

二十年，王略中山地，至宁葭[1]；西略胡地，至榆中[2]。林胡王献马。归，使楼缓之秦，仇液之韩，王贲之楚，富丁之魏，赵爵之齐。代相赵固主胡[3]，致其兵[4]。

【注释】

①宁葭（jiā）：一作“蔓葭”，县名，属中山。在今河北省石家庄市西北。②榆中：地区名。在今内蒙古自治区东胜县西北。③主胡：驻守胡地。④致：招收。

二十一年，攻中山。赵袑为右军[1]，许钧为左军，公子章为中军，王并将之。牛翦将车骑[2]，赵希并将胡、代[3]。赵与之陉[4]，合军曲阳[5]，攻取丹丘、华阳、鸱之塞[6]。王军取鄗、石邑、封龙、东垣[7]。中山献四邑和[8]，王许之，罢兵。二十三年，攻中山。二十五年，惠后卒。使周袑胡服傅王子何。二十六年，复攻中山，攘地北至燕、代[9]，西至云中、九原[10]。

【注释】

①右军：赵建三军，称中军、左军、右军。②车骑：战车兵和骑兵。③并将：兼领。胡、代：指胡地和代地的军队。④陉（xíng）：山脉中断处，即山隘。⑤曲阳：邑名。⑥丹丘：邑名。在今河北省曲阳县西北。华阳：即恒山地区。在今河北省唐县西北。鸱之塞：按《史记集解》应作“鸿上塞”。位于华阳北。在今河北省唐县西北。⑦王军：指赵武灵王统帅的三军。⑧献：献出。和：求和，请和。⑨攘：侵夺。⑩云中：郡名。战国时赵地。治所在今内蒙古自治区托克托县东北。九原：县名。在今内蒙古自治区包头市西。

二十七年五月戊申，大朝于东宫[1]，传国，立王子何以为王。王庙见礼毕[2]，出临朝[3]。大夫悉为臣，肥义为相国，并傅王[4]。是为惠文王。惠文王，惠后吴娃子也。武灵王自号为主父。

【注释】

①东宫：太子所居之宫。②庙见：在太庙参拜祖先。③临朝：上朝，当朝处理国事。④傅：教导。

主父欲令子主治国[①]，而身胡服将士大夫西北略胡地，而欲从云中、九原直南袭秦，于是诈自为使者入秦。秦昭王不知，已而怪其状甚伟，非人臣之度[②]，使人逐之，而主父驰已脱关矣[③]。审问之[④]，乃主父也。秦人大惊。主父所以入秦者，欲自略地形[⑤]，因观秦王之为人也。

【注释】

①主：主持。②度：风度。③脱关：走出秦国的关口。脱，离开。④审：仔细。⑤略：察看。

惠文王二年，主父行新地[①]，遂出代，西遇楼烦王于西河而致其兵。

【注释】

①新地：新占领的土地。

三年，灭中山，迁其王于肤施[①]。起灵寿[②]，北地方从，代道大通[③]。还归，行赏，大赦，置酒酺五日[④]，封长子章为代安阳君。章素侈[⑤]，心不服其弟所立。主父又使田不礼相章也。

【注释】

①肤施：今陕西省榆林县南。②灵寿：邑名。在今河北灵寿县西北。③大通：畅通无阻。④酺（pú）五日：聚会饮酒五天。酺，聚饮，特指命令许可的大聚饮。⑤侈（chǐ）：奢侈放纵。

李兑谓肥义曰[①]：“公子章强壮而志骄，党众而欲大[②]，殆有私乎？田不礼之为人也，忍杀而骄[③]。二人相得[④]，必有谋阴贼起[⑤]，一出身侥幸[⑥]。夫小人有欲，轻虑浅谋[⑦]，徒见其利而不顾其害，同类相推，俱入祸门。以吾观之，必不久矣。子任重而势大，乱之所始，祸之所集也，子必先患。仁者爱万物而智者备祸于未形，不仁不智，何以为国[⑧]？子奚不称疾毋出，传政于公子成[⑨]？毋为怨府[⑩]，毋为祸梯[⑪]。”肥义曰：“不可。昔者主父以王属义也[⑫]，曰：‘毋变而度[⑬]，毋异而虑，坚守一心，以殁而世[⑭]。’义再拜受命而籍之[⑮]。今畏不礼之难而忘吾籍，变孰大焉。进受严命[⑯]，退而不全，负孰甚焉。变负之臣，不容于刑。谚曰‘死者复生，生者不愧’。吾言已在前矣，吾欲全吾言，安得全吾身！且夫贞臣也难至而节见[⑰]，忠臣也累至而行明[⑱]。子则有赐而忠我矣，虽然，吾有语在前者也，终不敢失。”李兑曰：“诺，子勉之矣！吾见子已今年耳。”涕泣而出。李兑数见公子成，以备田不礼之事。

【注释】

①李兑：赵惠文王四年与赵成一起平定公子章之乱，因功官为司寇，后来升为相国。②欲：欲望，野心。③忍杀：残忍好杀。④相得：互相投合。⑤贼起：叛乱发生。⑥一：一旦，一经。出身：登高位掌权。⑦轻虑：不慎重考虑。⑧为国：治理国家。⑨传政：移交政事。⑩怨府：怨恨集中的地方。⑪祸梯：犹祸阶，谓祸患的传导者。⑫属（zhǔ）：委托，交付。⑬而：你。度：法度。⑭以殁而世：

直到你离开人世。⑮籍：记录。⑯严命：严肃的命令。⑰贞臣：正直有操守之臣。节：节操。⑱累（lèi）：忧患，危难。

异日肥义谓信期曰①："公子与田不礼甚可忧也。其于义也声善而实恶②，此为人也不子不臣。吾闻之也，奸臣在朝，国之残也③；谗臣在中，主之蠹也④。此人贪而欲大，内得主而外为暴⑤。矫令为慢⑥，以擅一旦之命⑦，不难为也⑧，祸且逮国⑨。今吾忧之，夜而忘寐，饥而忘食。盗贼出入不可不备。自今以来，若有召王者必见吾面，我将先以身当之⑩，无故而王乃入⑪。"信期曰："善哉，吾得闻此也！"

【注释】

①信期：即下文的高信。②义：通"仪"。外，表面。声善：口头说得好。③残：祸害。④蠹：蛀虫。⑤得主：得到主上的宠信。⑥矫令：假托主上的命令。慢：轻慢。这里是指轻慢的行为，即作乱。⑦擅：占有。一旦之命：突然的命令。指公子章突然杀害惠文王登位。⑧不难为：不怕做，敢于做得出来。⑨逮：及。⑩当：挡住。⑪无故：没事，平安无事。

四年，朝群臣，安阳君亦来朝。主父令王听朝，而自从旁观窥群臣宗室之礼。见其长子章傫然也①，反北面为臣，诎于其弟②，心怜之，于是乃欲分赵而王章于代，计未决而辍。

【注释】

①傫（lěi）然：垂头丧气的样子。②诎（qū）：通"屈"。屈服。

主父及王游沙丘①，异宫②，公子章即以其徒与田不礼作乱，诈以主父令召王。肥义先入，杀之。高信即与王战③。公子成与李兑自国至④，乃起四邑之兵入距难⑤，杀公子章及田不礼，灭其党贼而定王室⑥。公子成为相，号安平君，李兑为司寇。公子章之败，往走主父，主父开之⑦，成、兑因围主父宫。公子章死，公子成、李兑谋曰："以章故围主父，即解兵⑧，吾属夷矣⑨。"乃遂围主父。令宫中人"后出者夷"，宫中人悉出。主父欲出不得，又不得食，探爵鷇而食之⑩，三月余而饿死沙丘宫。主父定死⑪，乃发丧赴诸侯⑫。

【注释】

①沙丘：地名。在今河北省广宗县西北。②异宫：异宫而居，分别住在不同的行宫里。③与王战：跟惠文王一起与公子章作战。④国：国都。时赵都邯郸。⑤距：同"拒"，抵抗。⑥党贼：党徒。⑦开之：开宫门接纳。⑧解兵：解除了军队的包围。⑨夷：灭族。⑩爵鷇（kòu）：雀鷇，刍雀。爵，古"雀"字。⑪定死：确实已死。⑫赴诸侯：向各国诸侯报丧。

是时王少，成、兑专政，畏诛，故围主父。主父初以长子章为太子，后得吴娃，爱之，为不出者数岁①，生子何，乃废太子章而立何为王。吴娃死，爱弛②，怜故太子，欲两王之，犹豫未决，故乱起，以至父子俱死，为天下笑，岂不痛乎！

【注释】

①为：因。②驰（chí）：减退。

五年，与燕鄚、易①。八年，城南行唐②。九年，赵梁将，与齐合军攻韩，至鲁关下[3]。及十年，秦自置为西帝[4]。十一年，董叔与魏氏伐宋，得河阳于魏[5]。秦取梗阳[6]。十二年，赵梁将攻齐[7]。十三年，韩徐为将[8]，攻齐。公主死[9]。十四年，相国乐毅将赵、秦、韩、魏、燕攻齐[10]，取灵丘[11]。与秦会中阳。十五年，燕昭王来见。赵与韩、魏、秦共击齐，齐王败走[12]，燕独深入，取临淄。

【注释】

①鄚（mò）：赵邑名。故城在今河北省任丘市北鄚州镇。易：燕邑名。在今河北省雄县西北。②南行唐：赵邑名。在今河北省行唐县北。③鲁关：关隘名。在今河南省鲁山县西南。④西帝：指秦昭王。⑤董叔：赵将。魏氏：指魏国军队。河阳：即河雍，在今河南省孟州市西。⑥梗阳：赵邑名。在今山西省太原市西南清徐县。⑦赵梁：赵将。⑧韩徐：赵将。⑨公主：指赵武灵王女，惠文王姊。⑩乐毅：燕相国。⑪灵丘：齐西北边邑，在今山东高唐县南。⑫齐王：指齐湣王。

十六年，秦复与赵数击齐[1]，齐人患之。苏厉为齐遗赵王书曰[2]：

臣闻古之贤君，其德行非布于海内也，教顺非洽于民人也[3]，祭祀时享非数常于鬼神也[4]。甘露降[5]，时雨至，年谷丰孰[6]，民不疾疫，众人善之，然而贤主图之。

【注释】

①数：屡次。时乐毅已下齐七十余城，齐国仅保有莒、即墨二邑，秦与赵仍向齐多次进攻。②苏厉：战国纵横家、齐大臣。遗（wèi）：致送。③教顺：即教训，教育训诫。洽：普遍。民人：即人民。④时享：宗庙四时的祭祀。⑤甘露：甜露水。古人迷信，以为天下太平，政治清明，则天降甘露。⑥年谷：一年中收获的谷物。

今足下之贤行功力[1]，非数加于秦也；怨毒积怒[2]，非素深于齐也。秦、赵与国，以强征兵于韩[3]，秦诚爱赵乎？其实憎齐乎？物之甚者[4]，贤主察之。秦非爱赵而憎齐也，欲亡韩而吞二周，故以齐餤天下[5]。恐事之不合，故出兵以劫魏、赵[6]。恐天下畏己也，故出质以为信。恐天下亟反也[7]，故征兵于韩以威之。声以德与国[8]，实而伐空韩，臣以秦计为必出于此。夫物固有势异而患同者[9]，楚久伐而中山亡，今齐久伐而韩必亡。破齐，王与六国分其利也。亡韩，秦独擅之。收二周[10]，西取祭器[11]，秦独私之。赋田计功[12]，王之获利孰与秦多？

【注释】

①贤行：善行。功力：功劳。②怨毒：极端怨恨。③征兵：征集军队。即要求出兵参战。④物：事。⑤餤（dàn）：同“啖”。吃或给人吃。⑥劫：威逼，威胁。⑦亟（jí）反：速反。⑧声：声名，表面。德：施恩德。作动词用。与国：盟国。指赵国。⑨势异：地位不同。⑩收：攻取，占领。⑪祭器：祭祀所用的礼器。西取祭器，指西至王城（今河南洛阳市西郊）取周王朝宗庙的祭器，即灭亡周朝。⑫赋田：授民以田。赋，授予，给予。计功：考定功绩，计算功效。

说士之计曰[1]：“韩亡三川[2]，魏亡晋国[3]，市朝未变而祸已及矣[4]。”燕尽齐之北地，去沙丘、臣鹿敛三百里[5]，韩之上党去邯郸百里，燕、秦谋王之河山，间三百里而通矣[6]。秦之上郡近挺关[7]，至于榆中者千五百里，秦以三郡攻王之上党，羊肠之西[8]，句注之南[9]，非王有已[10]。逾句注，斩常山而守之[11]，三百里而通于燕，代马胡犬不东下[12]，昆山之玉不出[13]，此三宝者亦非王有已。王久伐齐，从强秦攻韩，其祸必至于此。愿王孰虑之[14]。

【注释】

①说（shuì）士：游说之士。②三川：韩郡名。以境内有黄河、雒（洛）水、伊水三川得名。③晋国：指黄河以北今河南沁阳市、山西夏县一带，原为晋国领地，战国时属韩。④市朝：指众人会集之处。也指集市。⑤巨鹿：赵县名。在今河北平乡县西南。⑥间：间隔。⑦上郡：魏郡名。后为秦占。治所在肤施（今陕西榆林县东南）。⑧羊肠：太行山上的坂道，南在今山西晋城市南，北在壶关县东南。⑨句（gōu）注：山名。又名西陉山、雁门山。在今山西省代县西北。⑩已：语气词。用法同“矣”。⑪斩：截断。⑫代马：代地产的骏马。胡犬：胡地产的野狗。⑬昆山：山名。⑭孰虑：同“熟虑”。

且齐之所以伐者，以事王也；天下属行[1]，以谋王也。燕秦之约成而兵出有日矣。五国三分王之地[2]，齐倍五国之约而殉王之患[3]，西兵以禁强秦[4]，秦废帝请服[5]，反高平、根柔于魏[6]，反巠分、先俞于赵[7]。齐之事王，宜为上佼[8]，而今乃抵罪[9]，臣恐天下后事王者之不敢自必也。愿王孰计之也[10]。

【注释】

①属行（zhǔ háng）：集合军队。指组织诸侯对付赵国。②五国：指秦、齐、韩、魏、燕五国。③倍：通“背”。殉王之患：牺牲自己解除赵王的忧虑。④西兵：向西用兵。⑤废帝：废除帝号。⑥反：归还。高平、根柔：魏地。高平，在今河南孟州市西北。根柔，今地不详。⑦巠（音邢，xíng）分：山名。赵地。在今山西省代县北。先俞（音戍，shù）：即西俞。赵地。在今山西省代县西北。⑧上佼（jiǎo）：上行。⑨抵罪：问罪。指赵共秦伐齐。⑩孰计：缜密地谋划。

今王毋与天下攻齐，天下必以王为义。齐抱社稷而厚事王[1]，天下必尽重王义。王以天下善秦[2]，秦暴，王以天下禁之，是一世之名宠制于王也。

【注释】

①抱：保。②善秦：跟秦国友好。

于是赵乃辍[1]，谢秦不击齐。

【注释】

①辍（chuò）：停止。

王与燕王遇。廉颇将[1]，攻齐昔阳[2]，取之。

【注释】

①廉颇：赵将。详见《廉颇蔺相如列传》。②昔阳：县名。

十七年，乐毅将赵师攻魏伯阳[1]。而秦怨赵不与己击齐，伐赵，拔我两城[2]。十八年，秦拔我石城[3]，王再之卫东阳[4]，决河水，伐魏氏[5]。大潦[6]，漳水出。魏冉来相赵。十九年，秦取我二城。赵与魏伯阳。赵奢将，攻齐麦丘[7]，取之。

【注释】

①伯阳：魏邑名。在今河南省安阳市西北。②两城：指蔺（今山西吕梁市离石区），祁（今山西祁县东南）二城。③石城：城名。在今河南省林县西南。

④东阳：地区名。原属卫国，后属赵国，在今河北清河县一带。⑤魏氏：指魏国。⑥潦（lào）：通“涝”。⑦麦丘：齐邑名。在今山东省商河县西北。

二十年，廉颇将，攻齐。王与秦昭王遇西河外①。

【注释】

①王与秦昭王遇西河外：指秦昭王和赵惠文王在渑池相会。

二十一年，赵徙漳水武平西①。二十二年，大疫。置公子丹为太子。

【注释】

①武平：即武平亭。在今河北文安县东北。

二十三年，楼昌将①，攻魏幾②，不能取。十二月，廉颇将，攻幾，取之。二十四年，廉颇将，攻魏房子，拔之，因城而还。又攻安阳③，取之。二十五年，燕周将④，攻昌城、高唐⑤，取之。与魏共击秦。秦将白起破我华阳⑥，得一将军。二十六年，取东胡欧代地⑦。

【注释】

①楼昌：人名。赵将。②幾（音祈）：邑名。在今河北省大名县东南。③安阳：邑名。在今河南省安阳市西南。④燕周：人名。赵将。⑤昌城：齐邑名。在今山东省淄博市东南。⑥华阳：邑名。在今河南新郑市北。⑦欧：通“殴”。袭击。

二十七年，徙漳水武平南。封赵豹为平阳君①。河水出，大潦。

【注释】

①赵豹：赵惠文王同母弟。平阳：此为赵邑。

二十八年，蔺相如伐齐①，至平邑②。罢城北九门大城③。燕将成安君公孙操弑其王。二十九年，秦、韩相攻，而围阏与④。赵使赵奢将⑤，击秦，大破秦军阏与下，赐号为马服君。

【注释】

①蔺相如：赵大臣。详见《廉颇蔺相如列传》。②平邑：赵邑名。在今河南省南乐县东北。③罢：停止。城：修筑城墙。作动词用。九门：赵北部邑名。在今河北省藁城县西北。④阏（yù）与：邑名。战国时韩地，后属赵。在今山西省和顺县西北。⑤赵奢：赵将。善用兵。详见《廉颇蔺相如列传》。

三十三年，惠文王卒，太子丹立，是为孝成王。

孝成王元年，秦伐我，拔三城。赵王新立，太后用事①，秦急攻之。赵氏求救于齐，齐曰：“必以长安君为质②，兵乃出。”太后不肯，大臣强谏。太后明谓左右曰：“复言长安君为质者，老妇必唾其面。”左师触龙言愿见太后③，太后盛气而胥之④。入，徐趋而坐⑤，自谢曰⑥：“老臣病足，曾不能疾走⑦，不得见久矣。窃自恕，而恐太后体之有所苦也⑧，故愿望见太后。”太后曰：“老妇恃辇而行耳⑨。”曰：“食得毋衰乎⑩？”曰：“恃粥耳。”曰：“老臣间者殊不欲食⑪，乃强步⑫，日三四里，少益嗜食⑬，和于身也。”太后曰：“老妇不能。”太后不和之色少解⑭。左师公曰：“老臣贱息舒祺最少⑮，不肖，而臣衰，窃怜爱之，愿得补黑衣之缺以卫王宫⑯，昧死以闻。”太后曰：“敬诺。年几何矣？”对曰：

"十五岁矣。虽少，愿及未填沟壑而托之[17]。"太后曰："丈夫亦爱怜少子乎[18]？"对曰："甚于妇人。"太后笑曰："妇人异甚。"对曰："老臣窃以为媪之爱燕后贤于长安君[19]。"太后曰："君过矣，不若长安君之甚。"左师公曰："父母爱子则为之计深远。媪之送燕后也，持其踵[20]，为之泣，念其远也[21]，亦哀之矣。已行，非不思也，祭祀则祝之曰'必勿使反[22]'，岂非计长久，为子孙相继为王也哉[23]？"太后曰："然。"左师公曰："今三世以前[24]，至于赵主之子孙为侯者，其继有在者乎[25]？"曰："无有。"曰："微独赵[26]，诸侯有在者乎？"曰："老妇不闻也。"曰："此其近者祸及其身，远者及其子孙。岂人主之子侯则不善哉？位尊而无功，奉厚而无劳[27]，而挟重器多也[28]。今媪尊长安君之位，而封之以膏腴之地[29]，多与之重器，而不及今令有功于国，一旦山陵崩[30]，长安君何以自托于赵？老臣以媪为长安君之计短也[31]，故以为爱之大若燕后。"太后曰："诺，恣君之所使之[32]。"于是为长安君约车百乘[33]，质于齐，齐兵乃出。

【注释】

①太后：即赵惠文王妻赵威后，孝成王的母亲。用事：执政。当时孝成王年幼，故由威后执政。②长安君：赵太后最宠爱的小儿子。③左师：官名。下文的"左师公"即指触龙，"公"是敬称。④胥：同"须"，等待。⑤徐趋：慢慢往前小跑。古人见尊长时，小步急行，表示尊敬。⑥谢：告罪，道歉。⑦曾不能：简直不能。⑧苦：劳苦。引申为疲劳，不舒服。⑨辇（niǎn）：用人力推着或拖着走的车。⑩衰：减少。⑪间者：近来。⑫强（qiǎng）步：勉强走动。⑬少（shào）：稍。益：增长，加多。嗜：喜爱。⑭色：怒色。⑮息：儿子。⑯黑衣：王宫中卫士穿的衣服。这里代指宫中卫士。⑰及：趁。填沟壑（hè）：指死后埋在地里。⑱丈夫：古代对男子的通称。⑲媪（ǎo）：对老年妇女的敬称。燕后：赵太后的女儿。嫁给燕王。贤：胜过。⑳持：握。踵：脚跟。㉑念其远：惦念她远离自己。㉒必勿使反：一定别让她回来。古代诸侯的女儿嫁到别国为后，只有被废弃或者亡国才能回到本国。㉓相继为王：世世代代继承王位。㉔三世：三代，父子相继为一世。三世以前，当指赵肃侯（前349—前326年）时。㉕继：指继承人，后代。㉖微独：非独，不仅。㉗奉：同"俸"，俸禄。㉘挟：持，拥有。㉙膏腴：肥沃，富饶。㉚山陵崩：婉言威后死去。㉛计短：打算得不长远。㉜恣：任凭，听任。㉝约车：准备车子。

子义闻之[1]，曰："人主之子，骨肉之亲也，犹不能持无功之尊[2]，无劳之奉[3]，而守金玉之重也[4]，而况于予乎？"

【注释】

①子义：赵国的贤士。②犹：还，尚且。③奉：同"俸"，俸禄。④守：保持。

齐安平君田单将赵师而攻燕中阳[1]，拔之。又攻韩注人[2]，拔之。二年，惠文后卒[3]。田单为相。

【注释】

①田单：齐国的王族。赵惠文王二十年（公元前279年），田单一举收复齐国的失地七十余城，因功而封安平君。安平，在今山东省益都县西北。中阳：一作"中人"，即中人亭，属燕。在今河北省唐县西。②注人：即注城。韩地。③惠文后：惠文王后，孝成王生母赵太后。

四年，王梦衣偏裻之衣[①]，乘飞龙上天，不至而坠，见金玉之积如山。明日，王召筮史敢占之[②]，曰："梦衣偏裻之衣者，残也。乘飞龙上天不至而坠者，有气而无实也[③]。见金玉之积如山者，忧也[④]。"

【注释】

①衣（yì）：穿。偏裻（dū）：即偏衣，左右各一色合成的衣服。裻，衣背缝。②筮（shì）史：以蓍（shī）草占卜吉凶的史官。敢：筮史之名。③气：气势。④忧：祸。

后三日，韩氏上党守冯亭使者至[①]，曰："韩不能守上党，入之于秦。其吏民皆安为赵[②]，不欲为秦。有城市邑十七[③]，愿再拜入之赵，财王所以赐吏民[④]。"王大喜，召平阳君豹告之曰："冯亭入城市邑十七，受之何如？"对曰："圣人甚祸无故之利。"王曰："人怀吾德，何谓无故乎？"对曰："夫秦蚕食韩氏地，中绝不令相通[⑤]，固自以为坐而受上党之地也。韩氏所以不入于秦者，欲嫁其祸于赵也。秦服其劳而赵受其利，虽强大不能得之于小弱，小弱顾能得之于强大乎？岂可谓非无故之利哉！且夫秦以牛田之水通粮蚕食[⑥]，上乘倍战者[⑦]，裂上国之地[⑧]，其政行，不可与为难，必勿受也。"王曰："今发百万之军而攻，逾年历岁未得一城也。今以城市邑十七币吾国[⑨]，此大利也。"

【注释】

①韩氏：指韩国。冯亭：原为韩国的上党郡守，因秦的进攻威逼，以上党郡归赵，赵封为华阳君。②吏民：官吏和百姓。③城市邑：指大都邑。④财王：即王财，请王裁决。⑤中绝：从中隔断。赵孝成王四年（前262年），秦攻取韩的野王（今河南沁阳市），切断上党通韩都新郑的通道。⑥牛田：秦地名，近上党。⑦上乘（shèng）：上等好马。倍战：奋力作战。倍战者，指精锐的士卒。上国：春秋时称中原诸侯国为上国，这里指韩国。⑨币：本指用作礼物的玉、马、皮、帛等。

赵豹出，王召平原君与赵禹而告之[①]。对曰："发百万之军而攻，逾岁未得一城，今坐受城市邑十七，此大利，不可失也。"王曰："善。"乃令赵胜受地，告冯亭曰："敝国使者臣胜，敝国君使胜致命，以万户都三封太守[②]，千户都三封县令，皆世世为侯，吏民皆益爵三级[③]，吏民能相安，皆赐之六金[④]。"冯亭垂涕不见使者，曰："吾不处三不义也：为主守地，不能死固[⑤]，不义一矣；入之秦，不听主令，不义二矣；卖主地而食之，不义三矣。"赵遂发兵取上党。廉颇将军军长平[⑥]。

【注释】

①平原君：名赵胜（？—前251年）。赵武灵王之子，赵惠文王同母弟。惠文王晚年和孝成王时为相。②万户都三：有万户的都邑三个。太守：指冯亭。③益爵：晋升爵位。④六金：六斤黄金。⑤死固：死于坚守。⑥长平：赵邑名。在今山西省高平市西北。

七月[①]，廉颇免而赵括代将[②]。秦人围赵括，赵括以军降[③]，卒四十余万皆坑之[④]。王悔不听赵豹之计，故有长平之祸焉。

【注释】

①七月：赵孝成王六年（前260年）七月。②赵括：赵将。马服君赵奢的儿子。③赵括以军降：此处有误。赵括是亲自率军搏战被秦军射杀的。④坑：活埋。

王还①，不听秦②，秦围邯郸。武垣令傅豹、王容、苏射率燕众反燕地③。赵以灵丘封楚相春申君④。

【注释】

①王还：指孝成王回到邯郸。②不听秦：不接受秦国提出的割地要求。③武垣：赵邑名，与燕接境。在今河北省河间市。④灵丘：在今山东高唐县南。

八年，平原君如楚请救。还，楚来救，及魏公子无忌亦来救①，秦围邯郸乃解。

【注释】

①魏公子无忌（？—前 243 年）：魏昭王少子，封信陵君。

十年，燕攻昌壮①，五月拔之。赵将乐乘、庆舍攻秦信梁军②，破之。太子死③。而秦攻西周④，拔之。徒父祺出⑤。十一年，城元氏⑥，县上原⑦。武阳君郑安平死⑧，收其地。十二年，邯郸廥烧⑨。十四年，平原君赵胜死。

【注释】

①昌壮：即昌城。在今河北省冀州市西北。②乐乘：乐毅之子。赵将。信梁：秦将。③太子，即赵太子，名不详。④西周：即前所说的小诸侯国西周国。⑤徒父祺：赵大夫，姓徒父，名祺。出：率军出都以备秦。⑥元氏：赵邑名。在今河北省元氏县西北。⑦上原：即上元城。在今河北省元氏县西。⑧郑安平：魏国人。⑨廥（kuài）：储存牲畜饲料的仓库。

十五年，以尉文封相国廉颇为信平君①。燕王令丞相栗腹约驩②，以五百金为赵王酒③，还归，报燕王曰："赵氏壮者皆死长平，其孤未壮，可伐也。"王召昌国君乐间而问之④。对曰："赵，四战之国也⑤，其民习兵⑥，伐之不可。"王曰："吾以众伐寡，二而伐一，可乎？"对曰："不可。"王曰："吾即以五而伐一，可乎？"对曰："不可。"燕王大怒。群臣皆以为可。燕卒起二军，车二千乘⑦，栗腹将而攻鄗⑧，卿秦将而攻代⑨。廉颇为赵将，破杀栗腹，虏卿秦、乐间。

【注释】

①尉文：赵邑名。今地不详。②燕王：指燕王喜，前 254—前 222 年在位。驩：同"欢"。意为和好。③酒：设酒宴的费用。代指礼物。④乐间：乐毅之子。⑤四战之国：四面受敌的国家。⑥习兵：熟悉军事。⑦车：兵车。兵车一乘甲士三人，卒七十二人，辎重二十五人。⑧栗腹：燕将。⑨卿秦：燕将。

十六年，廉颇围燕。以乐乘为武襄君。十七年，假相大将武襄君攻燕①，围其国②。十八年，延陵钧率师从相国信平君助魏攻燕③。秦拔我榆次三十七城④。十九年，赵与燕易土：以龙兑、汾门、临乐与燕⑤；燕以葛、武阳、平舒与赵⑥。

【注释】

①假相：代理相国职务。②国：国都，京城。③延陵钧：赵将，名钧。延陵，县名，在今内蒙古兴和县境。④榆次：赵邑名。在今山西省太原市东南，即今晋中市榆次区。⑤龙兑：在今河北省徐水县西南。汾门：在今河北省徐水县西北、易水之北。临乐：在今河北省固安县西南。⑥葛：在今河北省高阳县东北。武阳：在今河北省易县东南。平舒：在今山西省广灵县西。

二十年，秦王政初立[①]。秦拔我晋阳。

【注释】

①秦王政：即后来的秦始皇。

二十一年，孝成王卒。廉颇将，攻繁阳[①]，取之。使乐乘代之，廉颇攻乐乘，乐乘走，廉颇亡入魏。子偃立，是为悼襄王[②]。

【注释】

①繁阳：春秋战国时魏地。在今河南省内黄县西北。②“子偃立，是为悼襄王”句：《史记志疑》卷二十三：“据《廉颇传》，‘孝成王卒，子偃立，是为悼襄王’十二字，当在‘攻繁阳取之’下，此错简也。”

悼襄王元年，大备魏[①]。欲通平邑、中牟之道[②]，不成。

【注释】

①大备：指行隆重的典礼。②平邑：在今河北省南乐县东北。中牟：在今河南省汤阴县西。非指今河南省开封西面的中牟县。

二年，李牧将[①]，攻燕，拔武遂、方城[②]。秦召春平君[③]，因而留之。泄钧为之谓文信侯曰：“春平君者，赵王甚爱之而郎中妒之[④]，故相与谋曰：‘春平君入秦，秦必留之。’故相与谋而内之秦也。今君留之，是绝赵而郎中之计中也[⑤]。君不如遣春平君而留平都[⑥]。春平君者言行信于王，王必厚割赵而赎平都。”文信侯曰：“善。”因遣之。城韩皋[⑦]。

【注释】

①李牧（？—前228年）：战国末赵将。②武遂：燕邑名。今河北省徐水县西。一说在今河北武强县东北。方城：燕邑名。在今河北省固安县西南。③春平君：赵悼襄王的太子。④泄钧：秦臣。文信侯：即吕不韦。⑤绝赵：断绝赵的继嗣。⑥平都：指平都侯，失其姓名，为与春平君同时入质于秦的赵贵族。平都，赵县名。⑦韩皋：地名。不详。

三年，庞煖将，攻燕，禽其将剧辛[①]。四年，庞煖将赵、楚、魏、燕之锐师，攻秦蕞[②]，不拔；移攻齐，取饶安[③]。五年，傅抵将，居平邑；庆舍将东阳河外师，守河梁[④]。六年，封长安君以饶[⑤]。魏与赵邺[⑥]。

【注释】

①剧辛：战国时燕将。②蕞（zuì）：秦地名。在今陕西省西安市临潼区东北。③饶安：赵邑名。在今河北省盐山县西南。④傅抵：赵将。庆舍：赵将。东阳：晋之太行山以东地，汉始置县，在今山东武城县东。河外：黄河南岸。河梁：河上的桥。⑤饶：赵邑名。⑥邺：邑名。在今河北省临漳县西南。

九年，赵攻燕，取貍阳城[①]。兵未罢，秦攻邺，拔之。悼襄王卒，子幽缪王迁立[②]。

【注释】

①貍阳城：今地不详。②幽缪：赵王迁的谥号。

幽缪王迁元年，城柏人。二年，秦攻武城[①]，扈辄率师救之[②]，军败，死焉。

【注释】

①武城：赵邑名。又名东武城。在今山东省武城县西北。②扈辄：赵将。

三年，秦攻赤丽、宜安[1]，李牧率师与战肥下[2]，却之。封牧为武安君。四年，秦攻番吾[3]，李牧与之战，却之。

【注释】

①赤丽：今地不详。宜安：县名。在今河北省藁城县西南。②肥：地名。在今河北省晋州市西南。③番（pó）吾：赵邑名。

五年，代地大动，自乐徐以西[1]，北至平阴[2]，台屋墙垣太半坏[3]，地坼东西百三十步[4]。六年，大饥，民讹言曰[5]："赵为号，秦为笑。以为不信，视地之生毛[6]。"

【注释】

①乐徐：赵地名。在今河北省涞源县东南。②平阴：赵地名。在今山西省阳高县东南。③太半：过半。④坼（chè）：分裂，裂开。⑤讹（é）言：谣言。⑥毛：指庄稼，植物。

七年，秦人攻赵，赵大将李牧、将军司马尚将，击之。李牧诛，司马尚免，赵怱及齐将颜聚代之[1]。赵怱军破，颜聚亡去。以王迁降[2]。

【注释】

①赵怱：赵将。②以王迁降：王迁以降。以，因。

八年十月，邯郸为秦。

太史公曰：吾闻冯王孙曰[1]："赵王迁，其母倡也[2]，嬖于悼襄王[3]。悼襄王废適子嘉而立迁。迁素无行[4]，信谗，故诛其良将李牧，用郭开[5]。"岂不谬哉！秦既虏迁，赵之亡大夫共立嘉为王[6]，王代六岁，秦进兵破嘉，遂灭赵以为郡。

【注释】

①冯王孙：和司马迁同时代的博闻有识之士。②倡：歌舞艺人。③嬖（bì）：宠爱。④无行：品行不好。⑤郭开：赵王迁的宠臣。⑥亡大夫：指逃出邯郸的大臣。这时秦军虽然占领了赵都邯郸，但是还有大片土地未归服秦国，所以这些亡大夫又在代地拥立赵嘉为赵王。

魏世家第十四[1]

魏之先，毕公高之后也。毕公高与周同姓。武王之伐纣[2]，而高封于毕[3]，于是为毕姓[4]。其后绝封，为庶人[5]，或在中国[6]，或在夷狄[7]。其苗裔曰毕万[8]，事晋献公[9]。

【注释】

①魏：原是西周分封的姬姓小国，在今山西芮城县北。②武王：周武王姬发。③毕：国名。地在今陕西咸阳市北。④于是：表示承上接下的词组，现代汉语用作连词。⑤庶人：平民。⑥或：有的。虚指代词。中国：指中原地区。⑦夷狄：古代对东、北两方各部族的泛称。⑧苗裔：子孙；后代。⑨事：服事；侍奉。

献公之十六年，赵夙为御[①]，毕万为右[②]，以伐霍、耿、魏[③]，灭之。以耿封赵夙，以魏封毕万，为大夫[④]。卜偃曰[⑤]："毕万之后必大矣[⑥]。万，满数也[⑦]；魏[⑧]，大名也。以是始赏[⑨]，天开之矣。天子曰兆民[⑩]，诸侯曰万民。今命之大[⑪]，以从满数，其必有众。"初，毕万卜事晋，遇《屯》之《比》[⑫]。辛廖占之[⑬]，曰："吉。屯固比入[⑭]，吉孰大焉[⑮]，其必蕃昌[⑯]。"

【注释】

①赵夙（sù）：晋国大夫。御：驾驶车马。亦指御者。②右：右卫。古代车战时，主帅居中，御者居左，卫者居右。③霍、耿：皆周初国名。霍在今山西霍县西南。耿在今山西河津市南。④大夫：官名。周代有卿、大夫、士三级；大夫又分上、中、下三等。⑤卜偃：晋国掌卜大夫郭偃。⑥大：昌盛。⑦满数：数从一至万为满，故称满数。⑧魏：通"巍"。高大。⑨是：此；这。⑩兆民：亿万人民。⑪命：名；起名。⑫遇《屯》之《比》：得到《屯》卦变为《比》卦。⑬辛廖：晋国大夫。⑭屯：屯卦，卦象桙是云雷密结而不解，故屯有坚固之义。比：比卦，卦象棫是地上有水，水在地上渗入之象，故比有进入之义。⑮焉：兼词，相当"于此"。"此"指前文《屯》《比》卦象。⑯蕃昌：繁衍昌盛。

毕万封十一年，晋献公卒，四子争更立[①]，晋乱。而毕万之世弥大[②]，从其国名为魏氏。生武子[③]。魏武子以魏诸子事晋公子重耳[④]。晋献公之二十一年，武子从重耳出亡。十九年反[⑤]，重耳立为晋文公[⑥]，而令魏武子袭魏氏之后封[⑦]，列为大夫，治于魏。生悼子。

【注释】

①四子：指奚齐、卓子、夷吾（后为晋惠公）、重耳（后为晋文公）。②世：子孙。弥：更加。③武子：魏犨（chōu），谥武子。④诸子：庶子。⑤反：通"返"。⑥立：君主登位。⑦袭：继承。

魏悼子徙治霍[①]，生魏绛。

【注释】

①徙治：迁徙治所。

魏绛事晋悼公。悼公三年，会诸侯[①]。悼公弟杨干乱行[②]，魏绛僇辱杨干[③]。悼公怒曰："合诸侯以为荣，今辱吾弟！"将诛魏绛。或说悼公[④]，悼公止。卒任魏绛政[⑤]，使和戎、翟[⑥]，戎、翟亲附。悼公之十一年，曰："自吾用魏绛，八年之中，九合诸侯[⑦]，戎、翟和，子之力也。"赐之乐，三让[⑧]，然后受之。徙治安邑[⑨]。魏绛卒，谥为昭子。生魏嬴。嬴生魏献子[⑩]。

【注释】

①会诸侯：晋悼公与诸侯在鸡津（今河北邯郸市东北）会盟。②乱行（háng）：

军队行列混乱。古代军制，二十五人为一行。③僇（lù）辱：侮辱。僇，辱。④说（shuì）：劝说。⑤卒：终于。⑥戎、翟：古代对西北方部族的泛称。翟，通“狄”。⑦九：泛指多数。⑧三：泛指多数。⑨安邑：都邑名。在今山西夏县西北。⑩献子：名荼，谥献子。

献子事晋昭公。昭公卒而六卿强[①]，公室卑[②]。

【注释】

①六卿：范氏、中行氏、智氏、韩氏、赵氏、魏氏六大家族，世代都是晋卿，故称六卿。②公室：诸侯的家族，也指诸侯国的政权。

晋顷公之十二年，韩宣子老[①]，魏献子为国政[②]。晋宗室祁氏、羊舌氏相恶[③]，六卿诛之，尽取其邑为十县[④]，六卿各令其子为之大夫[⑤]。献子与赵简子、中行文子、范献子并为晋卿[⑥]。

【注释】

①韩宣子：韩起，谥宣子。②为国政：执国政。③宗室：同一祖宗的贵族，此指晋国国君的宗族。祁氏、羊舌氏：祁盈、杨食我，二人均以公族为大夫。④邑：采邑；封地。县：古代地方行政区划名。⑤之：其。大夫：当时县长称大夫。⑥赵简子：即赵鞅。中行（háng）文子：即荀寅。范献子：即范吉射。

其后十四岁而孔子相鲁[①]。后四岁，赵简子以晋阳之乱也[②]，而与韩、魏共攻范、中行氏。魏献子生魏侈。魏侈与赵鞅共攻范、中行氏。

【注释】

①孔子相鲁：《史记志疑》认为，孔子以司寇摄行人之职，掌傧相会盟之事，不是做鲁相。②以：因为；由于。

魏侈之孙曰魏桓子[①]，与韩康子、赵襄子共伐灭知伯[②]，分其地。

【注释】

①魏桓子：魏驹。②韩康子：韩虔。晋国大夫。赵襄子：赵无恤。晋国大夫。知（zhì）伯：即荀瑶，一作知瑶。晋国大夫。

桓子之孙曰文侯都[①]。魏文侯元年，秦灵公之元年也。与韩武子、赵桓子、周威王同时[②]。

【注释】

①都：当根据《六国年表》和《集解》《索隐》转引《世本》改作“斯”。②韩武子：韩启章。晋国大夫。赵桓子：晋国大夫。周威王：姬午。前425—前402年在位。

六年，城少梁[①]。十三年，使子击围繁庞[②]，出其民[③]。十六年，伐秦，筑临晋、元里[④]。

【注释】

①城：筑城。少梁：魏邑名。在今陕西韩城县南。②子击：魏文侯太子，即魏武侯。前395—前370年在位。繁庞：即繁庞城，邑名。③出：迁走。④临晋：地名。在今陕西大荔县东。元里：地名。在今陕西澄城县南。

十七年，伐中山[1]，使子击守之，赵仓唐傅之[2]。子击逢文侯之师田子方于朝歌，引车避[3]，下谒[4]。田子方不为礼[5]。子击因问曰："富贵者骄人乎[6]？且贫贱者骄人乎[7]？"子方曰："亦贫贱者骄人耳[8]。夫诸侯而骄人则失其国[9]，大夫而骄人则失其家。贫贱者，行不合，言不用，则去之楚、越[10]，若脱屣然[11]，奈何其同之哉[12]！"子击不怿而去[13]。西攻秦，至郑而还[14]，筑雒阴、合阳[15]。

【注释】

①中山：春秋时白狄别种所建之鲜虞国，战国时号中山国。②傅：辅佐。③引车避：退车让路。④下谒（yè）：下车进见。⑤为礼：行礼；还礼。⑥骄：傲慢。动词。⑦且：或者。⑧亦：原本是；本来是。⑨夫：发语词。　则：即；就。⑩去：离开。之：前往。⑪屣（xǐ）：鞋。然：一般；一样。表比拟的语气助词。⑫其：可以。同：同等看待。⑬怿（yì）：喜悦；高兴。⑭郑：地名。在今陕西华县东。⑮雒（luò）阴：地名。在今陕西大荔县南。合阳：地名在今陕西合阳县东南。

二十二年，魏、赵、韩列为诸侯[1]。

【注释】

①魏、赵、韩列为诸侯：前 403 年，周威烈王命晋大夫魏斯、赵籍、韩虔为诸侯，正式承认其三分晋国。

二十四年，秦伐我[1]，至阳狐[2]。

【注释】

①我：指魏国。②阳狐：地名。在今山西垣曲县东南。

二十五年，子击生了子罃[1]。

【注释】

①子罃（yīng）：魏惠王名。前 369—前 319 年在位。

文侯受子夏经艺[1]，客段干木[2]，过其闾[3]，未尝不轼也[4]。秦尝欲伐魏，或曰："魏君贤人是礼[5]，国人称仁[6]，上下和合[7]，未可图也[8]。"文侯由此得誉于诸侯。

【注释】

①子夏：卜商字。孔丘学生。晋国温（今河南温县西南）人，一说卫国人。曾到魏国讲学，魏文侯尊他为师。②客：以客礼相待。段干木：魏国人。姓段干，名木，子夏学生。③闾（lǘ）：里巷的大门，因代称里巷。④轼（shì）：设在车前供人凭依的横木。⑤贤人是礼：礼遇贤人。是，表示宾语提前的结构助词。⑥称：称颂。⑦和合：和睦同心。⑧图：谋取。

任西门豹守邺[1]，而河内称治[2]。

【注释】

①西门豹：任邺守期间，曾开凿水渠十二条，引漳水灌溉，改良土壤，发展农业生产。守：地方长官。②河内：地区名。春秋战国时期，以黄河以北为河内，黄河以南为河外。

魏文侯谓李克曰[1]："先生尝教寡人曰'家贫则思良妻，国乱则思良相'。今所置非成则璜[2]，二子何如？"李克对曰："臣闻之，卑不谋尊，疏不谋戚[3]。

臣在阙门之外[4]，不敢当命[5]。”文侯曰：“先生临事勿让。”李克曰：“君不察故也。居视其所亲[6]，富视其所与[7]，达视其所举[8]，穷视其所不为，贫视其所不取，五者足以定之矣，何待克哉！”文侯曰：“先生就舍[9]，寡人之相定矣。”李克趋而出[10]，过翟璜之家[11]。翟璜曰：“今者闻君召先生而卜相[12]，果谁为之？”李克曰：“魏成子为相矣。”翟璜忿然作色曰[13]：“以耳目之所睹记[14]，臣何负于魏成子[15]？西河之守[16]，臣之所进也[17]。君内以邺为忧[18]，臣进西门豹。君谋欲伐中山，臣进乐羊[19]。中山以拔[20]，无使守之，臣进先生。君之子无傅，臣进屈侯鲋。臣何以负于魏成子[21]！”李克曰：“且子之言克于子之君者[22]，岂将比周以求大官哉[23]？君问而置相‘非成则璜，二子何如’？克对曰：‘君不察故也。居视其所亲，富视其所与，达视其所举，穷视其所不为，贫视其所不取，五者足以定之矣，何待克哉！’是以知魏成子之为相也。且子安得与魏成子比乎[24]，魏成子以食禄千钟[25]，什九在外，什一在内，是以东得卜子夏、田子方、段干木。此三人者，君皆师之[26]。子之所进五人者，君皆臣之[27]。子恶得与魏成子比也[28]？”翟璜逡巡再拜曰[29]：“璜，鄙人也[30]，失对[31]，愿卒为弟子[32]。”

【注释】

①李克：为子夏弟子。②置：设立。成：即魏成子。魏文侯弟。璜：即翟（zhái）璜。时为上卿。③疏：远。戚：亲。④阙门：代指朝廷。⑤当命：承命；应命。⑥居：常时；平时。⑦与：亲附；交往。⑧达：显贵。⑨就舍：回府。舍，府第。⑩趋：快走；小跑。⑪过：访问。⑫卜：选择。⑬忿然：气愤的样子。作色：脸上变色。⑭所睹记：所见所知。⑮臣：古人表示谦卑的自称之词。负：弱。⑯西河：地区名。⑰进：举荐。⑱以邺为忧：忧虑赵国进攻邺。⑲乐羊：魏国将军。⑳以：通“已”。㉑以：衍文。㉒且：提起连词。言：进言；介绍。㉓比周：结党营私。㉔安：哪；怎么。疑问副词。得：能；可。㉕禄：俸禄。钟：古容量单位，六斛四斗或十斛为一钟。㉖师之：以之为师。㉗臣之：以之为臣。㉘恶（wū）：哪；怎么。疑问副词。㉙逡（qūn）巡：亦作“逡循”“逡遁”。㉚鄙人：乡野之人。㉛失对：回答不得当。㉜卒：终身。

二十六年，虢山崩[1]，壅河[2]。

【注释】

①虢（guǒ）山：山名。在今河南三门峡市西，临黄河。②壅：堵塞。

三十二年，伐郑[1]。城酸枣[2]。败秦于注[3]。三十五年，齐伐取我襄陵[4]。三十六年，秦侵我阴晋[5]。

【注释】

①郑：国名。前375年为韩所灭。②酸枣：邑名。在今河南延津西南。③注：地名。在今河南临汝县西北。④襄陵：地名。在今河南睢县。⑤阴晋：邑名。

三十八年，伐秦，败我武下[1]，得其将识。是岁，文侯卒，子击立，是为武侯。

【注释】

①武下：武城之下。武城，魏地，在今陕西华县东北。

魏武侯元年，赵敬侯初立[1]，公子朔为乱[2]，不胜，奔魏，与魏袭邯郸[3]，魏败而去。

【注释】

①赵敬侯：赵国君。②公子朔：应据《六国年表》《赵世家》改作“公子朝”。③邯郸：赵都城。

二年，城安邑、王垣[1]。

七年，伐齐，至桑丘[2]。九年，翟败我于浍[3]。使吴起伐齐[4]，至灵丘[5]。齐威王初立[6]。

【注释】

①王垣：魏邑名。即垣县，因境内有王屋山，故又名王垣。在今山西垣曲县东南。②桑丘：邑名，本属燕，后为齐邑。在今河北保定市北。《史记会注考证》认为此桑丘在今山东兖州市西。③翟：通“狄”。部族名。浍（kuài）：水名。源出今山西翼城县东北，西流经侯马市，至新绛入汾河。④吴起：战国时的政治家、军事家。卫国左氏（今山东曹县北）人。初为鲁将，继为魏将，屡建战功。⑤灵丘：邑名，在今山东滕州市东。一说在今山东高唐县南。⑥齐威王：齐国国君。

十一年，与韩、赵三分晋地，灭其后。

十三年，秦献公县栎阳[1]。十五年，败赵北蔺[2]。

【注释】

①秦献公：嬴师隰。前384—前362年在位。秦国国君。②北蔺：赵邑名。

十六年，伐楚，取鲁阳[1]。武侯卒，子䓨立，是为惠王。

惠王元年，初，武侯卒也，子䓨与公中缓争为太子[2]。公孙颀自宋入赵[3]，自赵入韩，谓韩懿侯曰[4]：“魏䓨与公中缓争为太子，君亦闻之乎？今魏䓨得王错[5]，挟上党[6]，固半国也。因而除之，破魏必矣，不可失也。”懿侯说[7]，乃与赵成侯合军并兵以伐魏[8]，战于浊泽[9]，魏氏大败，魏君围[10]。赵谓韩曰：“除魏君，立公中缓，割地而退，我且利。”韩曰：“不可。杀魏君，人必曰暴；割地而退，人必曰贪。不如两分之。魏分为两，不强于宋、卫[11]，则我终无魏之患矣。”赵不听。韩不说，以其少卒夜去[12]。惠王之所以身不死，国不分者，二家谋不和也。若从一家之谋[13]，则魏必分矣。故曰“君终无適子，其国可破也[14]。”

【注释】

①鲁阳：楚地名。在今河南鲁山县。②公中（zhòng）缓：魏武侯子，与惠王争位，后奔赵。③公孙颀（qí）：魏国人。宋：国名。④韩懿侯：韩国国君。⑤王错：魏国大夫。后出奔韩。⑥挟：控制。⑦懿侯说：说，通“悦”。以下“韩不说”，说，亦通“悦”。⑧赵成侯：赵国国君。⑨浊泽：魏地名。在今山西运城市西南。⑩围：被动用法。⑪卫：国名。⑫以：使，挥使。少卒：少壮士兵；精锐部队。⑬一家：指韩国。⑭可：大约；大概。

二年，魏败韩于马陵[1]，败赵于怀[2]。三年，齐败我观[3]。五年，与韩会宅阳[4]。城武堵[5]。为秦所败。六年，伐取宋仪台[6]。九年，伐败韩于浍。与秦战少梁，虏我将公孙痤，取庞。秦献公卒，子孝公立[7]。

【注释】

①马陵：春秋卫地，战国属齐。在今河北大名县东南。②怀：战国魏邑。在今河南武陟县西南。③观：邑名。在今山东阳谷县西南，河南清丰县南。④宅阳：即北宅。邑名，在今河南郑州市北。⑤武堵：地名。当是“武都”，《六国表》作“武都”，今地不详。⑥仪台：台名。⑦孝公：即秦孝公。

十年，伐取赵皮牢①。彗星见②。十二年，星昼坠③，有声。

【注释】

①皮牢：地名。在今山西翼城县东。②见（xiàn）：通“现”。③星：陨星。

十四年，与赵会鄗①。十五年，鲁、卫、宋、郑君来朝②。十六年，与秦孝公会杜平③。侵宋黄池④，宋复取之。

【注释】

①鄗（hào）：赵地名。在今河北柏乡北。②鲁：指鲁恭侯。卫：指卫成侯。宋：指宋桓侯。郑：指郑釐（xī）侯，即韩昭侯。③杜平：邑名。在今陕西澄城县东。④黄池：地名。在今河南封丘县西南。

十七年，与秦战元里，秦取我少梁。围赵邯郸。十八年，拔邯郸。赵请救于齐，齐使田忌、孙膑救赵①，败魏桂陵②。

【注释】

①田忌：齐国将。孙膑：军事家。②桂陵：地名。在今山东菏泽市东北。一说在今河南长垣县西北。

十九年，诸侯围我襄陵。筑长城①，塞固阳②。

【注释】

①筑长城：魏筑长城，从郑（今陕西华县东）开始，沿洛水（今陕西北洛河）东岸，向北直到上郡（今陕西榆林东南），与秦为界。②塞（sài）：关塞。作动词用。固阳：魏邑名。

二十年，归赵邯郸，与盟漳水上。二十一年，与秦会彤①。赵成侯卒。二十八年，齐威王卒。中山君相魏②。

【注释】

①彤：秦地名。在今陕西华县西南。②相：任相。

三十年，魏伐赵，赵告急齐。齐宣王用孙子计①，救赵击魏。魏遂大兴师，使庞涓将②，而令太子申为上将军。过外黄③，外黄徐子谓太子曰④：“臣有百战百胜之术。”太子曰：“可得闻乎？”客曰：“固愿效之⑤。”曰：“太子自将攻齐，大胜并莒⑥，则富不过有魏，贵不益为王⑦。若战不胜齐，则万世无魏矣⑧。此臣之百战百胜之术也⑨。”太子曰：“诺，请必从公之言而还矣⑩。”客曰：“太子虽欲还，不得矣。彼劝太子战攻，欲啜汁者众⑪。太子虽欲还，恐不得矣。”太子因欲还⑫，其御曰：“将出而还，与北同⑬。”太子果与齐人战，败于马陵⑭。齐虏魏太子申，杀将军涓，军遂大破。

【注释】

①齐宣王：战国齐国君田辟疆。孙子计：指孙膑逐日减灶制造齐军大量逃亡的假象，引诱魏军追击的计策。②庞涓：战国时魏将。③外黄：宋地名。在今河南民权县西北。④徐子：宋国外黄人。⑤效：呈；进献。⑥莒：邑名。在今山东莒县。⑦益：超过。⑧"若战不胜齐"二句：如果战不胜齐国，太子可能战死，子孙后代就没有魏国了。⑨百战百胜之术：指回师，无战败之忧，最终能拥有魏国，故称百战百胜之术。⑩请：谦敬副词。⑪啜（chuò）汁：原意为仰食残汁，此处借喻邀功取利。⑫因：就；便。⑬北：败北；败逃。⑭马陵：地名。

三十一年，秦、赵、齐共伐我，秦将商君诈我将军公子卬而袭夺其军[①]，破之。秦用商君，东地至河，而齐、赵数破我[②]，安邑近秦，于是徙治大梁[③]。以公子赫为太子。

【注释】

①商君：姓公孙，名鞅。卫国人。②数（shuò）：屡次。③治：都治；国都所在地。大梁：魏都城，在今河南开封市。

三十三年，秦孝公卒，商君亡秦归魏[①]，魏怒，不入[②]。三十五年，与齐宣王会平阿南[③]。

【注释】

①亡秦：从秦国逃亡。②入：纳；收留。③平阿：齐邑名。在今安徽怀远县西南。

惠王数被于军旅[①]，卑礼厚币以招贤者[②]。邹衍、淳于髡、孟轲皆至梁[③]。梁惠王曰[④]："寡人不佞[⑤]，兵三折于外[⑥]，太子虏[⑦]，上将死，国以空虚[⑧]，以羞先君宗庙社稷[⑨]，寡人甚丑之[⑩]。叟不远千里[⑪]，辱幸至敝邑之廷[⑫]，将何以利吾国[⑬]？"孟轲曰："君不可以言利若是[⑭]。夫君欲利则大夫欲利[⑮]，大夫欲利则庶人欲利，上下争利，国则危矣。为人君，仁义而已矣，何以利为[⑯]！"

【注释】

①被：遭受。军旅：军队。引申指战争。②卑礼：卑下谦恭之礼。厚币：原指用作礼物的丝织品，也可泛指礼物。③邹衍（约前305—前240年）：齐国人。阴阳家的代表人物。淳于髡（kūn）：齐国学者，以博学著称。④梁惠王：即魏惠王。⑤不佞（nìng）：不才；没有才能。⑥兵三折于外：指被齐、秦、楚三国打败。⑦虏：俘虏。被动用法。⑧以：由此；从此。⑨羞：耻辱。先君：先代君主。宗庙：帝王诸侯祭祀祖先的处所。⑩丑：羞耻；惭愧。以动用法。⑪叟：古代对长者的敬称。远：以动用法。⑫辱幸：犹言屈尊光临。敝邑：称本国的谦辞。⑬将：打算；想要。何以：以何；用什么。利：有利。使动用法。⑭若是：如此；像这样。⑮夫：发语词。欲：想要；贪求。则：那么。连词。⑯为：语气助词，表疑问。

三十六年，复与齐王会甄[①]。是岁，惠王卒[②]，子襄王立[③]。

【注释】

①甄（juàn，本读zhēn）：通"鄄"。②惠王卒：据杨宽《战国史》考证，魏惠王到三十六年没有死，只是改元又称一年，又十六年才死。③襄王：名嗣。

襄王元年，与诸侯会徐州[①]，相王也[②]。追尊父惠王为王[③]。

【注释】

①徐州：齐地名。在今山东滕州市南。②相王：互相尊称为王。③追尊父惠王为王：追尊，古代在人死后追加尊号。《孟子》一书多处称魏惠王为王，是其明证。

五年，秦败我龙贾军四万五千于雕阴[①]，围我焦、曲沃[②]。予秦河西之地[③]。

【注释】

①龙贾：魏国大臣。雕阴：魏地名。在今陕西甘泉县南。②焦：魏地名。在今河南三门峡市西北。曲沃：魏地名。在今河南三门峡市西南。③河西：地区名。当时称今山西、陕西两省间黄河南段之西为河西。

六年，与秦会应[①]。秦取我汾阴、皮氏、焦[②]。魏伐楚，败之陉山[③]。七年，魏尽入上郡于秦[④]。秦降我蒲阳[⑤]。八年，秦归我焦、曲沃。

【注释】

①应：邑名。在今河南鲁山县东。②汾阴：魏邑名。在今山西万荣县西南。皮氏：魏邑名。在今山西河津市。③陉山：楚地名。在今河南漯河市东。④入：交纳。上郡：魏地区名。⑤降（xiáng）：降伏。蒲阳：魏邑名。在今山西隰（xí）县。

十二年，楚败我襄陵。诸侯执政与秦相张仪会啮桑[①]。十三年，张仪相魏。魏有女子化为丈夫[②]。秦取我曲沃、平周[③]。

【注释】

①啮（niè）桑：地名。在今江苏沛县西南。②丈夫：古称成年男子为丈夫。③曲沃：古都邑名。春秋属晋，战国属魏，在今山西闻喜县东北。此曲沃在魏北境。平周：魏邑名。在今山西介休市西。

十六年，襄王卒，子哀王立。张仪复归秦。

哀王元年，五国共攻秦[①]，不胜而去。

【注释】

①五国：指韩、魏、楚、赵、燕。

二年，齐败我观津[①]。五年，秦使樗里子伐取我曲沃[②]，走犀首岸门[③]。六年，秦来立公子政为太子。与秦会临晋。七年，攻齐。与秦伐燕[④]。

【注释】

①观津：本赵邑，时属魏。在今河北武邑县东南。②樗（chū）里子：嬴疾。曲沃：此曲沃在今河南三门峡市西南。③走：逃跑。使动用法。犀首：魏官名。时任此职者为公孙衍。纵横家。岸门：魏邑名。在今山西河津市南。④燕：周初分封的诸侯国，姬姓。前 222 年为秦所灭。

八年，伐卫，拔列城二[①]。卫君患之[②]。如耳见卫君曰[③]：“请罢魏兵[④]，免成陵君可乎[⑤]？”卫君曰：“先生果能，孤请世世以卫事先生。”如耳见成陵君曰：“昔者魏伐赵，断羊肠[⑥]，拔阏与[⑦]，约斩赵[⑧]，赵分而为二，所以不亡者，魏为从主也[⑨]。今卫已迫亡[⑩]，将西请事于秦。与其以秦醳卫[⑪]，不如以魏醳卫，卫之德魏必终无穷[⑫]。”成陵君曰：“诺。”如耳见魏王曰：“臣有谒于卫[⑬]。卫故周室之别也[14]，其称小国，多宝器[15]。今国迫于难而宝器不出者，其心以为攻卫醳卫不以王为主，故宝器虽出必不入于王也[16]。臣窃料之，先言醳卫者必受卫者也。”如耳出，成陵君入，以其言见魏王。魏王听其说，罢其兵，免成陵君，终身不见。

【注释】

①列城：相邻的城池。②患：忧虑。③如耳：魏国大夫。④罢：停止。使动用法。⑤免：罢免。⑥羊肠：即羊肠坂（bǎn）。太行山上的坂道，在今山西晋城市南。⑦阏（yù）与：战国韩邑，后属赵。在今山西和顺西北。⑧约：图谋。斩：分割。⑨从（zōng）主：诸侯合纵之长。⑩迫亡：迫近亡国。⑪以：由。醳（shì）：通“释”。宽释。⑫德：感激。⑬臣有谒于卫：我替卫国有所说明。谒，说明，陈述。于，为，替。⑭故：本来。周室：周王族。⑮宝器：宝贵的器物。⑯出：献出。

九年，与秦王会临晋。张仪、魏章皆归于魏[①]。魏相田需死，楚害张仪、犀首、薛公[②]。楚相昭鱼谓苏代曰[③]：“田需死，吾恐张仪、犀首、薛公有一人相魏者也。”代曰：“然相者欲谁而君便之[④]？”昭鱼曰：“吾欲太子之自相也[⑤]。”代曰：“请为君北[⑥]，必相之[⑦]。”昭鱼曰：“奈何？”对曰：“君其为梁王，代请说君[⑧]。”昭鱼曰：“奈何？”对曰：“代也从楚来，昭鱼甚忧，曰：‘田需死，吾恐张仪、犀首、薛公有一人相魏者也。’代曰：‘梁王，长主也[⑨]，必不相张仪。张仪相，必右秦而左魏[⑩]。犀首相，必右韩而左魏。薛公相，必右齐而左魏。梁王，长主也，必不便也。’王曰[⑪]：‘然则寡人孰相[⑫]？’代曰：‘莫若太子之自相[⑬]。太子之自相，是三人者皆以太子为非常相也[⑭]，皆将务以其国事魏[⑮]，欲得丞相玺也[⑯]。以魏之强，而三万乘之国辅之[⑰]，魏必安矣。故曰莫若太子之自相也’。”遂北见梁王，以此告之。太子果相魏。

【注释】

①魏章：曾为魏将，后又相秦。②害：忌刻；畏惧。③苏代：游说之士，苏秦之弟。④便：方便；有利。⑤太子：指魏昭王。⑥北：北行。动词。⑦相：做相。使动用法。⑧说（shuì）：游说。⑨长（zhǎng）主：贤明的国君。⑩右：古时尚右，故称所重为右，所轻为左。⑪王曰：是苏代摩拟魏王说。⑫然则：既然如此，那么。孰：谁。⑬莫若：莫如；不如。⑭是：此；这。⑮务：致力；尽力。⑯欲得丞相玺（xǐ）：想获得丞相印。玺，印。⑰万乘（shèng）之国：指大国。乘，一车四马。万乘，万辆车。

十年，张仪死。十一年，与秦武王会应[①]。十二年，太子朝于秦。秦来伐我皮氏，未拔而解。十四年，秦来归武王后[②]。十六年，秦拔我蒲反、阳晋、封陵[③]。十七年，与秦会临晋。秦予我蒲反。十八年，与秦伐楚。二十一年，与齐、韩共败秦军函谷[④]。

【注释】

①秦武王：秦国君嬴荡。②武王后：魏公室女。③蒲反（bǎn）：亦作蒲坂。魏邑名。在今山西永济西。阳晋：应作“晋阳”。魏邑名。在今山西永济市东。封陵：魏地名。在今山西风陵渡东。④函谷：即函谷关，在今河南灵宝市东北。

二十三年，秦复予我河外及封陵为和。哀王卒，子昭王立[①]。

【注释】

①昭王：名遫。

昭王元年，秦拔我襄城[①]。二年，与秦战，我不利。三年，佐韩攻秦，秦将白起败我军伊阙二十四万[②]。六年，予秦河东地方四百里[③]。芒卯以诈重[④]。七年，秦拔我城大小六十一。八年，秦昭王为西帝[⑤]，齐湣王为东帝[⑥]，月余，皆复称王归帝。九年，秦拔我新垣、曲阳之城[⑦]。

【注释】

①襄城：魏邑名。在今河南襄城县。②白起：一名公孙起。伊阙：山名。在今河南洛阳市南。二十四万：指韩、魏两军共数。③河东：地区名，约指今山西境内黄河以东地区。④芒卯：魏国大臣。诈：智诈；智谋。重：见重；被重用。⑤秦昭王：即秦昭襄王。⑥齐湣（mǐn）王：亦作齐闵王、齐愍王。齐国君。⑦新垣：魏邑名。与曲阳相近。曲阳：魏邑名。在今河南济源市西南。

十年，齐灭宋，宋王死我温[①]。十二年，与秦、赵、韩、燕共伐齐，败之济西[②]，湣王出亡[③]。燕独入临菑。与秦王会西周[④]。

【注释】

①宋王：宋康王子偃。②济西：济水以西。③湣王出亡：此句当在下句“燕独入临菑”后。④会西周：指会于西周国都河南（今河南洛阳市西）。西周，战国时小国。

十三年，秦拔我安城[①]。兵到大梁，去。十八年，秦拔郢[②]，楚王徙陈[③]。

【注释】

①安城：魏邑名。②郢：此为鄢郢，在今湖北宜城市南。③楚王：王熊横。陈：楚邑名。

十九年，昭王卒，子安釐王立。

安釐王元年，秦拔我两城。二年，又拔我二城，军大梁下[①]，韩来救，予秦温以和。三年，秦拔我四城，斩首四万。四年，秦破我及韩、赵，杀十五万人，走我将芒卯。魏将段干子请予秦南阳以和[②]。苏代谓魏王曰：“欲玺者段干子也[③]，欲地者秦也。今王使欲地者制玺，使欲玺者制地[④]，魏氏地不尽则不知已[⑤]。且夫以地事秦[⑥]，譬犹抱薪救火，薪不尽，火不灭。”王曰：“是则然也。虽然，事始已行[⑦]，不可更矣。”对曰：“王独不见夫博之所以贵枭者[⑧]，便则食[⑨]，不便则止矣。今王曰‘事始已行，不可更’，是何王之用智不如用枭也？”

【注释】

①军：驻扎。②南阳：魏地名。故城在今河南获嘉县北。③欲玺：指想获得秦国的封赏。玺，印章，借指官爵。④制：控制；掌握。⑤魏氏：指魏国。已：停止。⑥且夫：用法同“夫”，发语词。⑦始：方绕；刚才。⑧独：难道。夫：那。指示代词。博：古代博局戏，以五木为骰（tóu）子，其上刻有枭（xiāo）、卢、雉、犊、塞等形。行博时掷骰子中采，然后行棋，得枭者为上采。贵：宝贵；看重。以动用法。⑨食：吃掉棋子。

九年，秦拔我怀。十年，秦太子外质于魏死。十一年，秦拔我郪丘[①]。

【注释】

①郪（qī）丘：魏邑名。在今安徽太和县北宋王城。

秦昭王谓左右曰："今时韩、魏与始孰强？"对曰："不如始强。"王曰："今时如耳、魏齐与孟尝、芒卯孰贤[①]？"对曰："不如。"王曰："以孟尝、芒卯之贤，率强韩、魏以攻秦，犹无奈寡人何也[②]。今以无能之如耳、魏齐而率弱韩、魏以伐秦，其无奈寡人何亦明矣。"左右皆曰："甚然[③]。"中旗冯琴而对曰[④]："王之料天下过矣[⑤]。当晋六卿之时，知氏最强，灭范、中行，又率韩、魏之兵以围赵襄子于晋阳，决晋水以灌晋阳之城，不湛者三版[⑥]。知伯行水[⑦]，魏桓子御，韩康子为参乘[⑧]。知伯曰：'吾始不知水之可以亡人之国也，今乃知之。'汾水可以灌安邑，绛水可以灌平阳[⑨]。魏桓子肘韩康子[⑩]，韩康子履魏桓子[⑪]，肘足接于车上[⑫]，而知氏地分，身死国亡，为天下笑。今秦兵虽强，不能过知氏；韩、魏虽弱，尚贤其在晋阳之下也[⑬]。此方其用肘足之时也[⑭]，愿王之勿易也！"于是秦王恐。

【注释】

①魏齐：魏国诸公子，为魏昭王相。②无奈寡人何：不能把我怎么样。③甚然：非常对。④中旗：亦作中期。官名。掌琴瑟。一说，人名，即钟子期。冯（píng）：通"凭"。倚靠。⑤料：估量。过：错。⑥湛（chén）：通"沉"。版：亦作"板"。筑墙用的夹板。一板高二尺。⑦行：按视。⑧参乘：亦作"骖乘"。陪乘。⑨平阳：韩邑名。在今山西临汾市西南。⑩肘：臂肘。此谓用臂肘碰人，暗示以心相应。⑪履：踏。此谓用脚踩人，暗示所谋预合。⑫肘足接于车上：意思是说，韩、魏联合，共灭知伯的协约已成默契。⑬贤：胜过。⑭用肘足之时：意思是说制定联合抗秦计划之际。

齐、楚相约而攻魏，魏使人求救于秦，冠盖相望也[①]，而秦救不至。魏人有唐雎者，年九十余矣，谓魏王曰："老臣请西说秦王，令兵先臣出。"魏王再拜，遂约车而遣之[②]。唐雎到，入见秦王。秦王曰："丈人芒然乃远至此[③]，甚苦矣！夫魏之来求救数矣，寡人知魏之急已[④]。"唐雎对曰："大王已知魏之急而救不发者，臣窃以为用策之臣无任矣[⑤]。夫魏，一万乘之国也，然所以西面而事秦，称东藩[⑥]，受冠带[⑦]，祠春秋者[⑧]，以秦之强足以为与也[⑨]。今齐、楚之兵已合于魏郊矣[⑩]，而秦救不发，亦将赖其未急也[⑪]。使之大急[⑫]，彼且割地而约从[⑬]，王尚何救焉？必待其急而救之，是失一东藩之魏而强二敌之齐、楚[⑭]，则王何利焉？"于是秦昭王遽为发兵救魏[⑮]。魏氏复定。

【注释】

①冠盖相望：道路上使臣往来不绝，他们所戴帽子和所乘车子的车盖互相能够望见。冠，帽子。盖，车盖。②约车：备办车辆。③丈人：对长者的尊称。乃：竟。④已：用法同"矣"。⑤用策之臣：筹策之臣。亦即执政大臣。⑥东藩：东部藩属。⑦受冠带：接受秦国法度。冠带，本指服制，引申指法度。⑧祠春秋：春秋贡奉以助秦国祭祀。⑨与：与国；盟国。⑩合：会集。魏郊：魏都大梁城郊。⑪亦将赖其未急也：不过是凭恃着魏国不危急罢了。亦，不过。将，句中助词。赖，恃。⑫大急：极端危急。⑬割地：割地给齐、楚两国。约从（zōng，也读zòng）：即合纵。⑭强：强大。使动用法。⑮遽（jù）：就；立即。

赵使人谓魏王曰："为我杀范痤[①]，吾请献七十里之地。"魏王曰："诺。"使吏捕之，围而未杀。痤因上屋骑危[②]，谓使者曰："与其以死痤市[③]，不如以生痤市。有如痤死[④]，赵不予王地，则王将奈何？故不若与先定割地，然后杀痤。"魏王曰："善。"痤因上书信陵君曰[⑤]："痤，故魏之免相也[⑥]，赵以地杀痤而魏王听之，有如强秦亦将袭赵之欲，则君且奈何？"信陵君言于王而出之。

【注释】

①范痤（cuó）：一作范座。魏人，曾为魏相。②危：屋脊。③死痤：死范痤。市：交换。④有如：假如。⑤信陵君：魏无忌。魏安釐王之弟。⑥免相：免职的宰相。

魏王以秦救之故，欲亲秦而伐韩，以求故地。无忌谓魏王曰：

秦与戎翟同俗[①]，有虎狼之心，贪戾好利无信[②]，不识礼义德行[③]。苟有利焉，不顾亲戚兄弟，若禽兽耳，此天下之所识也，非有所施厚积德也。故太后母也[④]，而以忧死[⑤]；穰侯舅也[⑥]，功莫大焉[⑦]，而竟逐之[⑧]；两弟无罪[⑨]，而再夺之国[⑩]。此于亲戚若此[⑪]，而况于仇雠之国乎[⑫]！今王与秦共伐韩而益近秦患，臣甚惑之。而王不识则不明，群臣莫以闻则不忠[⑬]。

【注释】

①戎翟（dí）：古代对西北方各族的泛称。翟，通"狄"。②贪戾（lì）：贪婪残暴。③识：知。④太后：宣太后。秦昭王之母。秦昭王十九岁即位，她掌握政权。⑤而以忧死：秦昭王四十一年，用范雎之说，废宣太后，她忧虑而死。⑥穰（ráng）侯：魏冉。宣太后异父弟。秦武王去世，秦内乱，他拥立昭王。⑦焉：兼词。此处当"于他"讲。⑧而竟逐之：秦昭王四十一年，任用范雎为相，驱逐魏冉，后死于陶。⑨两弟：指泾阳君嬴市，秦昭王同母弟，封于泾阳（今陕西泾阳县境）；高陵君嬴悝，秦昭王同母弟，封于高陵（今陕西高陵县）。⑩再：一举而二叫"再"。之：其。国：封邑。泾阳君、高陵君封邑在关内，秦昭王四十一年。⑪此：指秦国。⑫仇雠（chóu）：仇敌。⑬以闻：以此上闻。

今韩氏以一女子奉一弱主[①]，内有大乱，外交强秦、魏之兵，王以为不亡乎？韩亡，秦有郑地[②]，与大梁邺[③]，王以为安乎？王欲得故地，今负强秦之亲，王以为利乎？

【注释】

①今韩氏以一女子奉一弱主：当时韩桓惠王年幼，母后专权。②郑：指郑国旧地。韩哀侯二年（前375年），韩灭郑，迁都新郑（今河南新郑），此后亦称韩为郑。③大梁：指魏。

秦非无事之国也，韩亡之后必将更事[①]，更事必就易与利[②]，就易与利必不伐楚与赵矣。是何也？夫越山逾河，绝韩上党而攻强赵[③]，是复阏与之事[④]，秦必不为也。若道河内，倍邺、朝歌[⑤]，绝漳、滏水，与赵兵决于邯郸之郊，是智伯之祸也，秦又不敢。伐楚，道涉谷[⑥]，行三千里，而攻冥阨之塞[⑦]，所行甚远，所攻甚难，秦又不为也。若道河外[⑧]，倍大梁，右上蔡、召陵[⑨]，与楚兵决于陈郊，秦又不敢。故曰秦必不伐楚与赵矣，又不攻卫与齐矣。

【注释】

①更事：再起事端。②就：趋；从。③绝：越过；穿过。④复：重蹈。阏（yù）

与：韩邑名。⑤倍：通“背”。⑥涉谷：往楚之险路。⑦冥阨：楚之险塞。⑧河外：地区名。⑨上蔡：楚邑名。在今河南上蔡西南。召（shào）陵：楚邑名。在今河南郾城县东。

夫韩亡之后，兵出之日，非魏无攻已。秦固有怀、茅、邢丘，城垝津以临河内[①]，河内共、汲必危[②]；有郑地，得垣雍[③]，决荧泽水灌大梁[④]，大梁必亡。王之使者出过而恶安陵氏于秦[⑤]，秦之欲诛之久矣[⑥]。秦叶阳、昆阳与舞阳邻[⑦]，听使者之恶之，随安陵氏而亡之[⑧]，绕舞阳之北，以东临许[⑨]，南国必危[⑩]，国无害乎？

【注释】

①城：动词，筑城。垝（guǐ）津：地名。②共（gōng）：邑名。在今河南辉县。汲：邑名。在今河南汲县西。③垣雍：邑名。在今河南原阳县西。④荧泽：泽名。一作荥泽。故址在今河南郑州市西北，西汉以后渐淤为平地。⑤出过：出访。恶（wù）：中伤。安陵氏：魏襄王封其弟为安陵君，后代以邑为氏，故称安陵氏。安陵，魏邑，在今河南鄢陵县西北。⑥诛：灭。⑦叶（旧读 shè）阳：秦邑名。在今河南叶县南。昆阳：秦邑名。在今河南叶县。⑧随：听任。⑨许：国名。在今河南许昌市东。⑩南国：指魏国的南部地区。此时属韩。

夫憎韩不爱安陵氏可也，夫不患秦之不爱南国非也[①]。异日者[②]，秦在河西晋[③]，国去梁千里，有河山以阑之[④]，有周、韩以间之[⑤]。从林乡军以至于今[⑥]，秦七攻魏，五入囿中[⑦]，边城尽拔，文台堕[⑧]，垂都焚[⑨]，林木伐，麋鹿尽[⑩]，而国继以围[⑪]。又长驱梁北[⑫]，东至陶、卫之郊[⑬]，北至平监[⑭]，所亡于秦者，山南山北[⑮]，河外河内，大县数十，名都数百。秦乃在河西晋，去梁千里，而祸若是矣。又况于使秦无韩，有郑地，无河山而阑之，无周、韩而间之，去大梁百里，祸必由此矣。

【注释】

①患：忧虑。②异日：往日。③河西晋：河西晋国故地。④阑：阻隔。⑤周：指周朝京畿。间：同“间”。隔绝。⑥林乡军：指秦进攻林乡的战役。林乡，邑名。在今河南新郑市东。⑦囿中：泽名。⑧文台：台名。故址在今山东菏泽市西南。堕（huī）：通“隳”。毁坏。⑨垂都：魏邑名。⑩麋鹿：鹿科动物。⑪国继以围：指安釐王二年秦军大梁下事。国，国都。⑫长驱：毫不停顿地快速进军。⑬卫：邑名。在今河南滑县。⑭平：当为“乎”。监：通“阚（kàn）”。邑名。在今山东汶上县西南。⑮山：指华山。

异日者，从之不成也[①]，楚、魏疑而韩不可得也。今韩受兵三年[②]，秦桡之以讲[③]，识亡不听，投质于赵[④]，请为天下雁行顿刃[⑤]，楚、赵必集兵，皆识秦之欲无穷也[⑥]，非尽亡天下之国而臣海内[⑦]，必不休矣。是故臣愿以从事王[⑧]，王速受楚、赵之约[⑨]，而挟韩之质以存韩，而求故地，韩必效之。此士民不劳而故地得，其功多于与秦共伐韩，而又与强秦邻之祸也[⑩]。

【注释】

①从（zōng）：合纵。②受兵：指遭受秦军侵扰。③桡（náo）：通“挠”。讲：媾和。④投质：派出人质。⑤为：与。雁行（hàng）：谓按次序为行列前进。顿刃：指折坏兵器用来战。顿，通“钝”。⑥欲：贪欲。⑦臣：臣服。使动用法。⑧从（zōng）事：合纵事王。事，服务；效劳。⑨约：盟约。⑩又：当作“无”。

夫存韩安魏而利天下，此亦王之天时已[①]。通韩上党于共、宁[②]，使道安成[③]，出入赋之[④]，是魏重质韩以其上党也[⑤]。今有其赋，足以富国。韩必德魏爱魏重魏畏魏，韩必不敢反魏，是韩则魏之县也。魏得韩以为县，卫、大梁、河外必安矣[⑥]。今不存韩，二周、安陵必危[⑦]。楚、赵大破，卫、齐甚畏，天下西乡而驰秦入朝而为臣不久矣[⑧]。

【注释】

①天时：天赐的时机。②宁：魏邑名。在今河南获嘉县。③安成：魏邑名。在今河南原阳县西南。④出入赋之：征收往来商贾之税。⑤重（chóng）：复；又。质：抵押。以动用法。⑥卫：指残存的卫国，当时为魏国附庸。⑦二周：指战国末期西周、东周二小国。⑧乡（xiàng）：通“向”。

二十年，秦围邯郸[①]，信陵君无忌矫夺将军晋鄙兵以救赵[②]，赵得全。无忌因留赵。二十六年，秦昭王卒。

【注释】

①秦围邯郸：公元前 257 年，秦军围赵都邯郸，赵求救于魏。魏派晋鄙领军十万救赵，驻军邺，对秦赵成败持观望态度。②矫诏：假托君命。

三十年，无忌归魏，率五国兵攻秦，败之河外，走蒙骜[①]。魏太子增质于秦，秦怒，欲囚魏太子增。或为增谓秦王曰[②]：“公孙喜固谓魏相曰‘请以魏疾击秦[③]，秦王怒，必囚增。魏王又怒，击秦，秦必伤’。今王囚增，是喜之计中也。故不若贵增而合魏[④]，以疑之于齐、韩。”秦乃止增。

【注释】

①走：逃跑。使动用法。蒙骜（ào）：秦国将领。②或：有人。虚指代词。③公孙喜：魏国将领。④贵：厚遇。

三十一年，秦王政初立。

三十四年，安釐王卒，太子增立，是为景湣王。信陵君无忌卒。

景湣王元年，秦拔我二十城，以为秦东郡。二年，秦拔我朝歌。卫徙野王[①]。三年，秦拔我汲。五年，秦拔我垣、蒲阳、衍[②]。十五年，景湣王卒，子王假立。

【注释】

①野王：邑名。在今河南沁阳市。本韩邑，后被秦国攻取。此时秦国迁徙卫元君于此。②衍：魏邑名。在今河南郑州市北。

王假元年，燕太子丹使荆轲刺秦王[①]，秦王觉之[②]。

【注释】

①燕太子丹：燕王喜的太子。荆轲：卫国人。②觉：发觉。

三年，秦灌大梁，虏王假，遂灭魏以为郡县。

太史公曰：吾适故大梁之墟[①]，墟中人曰：“秦之破梁，引河沟而灌大梁[②]，三月城坏，王请降，遂灭魏。”说者皆曰魏以不用信陵君故，国削弱至于亡，余以为不然。天方令秦平海内[③]，其业未成，魏虽得阿衡之佐，[④]曷益乎[⑤]？

【注释】

①适：往。故：旧。墟：故城。②河沟：即鸿沟。古运河名。③天：有两解：一、天命，天意。二、指历史变革的事势。④阿衡：即伊尹。⑤曷（hé）：何；什么。

韩世家第十五

韩之先与周同姓[①]，姓姬氏。其后苗裔事晋[②]，得封于韩原[③]，曰韩武子。武子后三世有韩厥[④]，从封姓为韩氏。

【注释】

①韩：国名。②苗裔：后代子孙。事晋：奉事晋国。③韩原：晋地名。在今陕西韩城市南。④韩厥：即韩献子。晋国大夫，曾任司马。

韩厥，晋景公之三年[①]，晋司寇屠岸贾将作乱[②]，诛灵公之贼赵盾[③]。赵盾已死矣，欲诛其子赵朔。韩厥止贾，贾不听。厥告赵朔令亡[④]。朔曰："子必能不绝赵祀[⑤]，死不恨矣。"韩厥许之。及贾诛赵氏，厥称疾不出[⑥]。程婴、公孙杵臼之藏赵孤赵武也[⑦]，厥知之。

【注释】

①晋景公三年：公元前 597 年。②司寇：官名。掌管刑狱。屠岸贾作乱事，详见《史记·赵世家》。③灵公：晋国国君姬夷皋。前 620—前 607 年在位。赵盾：即赵宣子。晋国执政大臣。④令亡：让他逃走。⑤赵祀：赵氏的祭祀。⑥称疾：假托有病。⑦程婴：晋国人。赵朔的朋友。公孙杵臼：晋国人。赵朔的门客。赵武（？—前 541 年）：即赵文子，亦称赵孟。赵朔之子。

景公十一年[①]，厥与郤克将兵八百乘伐齐[②]，败齐顷公于鞍[③]，获逢丑父[④]。于是晋作六卿[⑤]，而韩厥在一卿之位，号为献子。

【注释】

①景公十一年：公元前 589 年。②郤（xì）克：即郤献子。晋国执政大臣。乘（shèng）：古代称一车四马为一乘。③齐顷公：名无野。惠公子。前 598—前 582 年在位。鞍：齐邑名。在今山东省济南市西北。④逄（páng）丑父：齐大夫。这次战争中，他为齐顷公的随从（车右）。⑤作六卿：增六人为卿。

晋景公十七年[①]，病，卜大业之不遂者为祟[②]。韩厥称赵成季之功[③]，今后无祀，以感景公。景公问曰："尚有世乎[④]？"厥于是言赵武，而复与故赵氏田邑[⑤]，续赵氏祀。

【注释】

①景公十七年：前583年。②卜：占卜。大业：赵氏的远祖。不遂：不育。这里指绝后。祟（suì）：鬼神加给人的灾祸。③称：称颂，称赞。赵成季：即赵衰（？—前622年）。晋国大臣。④世：后代。⑤田邑：封地采邑。

晋悼公之七年[①]，韩献子老[②]。献子卒，子宣子代。宣子徙居州[③]。

【注释】

①晋悼公七年：前567年。②老：告老，退休。③徙居：搬家。州：晋邑名。

晋平公十四年[①]，吴季札使晋[②]，曰："晋国之政卒归于韩、魏、赵矣"。晋顷公十二年[③]，韩宣子与赵、魏共分祁氏、羊舌氏十县[④]。晋定公十五年[⑤]，宣子与赵简子侵伐范、中行氏[⑥]。宣子卒，子贞子代立[⑦]。贞子徙居平阳[⑧]。

【注释】

①晋平公十四年：前544年。②季札：吴王寿梦第四子。使：出使。③晋顷公十二年：前514年。④祁氏、羊舌氏：晋国公族，为晋君所杀。⑤晋定公十五年：前497年。⑥赵简子：即赵鞅。晋国大臣。范、中行（háng）氏：都是晋国大臣。⑦贞子：即韩须。⑧平阳：春秋晋邑，战国韩邑。

贞子卒，子简子代[①]。简子卒，子庄子代[②]。庄子卒，子康子代[③]。康子与赵襄子、魏桓子共败知伯[④]，分其地，地益大，大于诸侯。

【注释】

①简子：即韩不佞。②庄子：即韩庚。③康子：即韩虎。④赵襄子：即赵毋恤。晋国大臣。魏桓子：即魏驹。晋国大臣。

康子卒，子武子代。武子二年[①]，伐郑，杀其君幽公。十六年[②]，武子卒，子景侯立。

【注释】

①武子二年：前423。武子，名启章。②十六年：前409年。

景侯虔元年[①]，伐郑，取雍丘[②]。二年[③]，郑败我负黍[④]。

【注释】

①景侯虔元年：前408年。②雍丘：宋邑名。在今河南省杞县。③二年：前407年。④负黍：邑名。

六年[①]，与赵、魏俱得列为诸侯。

【注释】

①六年：前403年。

九年[①]，郑围我阳翟[②]。景侯卒，子列侯取立。

【注释】

①九年：前400年。②我：指韩国。阳翟（zhái）：都邑名。在今河南省禹县。

列侯三年[①]，聂政杀韩相侠累[②]。九年[③]，秦伐我宜阳[④]，取六邑。十三年[⑤]，列侯卒，子文侯立。是岁魏文侯卒⑥。

【注释】

①列侯三年：前397年。②聂政：韩国人。③九年：前391年。④宜阳：韩邑名。在今河南省宜阳县西。⑤十三年：前387年。⑥魏文侯（？—前396年）：即魏斯。魏国的建立者。

文侯二年①，伐郑，取阳城②。伐宋，到彭城③，执宋君。七年④，伐齐，至桑丘⑤。郑反晋⑥。九年⑦，伐齐，至灵丘⑧。十年⑨，文侯卒，子哀侯立。

【注释】

①文侯二年：前385年。②阳城：郑邑名。③彭城：宋邑名。在今江苏省徐州市。④七年：公元前380年。⑤桑丘：邑名。在今河北省保定市北。⑥反晋：反叛晋国。⑦九年：前378年。⑧灵丘：齐邑名。在今山东省高唐县南。⑨十年：前377年。

哀侯元年①，与赵、魏分晋国。二年，灭郑，因徙都郑②。

【注释】

①哀侯元年：前376年。②郑：指郑都新郑。

六年，韩严弑其君哀侯，而子懿侯立①。

【注释】

①懿侯：《六国年表》作“庄侯”。

懿侯二年①，魏败我马陵②。五年，与魏惠王会宅阳③。九年，魏败我浍④。十二年，懿侯卒，子昭侯立。

【注释】

①懿侯二年：前373年。②马陵：齐地名。在今河北省大名县东南。③宅阳：地名。在今河南省郑州市北。④浍（kuài）：水名。源出山西省翼城县东，西流入汾河。

昭侯元年①，秦败我西山②。二年，宋取我黄池③。魏取朱④。六年，伐东周⑤，取陵观、邢丘⑥。

【注释】

①昭侯元年：前362年。②西山：指今河南宜阳、鲁山等县一带的山岭。③黄池：邑名。在今河南省封丘县西南。④朱：韩地。今地不详。⑤东周：国名。在今河南省巩义市。⑥陵观：邑聚名。今地不详。邢丘：魏邑名。在今河南省温县东北。

八年①，申不害相韩②，修术行道③，国内以治，诸侯不来侵伐。

【注释】

①八年：前355年。②申不害（约前385—前337年）：郑国京（今河南荥阳市东南）人。任韩昭侯相十五年。他主张法治，强调以“术”来加强国君集权。③修术：研究君主控制和使用群臣的策略和手段。行道：推行自己的政治主张。

十年[①]，韩姬弑其君悼公[②]。十一年，昭侯如秦[③]。二十二年[④]，申不害死。二十四年[⑤]，秦来拔我宜阳。

【注释】

①十年：前 352 年。②韩姬弑君悼公：韩无悼公，文有脱误。韩姬，韩国大夫。③如：往，到。④二十二年：前 341 年。⑤二十四年：前 339 年。

二十五年[①]，旱，作高门。屈宜臼曰[②]："昭侯不出此门。何也？不时[③]。吾所谓时者，非时日也，人固有利不利时。昭侯尝利矣，不作高门。往年秦拔宜阳，今年旱，昭侯不以此时恤民之急[④]，而顾益奢[⑤]，此谓'时绌举赢[⑥]'。"二十六年，高门成，昭侯卒，果不出此门。子宣惠王立。

【注释】

①二十五年：前 338 年。②屈宜臼：楚国大夫，此时在魏国。③不时：不合时。④恤：休恤，怜悯。⑤顾：却，反而。⑥时绌（chù 触）举赢：当衰敝之时，而行奢侈之事。绌，不足。举，行动。赢，多余。

宣惠王五年[①]，张仪相秦[②]。八年[③]，魏败我将韩举[④]。十一年，君号为王。与赵会区鼠[⑤]。十四年，秦伐败我鄢[⑥]。

【注释】

①宣惠王五年：前 328 年。②张仪（？——前 310 年）：魏国人。纵横家。③八年：前 325 年。④韩举：韩国将领。先为赵将，后入韩。⑤区（ōu）鼠：地名。在今河北省大名县东北。⑥鄢：韩邑名。在今河南省鄢陵县西北。

十六年[①]，秦败我脩鱼[②]，虏得韩将鲠、申差于浊泽[③]。韩氏急，公仲谓韩王曰[④]："与国非可恃也[⑤]。今秦之欲伐楚久矣，王不如因张仪为和于秦，赂以一名都[⑥]，具甲[⑦]，与之南伐楚，此以一易二之计也[⑧]。"韩王曰："善。"乃警公仲之行[⑨]，将西购于秦[⑩]。楚王闻之大恐，召陈轸告之[⑪]。陈轸曰："秦之欲伐楚久矣，今又得韩之名都一而具甲，秦韩并兵而伐楚，此秦所祷祀而求也[⑫]。今已得之矣，楚国必伐矣。王听臣为之警四境之内，起师言救韩，命战车满道路，发信臣[⑬]，多其车，重其币，使信王之救已也。纵韩不能听我，韩必德王也[⑭]，必不为雁行以来[⑮]，是秦韩不和也，兵虽至，楚不大病也[⑯]。为能听我绝和于秦，秦必大怒，以厚怨韩。韩之南交楚，必轻秦；轻秦，其应秦必不敬：是因秦、韩之兵而免楚国之患也。"楚王曰："善。"乃警四境之内，兴师言救韩。命战车满道路，发信臣，多其车，重其币。谓韩王曰："不谷国虽小[⑰]，已悉发之矣。愿大国遂肆志于秦[⑱]，不谷将以楚殉韩[⑲]。"韩王闻之大说，乃止公仲之行。公仲曰："不可。夫以实伐我者秦也，以虚名救我者楚也。王恃楚之虚名，而轻绝强秦之敌，王必为天下大笑。且楚韩非兄弟之国也，又非素约而谋伐秦也[⑳]。已有伐形[㉑]，因发兵言救韩，此必陈轸之谋也。且王已使人报于秦矣，今不行，是欺秦也。夫轻欺强秦而信楚之谋臣，恐王必悔之。"韩王不听，遂绝于秦。秦因大怒，益甲伐韩，大战，楚救不至韩。十九年[㉒]，大破我岸门[㉓]。太子仓质于秦以和。

【注释】

①十六年：前 317 年。这年秦败三晋联军于脩鱼。②脩鱼：韩地名。在今河南省原阳县西南。③鲠（shòu）、申差：韩国二将。鲠，音瘦，亦作鲠。浊泽：

韩地名。④公仲：公仲侈。韩国相国。⑤与国：友好的国家。⑥赂：赠送财物。名都：著名的城市。⑦具甲：备办铠甲，指准备作战。具，准备。甲，古代军人穿的皮制的护身衣服。⑧以一易二：用一换二。一，指名都。二，使不伐韩而又与之伐楚。⑨警公仲之行：让公仲侈秘密地准备上路，而对外保密。警，戒备。⑩购：通“媾”。讲和。⑪陈轸：楚国人。⑫祷祀：有事求神致祭。⑬信臣：使臣。⑭德：感激。⑮雁行（háng）：比喻同心合力，齐头并进。⑯病：困难，危险，忧虑。⑰不谷：不善。⑱肆志：纵情，快意。⑲殉：为了某种目的而死。⑳素约：预先相约。㉑伐形：讨伐的迹象。㉒十九年：前 314 年。㉓岸门：地名。

二十一年[①]，与秦共攻楚，败楚将屈丐[②]，斩首八万于丹阳[③]。是岁，宣惠王卒，太子仓立，是为襄王。

【注释】

①二十一年：前 312 年。②屈丐（gài 盖）：楚将。楚怀王十七年（前 312 年），率军与秦军战于丹阳，大败被俘，楚因失去汉中。③丹阳：古地区名。在今陕西丹凤县东南、河南内乡县西。

襄王四年[①]，与秦武王会临晋[②]。其秋，秦使甘茂攻我宜阳。五年，秦拔我宜阳，斩首六万。秦武王卒。六年，秦复与我武遂[③]。九年，秦复取我武遂。十年，太子婴朝秦而归。十一年，秦伐我，取穰[④]。与秦伐楚，败楚将唐昧。

【注释】

①襄王四年：前 308 年。②秦武王：嬴荡。前 310—前 307 年在位。临晋：魏邑名。在今陕西省大荔县东。③武遂：韩地名。在今山西省垣曲县东南。④穰（ráng）：韩邑名。在今河南省邓州市境。

十二年[①]，太子婴死。公子咎、公子虮虱争为太子。时虮虱质于楚。苏代谓韩咎曰[②]：“虮虱亡在楚，楚王欲内之甚[③]。今楚兵十余万在方城之外[④]，公何不令楚王筑万室之都雍氏之旁[⑤]，韩必起兵以救之，公必将矣。公因以韩楚之兵奉虮虱而内之，其听公必矣，必以楚韩封公也。”韩咎从其计。

【注释】

①十二年：前 300 年。②苏代：洛阳（今河南洛阳东）人。苏秦之弟。也是纵横家。③内（nà 纳）：通“纳”。送回，接回。④方城之外：方城以北。⑤万室之都：万户人口的都邑。

楚围雍氏，韩求救于秦。秦未为发，使公孙昧入韩。公仲曰：“子以秦为且救韩乎[①]？”对曰：“秦王之言曰‘请道南郑、蓝田[②]，出兵于楚以待公’，殆不合矣[③]。”公仲曰：“子以为果乎[④]？”对曰：“秦王必祖张仪之故智[⑤]。楚威王攻梁也[⑥]，张仪谓秦王曰：‘与楚攻魏，魏折而入于楚，韩固其与国也，是秦孤也。不如出兵以到之[⑦]，魏楚大战，秦取西河之外以归[⑧]。’今其状阳言与韩[⑨]，其实阴善楚[⑩]。公待秦而到，必轻与楚战。楚阴得秦之不用也[⑪]，必易与公相支也[⑫]。公战而胜楚，遂与公乘楚[⑬]，施三川而归[⑭]。公战不胜楚，楚塞三川守之[⑮]，公不能救也。窃为公患之[⑯]。司马庚三反于郢[⑰]，甘茂与昭鱼遇于商於[⑱]，其言收玺[⑲]，实类有约也[⑳]。”公仲恐，曰：“然则奈何？”曰：“公必先韩而后秦，先身而后张仪。公不如亟以国合于齐楚[㉑]，齐楚必委国于公[㉒]。公之所恶者张仪也，其实犹不无秦也。”于是楚解雍氏围。

【注释】

①且：将要，就要。②道：取道，经过。南郑：秦邑名。蓝田：秦县名。在今陕西省蓝田县西。③殆：大概，恐怕。不合：言行不合。④果：的确，果真。⑤祖：师承，效法。⑥楚威王：熊商。前339—前329年在位。梁：即魏。魏惠王于前362年徙都大梁（今河南开封市），故魏亦称梁。⑦到：欺惑。⑧西河：魏地名。指今陕西东部黄河西岸地区。⑨状：情状，情形。阳言：伪言。阳，通“佯”。与：结交，亲附。⑩阴善：暗中友好。⑪阴得：暗中知道。不用：不为所用。⑫相支：相持，对峙。⑬乘楚：控制楚国。⑭施：扬威。⑮三川：指东周王朝京畿地区，因其地有河、洛、伊三川。⑯患：担心，忧虑。⑰司马庚：秦国人。反：通“返”。郢：楚都城。此实指鄢郢，在今湖北宜城市南。⑱甘茂：楚下蔡（今安徽风台）人。初为秦将，后任左相。昭鱼：楚国相国。商於（wū）：地名。在今河南省淅川县西南。一说在今陕西省商县、河南省西峡县一带。⑲收玺：收取军符。⑳类：相似，好像。㉑亟：急，赶快。㉒委国：将国事委托于人。

苏代又谓秦太后弟芈戎曰[①]：“公叔伯婴恐秦楚之内虮虱也[②]，公何不为韩求质子于楚[③]？楚王听入质子于韩[④]，则公叔伯婴知秦楚之不以虮虱为事，必以韩合于秦楚。秦楚挟韩以窘魏[⑤]，魏氏不敢合于齐，是齐孤也。公又为秦求质子于楚，楚不听，怨结于韩。韩挟齐魏以围楚，楚必重公[⑥]。公挟秦楚之重以积德于韩[⑦]，公叔伯婴必以国待公。”于是虮虱竟不得归韩。韩立咎为太子[⑧]。齐、魏王来。

【注释】

①秦太后：秦宣太后，秦昭王之母。芈（mǐ），姓；戎，名。②公叔伯婴：即太子婴。③质子：派往别国作抵押的太子或公子。④“楚王听入质子于韩”，承前脱“不”字，亦即“不听”。⑤挟（xié）：挟制，用强力逼迫别人执行某件事。窘（jiǒng）：处境困迫，没有办法。⑥重：重视，敬重。⑦积德：指为了求福而做好事。⑧咎：公子咎。

十四年[①]，与齐、魏王共击秦，至函谷而军焉[②]。十六年，秦与我河外及武遂。襄王卒，太子咎立，是为釐王。

【注释】

①十四年：前298年。②函谷：即函谷关。在今河南省灵宝市南。军：驻扎。

釐王王三年[①]，使公孙喜率周、魏攻秦[②]。秦败我二十四万，虏喜伊阙[③]。五年，秦拔我宛[④]。六年，与秦武遂地二百里。十年，秦败我师于夏山[⑤]。十二年，与秦昭王会西周而佐秦攻齐[⑥]。齐败，湣王王出亡[⑦]。十四年，与秦会两周间[⑧]。二十一年，使暴鸢救魏[⑨]，为秦所败，鸢走开封[⑩]。

【注释】

①釐王王三年：前293年。②公孙喜：魏国将领。③伊阙：山名。在今河南省洛阳市南。④宛（yuān）：邑名。时属韩。在今河南南阳市。⑤夏山：今地不详。⑥秦昭王：嬴稷。前306—前251年在位。西周：国名。建都河南（今河南洛阳市西）。战国时小国。⑦湣王王：齐湣王王。田地。前323—前284年在位。湣王，通“闵”。⑧两周：东周和西周。东周，国名。⑨暴鸢（yuān 渊，同鸢）：韩国将领。⑩开

封：战国魏邑。在今河南省开封市南。

二十三年[①]，赵、魏攻我华阳[②]。韩告急于秦[③]，秦不救。韩相国谓陈筮曰[④]：“事急，愿公虽病，为一宿之行。”陈筮见穰侯。穰侯曰：“事急乎？故使公来。”陈筮曰：“未急也。”穰侯怒曰：“是可以为公之主使乎[⑤]？夫冠盖相望[⑥]，告敝邑甚急[⑦]，公来言未急，何也？”陈筮曰：“彼韩急则将变而佗从[⑧]，以未急，故复来耳。”穰侯曰：“公无见王，请今发兵救韩。”八日而至，败赵、魏于华阳之下。是岁，釐王王卒，子桓惠王立。

【注释】

①二十三年：前273年。②华阳：山名。在今河南省郑州市南。③告急：报告情况紧急并请求援助。④陈筮（shì）：齐国人。时仕韩。⑤主：君主，主上。⑥冠盖相望：戴礼帽的人和车辆很多，前后都能互相看见。⑦敝邑：对自己国家的谦称。⑧佗从：佗，通“他”。追随他人。

桓惠王元年[①]，伐燕。九年，秦拔我陉[②]，城汾旁[③]。十年，秦击我于太行[④]，我上党郡守以上党郡降赵[⑤]。十四年，秦拔赵上党，杀马服子卒四十余万于长平[⑥]。十七年，秦拔我阳城、负黍[⑦]。二十二年，秦昭王卒。二十四年，秦拔我城皋、荥阳[⑧]。二十六年，秦悉拔我上党。二十九年，秦拔我十三城。

【注释】

①桓惠王元年：前272年。②陉（xíng）：韩地名。在今山西省曲沃县北。③汾：水名。④太行：即太行山。⑤上党：战国时韩地区名，在今山西东南部。秦灭韩，置上党郡，郡治壶关（今长治市北）汉时郡治在长子（今长子县西），后汉末移治壶关（今长治市北）。⑥马服子：即赵括（？—前260年）。卒：步兵。⑦阳城：韩邑名。在今河南省登封市东南。负黍：韩邑名。在今河南省登封市西南。⑧城皋：即成皋。韩邑名。在今河南省荥阳市汜水镇。荥（xíng）阳：韩邑名。在今河南省荥阳市东北。

三十四年，桓惠王卒，子王安立。

王安五年[①]，秦攻韩，韩急，使韩非使秦[②]，秦留非，因杀之。

【注释】

①王安五年：前234年。②韩非（约前280—前233年）：战国韩公子。

九年[①]，秦虏王安，尽入其地，为颍川郡[②]。韩遂亡。

【注释】

①九年：前230年。②颍川：郡名。

太史公曰：“韩厥之感晋景公，绍赵孤之子武[①]，以成程婴、公孙杵臼之义[②]，此天下之阴德也[③]。韩氏之功，于晋未睹其大者也。然与赵、魏终为诸侯十余世，宜乎哉！”

【注释】

①绍：接续，承继。②成：完成，实现。③阴德：暗中做的有益于人的好事。

田敬仲完世家第十六[1]

陈完者，陈厉公他之子也[2]。完生，周太史过陈[3]，陈厉公使卜完[4]，卦得《观》之《否》[5]："是为观国之光，利用宾于王[6]。此其代陈有国乎？不在此而在异国乎？非此其身也，在其子孙。若在异国，必姜姓。姜姓，田岳之后[7]。物莫能两大，陈衰，此其昌乎[8]？"

【注释】

①田敬仲完世家："敬仲"衍，当据《汉书·司马迁传》及《史记志疑》说删。②陈厉公他：陈，周武王时所封诸侯国，胡公满为始封之君，妫姓，帝舜之后。③太史：官名。周代太史掌起草文书、策命诸侯卿大夫、记事，兼管典籍、天文历法、占卜、祭祀等事。④卜：占卜。古代用以推测吉凶的一种方法。⑤卦：《周易》中的一种符号，用以象征自然现象和人事变化。其基本符号有二个：是——（阳爻）、——（阴爻）。二个符号用不同方法组配，可以推演出六十四卦。⑥这两句是《观》卦爻辞。用以借指陈完身居显位，明习国家礼仪，适合当宰相。宾作相解。《观》为吉卦。《否》卦又指世道邪枉，不利于君子行正道，用以指陈完虽能为相，但因生不逢时，不能就其位，甚至其国亦将灭亡。《否》为凶卦。⑦姜姓四岳之后：指姜姓为尧时四岳的后代。⑧陈衰，此其昌乎：这句话是太史的预言，但与以后的历史相巧合。

厉公者，陈文公少子也[1]，其母蔡女[2]。文公卒，厉公兄鲍立，是为桓公。桓公与他异母及桓公病，蔡人为他杀桓公鲍及太子免而立他[3]，为厉公。厉公既立，娶蔡女。蔡女淫於蔡人，数归，厉公亦数如蔡[4]。桓公之少子林怨厉公杀其父与兄，乃令蔡人诱厉公而杀之。林自立，是为庄公。故陈完不得立，为陈大夫。厉公之杀，以淫出国，故《春秋》曰："蔡人杀陈他"，罪之也。

【注释】

①陈文公：陈国第十一代国君，在位十年。鲍、他均为其子。②蔡：古国名。③此处所记与《陈杞世家》不同，《陈杞世家》云："三十八年（鲁隐公）正月甲戌己丑，桓公鲍卒。桓公弟佗，其母蔡女，故蔡人为佗杀五父及桓公太子免而立佗，是为厉公。"④数（shuò）：多次，屡次。

庄公卒，立弟杵臼，是为宣公。宣公［二］十十一年，杀其太子御寇。御寇与完相爱，恐祸及己，完故奔齐。齐桓公欲使为卿，辞曰："羁旅之臣幸得免负檐[1]，君之惠也，不敢当高位。”桓公使为工正[②]。齐懿仲欲妻完[③]，卜之，占曰：“是谓凤皇于蜚[④]，和鸣锵锵[⑤]。有妫之后[⑥]，将育于姜。五世其昌，并于正卿。八世之后，莫之与京[⑦]。”卒妻完[⑧]。完之奔齐，齐桓公立十四年矣。

【注释】

①羁（jī）旅：作客他乡。②工正：官名。掌管百工和官营手工业。楚国亦称工尹。③妻（qì）完：妻，名词用如动词，意思是让……做陈完的妻子。齐懿仲，《史记志疑》云乃陈大夫，非齐也。④蜚：同飞。⑤锵锵（qiāng）：凤凰鸣声。全句喻夫妇和睦。⑥有妫（guī）：姓。舜曾居妫汭（ruì）妫水弯曲处，约在今山西永济市南。⑦京：大。⑧卒：终于。

完卒，谥为敬仲。仲生稺孟夷[①]。敬仲之如齐，以陈字为田氏[②]。

田稺孟夷生湣孟庄，田湣孟庄生文子须无。田文子事齐庄公。

晋之大夫栾逞作乱於晋[③]，来奔齐，齐庄公厚客之。晏婴与田文子谏[④]，庄公弗听。

文子卒，生桓子无宇。田桓子无宇有力，事齐庄公，甚有宠。

无宇卒，生武子开与釐子乞[⑤]。田釐子乞事齐景公为大夫，其收赋税于民以小斗受之，其禀予民以大斗[⑥]，行阴德于民[⑦]，而景公弗禁。由此田氏得齐众心，宗族益疆，民思田氏。晏子数谏景公，景公弗听。已而使于晋，与叔向私语曰[⑧]：“齐国之政其卒归于田氏矣。”

【注释】

①稺（zhì）：稚的异体字。②以陈字为田氏：据《说文》《齐民要术》云，田，陈也，为陈列种谷之处。③栾逞：晋大夫栾书之孙。④晏婴（？—前500年）：春秋时齐大夫。详见《史记》卷六十二《管晏列传》第二。⑤釐（xī）：通僖。⑥禀：赐谷，犹给予粮食。⑦阴德：暗中有德于人的行为。⑧叔向：春秋时晋国大夫。

晏婴卒后，范、中行氏反晋[①]。晋攻之急，范、中行请粟于齐。田乞欲为乱，树党于诸侯[②]，乃说景公曰：“范、中行数有德于齐，齐不可不救。”齐使田乞救之而输之粟。

【注释】

①范、中行氏：指范献子和中行寅。②树党：结党。

景公太子死，后有宠姬曰芮子，生子荼[①]。景公病，命其相国惠子与高昭子以子荼为太子。景公卒，两相高、国立荼，是为晏孺子。而田乞不说[②]，欲立景公他子阳生。阳生素与乞欢。晏孺子之立也，阳生奔鲁。田乞伪事高昭子、国惠子者，每朝代参乘[③]，言曰：“始诸大夫不欲立孺子。孺子既立，君相之，大夫皆自危，谋作乱。”又绐大夫曰[④]：“高昭子可畏也，及未发先之。”诸大夫从之。田乞、鲍牧与大夫以兵入公室，攻高昭子。昭子闻之，与国惠子救公。公师败。田乞之众追国惠子，惠子奔莒[⑤]，遂返杀高昭子。晏圉奔鲁[⑥]。

【注释】

①荼（shū）：通舒，美玉。又读tú。②说（yuè）：喜欢、高兴。③参乘（shèng）：亦作骖乘。④绐（dài）：哄骗、欺骗。⑤莒（jǔ）：古国名。⑥晏圉（yù）：晏婴之子。

田乞使人之鲁，迎阳生。阳生至齐，匿田乞家。请诸大夫曰：“常之母有鱼菽之祭[①]，幸而来会饮。”会饮田氏。田乞盛阳生橐中[②]，置坐中央。发橐[③]，出阳生，曰：“此乃齐君矣。”大夫皆伏谒[④]。将盟立之，田乞诬曰[⑤]：“吾与鲍牧谋共立阳生也。”鲍牧怒曰：“大夫忘景公之命乎？”诸大夫欲悔，阳生乃顿首曰[⑥]：“可则立之，不可则已。”鲍牧恐祸及己，乃复曰：“皆景公之子，何为不可！”遂立阳生于田乞之家，是为悼公。乃使人迁晏孺子於骀[⑦]，而杀孺子荼。悼公既立，田乞为相，专齐政。

【注释】

①常之母：田乞指自己的妻子。②橐（tuó）：一种皮口袋。③发橐：打开口袋。④伏谒：趴下参拜。⑤诬：欺骗、说假话。⑥顿首：叩头。⑦骀（tái）：齐地名。在今山东临朐县。

四年，田乞卒，子常代立，是为田成子。

鲍牧与齐悼公有郄[①]，弒悼公。齐人共立其子壬，是为简公。田常成子与监止俱为左右相，相简公。田常心害监止[②]，监止幸於简公[③]，权弗能去。于是田常复修釐子之政，以大斗出贷，以小斗收。齐人歌之曰：“妪乎采芑[④]，归乎田成子！”齐大夫朝，御鞅谏简公曰[⑤]：“田、监不可并也，君其择焉。”君弗听。

【注释】

①郄（xī）：同郤。空隙、不和。②心害：忌妒。③幸：得宠。④妪（yù）：年老的妇女。芑（qǐ）：一指白粱粟。一指野菜。⑤御鞅：御，官名。鞅，人名。亦田氏之族。

子我者，监止之宗人也[①]，常与田氏有郤[②]。田氏疏族田豹事子我有宠。子我曰：“吾欲尽灭田氏適[③]，以豹代田氏宗。”豹曰：“臣于田氏疏矣。”不听。已而豹谓田氏曰：“子我将诛田氏，田氏弗先，祸及矣。”子我舍公宫[④]，田常兄弟四人乘如公宫，欲杀子我。子我闭门。简公与妇人饮檀台[⑤]，将欲击田常。太史子余曰：“田常非敢为乱，将除害。”简公乃止。田常出，闻简公怒，恐诛，将出亡。田子行曰：“需[⑥]，事之贼也[⑦]。”田常于是击子我。子我率其徒攻田氏，不胜，出亡。田氏之徒追杀子我及监止。

【注释】

①子我：《索隐》按：即监止，《史记》误言“宗人”。②郤（xī）：同隙。空隙，借指有矛盾。③適（dí）：同嫡。④舍：留宿。⑤檀台：在公宫中。⑥需：迟疑。⑦贼：害。

简公出奔，田氏之徒追执简公于徐州[①]。简公曰：“蚤从御鞅之言[②]，不及此难。”田氏之徒恐简公复立而诛己，遂杀简公。简公立四年而杀。于是田常立简公弟骜，是为平公。平公即位，田常为相。

【注释】

①徐州：此为北徐州，又名平舒邑，在今河北省大城县境。②蚤（zǎo）：通早。

田常既杀简公，惧诸侯共诛己，乃尽归鲁、卫侵地，西约晋、韩、魏、赵氏，南通吴、越之使，修功行赏，亲于百姓，以故齐复定。

田常言于齐平公曰："德施人之所欲，君其行之；刑罚人之所恶，臣请行之。"行之五年，齐国之政皆归田常。田常于是尽诛鲍、晏、监止及公族之彊者，而割齐自安平以东至琅邪[①]，自为封邑[②]。封邑大于平公之所食。[③]。

【注释】

①安平：齐邑。故址在今山东益都县西北。琅邪（yá）：齐邑名。②封邑：又称采邑、封地。③食：即食邑、采邑。

田常乃选齐国中女子长七尺以上为后宫，后宫以百数，而使宾客舍人出入后宫者不禁[①]。及田常卒，有七十余男。

【注释】

①舍人：亲近的属官。

田常卒，子襄子盘代立，相齐。常谥为成子[①]。

【注释】

①谥（shì）：古代帝王、贵族、大臣或其他有地位的人死后被加的带有褒贬意义的称号。

田襄子既相齐宣公，三晋杀知伯[①]，分其地。襄子使其兄弟宗人尽为齐都邑大夫，与三晋通使，且以有齐国。

襄子卒，子庄子白立。田庄子相齐宣公。宣公四十三年，伐晋，毁黄城，围阳狐[②]。明年，伐鲁、葛及安陵[③]。明年，取鲁之一城。

【注释】

①三晋：古地区名。②黄城：晋邑。故城在今山东冠县南。阳狐：晋邑。在今河北大名县东北。③鲁、葛及安陵：故鲁城在今河南许昌市南，原为鲁朝宿邑。长葛故城，在今河南省长葛市北，郑之葛邑也。

庄子卒，子太公和立。田太公相齐宣公。宣公四十八年，取鲁之郕[①]。明年，宣公与郑人会西城。伐卫，取毌丘[②]。宣公五十一年卒，田会自廪丘反[③]。

宣公卒，子康公贷立。贷立十四年，淫于酒、妇人，不听政。太公乃迁康公於海上，食一城，以奉其先祀。明年，鲁败齐平陆[④]。

三年，太公与魏文侯会浊泽[⑤]，求为诸侯[⑥]。魏文侯乃使使言周天子及诸侯，请立齐相田和为诸侯。周天子许之。康公之十九年[⑦]，田和立为齐侯，列于周室，纪元九年。

【注释】

①郕（chéng）：古邑名。在今山东宁阳县东北。②毌（guàn）丘：古国名。卫国邑。③廪丘：故城在今河南范县东南。④平陆：邑名，在今山东汶上县北。⑤魏文侯（？—前 396 年）：战国时魏国建立者。名斯。浊泽：在今河南省长葛市西北。⑥求为诸侯：请求把田氏由卿提升为诸侯。田氏名义上是齐侯下属，实际上早已专政于齐国，实力在齐侯之上，这次会盟，只是要求周天子在名义上给予承认为诸侯。三年：当为康公十八年之误。⑦康公十九年：前 386 年。

齐侯太公和立二年，和卒，子桓公午立。桓公午五年，秦、魏攻韩，韩求救于齐。齐桓公召大臣而谋曰[①]："蚤救之孰与晚救之[②]？"驺忌曰[③]："不若勿救。"

段干朋曰[④]："不救，则韩且折而入于魏[⑤]，不若救之。"田臣思曰[⑥]："过矣君之谋也[⑦]！秦、魏攻韩，楚、赵必救之，是天以燕予齐也。"桓公曰："善。"乃阴告韩使者而遣之[⑧]。韩自以为得齐之救，因与秦、魏战。楚、赵闻之，果起兵而救之。齐因起兵袭燕国，取桑丘[⑨]。

【注释】

①召大臣而谋：《战国策》威王二十六年邯郸之役有此臣谋。②孰与：何如。孰，何。与，如。③驺忌：即邹忌。④段干朋：姓段干，名朋。⑤折：挫折、损失。⑥田臣思：即田忌。齐将，桂陵、马陵之战中任主帅。⑦过矣：指段干朋把形势估计的过于严重了。⑧阴告：秘密告诉。阴，暗中。⑨桑丘：故城俗称敬城，在今河北徐水县西南。

六年，救卫。桓公卒[①]，子威王因齐立[②]。是岁，故齐康公卒，绝无后，奉邑皆入田氏。

齐威王元年，三晋因齐丧来伐我灵丘[③]。三年，三晋灭晋后而分其地。六年，鲁伐我，入阳关[④]。晋伐我，至博陵[⑤]。七年，卫伐我，取薛陵[⑥]。九年，赵伐我，取甄[⑦]。

【注释】

①桓公卒：按《纪年》载，梁惠王十二年当齐桓公十八年，后威王始见，则桓公十九年而卒，与此不同。②因齐：为威王之名。③因齐丧：因齐国有丧事。因，由于。④阳关：春秋时为鲁地，在今山东宁阳县东北。后入齐。⑤博陵：在今山东茌平县西北。⑥薛陵：《通鉴》胡三省注云，"薛陵，春秋薛国之墟也。"在今山东阳谷县东北。⑦甄（juàn，本读 zhēn）：通"鄄"。地名，今山东鄄城县北。

威王初即位以来，不治，委政卿大夫，九年之间，诸侯并伐，国人不治。于是威王召即墨大夫而语之曰[①]："自子之居即墨也，毁言日至。然吾使人视即墨，田野辟[②]，民人给[③]，官无留事[④]，东方以宁。是子不事吾左右以求誉也。"封之万家。召阿大夫语曰[⑤]："自子之守阿，誉言日闻，然使使视阿[⑥]，田野不辟，民贫苦。昔日赵攻甄，子弗能救。卫取薛陵，子弗知。是子以币厚吾左右以求誉也。"是日，烹阿大夫[⑦]，及左右尝誉者皆并烹之。遂起兵西击赵、卫，败魏于浊泽而围惠王[⑧]。惠王请献观以和解[⑨]，赵人归我长城[⑩]。于是齐国震惧，人人不敢饰非，务尽其诚。齐国大治。诸侯闻之，莫敢致兵于齐二十余年。

【注释】

①即墨：古邑、古县名。②辟：开辟、开垦。③给（jǐ）：足，丰足。④留事：积压公务。⑤阿：即东阿县，故城在今山东阳谷县东北阿城镇。⑥使使：派遣使者。前一使为动词，后一使为名词。⑦烹：烧煮。也是古代一种酷刑，用鼎来煮杀人。⑧惠王（前400—前319年）：即魏惠王，又称梁惠王。名䓨。⑨观（guān）：夏为观国，西汉为畔观县，东汉为卫国县，隋置观城县，清属曹州府，在今河南清丰县南。⑩长城：指齐长城。春秋时，楚始筑长城，称方城。

驺忌子以鼓琴见威王[①]，威王说而舍之右室[②]。须臾[③]，王鼓琴，驺忌子推户入曰："善哉鼓琴！"王勃然不说，去琴按剑曰："夫子见容未察，何以知其善也？"驺忌子曰："夫大弦浊以春温者，君也；小弦廉折以清者，相也[④]；攫之深[5]，醳之愉者[6]，政令也；钧谐以鸣[7]，大小相益，回邪而不相害者[8]，四时也：吾是以知其善也。”王曰：“善语音。”驺忌子曰：“何独语音，夫治国家而弭人民皆在其中[9]。”王又勃然不说曰：“若夫语五音之纪[10]，信未有如夫子者也。若夫治国家而弭人民，又何为乎丝桐之间[11]？”驺忌子曰：“夫大弦浊以春温者，君也；小弦廉折以清者，相也；攫之深而舍之愉者，政令也；钧谐以鸣，大小相益，回邪而不相害者，四时也。夫复而不乱者，所以治昌也[12]；连而径者[13]，所以存亡也。故曰琴音调而天下治。夫治国家而弭人民者，无若乎五音者[14]。”王曰：“善。”

【注释】

①驺忌子：即邹忌。邹忌于齐威王时始入齐政界。②说（yuè）：同悦。③须臾（xū yú）：片刻，不多时。④大弦浊以春温，小弦廉折以清：据《琴操》云：“大弦者，君也，宽和而温。小弦者，臣也，清廉而不乱。”⑤攫（jué）：以爪持弦。⑥醳（shì）：通“释”。释放。愉（shū）：一作舒。⑦钧谐：和谐。⑧回邪：不正，枉曲。⑨弭（mǐ）：安抚、安定。⑩若夫：要是、假如。五音：宫、商、角、徵（zhǐ）、羽。相当于当今的do、re、mi、sol、la五音。⑪丝桐：指琴。⑫昌：指国家昌盛。⑬径：这里指上下拨动琴弦。⑭无若：没有不像的。

驺忌子见三月而受相印。淳于髡见之曰[1]：“善说哉！髡有愚志，愿陈诸前[2]。”驺忌子曰：“谨受教。”淳于髡曰：“得全全昌[3]，失全全亡。”驺忌子曰：“谨受令，请谨毋离前[4]。”淳于髡曰：“豨膏棘轴[5]，所以为滑也，然而不能运方穿[6]。”驺忌子曰：“谨受令，请谨事左右[7]。”淳于髡曰：“弓胶昔榦[8]，所以为合也，然而不能傅合疏罅[9]。”驺忌子曰：“谨受令，请谨自附于万民[10]。”淳于髡曰：“狐裘虽敝[11]，不可补以黄狗之皮。”驺忌子曰：“谨受令，请谨择君子，毋杂小人其间。”淳于髡曰：“大车不较[12]，不能载其常任[13]；琴瑟不较[14]，不能成其五音。”驺忌子曰：“谨受令，请谨修法律而督奸吏。”淳于髡说毕，趋出[15]，至门，而面其仆曰：“是人者，吾语之微言五[16]，其应我若响之应声[17]，是人必封不久矣。”居朞年[18]，封以下邳[19]，号曰成侯[20]。

【注释】

①淳于髡（kūn）：战国时齐国学者。赘婿出身。以博学著称。齐威王在稷下招揽学者，被任为大夫。②诸：之于。③得全全昌：得全指人臣事君，在礼节上俱全无失。全昌，指无失则身名全昌。④毋离前：感激对方言谈指教，常铭记不离心目之前。⑤豨（xī）膏：猪脂。棘轴：以棘木为车轴。⑥不能运方穿：运，运转；方穿，穿孔若方。此指要是穿过方孔，则不能运转，是为逆理反经，以此办事，必然碰壁。⑦谨事左右：每事须顺从。⑧弓胶昔榦：指作弓之法，用胶涂在旧弓榦上，置于矫正弓弩的器具中，加压黏合。昔，久旧。榦，弓榦。一作‘乾’。⑨不能傅合疏罅（xià）：不能永久弥合缝隙。傅（fù），同附。疏罅，隙缝。⑩附于万民：指处理国事应符合万民利益。⑪狐裘虽敝：狐皮大衣虽然破旧。⑫较：校正度量，调匀大小尺寸，使合制度。⑬不能载其常任：不能担当经常的载重任务。⑭琴瑟（sè）：两种拨弦乐器名。⑮趋（qū）出：小步快走出去，表示恭敬。⑯微言：含义深刻而微妙的语言。⑰响之应声：回声应和原来发出的声音。⑱朞（jī）年：周年。朞，同“期”，周（年、月）。⑲下邳（pī）：古邑、县名。在今江苏邳州市东。⑳成侯：齐君已称王，故封臣可称侯。

威王二十三年，与赵王会平陆。二十四年，与魏王会田於郊[①]。魏王问曰："王亦有宝乎？"威王曰："无有。"梁王曰："若寡人国小也，尚有径寸之珠照车前后各十二乘者十枚[②]，柰何以万乘之国而无宝乎[③]？"威王曰："寡人之所以为宝与王异。吾臣有檀子者[④]，使守城南，则楚人不敢为寇东取，泗上十二诸侯皆来朝[⑤]。吾臣有肦子者[⑥]，使守高唐[⑦]，则赵人不敢东渔于河[⑧]。吾吏有黔夫者[⑨]，使守徐州[⑩]，则燕人祭北门，赵人祭西门，徙而从者七千余家。吾臣有种首者[⑪]，使备盗贼，则道不拾遗。将以照千里，岂特十二乘哉[⑫]！"梁惠王惭[⑬]，不怿而去[⑭]。

【注释】

①会田：会同围猎。田，同畋。②径寸：直径长一寸。③柰何：怎么。④檀子：齐臣，檀姓。⑤泗：即泗水。在山东省中部。源于蒙山南麓，四源并发，故名。古泗水向南注水淮河，全长千数百里。⑥肦（bān）子：即田肦。此为人名下系美称子字。⑦高唐：古邑名。在今山东高唐县东北。⑧此话指赵人不敢向东侵犯齐国。⑨黔夫：齐臣。⑩徐（shū）州：此为北徐州，址在今河北省大城县。⑪种首：齐臣。⑫岂特：岂只、何只、不仅。⑬惭：同惭。⑭怿（yì）：喜悦。

二十六年，魏惠王围邯郸[①]，赵求救于齐。齐威王召大臣而谋曰："救赵孰与勿救？"驺忌子曰："不如勿救。"段干朋曰："不救则不义，且不利。"威王曰："何也？"对曰："夫魏氏并邯郸，其于齐何利哉？且夫救赵而军其郊[②]，是赵不伐而魏全也。故不如南攻襄陵以弊魏[③]，邯郸拔而乘魏之弊。"威王从其计。

【注释】

①邯郸：古都、邑、县名。②军：驻扎。③弊：失败，疲惫。又通"毙"。襄陵：魏邑。在今河南睢县。

其后成侯驺忌与田忌不善[①]，公孙阅谓成侯忌曰[②]："公何不谋伐魏，田忌必将。战胜有功，则公之谋中也；战不胜，非前死则后北[③]，而命在公矣。"于是成侯言威王，使田忌南攻襄陵。十月，邯郸拔，齐因起兵击魏，大败之桂陵[④]。于是齐最强于诸侯，自称为王，以令天下。

【注释】

①田忌：即田期思、田期。②公孙阅：齐臣。③北：战败而逃。④桂陵：古地名。在今河南长垣县西北；一说在今山东菏泽市东北。前353年，齐田忌用孙膑"围魏救赵"计，大败魏军于此。

三十三年，杀其大夫牟辛[①]。

三十五年，公孙阅又谓成侯忌曰："公何不令人操十金卜于市，曰'我田忌之人也。吾三战而三胜，声威天下，欲为大事，亦吉乎不吉乎'？"卜者出[②]，因令人捕为之卜者[③]，验其辞于王之所。田忌闻之，因率其徒袭攻临淄[④]，求成侯，不胜而奔[⑤]。

【注释】

①牟辛：齐大夫，牟辛为姓。②卜者：这里指受指使操十金卜于市的人。出：逃去。③为之卜者：指为他人预测吉凶的人。④临淄：即临菑。古邑名。名营丘。⑤不胜而奔：此言有误。按田忌出奔在宣王二年马陵之战后，不在威王三十五年。

出奔如在威王时，何以又有田忌马陵之胜呢？

三十六年，威王卒，子宣王辟强立。

宣王元年，秦用商鞅[①]。周致伯于秦孝公[②]。

二年，魏伐赵。赵与韩亲，共击魏。赵不利，战于南梁[③]。宣王召田忌复故位[④]。韩氏请救于齐。宣王召大臣而谋曰："蚤救孰与晚救？"驺忌子曰："不如勿救[⑤]。"田忌曰："弗救，则韩且折而入于魏，不如蚤救之。"孙子曰[⑥]："夫韩、魏之兵未弊而救之，是吾代韩受魏之兵，顾反听命于韩也[⑦]。且魏有破国之志[⑧]，韩见亡[⑨]，必东面而愬于齐矣[⑩]。吾因深结韩之亲而晚承魏之弊，则可重利而得尊名也。"宣王曰："善。"乃阴告韩之使者而遣之。韩因恃齐，五战不胜，而东委国于齐。齐因起兵，使田忌、田婴将[⑪]，孙子为师，救韩、赵以击魏，大败之马陵[⑫]，杀其将庞涓[⑬]，虏魏太子申。其后三晋之王皆因田婴朝齐王于博望[⑭]，盟而去。

【注释】

①商鞅（约前390—前338年）：战国时政治家。②致伯：委任以霸主的身份。伯，通"霸"，诸侯之长。秦孝公（前381—前338年）：战国时秦国君，名渠梁。③南梁：故城在河南临汝县西南。④召田忌复故位：此年无甚事，为《史记》误载。⑤驺忌子曰，不如勿救：当时驺忌子已死四年，绝无此语。⑥孙子：指战国时兵家孙膑。⑦顾：却、反而。⑧破国：灭亡一个国家。破，击破。⑨见：同现。⑩愬（sù）："诉"的异体字，告。⑪田婴：齐将，参加马陵之战，旋升齐相。⑫马陵：古地名。战时时齐、魏马陵之战战场。一说在今河南范县西南，春秋时属卫，战国时属齐；一说在今河北大名县东南；一说在今山东郯城县马陵山。马陵之战时间，一说在齐宣王二年（前318年）；一说在周显王二十九年（前340年）；一说在魏惠王二十七年（前343年）。⑬庞涓：战国时魏将。早年与孙膑同学兵法，曾以毒刑残害孙膑。⑭博望：古邑名。在今山东茌平县西北。

七年，与魏王会平阿南[①]。明年，复会甄。魏惠王卒[②]。明年，与魏襄王会徐州，诸侯相王也[③]。十年，楚围我徐州。十一年与魏伐赵，赵决河水灌齐、魏，兵罢。十八年，秦惠王称王。

【注释】

①平阿：沛郡平阿县。按：今安徽怀远县西南有平阿集。②魏惠王卒：此记卒年有误。③相王：相互承认为王。

宣王喜文学游说之士，自如驺衍、淳于髡、田骈、接予、慎到、环渊之徒七十六人[①]，皆赐列第[②]，为上大夫[③]，不治而议论[④]。是以齐稷下学士复盛[⑤]，且数百千人。

十九年，宣王卒，子湣王地立。

【注释】

①驺衍（约前305—前240年）：战国中期阴阳家代表人物。齐人。《汉书·艺文志》有《驺子始终》五十六篇。田骈（pián）：齐人，号天口骈。《汉书·艺文志》有《田子》二十五篇。接予：齐人。《汉书·艺文志》有《接子》二篇。以上二人均为道家者流。慎到：赵人。战国时处士，法家。②列第：住宅。③上大夫：古官名。周王室及各诸侯侯，卿以下有大夫，大夫有上、中、下三等。④不治而

议论：无官守、无言责，可以自由议论。⑤稷下：古地名。在战国时齐国都城临淄稷门附近地区。

湣王元年，秦使张仪与诸侯执政会于齧桑[①]。三年，封田婴于薛[②]。四年，迎妇于秦。七年，与宋攻魏，败之观泽[③]。

十二年，攻魏。楚围雍氏[④]，秦败屈丐[⑤]。苏代谓田轸曰[⑥]："臣愿有谒于公，其为事甚完，使楚利公，成为福，不成亦为福。今者臣立于门，客有言曰魏王谓韩冯[⑦]、张仪曰：'煮枣将拔[⑧]，齐兵又进，子来救寡人则可矣；不救寡人，寡人弗能拔[⑨]'此特转辞也。秦、韩之兵毋东，旬余，则魏氏转韩从秦，秦逐张仪[⑩]，交臂而事齐、楚，此公之事成也。"田轸曰："奈何使无东？"对曰："韩冯之救魏之辞，必不谓韩王曰'冯以为魏'，必曰'冯将以秦韩之兵东郤齐宋，冯因抟三国之兵[⑪]，乘屈丐之弊，南割于楚，故地必尽得之矣'。张仪救魏之辞，必不谓秦王曰'仪以为魏'，必曰'仪且以秦韩之兵东距齐宋，仪将抟三国之兵，乘屈丐之弊，南割于楚，名存亡国，实伐三川而归[⑫]，此王业也'。公令楚王与韩氏地[⑬]，使秦制和，谓秦王曰'请与韩地，而王以施三川，韩氏之兵不用而得地于楚'。韩冯之东兵之辞且谓秦何？曰'秦兵不用而得三川，伐楚、韩以窘魏[⑭]，魏氏不敢东，是孤齐也'。张仪之东兵之辞且谓何？曰'秦、韩欲地而兵有案[⑮]，声威发于魏，魏氏之欲不失齐、楚者有资矣'。魏氏转秦、韩争事齐、楚，楚王欲而无与地[⑯]，公令秦、韩之兵不用而得地，有一大德也[⑰]。秦、韩之王劫于韩冯、张仪而东兵以徇服魏[⑱]，公常执左券以责于秦、韩[⑲]，此其善于公而恶张子多资矣[⑳]。"

【注释】

①张仪（？—前310年）：战国时纵横家。齧（niè）桑：古地名。战国时魏地，在今江苏沛县西南。②薛：古国名、邑名。在今山东滕州市南，春秋末称徐州。③观泽：地名，即观地。在今河南省清丰县南，山东阳谷县西南。④雍氏：古邑名。属韩。在今河南禹县东北。⑤屈丐：楚大夫。⑥苏代：战国时东周洛阳人。苏秦之弟。⑦韩冯：韩国公仲侈，任韩相。⑧煮枣：古邑名。魏地。故城在今山东菏泽市西。⑨弗能：无能为力。拔：听任齐国攻占。⑩逐：随、听从。⑪抟（tuán）：结聚、集中。⑫三川：战国时周室之都，由韩宣王置。因境内有河（黄河）、雒（洛水）、伊三川得名。⑬公：指陈轸，即田轸。⑭窘（jiǒng）：困迫。⑮案：屯兵。同按。⑯楚王欲而无与地：楚王想让魏服从自己，不想给韩国土地。⑰这句话的意思是指陈轸使秦、韩不动用军队而得地，岂不是有大恩德。⑱徇（xùn）：顺从。⑲左券：古代契据称券，券常分两半，各执其一作为凭证。责：任事。⑳张子：指张仪。多资：多取。

十三年，秦惠王卒。二十三年，与秦击败楚于重丘[①]。二十四年，秦使泾阳君质于齐[②]。二十五年，归泾阳君于秦。孟尝君薛文入秦[③]，即相秦。文亡去。二十六年，齐与韩、魏共攻秦，至函谷军焉[④]。二十八年，秦与韩河外以和[⑤]，兵罢。二十九年，赵杀其主父[⑥]。齐佐赵灭中山[⑦]。

【注释】

①重丘：古地名。在今河南泌阳县东北。②质：抵押品。③薛文：即田文，号孟尝君。袭父封爵，封于薛。④函谷：古关名。战国秦置。⑤河外：春秋晋人

称河北岸为河内，河南岸为河外。战国魏人称河的南面、西面为河外。此河外指今陕西华阴至河南陕县一带。⑥赵杀其主父：赵惠文王四年，公子成及李兑围主父三月余而饿死沙丘宫。⑦齐佐赵灭中山：此事与《六国年表》记载有异：赵与齐、燕共灭中山。时间也不在二十九年。

三十六年，王为东帝，秦昭王为西帝。苏代自燕来，入齐，见于章华东门[①]。齐王曰："嘻，善，子来！秦使魏冉致帝[②]，子以为何如？"对曰："王之问臣也卒[③]，而患之所从来微，愿王受之而勿备称也。秦称之，天下安之，王乃称之，无后也。且让争帝名，无伤也。秦称之，天下恶之，王因勿称，以收天下，此大资也。且天下立两帝，王以天下为尊齐乎？尊秦乎？"王曰："尊秦。"曰："释帝[④]，天下爱齐乎？爱秦乎？"王曰："爱齐而憎秦。"曰："两帝立约伐赵，孰与伐桀宋之利[⑤]？"王曰："伐桀宋利。"对曰："夫约钧[⑥]，然与秦为帝而天下独尊秦而轻齐，释帝则天下爱齐而憎秦，伐赵不如伐桀宋之利，故愿王明释帝以收天下，倍约宾秦，无争重，而王以其间举宋。夫有宋，卫之阳地危[⑦]；有济西[⑧]，赵之阿东国危[⑨]；有淮北，楚之东国危[⑩]；有陶、平陆，梁门不开[⑪]。释帝而贷之以伐桀宋之事，国重而名尊，燕、楚所以形服[⑫]，天下莫敢不听，此汤武之举也。敬秦以为名，而后使天下憎之，此所谓以卑为尊者也。愿王孰虑之。"于是齐去帝复为王，秦亦去帝位。

【注释】

①章华东门：一说为齐小城北门。一说为齐城章华之东有闾门、武鹿门。②魏冉（rǎn）：战国时秦大臣。③卒（cù）：通"猝"。突然、仓促。④释帝：放弃帝号。释，放弃。⑤桀宋：君偃自立宋君，十一年自立为王，淫于酒、妇人，诸侯皆曰"桀宋"。⑥约钧：同约均。即约定同时称帝。钧，平均、均等。⑦阳地：战国时卫地，在今河南濮阳县。⑧济西：济水以西地区。今山东菏泽、郓城、阳谷等县及河南范县等地。⑨阿：《史记志疑》云"阿当作河"。⑩淮北：指今徐州、泗水一带。⑪陶：定陶，今山东定陶县西北。⑫形服：言畏势而服。形，势。

三十八年，伐宋。秦昭王怒曰："吾爱宋与爱新城、阳晋同[①]。韩聂与吾友也[②]，而攻吾所爱，何也？"苏代为齐谓秦王曰："韩聂之攻宋，所以为王也。齐强，辅之以宋，楚、魏必恐，恐必西事秦，是王不烦一兵，不伤一士，无事而割安邑也[③]，此韩聂之所祷于王也[④]。"秦王曰："吾患齐之难知。一从一衡[⑤]，其说何也？"对曰："天下国令齐可知乎？齐以攻宋，其知事秦以万乘之国自辅，不西事秦则宋治不安[⑥]。中国白头游敖之士皆积智欲离齐、秦之交[⑦]，伏式结轶西驰者[⑧]，未有一人言善齐者也，伏式结轶东驰者，未有一人言善秦者也。何则？皆不欲齐、秦之合也。何晋、楚之智而齐、秦之愚也！晋楚合必议齐、秦，齐秦合必图晋、楚，请以此决事。"秦王曰："诺。"于是齐遂伐宋，宋王出亡，死于温[⑨]。齐南割楚之淮北，西侵三晋，欲以并周室，为天子。泗上诸侯邹、鲁之君皆称臣，诸侯恐惧。

【注释】

①新城：战国时宋地。在今河南商丘市南。②韩聂：齐谋臣。③安邑：魏都，故城在今山西夏县西北。秦昭王二十一年纳于秦。④祷（dǎo）：向神祝告求福、祝颂。⑤一从一衡：从同纵，衡同横。⑥宋治：指宋管辖的领地以内。《战国策》

作宋地。⑦中国：指处于秦、齐之间的中原地带国家。⑧伏式结轶（zhé）：乘车往来频繁，车辙在道路上相互交错。式，同轼，即车箱前的横木。伏式，憑轼，意谓乘车。轶同辙。⑨温：古国名。原称苏。建都于温，战国时为魏地。故城在今河南温县西南。

三十九年，秦来伐，拔我列城九。

四十年，燕、秦、楚、三晋合谋，各出锐师以伐，败我济西[①]。王解而却[②]。燕将乐毅遂入临淄[③]，尽取齐之宝藏器。湣王出亡，之卫。卫君辟宫舍之，称臣而共具。湣王不逊，卫人侵之。湣王去，走邹、鲁[④]，有骄色，邹、鲁君弗内[⑤]，遂走莒。楚使淖齿将兵救齐[⑥]，因相齐湣王。淖齿遂杀湣王而与燕共分齐之侵地。卤器[⑦]。

【注释】

①六国合谋伐齐一事，诸世家均无楚参加伐齐。②解：离散，指湣王军队溃散。却：退却，溃退。③乐毅：战国时中山国灵寿（今河北平山东北）人。④邹：古国名。本作邾，一作邾，亦称邾娄。曹姓。有今山东费、邹、滕、济宁、金乡等县地。建都于邾（今山东曲阜东南南陬村）。⑤内：同纳。接纳、收容。⑥淖（nào）齿：楚将。⑦卤（lǔ）器：掠夺来的器物。卤，同掳。

湣王之遇杀，其子法章变名姓为莒太史敫家庸[①]。太史敫女奇法章状貌，以为非恒人[②]，怜而常窃衣食之，而与私通焉。淖齿既以去莒，莒中人及齐亡臣相聚求湣王子，欲立之。法章惧其诛己也，久之，乃敢自言'我湣王子也'。于是莒人共立法章，是为襄王。以保莒城而布告齐国中："王已立在莒矣。"

襄王既立，立太史氏女为王后，是为君王后，生子建。太史敫曰："女不取媒因自嫁，非吾种也，污吾世[③]。"终身不睹君王后。君王后贤，不以不睹故失人子之礼。

襄王在莒五年，田单以即墨攻破燕军[④]，迎襄王于莒，入临淄。齐故地尽复属齐。齐封田单为安平君[⑤]。

十四年，秦击我刚、寿[⑥]。十九年，襄王卒，子建立。

【注释】

①敫（jiǎo，一音 yào）：光景流逝貌，此是人名。家庸：即家佣、佣人。②恒人：平常人、一般人。③世：父子相继为一世，即一代之意。后代亦谓世。④田单：战国时齐将。临淄人。初任市吏。乐毅破齐时，他坚守即墨。⑤安平：古邑名。原纪国酅（xī）邑，春秋时为齐国所并，改名安平。故址在今山东益都县西北。⑥刚、寿：二邑名。刚，在今山东宁阳县东北。寿，在今山东东平县西南。

王建立六年，秦攻赵，齐、楚救之。秦计曰："齐、楚救赵，亲则退兵，不亲遂攻之。"赵无食，请粟于齐，齐不听。周子曰[①]："不如听之以退秦兵，不听则秦兵不却，是秦之计中而齐、楚之计过也[②]。且赵之于齐、楚，扞蔽也[③]，犹齿之有脣也，脣亡则齿寒。今日亡赵，明日患及齐、楚。且救赵之务，宜若奉漏甕沃焦釜也[④]。夫救赵，高义也；却秦兵，显名也。义救亡国，威却强秦之兵，不务为此而务爱粟，为国计者过矣。"齐王弗听。秦破赵于长平四十余万[⑤]，遂围邯郸。

【注释】

①周子：齐谋臣。②过：错误、过失。③扞（hàn）蔽：屏藩、屏障。④奉漏瓮沃焦釜：奉同捧。瓮同瓮，一种盛水、酒的陶器。⑤长平：古城名。故址在今山西高平市西北。

十六年，秦灭周[①]。君王后卒。二十三年，秦置东郡[②]。二十八年，王入朝秦，秦王政置酒咸阳[③]。三十五年，秦灭韩。三十七年，秦灭赵。三十八年，燕使荆轲刺秦王[④]，秦王觉，杀轲。明年，秦破燕，燕王亡走辽东[⑤]。明年，秦灭魏，秦兵次于历下[⑥]。四十二年，秦灭楚。明年，虏代王嘉[⑦]，灭燕王喜。

【注释】

①周：指东周。②东郡：郡名，秦王政五年（前 242 年）置。治今河南濮阳西南。③秦王政（前 259—前 210 年）：即后来的秦始皇，姓嬴名政。④荆轲：战国末年刺客。卫国人。⑤辽东：古地区名。战国燕置郡，治所在今辽宁辽阳市。⑥历下：古邑名。春秋、战国时齐地，在今山东济南市，因南对历山，且在山下而得名。⑦代：古国名。治所在今河北蔚县东北。

四十四年，秦兵击齐。齐王听相后胜计，不战，以兵降秦。秦虏王建，迁之共[①]。遂灭齐为郡[②]。天下壹并于秦，秦王政立号为皇帝[③]。始，君王后贤，事秦谨，与诸侯信，齐亦东边海上，秦日夜攻三晋、燕、楚，五国各自救于秦，以故王建立四十余年不受兵。君王后死，后胜相齐[④]，多受秦间金[⑤]，多使宾客入秦，秦又多予金，客皆为反间，劝王去从朝秦，不修攻战之备，不助五国攻秦，秦以故得灭五国。五国已亡，秦兵卒入临淄，民莫敢格者[⑥]。王建遂降，迁于共。故齐人怨王建不蚤与诸侯合从攻秦[⑦]，听奸臣宾客以亡其国，歌之曰："松耶柏耶[⑧]？住建共者客耶[⑨]？"疾建用客之不详也[⑩]。

【注释】

①共：古国名。西周时为共伯封国。在今河南辉县。后为卫并。②郡：春秋、战国、秦朝各代逐渐形成的地方区划名称，也是地方政权组织。③皇帝：秦统一中国后，嬴政自以为"德兼三皇，功盖五帝"，决定兼采皇、帝号，称皇帝。④后胜：齐相。⑤秦间：秦国派往齐国的间谍。⑥格：搏斗、拼杀。⑦合从：同合纵。⑧耶（yé）：表示疑问语气。⑨住建共者客：把齐王建迁于共的责任是被重用的大臣。⑩疾：憎恨。不详：不审慎。

太史公曰：盖孔子晚而喜《易》[①]。《易》之为术，幽明远矣[②]，非通人达才孰能注意焉！故周太史之卦田敬仲完，占至十世之后；及完奔齐，懿仲卜之亦云。田乞及常所以比犯二君[③]，专齐国之政，非必事势之渐然也，盖若遵厌兆祥云[④]。

【注释】

①《易》：六经之一。又称《周易》。由卦、爻两种符号和卦辞、爻辞两种文字构成，都是为着占卦用的。有六十四卦，三百八十四爻。②幽明：深奥、清楚。③比（bì）：接连、频频。④遵厌（yàn）：遵奉占卜预言。厌，同禳，去除邪恶之祭。兆祥：兆是占卜时龟甲烧裂的纹，用裂纹判断吉凶，这种裂纹叫兆。

孔子世家第十七①

孔子生鲁昌平乡陬邑②。其先宋人也③，曰孔防叔④。防叔生伯夏，伯夏生叔梁纥。纥与颜氏女野合而生孔子⑤，祷于尼丘得孔子⑥。鲁襄公二十二年而孔子生⑦。生而首上圩顶⑧，故因名曰丘云。字仲尼，姓孔氏。

【注释】

①孔子世家：孔子本人并非诸侯王公，虽仕鲁，然未得封地，一生大部分时间是接近平民的“士。”②鲁：古国名。公元前11世纪为周武王所封姬姓诸侯国之一，始君为周公旦之子伯禽，建都曲阜，国在山东西南，战国时为楚所灭。昌平：古乡名，鲁地，在今曲阜东南，因昌平山得名。陬（zōu）邑：古邑名。③先：祖先。宋：古国名。公元前11纪周武王所封，子姓诸侯国，开国之君为商纣王庶兄微子启，封地在商的旧都周围地区，即今河南东部、山东、江苏、安徽之间地带，国都为商丘。战国时为齐所灭。④孔防叔：宋国贵族，孔子的曾祖父，后自宋迁鲁。⑤颜氏女：名徵在。⑥祷（dǎo）：向神祝告祈福。尼丘：尼丘山，又名尼山，在曲阜市东南。⑦鲁襄公二十二年而孔子生：孔子生年有二说，《公羊》《穀梁》云鲁襄公二十一年孔子生，贾逵、何休、刘恕、马端临、崔述、钱大昕、狄子奇等从此说。《左传》《史记》云鲁襄公二十二年孔子生，杜预、袁枢、郑樵、朱熹、黄宗羲、阎若璩、梁玉绳、崔适等从此说。⑧圩（wéi或yú）顶：指、凹顶，指人的头顶中间低四周高圩，本指洼田周围的堤埂。

丘生而叔梁纥死，葬于防山①。防山在鲁东，由是孔子疑其父墓处，母讳之也②。孔子为儿嬉戏③，常陈俎豆④，设礼容⑤。孔子母死，乃殡五父之衢⑥，盖其慎也⑦。陬人輓父之母诲孔子父墓⑧，然后往合葬于防焉⑨。

【注释】

①防山：山名。位于曲阜市东二十里。②讳（huì）：隐瞒、避忌。③为儿嬉戏：作儿童游戏。④陈：布置、摆设。俎豆：俎为陈放牲体的几案，木制，成方形；豆有木制、铜制、陶制三种，似高脚盘，盛食物用。俎豆通指古代祭器。⑤礼容：礼仪。⑥殡（bìn）：装殓而未葬。五父之衢：鲁城内街道，在曲阜县城东南。⑦慎：谨慎。古代习俗，夫妇当合葬，孔子不明父葬处，故母死殡而不葬，待知父葬处然后合葬。⑧陬（zōu）：亦作郰、邹，即孔子诞生之邑。春秋前期为邹国都，邹迁往绎之后，陬为鲁邑。孔子父纥曾为陬邑大夫。輓父：人名。诲：告诉、指点。

⑨防：即防山。后人对合葬防山一说颇有疑义，《孔丛子》、何晏、王肃皆认为无此事。清代学者梁玉绳在《史记志疑》、《瞥记》里对诸说加以订正，认为“不知其墓者为不知其昭穆”，“合葬于防者，以孙从祖也。”梁氏认为《史记》有误，“无此事”之说亦非。

孔子要绖①，季氏飨士②，孔子与往。阳虎绌曰③：“季氏飨士，非敢飨子也④。”孔子由是退。

【注释】

①要绖（dié）：为古代丧服中的麻带，在首为首绖，在腰为腰绖。也专指腰带。②季氏：春秋后期鲁国掌政权的贵族，是鲁桓公少子季友的后裔。飨（xiǎng）：用酒食款待客人。士。指统治阶级中的知识分子，为古代四民（即士、农、工、商）之一，学以居位曰士。③阳虎：一作阳货。绌（chù）：通黜，排除，斥退。④子：古代对男子的美称，或尊称。

孔子年十七，鲁大夫孟釐子病且死①，诫其嗣懿子曰②：“孔丘，圣人之后③，灭于宋④。其祖弗父何始有宋而嗣让厉公⑤。及正考父佐戴、武、宣公⑥，三命兹益恭⑦，故鼎铭云⑧：‘一命而偻，再命而伛，三命而俯⑨，循墙而走⑩，亦莫敢余侮。饘于是，粥于是，以糊余口⑪。’其恭如是。吾闻圣人之后，虽不当世，必有达者⑫。今孔丘年少好礼，其达者欤⑬？吾即没，若必师之⑭。”及釐子卒，懿子与鲁人南宫敬叔往学礼焉⑮。是岁，季武子卒，平子代立⑯。

【注释】

①且：将要，将近。②诫：嘱告。嗣：继承人。③圣人：指商汤。④灭于宋：孔子先祖孔父嘉被宋华督所杀，其子奔鲁，故云灭于宋。⑤弗父何：宋襄公之子，为孔父嘉四世祖，孔子十世祖。⑥正考父：孔父嘉之父。佐：辅助。戴：宋戴公。武：宋武公。宣公：宋宣公。⑦三命：三次受命。兹益：更加。恭：恭敬。⑧鼎铭：鼎上所铸文字。⑨偻（lóu）：曲背，引申为恭敬貌。伛（yǔ）：曲背，引申为鞠躬以示恭敬。俯：屈身、低头，引申为恭顺。偻、伛、俯皆恭敬貌。⑩循墙：顺着墙。⑪饘（zhān）：厚曰饘，稀曰粥。于是：在这个鼎当中。以糊余口：拿饘、粥来维持我的生活，表示节俭。⑫当世：在国君地位上。达者：显贵的人。⑬好礼：喜爱周礼，礼指贵族等级制中的社会秩序和道德规范。欤（yú）：表示疑问或感叹语气。⑭即：假若。没：通“殁”。若：尔、汝、你。师之，拜他为师。⑮及：至、到。南宫敬叔：与懿子同为孟　子之子。⑯季武子：春秋时鲁国执政。平子：季武子之孙。

孔子贫且贱。及长，尝为季氏史①，料量平②；尝为司职吏而畜蕃息③。由是为司空④。已而去鲁⑤，斥乎齐⑥，逐乎宋、卫⑦，困于陈、蔡之间⑧，于是反鲁。孔子长九尺有六寸，人皆谓之“长人”而异之⑨。鲁复善待，由是反鲁。

【注释】

①史：古代掌管粮仓的小官。②料量平：料，计算、核算；量，计算多少的器具；平，均等。准确。③司：掌管。职吏：指孔子所任“乘田”一职，主管畜牧。蕃息：繁殖兴旺。④司空：周代设立的一种官，掌工程。⑤已而：不久。去鲁，离开鲁国。⑥斥：驱逐。乎：于。⑦逐乎宋、卫：被宋、卫两国赶出来。卫，古国

名，开国封君为周武王弟康叔。⑧陈、蔡：陈，古国名，周武王灭商后封国，妫姓，开国之君为胡公，相传是舜的后代。⑨九尺有六寸：周代一尺合今 19.91 厘米。孔子身长约合今 1.9 米，个子较高。

鲁南宫敬叔言鲁君曰："请与孔子适周①。"鲁君与之一乘车，两马，一竖子俱②，适周问礼，盖见老子云③。辞去，而老子送之曰："吾闻富贵者送人以财，仁人者送人以言④。吾不能富贵，窃仁人之号⑤，送子以言，曰：'聪明深察而近于死者，好议人者也⑥；博辩广大危其身者，发人之恶者也⑦。为人子者毋以有己，为人臣者毋以有己⑧。'"孔子自周反于鲁，弟子稍益进焉⑨。

【注释】

①与：同跟。适：往、到。②乘（shèng）：周代一车四马为一乘。竖子：童仆。俱：在一起。③老子：据文献记载是春秋时思想家，道家学派的创始人。④送人以财：拿财富送给人。送人以言：赠言。仁人：高尚道德的人。⑤窃：盗取，这里是自谦语，偷用、冒用。号：名称。⑥聪明深察而近于死者，好议人者也：聪明深察的人向死亡靠拢，是由于他好非议别人。⑦博辩广大危其身者，发人之恶者也：博学善辩的人危害到自身，是因为他好揭发他人坏事。⑧毋（wú）以有己：要忘掉自己，不要只看重自己。⑨稍益进：略有长进。

是时也，晋平公淫①，六卿擅权②，东伐诸侯③；楚灵王兵强④，陵轹中国⑤；齐大而近于鲁。鲁小弱，附于楚则晋怒；附于晋则楚来伐⑥；不备于齐，齐师侵鲁⑦。

【注释】

①晋平公：春秋时晋国国君，公元前 557—前 532 年在位。晋国，公元前 11 世纪分封，始封国君为周成王弟叔虞。封土在今山西西南部，都于唐（今山西翼城西）。②六卿：商周时统军执政之官称六卿。《周礼》把执政官分为六官，亦称六卿。后世往往把六部尚书称六卿。春秋时晋国有韩、赵、魏、范、中行、智六家为卿，亦称六卿。③伐：攻打。诸侯：周天子分封的各国国君。④楚灵王：春秋时楚国国君，公元前 540—前 529 年在位。楚国，芈（mǐ）姓，始祖鬻熊。周时立荆山一带，建都丹阳（今湖北秭归东南）。⑤陵轹（líng lì）：同凌轹，欺压。轹为车轮碾过之意。⑥附：靠近。⑦备：防备。

鲁昭公之二十年，而孔子盖年三十矣①。齐景公与晏婴来适鲁②，景公问孔子曰："昔秦穆公国小处辟③，其霸何也？"对曰："秦④，国虽小，其志大；处虽辟，行中正。身举五羖⑤，爵之大夫⑥，起累绁之中⑦，与语三日，授之以政。以此取之，虽王可也⑧，其霸小矣⑨。"景公说。

【注释】

①盖：发语词，表示肯定。②齐景公：姜姓，名杵臼。前 547—前 490 年在位。晏婴（？—前 500 年）：春秋时齐国大夫，字平仲，夷维（今山东高密）人。历任灵公、庄公、景公三世。③秦穆公：（？—前 621 年）春秋时秦国君。前 659—前 621 年在位。任用百里奚、蹇叔、由余为谋臣，曾击败晋国，称霸一时，为五霸之一。处辟（pì）：处于偏僻地方，辟通僻。④秦：古部落和古国名，嬴姓，相传是伯益的后代。⑤身举：亲自提拔。五羖（gǔ）：即百里奚，因用五张公羊皮赎回，故称五羖大夫。羖：公羊。⑥爵之大夫：授予大夫爵位。⑦累绁

（léi xiè）：拘系犯人的绳索，引申为囚禁。⑧王：三代只有天下最高统治者称王，分封诸侯只称公、侯，不得称王，周室衰微，列国诸侯亦称王。⑨霸：春秋时势力强大，处于首领地位的诸侯称霸主。

孔子年三十五，而季平子与郈昭伯以斗鸡故得罪鲁昭公[①]。昭公率师击平子[②]，平子与孟氏、叔孙氏三家共攻昭公[③]，昭公师败，奔于齐。齐处昭公乾侯[④]。其后顷之[⑤]，鲁乱。孔子适齐，为高昭子家臣[⑥]，欲以通乎景公[⑦]。与齐太师语乐[⑧]，闻《韶》音[⑨]，学之，三月不知肉味[⑩]，齐人称之。

【注释】

①季平子：鲁国掌握大权的贵族之一。②率：带领。③平子、孟氏、叔孙氏：春秋后期鲁国掌握政权的三家贵族，史称“三桓”。④乾（gān）侯：春秋时晋邑。故址在今河北成安县东南三十里。⑤顷之：不久⑥高昭子：齐国贵族，名张，景公病危时，嘱托他立少子为太子。后死于内乱。家臣：春秋时各国卿大夫的臣属、幕僚。⑦通：往来，打通关系。⑧太师：西周始置，原为高级武官。⑨《韶》：虞舜乐名。⑩三月不知肉味：指孔子听到《韶》音之盛美，忘记了吃肉的味道，说明学习之专心。

景公问政孔子，孔子曰：“君君，臣臣，父父，子子[①]。”景公曰：“善哉！信如君不君，臣不臣，父不父，子不子[②]，虽有粟，吾岂得而食诸[③]！”他日，又复问政于孔子，孔子曰：“政在节财[④]。”景公说，将欲以尼谿田封孔子。晏婴进曰：“夫儒者滑稽而不可轨法[⑤]；倨傲自顺[⑥]，不可以为下[⑦]；崇丧遂哀[⑧]，破产厚葬[⑨]，不可以为俗；游说乞贷[⑩]，不可以为国。自大贤之息[⑪]，周室既衰，礼乐缺有閒[⑫]。今孔子盛容饰[⑬]，繁登降之礼[⑭]，趋详之节[⑮]，累世不能殚其学[⑯]，当年不能究其礼[⑰]。君欲用之以移齐俗，非所以先细民也[⑱]。”后，景公敬见孔子，不问其礼。异日，景公止孔子曰：“奉子以季氏[⑲]，吾不能。”以季、孟之间待之[⑳]。齐大夫欲害孔子，孔子闻之。景公曰：“吾老矣，弗能用也[㉑]。”孔子遂行[㉒]，反乎鲁。

【注释】

①君君、臣臣、父父、子子：第一个君、臣、父、子各指国君、大臣、父亲、儿子，第二个君、臣、父、子各指像个国君、大臣、父亲、儿子的样子。②这句话的意思是国君干了不应该干的事情。就不像国君；大臣、父亲、儿子不做本分的事情，也就不像大臣、父亲和儿子。③诸、之、乎二字的合音。④节财：节约国家财政支出和各种费用。⑤儒者：春秋时期为贵族相礼的知识分子，多从巫、史、祝、卜中分化出来。⑥倨傲自顺：傲慢不恭，对自己没有约束，自以为是。⑦不可以为下：不可以作臣下。⑧遂哀：尽哀。遂，尽。⑨破产厚葬：不惜花费财产，举行隆重葬礼。⑩游说（shuì）：向统治者陈说形势、提出政治主张，以求高官厚禄。⑪大贤：有才德，声望很高的人，指文王、周公一流人物。⑫缺有閒：指礼乐丧失、崩坏已经很久了。閒，同“间”。⑬盛容饰：过分装饰容貌。⑭繁登降之礼：使上下朝的礼节复杂化。⑮趋详之节：快步张臂的恣志。趋，疾走、快步而行，表示恭敬。⑯累世：一代又一代。殚（dān）：穷尽、完毕。⑰究：终极、穷尽。⑱先细民：指倡导百姓。先，倡导。细民，百姓。⑲奉子以季氏：给您季氏那样的待遇和地位。奉，进献。子，您，先生。⑳以季孟之间待之：用介于季孙、孟孙之间的待遇来接待他、对待他。㉑弗：不能。㉒遂：于是。

孔子年四十二，鲁昭公卒于乾侯，定公立①。定公立五年，夏，季平子卒，桓子嗣立②。季桓子穿井得土缶③，中若羊④，问仲尼云“得狗”⑤。仲尼曰：“以丘所闻，羊也。丘闻之，木石之怪夔、罔阆⑥，水之怪龙、罔象⑦，土之怪坟羊⑧。

【注释】

①定公：鲁昭公之弟，名宋。前509—前495年在位。②桓子：即季桓子，季平子之子。嗣立：继承职位。③穿井：凿井、打井。缶（fǒu）：盛酒浆的瓦器，小口大腹。也有铜制的。④中若羊：《索隐》引《家语》云：“桓子穿井于费，得物如土缶，其中有羊焉。”⑤问仲尼云得得狗：向孔子询问时谎称得到的是狗，以测孔子是否博学多闻。⑥夔（kuí）：古代传说中的动物，一足，如龙。罔阆：同罔两、方良。⑦罔象：古古代传说中的水怪。⑧坟羊：古代传说中的雌雄未成的一种怪物羊。又称土精。

吴伐越①，堕会稽②，得骨节专车③。吴使使问仲尼④：“骨何者最大？”仲尼曰：“禹致群神于会稽山⑤，防风氏后至⑥，禹杀而戮之⑦，其节专车，此为大矣。”吴客曰：“谁为神⑧？”仲尼曰：“山川之神足以纲纪天下⑨，其守为神⑩，社稷为公侯⑪，皆属于王者。”客曰：“防风何守？”仲尼曰：“汪罔氏之君守封、禺之山⑫，为釐姓。在虞、夏、商为汪罔⑬，于周为长翟⑭，今谓之大人⑮。”客曰：“人长几何？”仲尼曰：“僬侥氏三尺⑯，短之至也⑰。长者不过十之，数之极也。”于是吴客曰：“善哉圣人！”⑱

【注释】

①吴：春秋时国名。也叫句吴，姬姓。始祖是周太王之子太伯、仲雍，地处今江苏、上海、安徽和浙江的一部分，都于吴（今江苏苏州）。②堕（huī）：破、毁坏。会（kuài）稽：春秋时越国都城，在今浙江绍兴。③骨节专车：一节骨头就装满一辆车。节，一节。专，满。④使（shǐ）使（shǐ）：派遣使者。⑤禹：传说中古代部落联盟首领，姒姓，亦称大禹、夏禹、戎禹。详见《夏本纪》。致：招。会稽山：在浙江中部绍兴、嵊县、诸暨、东阳间。⑥防风氏：部落首领。⑦戮（lù）：陈尸。⑧神：这里指神化了的部落首领。⑨山川之神：《史记会注考证》云“神”当作“灵”。纲纪：原则、法则。这里是示范或造福的意思。⑩其守为神：守山川主管祭祀的为神。⑪社稷为公侯：指守土神和谷神的为公侯。⑫汪罔氏：上古的部落名。⑬虞：传说中远古部落名，即有虞氏，居蒲阪（今山西永济西蒲州镇），其首领为舜。夏：中国历史上第一个奴隶制王朝。商：部落和朝代名。契为部落始祖，居于商（今河南商丘），传至相土时，活动范围达到渤海一带。传至汤，灭夏建商朝。从契至汤凡十四代。汤建都亳（bó），今山东曹县南，曾多次迁移。⑭周：古部族和朝代名称。始祖为后稷，原居邰（tái）在今陕西武功县西南，传至公刘，迁至豳（bīn）在今陕西彬县，古公亶父定居岐山，形成周部族。周文王迁都于丰（今陕西西安沣水西岸）。周武王灭商后，建立周朝，建都于镐（今沣水东岸）。⑮大人：德高者以及部落首领称大人。⑯僬（jiāo）侥氏：古代传说中的矮人。⑰至：极、最。⑱圣人：道德智能极高谓之圣人。

桓子嬖臣曰仲梁怀①，与阳虎有隙②。阳虎欲逐怀，公山不狃止之③。其秋，怀益骄。阳虎执怀④，桓子怒，阳虎因囚桓子⑤，与盟而醳之⑥。阳虎由此益轻季氏⑦。季氏亦僭于公室⑧，陪臣执国政⑨，是以鲁自大夫以下皆僭离于正道。故孔子不仕，退而修《诗》《书》《礼》《乐》[10]，弟子弥众[11]，至自远方，莫不受业焉。

【注释】

①嬖（bì）臣：宠幸之臣。②隙：嫌隙，感情上的裂痕。③公山不狃：季氏家臣。④执：捉，抓起来。⑤因：因为，于是。⑥与盟：指季氏与阳虎结盟。醳（shì）：通"释"，释放。⑦益：更加。⑧僭（jiàn）：超越本分，无视上级，冒用上司的名义、礼仪、器物。于：在。⑨陪臣：诸侯的下属大夫，对天子自称陪臣，在鲁国，季氏即为陪臣。⑩诗：即《诗经》，凡三百零五篇，是我国古代最早的一部诗歌总集。书：《尚书》的最初名称，又称《书经》。⑪弥（mí）众：更加众多。

定公八年，公山不狃不得意于季氏，因阳虎为乱，欲废三桓之適[1]，更立其庶孽阳虎素所善者[2]，遂执季桓子。桓子诈之，得脱。定公九年，阳虎不胜，奔于齐。是时孔子年五十。

【注释】

①三桓：因季孙氏、叔孙氏、孟孙氏三家贵族同出鲁桓公之后，故称"三桓"。適（dí）：通嫡。②更立：另立。庶孽（niè）：妾所生之子。

公山不狃以费畔季氏[1]，使人召孔子。孔子循道弥久[2]，温温无所试[3]，莫能己用[4]，曰："盖周文、武起丰、镐而王[5]，今费虽小，傥庶几乎[6]！"欲往。子路不说[7]，止孔子。孔子曰："夫召我者，岂徒哉？如用我，其为东周乎[8]！"然亦卒不行。

【注释】

①畔：叛。费（bì）：季氏邑，在今山东费县西南。②循道：探求统治法则和如何建立社会秩序。③温温：柔和貌。④己用：用己。⑤丰、镐：丰为周文王时京城，又称丰京，在今陕西长安西南沣河西。文王初建都岐，伐崇侯之后，迁于丰。镐，武王时京城，由丰迁至镐，但丰仍然是全国政治、文化中心。镐在今陕西西安市西沣水东岸。⑥傥：同倘，或许。⑦子路：（公元前542—前480年）孔子弟子，性直爽勇敢，孔子任鲁司寇时，子路为季氏家臣，后任卫大夫孔悝家臣，最后死于贵族内讧之中。⑧东周：在东方推行周道，建立周朝一样的制度。

其后定公以孔子为中都宰[1]，一年，四方皆则之[2]。由中都宰为司空[3]，由司空为大司寇[4]。

【注释】

①中都：地名。春秋鲁邑。②则：效法。③司空：官职名。周朝设置，掌工程。④大司寇：官职名。周朝设置，掌刑狱、纠察等事，后世以大司寇为刑部尚书。按：孔子为中都宰、司空、司寇不在一年内，此处排于一年之内，有失考究。

定公十年春，及齐平[1]。夏，齐大夫黎钼言于景公曰："鲁用孔丘，其势危齐。"乃使使告鲁为好会[2]，会于夹谷[3]。鲁定公且以乘车好往[4]。孔子摄相事[5]，曰："臣闻有文事者必有武备，有武事者必有文备。古者诸侯出疆，必具官以从。请具左、右司马[6]。"定公曰："诺。"具左、右司马。会齐侯夹谷，为坛位[7]，土阶三等，以会遇之礼相见[8]，揖让而登[9]，献酬之礼毕，齐有司趋而进曰[10]："请奏四方之乐。"

景公曰："诺。"于是旍、旄羽袚矛戟剑拨鼓噪而至[11]。孔子趋而进，历阶而登[12]，不尽一等[13]，举袂而言曰[14]："吾两君为好会，夷狄之乐何为于此[15]！请命有司！"有司却之，不去，则左右视晏子与景公。景公心怍[16]，麾而去之[17]。有顷，齐有司趋而进曰："请奏宫中之乐。"景公曰："诺。"优倡侏儒为戏而前[18]。孔子趋而进，历阶而登，不尽一等，曰："匹夫而营惑诸侯者，罪当诛！请命有司！"有司加法焉[19]，手足异处[20]。景公惧而动，知义不若[21]，归而大恐，告其群臣曰："鲁以君子之道辅其君，而子独以夷狄之道教寡人，使得罪于鲁君，为之奈何？"有司进，对曰："君子有过，则谢以质[22]；小人有过，则谢以文[23]。君若悼之[24]，则谢以质。"于是齐侯乃归所侵鲁之郓、汶阳、龟阴之田以谢过[25]。

【注释】

①及：与。平：和好。②好会：友好相会。③夹谷：今山东莱芜市有夹谷峡，顾炎武《肇域志》谓鲁定公会盟处。④好往：不带武装前往，友好相会。⑤摄相事：代理司仪职务。⑥具：备。司马：官名，高级武官。西周置，掌军政、军赋。⑦坛：古代以土筑高台，用于祭祀、朝会及盟誓。⑧会遇之礼：一种简略的礼节。⑨揖让：为古代宾主相见的礼节。⑩有司：古代称官吏为有司。趋：快步而行。⑪旍（jīng）：同旌，古代一种指挥或开道旗，竿头缀旄牛尾，下有五彩析羽。袚（fú）：舞蹈者所执皮制物，《周礼》乐有《袚舞》。袚又可用来作祭服的蔽膝。⑫历阶而登：登台阶时一只脚登一级的快步登上去，形容急迫。⑬不尽一等：没有登上最后一级台阶。说明孔子处理问题比较果断，能机动灵活地解决临时变故。⑭袂（mèi）：衣袖。⑮夷狄：中国古代东方少数民族泛称夷，北方少数民族泛称狄。⑯怍（zuò）：惭愧。⑰麾（huī）：指挥。⑱优倡侏儒：古代以乐舞戏谑为业的艺人。⑲加法：依法执行。⑳手足异处：用腰斩刑罚处死，故云手足异处。㉑知义不若：知道在道义上不如对方。若，你、对方。㉒谢以质：指老老实实赔礼道歉。谢，赔礼。㉓文：经过装饰而动听的语言或口头的、不具体的东西。㉔悼（dào）：害怕、担心。㉕郓（yùn）：古邑名，在今山东沂水县北，是为东郓，前616年季孙行父率军筑成后为莒占有。西郓在今山东郓城东，前588年鲁成公所筑。齐所归鲁之郓即西郓。汶阳：春秋鲁地，在汶水之北，故名，在今山东泰安西南一带。数为齐国侵占。春秋时蒙山西北段称龟山，东南段称蒙山，后人以龟山当蒙山，龟山之名随没。今山东蒙山主峰为龟蒙山。

定公十三年夏，孔子言于定公曰："臣无藏甲[1]，大夫毋百雉之城[2]。"使仲由为季氏宰，将堕三都[3]。于是叔孙氏先堕郈[4]。季氏将堕费，公山不狃、叔孙辄率费人袭鲁。公与三子入于季氏之宫，登武子之台。费人攻之，弗克，入及公侧。孔子命申句须、乐颀下伐之[5]，费人北。国人追之，败诸姑蔑[6]。二子奔齐，遂堕费。将堕成[7]，公敛处父谓孟孙曰[8]："堕成，齐人必至于北门。且成，孟氏之保鄣[9]，无成是无孟氏也。我将弗堕。"十二月，公围成，弗克。

【注释】

①藏甲：收藏兵器。甲，本指护身战袍，这里指兵器。②雉：古代计算城墙面积的单位，长三丈、高一丈为一雉。③堕三都：堕（huī），同"隳"，拆毁，毁坏。④郈（hòu）：古邑名，属叔孙氏，在今山东东平县东南。⑤申句须、乐颀（qí）：鲁大夫。⑥姑蔑：地名。在今山东泗水县东。⑦成：孟孙氏属地，邑名，在今山东宁阳县北。⑧公敛处父：孟孙氏家臣，成的地方官。⑨鄣：同"障"。

定公十四年[①]，孔子年五十六，由大司寇行摄相事[②]，有喜色。门人曰："闻君子祸至不惧，福至不喜。"孔子曰："有是言也。不曰'乐其以贵下人'乎？"于是诛鲁大夫乱政者少正卯[③]。与闻国政三月[④]，粥羔豚者弗饰贾[⑤]；男女行者别于涂[⑥]；涂不拾遗；四方之客至乎邑者，不求有司，皆予之以归[⑦]。

【注释】

①定公十四年：公元前496年。②行摄相事：担任代理宰相职务。③诛少正卯：这也是研究孔子的一大公案，历来众说纷纭、莫衷一是。④与闻：参与并得知。⑤粥（yù）：同鬻，卖。饰贾：抬高价格。贾，同价。⑥别于涂：男女在道路上分开行走，这是当时的一种礼法。涂，通"途"，道途。⑦不求有司，皆予之以归：意谓有关部门尽职负责，热情主动接待四方来客。不必向官府提出请求，就可以得到所需的东西而返回。

齐人闻而惧，曰："孔子为政必霸，霸则吾地近焉，我之为先并矣。盍致地焉[①]？"黎钼曰："请先尝沮之[②]。沮之而不可，则致地，庸迟乎[③]！"于是选齐国中女子好者八十人，皆衣文衣而舞《康乐》[④]，文马三十驷[⑤]，遗鲁君。陈女乐、文马于鲁城南高门外。季桓子微服往观再三[⑥]，将受，乃语鲁君为周道游[⑦]，往观终日，怠于政事。子路曰："夫子可以行矣！"孔子曰："鲁今且郊[⑧]，如致膰乎大夫[⑨]，则吾犹可以止。"桓子卒受齐女乐，三日不听政；郊，又不致膰俎于大夫。孔子遂行，宿乎屯[⑩]。而师己送，曰："夫子则非罪。"孔子曰："吾歌可夫？"歌曰："彼妇之口，可以出走[⑪]；彼妇之谒，可以死败[⑫]。盖优哉游哉，维以卒岁[⑬]！"师己反[⑭]，桓子曰："孔子亦何言？"师己以实告。桓子喟然叹曰[⑮]："夫子罪我以群婢故也夫[⑯]！"

【注释】

①盍（hé）：何不。②沮（jǔ）：阻止。败坏。③庸：难道，岂。④文衣：华丽服装。《康乐》：舞曲名。⑤文马：给马披上彩色装饰。⑥微服：变换常服以避人耳目。⑦周道游：巡回周游、视察。⑧郊：在南郊祭天为郊。在北郊祭天为社。古代有郊社之礼。⑨膰（fán）：古代祭祀用的烤肉。俎，祭器，祭祀完毕，可以赠送大臣，以表示对大臣的尊重。⑩屯：地名，在鲁国南部。⑪彼妇之口可以出走：听信妇人之言，国君就可以失掉亲信，贤人无法容身，只能出走。⑫彼妇之谒可以死败：接近宠爱妇人，可以招致国破人亡。⑬优哉游哉：悠闲自得。维以卒岁：只有打发岁月。⑭反：同返。⑮喟（kuì）然：发出叹声的样子。⑯群婢：指女乐。

孔子遂适卫[①]，主于子路妻兄颜浊邹家[②]。卫灵公问孔子："居鲁得禄几何？"对曰："奉粟六万[③]。"卫人亦致粟六万。居顷之，或谮孔子于卫灵公[④]。灵公使公孙余假一出一入[⑤]。孔子恐获罪焉，居十月，去卫[⑥]。

【注释】

①适：前往、到。②主：住、居。③奉粟：以小米为俸禄。奉同俸。六万：据《正义》云为六万小斗，计二千石。④谮（zèn）：进谗言。⑤一出一入：以兵仗出入，监视孔子。⑥去：离开。

将适陈[①]，过匡[②]，颜刻为仆[③]，以其策指之曰[④]："昔吾入此，由彼缺也[⑤]。"

匡人闻之，以为鲁之阳虎。阳虎尝暴匡人[6]，匡人于是遂止孔子[7]。孔子状类阳虎，拘焉五日。颜渊后[8]，子曰："吾以汝为死矣。"颜渊曰："子在，回何敢死！"匡人拘孔子益急，弟子惧。孔子曰："文王既没，文不在兹乎[9]？天之将丧斯文也，后死者不得与于斯文也[10]。天之未丧斯文也，匡人其如予何[11]！"孔子使从者为宁武子臣于卫[12]，然后得去。

【注释】

①陈：周封国名，都宛丘（今河南淮阳县）。②匡：古邑名，孔子所过匡地，属卫，在今河南长垣县西南。③颜刻：孔子弟子。仆：驾车人。④策：马鞭。⑤缺：缺口。⑥暴：虐待。⑦止：扣留，围困。⑧颜渊（前521—前490），孔子著名弟子，名回，字渊。⑨文：指周代礼乐制度。兹：这里，指孔子自己。⑩不得与于斯文：不当让我知道此事。⑪其如予何：欲奈我何！能把我怎么样。⑫宁武子：卫人，此时已死百余年，不当在此出现。这是司马迁的疏误。

去即过蒲[1]。月余，反乎卫，主蘧伯玉家[2]。灵公夫人有南子者，使人谓孔子曰："四方之君子不辱欲与寡君为兄弟者，必见寡小君。寡小君愿见。"孔子辞谢，不得已而见之。夫人在絺帷中[3]。孔子入门，北面稽首[4]。夫人自帷中再拜，环珮玉声璆然[5]。孔子曰："吾乡为弗见[6]，见之礼答焉。"子路不说。孔子矢之曰[7]："予所不者，天厌之！天厌之[8]！"居卫月余，灵公与夫人同车，宦者雍渠参乘[9]，出，使孔子为次乘，招摇市过之[10]。孔子曰："吾未见好德如好色者也[11]。"于是丑之，去卫，过曹。是岁，鲁定公卒。

【注释】

①蒲：古邑名，卫地，在匡城附近，在今河南长垣县东。②蘧（qú）伯玉：卫大夫，名瑗。③絺帷（chī wéi）：细葛布帐子。④稽首：古人一种恭敬的礼节，叩头触地。⑤璆（qiú）然：玉相击声。璆为美玉。⑥乡为弗见：从前未见他。乡，通"向"，过去，从前。⑦矢：发誓、赌咒。⑧所：如果。厌：厌弃。⑨参乘：古代乘车，尊者居左，参乘居右，为陪乘。御者居中。⑩招摇市过之：即招摇过市。⑪好德如好色：薄于德厚于色，即重女色轻道德。

孔子去曹适宋[1]，与弟子习礼大树下[2]。宋司马桓魋欲杀孔子[3]，拔其树。孔子去。弟子曰："可以速矣！"孔子曰："天生德于予[4]，桓魋其如予何！"

【注释】

①曹：周武王所封姬姓封国，始君为武王弟叔振铎，建都陶丘，在山东定陶西南，公元前487年为宋所灭。②习礼：学习礼节。③桓魋（tuī）句：魋造石椁，受到孔子责备，故起杀心。见《曲礼·子贡问解》④天生德于予：天使我具备圣德之性。

孔子适郑[1]，与弟子相失，孔子独立郭东门[2]。郑人或谓子贡曰[3]："东门有人，其颡似尧[4]，其项类皋陶[5]，其肩类子产[6]，然自要以下不及禹三寸[7]，累累若丧家之狗[8]。"子贡以实告孔子。孔子欣然笑曰："形状，末也。而谓似丧家之狗，然哉！然哉！"

【注释】

①郑：周封国，都新郑今河南新郑市。详见《郑世家》。②郭：外城，古代

在城的外围加筑一道城墙，即称郭。③子贡：孔子弟子之一，姓端木，名赐，卫国人。善辞令，经商富致千金，参与政治活动，与诸侯分庭抗礼。④颡（sǎng）：额。⑤皋陶（gāo yáo）：传说为东夷族首领，舜时掌刑法，曾被禹定为继承人，因早死而未继位。⑥子产：即公孙侨、公孙成子，春秋时政治家，郑国贵族子弟。⑦要：同腰。⑧累累：憔悴颓丧的样子。

孔子遂至陈，主于司城贞子家。岁余，吴王夫差伐陈[1]，取三邑而去。赵鞅伐朝歌[2]。楚围蔡，蔡迁于吴。吴败越王句践会稽[3]。

有隼集于陈廷而死[4]，楛矢贯之[5]，石砮[6]，矢长尺有咫[7]。陈湣公使使问仲尼。仲尼曰："隼来远矣，此肃慎之矢也[8]。昔武王克商，通道九夷百蛮[9]，使各以其方贿来贡，使无忘职业[10]。于是肃慎贡楛矢、石砮，长尺有咫。先王欲昭其令德[11]，以肃慎矢分大姬[12]，配虞胡公而封诸陈[13]。分同姓以珍玉，展亲[14]；分异姓以远方职[15]，使无忘服[16]。故分陈以肃慎矢。"试求之故府[17]，果得之。

【注释】

①夫（fú）差：春秋时吴王阖闾之子，前495—前473年在位，曾败越、齐，前482年在黄池今河南封丘县西南和诸侯会盟，与晋争霸，越王勾践乘虚入吴都，后终为越灭，夫差自杀。②赵鞅：即赵简子，晋卿，亦称志父，又名赵孟。③句（gōu）践：春秋末越王，前497—前465年在位，曾被吴王打败，屈服求和，他卧薪尝胆，发愤图强，任贤治国，终于强盛，灭亡吴国，继在徐州今山东滕州市南大会诸侯，成为霸主。④隼（sǔn）：鸟纲隼科各类的通称，如鹫鸟，又名鹗，凶猛善飞，即属隼科，鹰类。⑤楛（hù）：木名。⑥石砮（nǔ）：石制的箭镞。⑦咫（zhǐ）：周制八寸。⑧肃慎：古族名，后来的女真族。居长白山北，东滨大海，北至黑龙江中下游，从事狩猎。⑨九夷百蛮：东方夷有九种，南方各少数民族称百蛮。九夷百蛮泛指各少数民族。⑩方贿：同方物，即地方土产。⑪昭其令德：表彰其美德。⑫大姬：武王长女。⑬虞胡公：周武王所封陈国的开国之君。⑭展亲：尽亲亲之道，使亲者益见其亲。⑮远方职：边远地方的贡品。⑯使无忘服：使不忘服从于王。⑰故府：旧时政府收藏财物或文书之处。

孔子居陈三岁，会晋楚争强，更伐陈[1]，及吴侵陈，陈常被寇。孔子曰："归与！归与！吾党之小子狂简[2]，进取不忘其初。"于是孔子去陈。

过蒲[3]，会公叔氏以蒲畔，蒲人止孔子。弟子有公良孺者，以私车五乘从孔子。其为人长贤，有勇力，谓曰："吾昔从夫子遇难于匡，今又遇难于此，命也已。吾与夫子再罹难[4]，宁斗而死。"斗甚疾。蒲人惧，谓孔子曰："苟毋适卫[5]，吾出子[6]。"与之盟，出孔子东门。孔子遂适卫。子贡曰："盟可负邪[7]？"孔子曰："要盟也[8]，神不听。"

【注释】

①更：相互交替、轮番进行。②狂简：志大而略于行事，急于进取而流于疏阔，行事不切实际。③过蒲：后世学者多认定过蒲遇难与过匡被围为一事二传，实为一事。④罹（lí）难：遭遇灾难。⑤苟毋适卫：如果不去卫国。⑥出：释放。⑦负：违背。⑧要（yāo）盟：胁迫对方订立盟约。

卫灵公闻孔子来，喜，郊迎。问曰："蒲可伐乎？"对曰："可。"灵公曰："吾大夫以为不可。今蒲，卫之所以待晋、楚也[1]，以卫伐之，无乃不可乎？"孔子曰："其男子有死之志[2]，妇人有保西河之志[3]。吾所伐者不过四五人[4]。”灵公曰：“善。”然不伐蒲。

【注释】

①待：备、御。②这句指公叔氏欲以蒲投靠他国，而男人们宁死不从。③西河：卫地，指春秋时卫境黄河西岸地区，即今河南浚县、滑县一带。④四五人：指公叔氏的少数几个同叛者。

灵公老，怠于政[1]，不用孔子。孔子喟然叹曰[2]：“苟有用我者，朞月而已[3]，三年有成[4]。”孔子行。

【注释】

①怠：懈惰。②喟（kuì）然：叹气声。③朞月：一整年。朞，亦作期。④三年有成：指孔子治国，三年可以获得巨大成效。

佛肸为中牟宰[1]。赵简子攻范、中行，伐中牟。佛肸畔，使人召孔子。孔子欲往。子路曰：“由闻诸夫子[2]，‘其身亲为不善者，君子不入也[3]’。今佛肸亲以中牟畔，子欲往，如之何？”孔子曰：“有是言也。不曰坚乎，磨而不磷[4]；不曰白乎，涅而不淄[5]。我岂匏瓜也哉[6]，焉能系而不食？”

【注释】

①肸：音 xī，又读 bì。中牟：晋邑名。在今河南汤阴县西。一说在今河北邢台、邯郸之间（此顾栋高说，不确）。宰：地方长官。②由：子路名由。③不入：不入其国。④磷（lìn）：薄。⑤涅（niè）：矿物名，古代用作黑色染料。此处用作动词，印染。淄（zī）：通缁，黑色。⑥匏（páo）瓜：葫芦的变种。

孔子击磬[1]。有荷蒉而过门者[2]，曰：“有心哉，击磬乎！硁硁乎[3]，莫己知也夫而已矣！[4]”

【注释】

①磬（qìng）：用石或玉雕成的一种古代乐器，打击作声。②荷蒉（hè kuì）：背草包。荷，背或扛。蒉，盛土的草包。③硁硁（kēng）：浅薄固执。④莫己知：无人知道自己。

孔子学鼓琴师襄子[1]，十日不进。师襄子曰：“可以益矣[2]。”孔子曰：“丘已习其曲矣，未得其数也[3]。”有閒[4]，曰：“已习其数，可以益矣。”孔子曰：“丘未得其志也。”有閒，曰：“已习其志，可以益矣。”孔子曰：“丘未得其为人也。”有閒，有所穆然深思焉[5]，有所怡然高望而远志焉[6]。曰：“丘得其为人，黯然而黑[7]，几然而长[8]，眼如望羊[9]，心如王四国[10]，非文王其谁能为此也？”师襄子辟席再拜[11]，曰：“师盖云《文王操》也[12]。”

【注释】

①师襄子：鲁击磬官，又善鼓琴。鼓琴：弹琴。②益：加多。③数：技术、方法。④有閒：过了一段时间。閒，通“间”。⑤穆然：沉默静思貌。⑥怡然：安适愉快、心旷神怡。⑦黯然：阴暗。⑧几然而长：身长貌。几然，同“颀然”。⑨望羊：仰视貌。又作望洋。⑩王（wàng）：君临，治理。⑪辟席：离开席位。辟，通“避”。⑫《文王操》：歌颂文王的琴曲。

孔子既不得用于卫，将西见赵简子。至于河而闻窦鸣犊、舜华之死也①，临河而叹曰："美哉水，洋洋乎②！丘之不济此③，命也夫！"子贡趋而进曰："敢问何谓也？"孔子曰："窦鸣犊、舜华，晋国之贤大夫也。赵简子未得志之时，须此两人而后从政；及其已得志，杀之乃从政。丘闻之也，刳胎杀夭则麒麟不至郊④，竭泽涸渔则蛟龙不合阴阳⑤，覆巢毁卵则凤皇不翔⑥。何则？君子讳伤其类也。夫鸟兽之于不义也尚知辟之，而况乎丘哉！"乃还息乎陬乡，作为《陬操》以哀之⑦。而反乎卫，入主蘧伯玉家⑧。

【注释】

①河：指黄河。②洋洋：盛大、众多。③不济：不能渡河。④刳（kū）胎：剖腹取胎。麒麟：古代传说中的一种象征吉祥的兽，状如鹿，独角，全身鳞甲，尾像牛尾。⑤竭泽涸渔：汲干池水捉鱼。涸（hé，又读 hào），枯竭。⑥覆巢：毁坏鸟窝。⑦《陬（zōu）操》：琴曲名。⑧入主：入居落宿的主人家。

他日，灵公问兵陈①。孔子曰："俎豆之事则尝闻之，军旅之事未之学也。"明日，与孔子语，见蜚雁②，仰视之，色不在孔子③。孔子遂行，复如陈④。

【注释】

①灵公问兵陈：这次灵公问军事问题，是因为卫国太子蒯聩刺杀南子不成，逃到晋国，灵公想用兵，所以向孔子问排兵布阵。②蜚雁（fēi yàn）：飞雁。蜚同飞。③色：神色。④如：前往，到。

夏，卫灵公卒，立孙辄，是为卫出公①。六月，赵鞅内太子蒯聩于戚②。阳虎使太子绕③，八人衰绖④，伪自卫迎者⑤，哭而入，遂居焉。冬，蔡迁于州来⑥。是岁鲁哀公三年，而孔子年六十矣。齐助卫围戚，以卫太子蒯聩在故也。

夏，鲁桓、釐庙燔⑦。南宫敬叔救火⑧。孔子在陈，闻之，曰："灾必于桓、釐庙乎？"已而果然。

【注释】

①卫出公：卫灵公死后，因太子出奔晋国，南子依灵公遗命，让小儿郢继位。郢不敢继位，让太子蒯聩的儿子辄继位。这就是卫出公，公元前 492—前 481 年在位。②内：同纳，接纳。戚：古邑名，属卫地，是晋、郑、楚、吴交通孔道，在今河南濮阳县。③绕（wèn）：古代的一种丧服。④衰绖（cuī dié）：丧服。衰，丧服胸前的麻布。绖，缠在头上、围在腰间的散麻绳。⑤伪自卫迎者：伪装成来自卫国迎接太子的人。⑥州来：春秋时为楚邑，公元前 519 年入吴，公元前 493 年吴王夫差迁蔡昭侯于州来，即下蔡，故址在今安徽凤台县。⑦桓、釐（xī）庙燔（fán）：鲁桓公、鲁釐公牌位所在之庙被焚烧。釐，同僖。⑧南宫叔敬：鲁大夫。

秋，季桓子病，辇而见鲁城①，喟然叹曰："昔此国几兴矣，以吾获罪于孔子，故不兴也。"顾谓其嗣康子曰②："我即死，若必相鲁③；相鲁，必召仲尼。"后数日，桓子卒，康子代立。已葬，欲召仲尼。公之鱼曰④："昔吾先君用之不终，终为诸侯笑。今又用之，不能终，是再为诸侯笑。"康子曰："则谁召而可？"曰："必召冉求⑤。"于是使使召冉求。冉求将行，孔子曰："鲁人召求，非小用之，将大用之也。"是日，孔子曰："归乎！归乎！吾党之小子狂简，斐然成章⑥，吾不知所以裁之⑦。"子赣知孔子思归⑧，送冉求，因诫曰"即用，以孔子为招”云[⑨]。

【注释】

①辇（niǎn）：乘车。②康子：季桓子庶子，继桓子之后在鲁执政。③若：尔、汝、你。④公之鱼：鲁大夫。⑤冉求：孔子弟子，名求，字子有。⑥斐（fěi）然成章：文章富有文采。⑦裁：剪裁，裁制。⑧子赣：孔子弟子。⑨以孔子为招：把孔子招请回来。

冉求既去，明年，孔子自陈迁于蔡。蔡昭公将如吴[①]，吴召之也。前，昭公欺其臣迁州来[②]，后将往，大夫惧复迁，公孙翩射杀昭公[③]。楚侵蔡。秋，齐景公卒[④]。

【注释】

①蔡昭公：前518—前491年在位。②前：从前，指蔡昭公瞒着大臣迁都于州来之时。③公孙翩（piān）：蔡大夫。④此处记入鲁在哀公四年误，当在哀公五年。

明年，孔子自蔡如叶[①]。叶公问政[②]，孔子曰：“政在来远附迩[③]。”他日，叶公问孔子于子路，子路不对。孔子闻之，曰：“由，尔何不对曰‘其为人也：学道不倦[④]，诲人不厌[⑤]，发愤忘食，乐以忘忧，不知老之将至’云尔[⑥]。”

【注释】

①叶（旧读shè）：古邑名，在今河南叶县。②政：治理国家。③来远附迩（ěr）：招徕远方之士，使附近的人归服。迩，近。④学道：道，有时指道德、学术、方法；有时指政治主张、思想体系；有时指政治制度、统治秩序、治国办法等等。⑤诲（huì）：教导。⑥老之将至：衰老就要到来。

去叶，反于蔡。长沮、桀溺耦而耕[①]，孔子以为隐者，使子路问津焉[②]。长沮曰：“彼执舆者为谁[③]？”子路曰：“为孔丘。”曰：“是鲁孔丘与？”曰：“然。”曰：“是知津矣。”桀溺谓子路曰：“子为谁[④]？”曰：“为仲由。”曰：“子，孔丘之徒与？”曰：“然。”桀溺曰：“悠悠者天下皆是也[⑤]，而谁以易之[⑥]？且与其从辟人之士[⑦]，岂若从辟世之士哉[⑧]！”耰而不辍[⑨]。子路以告孔子，孔子怃然曰[⑩]：“鸟兽不可与同群。天下有道，丘不与易也。”

【注释】

①长沮、桀溺：楚国叶邑的二名避世隐者。耦（ǒu）：两人各持一耜（sì农具名）并肩而耕。②问津：打听渡口。③执舆：驾车。④子为谁：你是谁。⑤悠悠：众多。悠邈，荒远无稽。《论语》作滔滔。⑥而谁以易之：你和谁去改变这种状况呢？⑦辟人：躲避坏人（指坏国君）。辟同避。⑧辟世：逃避社会现实。⑨耰（yōu）：农具，如锄。⑩怃（wǔ）然：怅然失意，失望。

他日，子路行，遇荷蓧丈人[①]，曰：“子见夫子乎？”丈人曰：“四体不勤，五谷不分，孰为夫子！”植其杖而芸[②]。子路以告，孔子曰：“隐者也。”复往，则亡[③]。

【注释】

①荷蓧（hè tiáo）：背着或扛着竹器。②植：拄，扶，树立。芸：同耘，除草。③亡：外出。

孔子迁于蔡三岁，吴伐陈。楚救陈，军于城父①。闻孔子在陈、蔡之间，楚使人聘孔子。孔子将往拜礼，陈、蔡大夫谋曰：“孔子贤者，所刺讥皆中诸侯之疾②。今者久留陈、蔡之间，诸大夫所设行皆非仲尼之意。今楚，大国也，来聘孔子。孔子用于楚，则陈、蔡用事大夫危矣③。”于是，乃相与发徒役围孔子于野④。不得行，绝粮。从者病，莫能兴⑤。孔子讲诵弦歌不衰⑥。子路愠见曰⑦：“君子亦有穷乎⑧？”孔子曰：“君子固穷⑨，小人穷斯滥矣⑩。”

【注释】

①军：这里指军队驻扎。②刺讥：指责、讽刺。③用事：当权。④徒役：服劳役的人。徒，步兵。⑤兴：起。⑥讲诵：讲解陈述。⑦愠（yùn）：含怒、愤恨。⑧穷：困窘，走投无路。⑨固：坚守。此指坚守节操。⑩斯：则、乃。

子贡色作①。孔子曰：“赐②，尔以予为多学而识之者与③？”曰：“然。非与？”孔子曰：“非也。予一以贯之④。”

【注释】

①色作：作色，改变脸色。②赐：指子贡，子贡姓端木名赐。③予：我。④一以贯之：互相贯通、一通百通。

孔子知弟子有愠心，乃召子路而问曰：“《诗》云①‘匪兕匪虎②，率彼旷野③’。吾道非邪？吾何为于此？”子路曰：“意者吾未仁邪④？人之不我信也⑤。意者吾未知邪？人之不我行也⑥。”孔子曰：“有是乎由，譬使仁者而必信⑦，安有伯夷、叔齐⑧？使知者而必行⑨，安有王子比干⑩？”

【注释】

①《诗》：我国最早的一部诗歌总集。②匪：同非。兕（sì）：雌犀牛。③率：循顺。这里的诗句出自《诗·小雅·何草不黄》。④意者：猜测；想必。⑤不我信：不相信我。⑥不我行：不让我通行。⑦譬使：假如。⑧伯夷、叔齐：商末孤竹君的长子与次子。⑨知者：有智慧的人。⑩比干：商代贵族，纣王叔父，官少师，因屡次谏纣王而被剖心。

子路出，子贡入见。孔子曰：“赐，《诗》云‘匪兕匪虎，率彼旷野’。吾道非邪？吾何为于此？”子贡曰：“夫子之道至大也①，故天下莫能容夫子。夫子盖少贬焉②？”孔子曰：“赐，良农能稼而不能为穑③，良工能巧而不能为顺④。君子能修其道，纲而纪之⑤，统而理之⑥，而不能为容。今尔不修尔道而求为容⑦。赐，而志不远矣！”

【注释】

①夫子之道：夫子的政治主张。②少贬：多少降低一下（孔子的政治主张）。③稼穑（sè）：播种五谷为稼，收获五谷为穑。④不能为顺：不能顺从人意。⑤纲而纪之：按法制或礼制治理国家。⑥统而理之：统筹管理国事。⑦求为容：追求安身。

子贡出，颜回入见。孔子曰：“回，《诗》云‘匪兕匪虎，率彼旷野’。吾道非邪？吾何为于此？”颜回曰：“夫子之道至大，故天下莫能容。虽然，夫子推而行之①，不容何病②，不容然后见君子！夫道之不修也，是吾丑也③。夫道既已大修而不用，是有国者之丑也。不容何病，不容然后见君子！”孔子欣然而笑曰：“有是哉！颜氏之子！使尔多财[4]，吾为尔宰[5]。”

【注释】

①推而行之：推广孔子的政治主张。②何病：有什么担忧。③丑：耻辱。④使：假使。⑤宰：主财者，管理财务。

于是使子贡至楚。楚昭王兴师迎孔子[1]，然后得免。

昭王将以书社地七百里封孔子[2]。楚令尹子西曰[3]：“王之使使诸侯有如子贡者乎[4]？曰：‘无有。’王之辅相有如颜回者乎？曰：‘无有。’王之将率有如子路者乎[5]？曰：‘无有。’王之官尹有如宰予者乎[6]？曰：‘无有。’且楚之祖封于周，号为子男五十里[7]。今孔丘述三、五之法[8]，明周、召之业[9]，王若用之，则楚安得世世堂堂方数千里乎[10]？夫文王在丰，武王在镐，百里之君，卒王天下[11]。今孔丘得据土壤[12]，贤弟子为佐，非楚之福也。”昭王乃止。其秋，楚昭王卒于城父。

【注释】

①楚昭王：芈姓，名珍。前515—前489年在位。②书社：古代二十五家为一里，里各立社，书写社人姓名于册籍，称书社。书社亦可借指一定数量的土地和附着其上的人口。③令尹子西：令尹为楚国宰相的官名。子西为楚昭王兄公子申。④使使诸侯：派往诸侯进行交往的使臣。⑤将率：即将帅。率，通“帅”。⑥宰予：孔子弟子，善言语。曾任齐临淄大夫。⑦子男：古爵位名。古爵位分公、侯、伯、子、男五等。⑧三、五之法：一指三皇五帝，或指三王五霸的治国方法。⑨周、召之业：指周公、召公辅佐武王、成王的事迹。周公，周武王之弟，名旦，因采邑在周（今陕西岐山北），故有周公之称。⑩世世堂堂：即世代宗庙，夏有世室，周有明堂。飨功、养老、教学、选士皆在其中，是天子宣明政教的地方。⑪卒：终于。王（wàng）：治理。⑫土壤：土地，指封地。

楚狂接舆歌而过孔子[1]，曰：“凤兮，凤兮！何德之衰？往者不可谏兮，来者犹可追也。已而，已而[2]！今之从政者殆而[3]！”孔子下，欲与之言。趋而去，弗得与之言。

【注释】

①接舆：楚国隐士。②已而：算了吧。③殆（dài）：危险，坏。

于是孔子自楚反乎卫。是岁也，孔子年六十三，而鲁哀公六年也。

其明年，吴与鲁会缯[1]，征百牢[2]。太宰嚭召季康子[3]。康子使子贡往，然后得已[4]。

【注释】

①缯（zēng 又读 céng）：古国名，在今山东枣庄市东。②征（zhēng）：征集。百牢：百套祭祀用的牲畜。周礼规定上公用九牢，侯伯用七牢，子男五牢。③太宰嚭：春秋时吴大臣。伯氏，名嚭（又作噽），又名帛喜、白喜，字子馀。楚大夫伯州犁之孙，出亡奔吴，以功为太宰。④得已：得以解脱。

孔子曰：“鲁卫之政，兄弟也。”是时，卫君辄父不得立，在外，诸侯数以为让。而孔子弟子多仕于卫，卫君欲得孔子为政。子路曰：“卫君待子而为政，子将奚先？”孔子曰：“必也正名乎！”子路曰：“有是哉，子之迂也！何其正也？”孔子曰：“野哉由也！夫名不正则言不顺，言不顺则事不成，事不成则礼乐不兴，礼乐不兴则刑罚不中，刑罚不中则民无所错手足矣。夫君子为之必可名，言之必可行。君子于其言，无所苟而已矣。”

其明年，冉有为季氏将师，与齐战于郎[①]，克之。季康子曰：“子之于军旅，学之乎？性之乎[②]？”冉有曰：“学之于孔子。”季康子曰：“孔子何如人哉？”对曰：“用之有名；播之百姓，质诸鬼神而无憾[③]。求之至于此道，虽累千社[④]，夫子不利也。”康子曰：“我欲召之，可乎？”对曰：“欲召之，则毋以小人固之，则可矣。”而卫孔文子将攻太叔[⑤]，问策于仲尼。仲尼辞不知，退而命载而行，曰：“鸟能择木[⑥]，木岂能择鸟乎！”文子固止。会季康子逐公华、公宾、公林，以币迎孔子[⑦]，孔子归鲁。

【注释】

①郎：古邑名。鲁地，在今山东鱼台县东北。一说鲁近郊别有郎，在今山东曲阜西兖州附近。按：齐鲁之战在哀公十一年，不在八年。②性：天性、天赋。③质：询问，对证、对质。④累：系属，得到。千社：古代二十五家为一里，里设一社。千社应有二万五千家。按，据文意，此后疑有脱文。⑤孔文子：卫卿，娶蒯聩姊为妻。⑥鸟能择木：用以比喻择主而事。⑦币：帛，古人相互赠送的礼物。

孔子之去鲁，凡十四岁而反乎鲁。

鲁哀公问政，对曰：“政在选臣。”季康子问政，曰：“举直错诸枉[①]，则枉者直[②]。”康子患盗，孔子曰：“苟子之不欲，虽赏之不窃。”然鲁终不能用孔子，孔子亦不求仕[③]。

【注释】

①举直错诸枉：推举正直的人，废置邪枉之人。②枉者直：枉邪之人因受冷遇而变为正直。③不求仕：不想做官。

孔子之时，周室微而礼乐废，《诗》《书》缺。追迹三代之礼，序《书传》，上纪唐、虞之际[①]，下至秦缪[②]，编次其事。曰：“夏礼吾能言之，杞不足征也[③]；殷礼吾能言之，宋不足征也。足，则吾能征之矣。”观殷、夏所损益，曰：“后虽百世可知也，以一文一质[④]。周监二代[⑤]，郁郁乎文哉[⑥]！吾从周。”故《书传》《礼记》自孔氏[⑦]。

【注释】

①唐虞：分别为尧、舜的国号。②秦缪（mù）：即春秋时秦穆公，为五霸之一，公元前 659—621 年在位。③杞（qǐ）：古国名。周初分封的诸侯国之一。姒姓，相传始封之君为夏禹后裔东楼公，都于雍丘（今河南杞县）。公元前 445 年为楚所灭。④一文一质：文采与质朴。⑤周监二代：周参考夏、商二代制度的长处。监，通“鉴”，参考之意。⑥郁郁：丰富多彩。⑦《礼记》：儒家经典之一。

孔子语鲁大师[①]：“乐，其可知也。始作翕如[②]，纵之纯如，皦如[③]，绎如也[④]，以成。”“吾自卫反鲁，然后乐正，《雅》《颂》各得其所[⑤]。”

【注释】

①大师：乐官名，大同“太”。②翕（xì）如：音响和谐。③皦（jiǎo）如：

清晰。④绎（yì）如：连续不断。⑤《雅》：《诗》的一部分，有《大雅》《小雅》，有些是贵族宴会的乐歌。

古者诗三千馀篇，及至孔子，去其重，取可施于礼义，上采契后稷，中述殷周之盛，至幽厉之缺，始于衽席，故曰“关雎之乱以为风始，鹿鸣为小雅始，文王为大雅始，清庙为颂始”。三百五篇孔子皆弦歌之，以求合韶武雅颂之音。礼乐自此可得而述，以备王道，成六艺。

孔子晚而喜《易》[①]，序《彖》《系》《象》《说卦》《文言》[②]。读《易》，韦编三绝[③]。曰：“假我数年[④]，若是，我于《易》则彬彬矣[⑤]。”

【注释】

①《易》：《易经》或《周易》的简称。成书经历了很长时间，传说伏羲画八卦，文王演为六十四卦，春秋时成了三百八十四爻。一般认为《易》最早出现于殷周之际。②《彖》《系》《说卦》《文言》：即《史记》所称孔子为《易》作的《十翼》的篇名。《十翼》为《上彖》《下彖》《上象》《下象》《上繫》《下繫》《文言》《序卦》《说卦》《杂卦》。③韦编三绝：韦编，用皮条编成的简册书籍。三绝，三次断开，这里表示孔子经常读《易》，致使联串简册的皮条多次磨断。④假：给、与。⑤彬彬：文质兼备，兼通文辞与义理。

孔子以诗书礼乐教，弟子盖三千焉，身通六艺者七十有二人[①]。如颜浊邹之徒[②]，颇受业者甚众[③]。

【注释】

①六艺：此指教授学生的六项内容：礼、乐、射、御、数、书。②颜浊邹：卫人，非孔子七十二弟子之数。③颇受业：受到多方面的教育。

孔子以四教：文，行，忠，信[①]。绝四：毋意，毋必，毋固，毋我[②]，所慎：齐，战，疾[③]。子罕言利与命与仁[④]。不愤不启[⑤]，举一隅不以三隅反[⑥]，则弗复也。

【注释】

①文：文雅。行：实践、行事。信：信用。②绝：杜绝。毋意：不凭空臆测。毋必：不绝对肯定。毋固：不拘泥固执。毋我：不自以为是。③齐：同斋，祭祀之前的斋戒之事，使身心整洁。战：战争。疾：疾病。④子罕言利与命与仁：孔子很少主动讲利益、命运、仁德。⑤不愤不启：不到人家想求明白而弄不懂的时候，不去启发开导他。⑥举一隅不以三隅反：举一不能反三。

其于乡党[①]，恂恂似不能言者[②]。其于宗庙朝廷，辩辩言[③]，唯谨尔。朝，与上大夫言，誾誾如也[④]；与下大夫言，侃侃如也[⑤]。

【注释】

①乡党：乡里。②恂恂（xún）：谦恭谨慎的样子。③辩辩：形容善言谈。④誾誾（yín）：和悦而能尽言之貌。⑤侃侃（kǎn）：《说文》释为刚直。孔安国释为和乐貌。下大夫：下级官吏。上大夫：高级官吏。

入公门[①]，鞠躬如也[②]；趋进，翼如也[③]。君召使傧[④]，色勃如也[⑤]。君命召，不俟驾行矣。

【注释】

①公门：君之门。②鞠躬：恭敬、谨慎。③翼如：张臂而行，如鸟展翼。④傧（bìn）：引导；迎接宾客。⑤色勃：发奋的表情。

鱼馁[①]，肉败，割不正[②]，不食。席不正，不坐。食于有丧者之侧，未尝饱也。是日哭，则不歌。见齐衰、瞽者[③]，虽童子必变。

【注释】

①馁（něi）：鱼类臭烂。②割不正：不按一定方法宰杀牲畜、分解肢体。③齐衰（zī cuī）：古代丧服，用熟麻布做成，以死了什么人来决定齐衰三年、齐衰一年、齐衰五月、齐衰三月等等不同服丧期。瞽（gǔ）：盲人。

"三人行，必得我师。""德之不修[①]，学之不讲[②]，闻义不能徙[③]，不善不能改，是吾忧也。"使人歌[④]，善，则使复之[⑤]，然后和之[⑥]。

子不语：怪，力，乱，神[⑦]。

【注释】

①德之不修：没有修养品德。②学之不讲：没有讲习学问。③闻义不能徙：听到道理不能转变、不去奔赴。④使：假使、假若。⑤使复之：让他重复一遍。⑥和（hè）之：跟着唱。⑦怪、力、乱、神：怪异、暴力、叛乱、鬼神。

子贡曰："夫子之文章[①]，可得闻也。夫子言天道与性命，弗可得闻也已。"颜渊喟然叹曰："仰之弥高[②]，钻之弥坚[③]。瞻之在前，忽焉在后。夫子循循然善诱人[④]，博我以文[⑤]，约我以礼[⑥]，欲罢不能。既竭我才，如有所立，卓尔[⑦]。虽欲从之，蔑由也已[⑧]。"达巷党人曰[⑨]："大哉孔子，博学而无所成名。"子闻之曰："我何执[⑩]？执御乎[⑪]？执射乎？我执御矣。"牢曰[⑫]："子云'不试，故艺'[⑬]。"

【注释】

①文章：指有关《诗》《书》的学问。②弥：更加。③钻之弥坚：钻研（孔子的学说）不可穷尽。④循循：有步骤地进行。⑤博我以文：使我获得丰富的文采。⑥约我以礼：以礼制约束我。⑦卓尔：特立，超然高举的样子。⑧蔑由也已：意思是不能达到孔子所教导的境界。⑨达巷党人：党，即五百家为一党。达巷为党名。党人指达巷这个地方的人。⑩何执：掌握、钻研什么。⑪御：驾车。⑫牢：据郑玄说为孔子弟子，但《史记·仲尼弟子列传》无其人。⑬试：见用。故艺：所以多技艺。

鲁哀公十四年春，狩大野[①]，叔孙氏车子钼商获兽[②]，以为不祥。仲尼视之，曰："麟也。"取之。曰："河不出图[③]，雒不出书[④]，吾已矣夫[⑤]！"颜渊死，孔子曰："天丧予！"及西狩见麟，曰："吾道穷矣[⑥]！"喟然叹曰："莫知我夫！"子贡曰："何为莫知子？"子曰："不怨天，不尤人[⑦]，下学而上达[⑧]，知我者其天乎！"

【注释】

①大野：鲁之薮名，可供狩猎。在今山东巨野县北。②车子：驾车的人，其名为钼（chú）商。③河不出图：河，黄河。图，传说中的八卦图。④雒（即洛）不出书：传说有神龟从洛水出，背负"洛书"。孔子哀叹图、书不出，是不祥之兆。一说洛书即《洪范》。一说神龟负文而出，列于背。⑤已矣：完了。指到死的时候了。⑥吾道穷矣：麟，在古代视为祥瑞，孔子见死麟，以为自己死亡之兆，

故哀叹自己的政治主张不能再继续推行了。⑦怨天：怨恨上天。尤人：归咎于人。⑧下学而上达：下学平常知识，上通高深道理。

"不降其志，不辱其身，伯夷、叔齐乎！"谓"柳下惠、少连降志辱身矣[①]。"谓"虞仲、夷逸隐居放言[②]，行中清，废中权[③]。""我则异于是，无可无不可[④]。"

【注释】

①柳下惠：即展禽，姓展、名获字禽，鲁大夫。少连：东夷人，姓芊（qiān），又名季连，善于守孝。②虞仲、夷逸：皆春秋时隐者，事迹不详。《后汉书·荀韩锺陈传论》有"矫洁放言为高"句，李贤注曰："放肆其言，不拘节制也。"合二家注释，可以解释为隐居不问世务，然而言论却不受约束。③行中（zhòng）清：行为纯洁。中，适合。废中（zhòng）权：在乱世自废弃，以免患，合乎权变之道。④无可无不可：指孔子自己既不降志辱身，以求进取，也不隐居放言，以避世。

子曰："弗乎？弗乎[①]？君子病没世而名不称焉[②]。吾道不行矣，吾何以自见于后世哉？"乃因史记作《春秋》[③]，上至隐公[④]，下讫哀公十四年[⑤]，十二公[⑥]。据鲁，亲周，故殷[⑦]，运之三代[⑧]。约其文辞而指博[⑨]。故吴、楚之君自称王，而《春秋》贬之曰"子"；践土之会实召周天子[⑩]，而《春秋》讳之曰"天王狩于河阳[⑪]"：推此类以绳当世[⑫]。贬损之义，后有王者举而开之。《春秋》之义行，则天下乱臣贼子惧焉。

【注释】

①弗乎：这里是不行的意思。弗，通"否"。②病：担忧。称：赞许。③因：依据。史记：指史官所作的历史记录或历史文献。④隐公：即鲁隐公，公元前722—前712年在位。⑤哀公：即鲁哀公，公元前494—前467年在位，是鲁国最后一个国君。⑥十二公：指鲁国的隐、桓、庄、湣、釐（同僖）、文、宣、成、襄、昭、定、哀十二公。⑦据鲁：以鲁国的历史为主。亲周：以周王室为宗主。故殷：追溯殷朝历史。故，古。引申为回顾、借鉴之意。⑧三代：指夏、商、周三个王朝。⑨约：简约。指博：意旨广博。⑩践土之会：公元前632年，晋文公召周天子与诸侯，在践土会盟，确立了霸权，当了盟主，史称践土之会。⑪河阳：地区名，在今河南孟州市西。⑫绳：纠正，拿标准去衡量。

孔子在位听讼[①]，文辞有可与人共者[②]，弗独有也。至于为《春秋》，笔则笔[③]，削则削[④]，子夏之徒不能赞一辞[⑤]。弟子受《春秋》，孔子曰："后世知丘者以《春秋》[⑥]，而罪丘者亦以《春秋》[⑦]。"

【注释】

①听讼：处理诉讼案件。②可与人共：可以与人一起商量。③笔则笔：应当记载的一定写上去。④削则削：应当删除的就一定删掉。⑤子夏：孔子弟子，晋国温（今河南温县西南）人，一说卫国人。姓卜，名商。⑥知丘者以《春秋》：通过《春秋》认识我。⑦罪丘者亦以《春秋》：责备我的人也是以《春秋》为根据。

明岁，子路死于卫。孔子病，子贡请见。孔子方负杖逍遥于门[①]，曰："赐，汝来何其晚也？"孔子因叹，歌曰："太山坏乎！梁柱摧乎！哲人萎乎！[②]"因以涕下。谓子贡曰："天下无道久矣，莫能宗予[③]。夏人殡于东阶[④]，周人于西阶，殷人两柱间。昨暮予梦坐奠两柱之间[⑤]，予始殷人也[⑥]。"后七日卒。

【注释】

①逍遥：悠闲自在。②萎：枯槁。引申为人的死亡。③宗予：信仰我的主张。予，我。④东阶：东面台阶。⑤坐奠：坐着受人祭奠。⑥予始殷人：我的始祖为殷人。

孔子年七十三，以鲁哀公十六年四月己丑卒[①]。

哀公诔之曰[②]："旻天不吊[③]，不慭遗一老[④]，俾屏余一人以在位[⑤]，茕茕余在疚[⑥]。呜呼哀哉！尼父，毋自律[⑦]！"子贡曰："君其不没于鲁乎！夫子之言曰：'礼失则昏，名失则愆[⑧]。失志为昏，失所为愆。'生不能用，死而诔之，非礼也。称'余一人'，非名也[⑨]。"

【注释】

①己丑：四月十一日为戊申，乙丑为四月十八日。此月无己丑，当为乙丑之误。（见《史记志疑》）②诔（lěi）：古代用以表彰死者德行并致哀悼的文辞。③旻（mín）天：天。旻，天空，秋天。不吊：不善，不仁。弔，吊的异体字。④慭（yìn）：愿。一老：一位老人，指孔子。⑤俾（bǐ）：使。⑥茕茕（qióng）：孤独无依。疚：忧病。⑦尼父：对孔子的尊称。毋：通"无"。自律：我的准则。⑧愆（qiān）：过失、罪咎。⑨称'余一人'非名也：天子自谓"一人"（即寡人），诸侯不得用此称，故哀公称"余一人"不合名分。

孔子葬鲁城北泗上[①]，弟子皆服三年。三年心丧毕[②]，相诀而去[③]，则哭，各复尽哀；或复留。唯子贡庐于冢上[④]，凡六年，然后去。弟子及鲁人往从冢而家者百有余室，因命曰孔里。鲁世世相传以岁时奉祠孔子冢，而诸儒亦讲礼乡饮大射于孔子冢[⑤]。孔子冢大一顷。故所居堂、弟子内，后世因庙藏孔子衣冠琴车书，至于汉二百余年不绝。高皇帝过鲁[⑥]，以太牢祠焉[⑦]。诸侯卿相至，常先谒然后从政[⑧]。

【注释】

①泗：即泗水，源于山东泗水县东蒙山南麓。②心丧：古代老师死后，弟子不穿丧服，只在心中悼念，叫心丧。③诀（jué）：离别。④庐：小屋。⑤乡饮：是古代祭礼或乡学毕业仪式。⑥高皇帝：汉高祖刘邦。⑦太牢：古代皇帝祭祀时，牛、羊、豕全备为太牢。⑧谒：拜见。

孔子生鲤[①]，字伯鱼。伯鱼年五十，先孔子死[②]。

伯鱼生伋，字子思，年六十二。尝困于宋。子思作《中庸》[③]。

【注释】

①鲤：孔子生子名伯鱼，鲁昭公使人送鲤鱼。②先孔子死：孔子二十岁时生鲤，鲤死时，孔子当为七十岁。③《中庸》：原是《礼记》中的一篇，儒家经典之一。书中肯定中庸为最高道德标准。庸，《论语·雍也》何晏集解曰："常也，中和可常行之道。"子思：《史记·仲尼弟子列传》云，原宪字子思。

子思生白，字子上，年四十七。子上生求，字子家，年四十五。子家生箕，字子京，年四十六。子京生穿，字子高，年五十一。子高生子慎，年五十七，尝为魏相。

子慎生鲋，年五十七，为陈王涉博士[①]，死于陈下[②]。

鲋弟子襄，年五十七。尝为孝惠皇帝博士[③]，迁为长沙太守[④]。长九尺六寸。

子襄生忠，年五十七。忠生武，武生延年及安国⑤。安国为今皇帝博士，至临淮太守⑥，蚤卒。安国生卬，卬生驩。

【注释】

①陈王涉：即我国历史上第一次大规模农民起义领袖陈涉，名胜，阳城（今河南登封东南）人。雇农出身。前209年陈涉与吴广发动同行戍卒九百人起义，在陈县（今河南淮阳）建立楚政权，陈涉被推举为王。②陈：即陈县，今河南淮阳县。③孝惠皇帝：即刘邦之子刘盈。④长沙：郡名，秦置，治所在临湘（今长沙市）。辖境相当今湖南东部、南部和广西全州，以及今广东连州市阳山等地。太守：一郡之长。按惠帝长沙为国不为郡，当从《汉书·孔光传》作“长沙太傅”。⑤安国：西汉经学家，武帝时任谏大夫、太守等职。⑥临淮：郡名。故治徐县，在今江苏省泗洪县南。

太史公曰①：《诗》有之：“高山仰止②，景行行止③。”虽不能至，然心向往之。余读孔氏书，想见其为人。适鲁，观仲尼庙堂、车服、礼器，诸生以时习礼其家，余祗回留之不能去云④。天下君王至于贤人众矣，当时则荣，没则已焉。孔子布衣⑤，传十余世，学者宗之。自天子王侯，中国言《六艺》者，折中于夫子⑥，可谓至圣矣！

【注释】

①太史公：即司马迁。这段文字为作者评论之辞。②仰止：敬仰。止为语助词，亦作“之”。③景行行止：崇高的德行要去效法。景行，大路。行止（亦作行之），效法、敬慕之意。④祗（zhī）回：恋恋不舍。祗，敬也。⑤布衣：指没有官位身份的人。⑥折中：取正适度，用以判断事物的准则。

陈涉世家第十八

陈胜者，阳城人也①，字涉②。吴广者，阳夏人也③，字叔。陈涉少时，尝与人佣耕④，辍耕之垄上⑤，怅恨久之⑥，曰：“苟富贵，无相忘⑦。”佣者笑而应曰⑧：“若为佣耕⑨，何富贵也？”陈涉太息曰⑩：“嗟乎，燕雀安知鸿鹄之志哉⑪！”

【注释】

①阳城：古县名。治所在今河南登封市东南三十五里告成镇。②字：古人有名有字。③阳夏（jiǎ）：古县名。治所在今河南太康县。④佣耕：被人雇佣耕种田地。⑤辍（chuò）耕：停止耕作。之：去、往。垄：田埂。⑥怅（chàng）恨：失意、不称心、叹恨的心情。⑦无：通毋，不要。⑧佣：指受雇为别人耕种的人。⑨若：你。⑩太息：长叹。⑪嗟（jiē）乎：感叹词。如燕子、麻雀之类。鸿鹄（hú）：泛指大鸟。鸿，大雁；鹄，天鹅。

二世元年七月[1]，发闾左適戍渔阳[2]九百人，屯大泽乡。陈胜、吴广皆次当行[3]，为屯长[4]。会天大雨，道不通，度已失期[5]。失期，法皆斩。陈胜、吴广乃谋曰："今亡亦死[6]，举大计亦死，[7]等死，死国可乎[8]？"陈胜曰："天下苦秦久矣[9]。吾闻二世少子也，不当立，当立者乃公子扶苏[10]。扶苏以数谏故[11]，上使外将兵[12]。今或闻无罪，二世杀之[13]。百姓多闻其贤，未知其死也。项燕为楚将[14]，数有功，爱士卒，楚人怜之[15]。或以为死，或以为亡。今诚以吾众诈自称公子扶苏、项燕[16]，为天下唱[17]，宜多应者。"吴广以为然。乃行卜[18]。卜者知其指意[19]，曰："足下事皆成[20]，有功。然足下卜之鬼乎[21]！"陈胜、吴广喜，念鬼[22]，曰："此教我先威众耳[23]。"乃丹书帛曰"陈胜王"，置人所罾鱼腹中[24]。卒买鱼烹食，得鱼腹中书，固以怪之矣[25]。又閒令吴广之次所旁丛祠中[26]，夜篝火[27]，狐鸣呼曰"大楚兴，陈胜王"[28]。卒皆夜惊恐。旦日[29]，卒中往往语[30]，皆指目陈胜[31]。

【注释】

①二世元年：二世指秦王朝第二代皇帝嬴胡亥。②发闾左：征发贫民百姓。古时，贫民居住闾左，富人居住闾右。適戍（zhé shù）：被罚守边。適，同谪（讁），贬斥。渔阳：古县名，秦置，治所在今北京市密云县西南。③皆次当行（háng）：都被编入被罚守边的队伍。次，编次。行，队伍。④屯长：秦代戍边队伍所进行途中所置领队。⑤度（duó）推测。⑥亡：逃亡。⑦举大计：发动戍卒举行反秦起义。⑧等死：同样是死。等，等同。死国可乎：为国事而死可以吗？⑨苦秦：天下百姓遭受秦朝暴政的苦难。⑩扶苏：秦始皇长子嬴扶苏。⑪数（shuò）谏：多次劝谏。⑫上：指秦始皇。⑬二世杀之：秦始皇死后，胡亥与宦官赵高、丞相李斯密谋，假造秦始皇的诏令，逼扶苏自杀。⑭项燕：战国时楚国大将，项羽祖父，秦灭楚时，兵败被围自杀。⑮怜（lián）之：爱戴他。怜，爱。⑯诚：真的；假若。诈：冒称。⑰唱：同"倡"，倡导。⑱行卜：去占卜吉凶。行，往、去。⑲指意：意图。⑳足下：古时对同辈人的尊称。㉑卜之鬼乎：问过鬼神吗？㉒念鬼：考虑行鬼神之事。㉓威众：在众人中取得威信。㉔罾（zēng）：以竹、木做架子的方形渔网，置水中往上提起以捕鱼，楚语谓之"扳罾"。此句中的罾用作动词。㉕固以怪之：本来就已经奇怪了。㉖閒（jiàn）令：私遣。閒，通"间"，私下。次所：驻地。丛祠：树丛中的神祠。㉗篝（gōu）火：用薰笼罩住火。篝，竹制的薰笼，烤烘衣物用。㉘狐鸣呼曰：装成狐狸的叫声呼喊。㉙旦日：明天，次日。㉚卒中往往语：戍卒中纷纷谈论。往往：到处。㉛指目：指点注视。

吴广素爱人，士卒多为用者。将尉醉[1]，广故数言欲亡，忿恚尉[2]，令辱之[3]，以激怒其众。尉果笞广[4]。尉剑挺[5]，广起，夺而杀尉。陈胜佐之，并杀两尉。召令徒属曰："公等遇雨，皆已失期，失期当斩。借弟令毋斩[6]，而戍死者固十六七[7]。且壮士不死即已，死即举大名耳，王侯将相宁有种乎[8]！"徒属皆曰："敬受命[9]。"乃诈称公子扶苏、项燕，从民欲也。袒右[10]，称大楚。为坛而盟，祭以尉首。陈胜自立为将军，吴广为都尉[11]。攻大泽乡，收而攻蕲[12]。蕲下，乃令符离人葛婴将兵徇蕲以东[13]。攻铚、酇、苦、柘、谯皆下之[14]。行收兵[15]。比至陈[16]，车六七百乘，骑千余，卒数万人。攻陈，陈守令皆不在[17]，独守丞与战谯门中[18]。弗胜，守丞死，乃入据陈。数日，号令召三老、豪杰与皆来会计事[19]。三老、豪杰皆曰："将军身被坚执锐[20]，伐无道，诛暴秦，复立楚国之社稷[21]，功宜为王。"陈涉乃立为王，号为张楚[22]。

【注释】

①将尉：秦时县尉，大县有二县尉，带领戍卒的县尉称将尉。②忿恚（huì）尉：使将尉愤怒。③令辱之：让将尉凌辱吴广。④笞（chī）：用竹杖、竹板或荆条抽打。⑤剑挺：剑脱出鞘。⑥借弟令毋斩：假使不被斩首。⑦戍死：死在戍边徭役中。固：必。十六七：十分之六七。⑧宁：难道。⑨敬受命：恭恭敬敬接受命令。⑩袒右：解衣露出右臂，以作标志。⑪都尉：战国时官名，比将军略低的武官。⑫蕲（qí）：古县名，秦置，治所在今安徽宿州市东南。⑬符离：古县名。秦置，治所在今安徽宿县东北。徇（xùn）：带兵巡行、攻取占领地方，号召群众。⑭铚（zhì）：秦县名，治所在今安徽宿县西南。酂（cuó）：秦县名，治所在今河南永城市西。苦：秦县名，治所在今河南鹿邑县东十里。柘（zhè）：秦县名，治所在今河南柘城县东北。谯（qiáo）：秦县名，治所在今安徽亳（bó）县。⑮行收兵：沿途招收人马扩大队伍。⑯比（bí）：等到。陈：秦郡、县名，治所在今河南淮阳县。⑰陈守令皆不在：陈县守令不在城内。守令，守卫陈县之县令。⑱守丞：郡守属官。谯（qiào）门：古代城门上有望敌高楼，称谯楼或称谯。谯门即谯楼下的城门。⑲三老：秦、汉乡官名。每乡选有修行、能率众为善者一人，掌教化。至汉，县亦置三老。豪杰：有声望的地方士绅大户。会：会合、聚会。计事：议事。⑳披坚执锐：身披坚固铠甲，手执锐利兵器。㉑社稷：社是土地神，稷是谷神。㉒张楚：为张大楚国之意。陈胜为楚王，号大楚。

当此时，诸郡县苦秦吏者，皆刑其长吏①，杀之以应陈涉。乃以吴叔为假王②，监诸将以西击荥阳③。令陈人武臣、张耳、陈馀徇赵地④，令汝阴人邓宗徇九江郡⑤。当此时，楚兵数千人为聚者⑥，不可胜数。

【注释】

①刑其长吏：惩罚郡县长官。②吴叔：指吴广。假王：陈胜给吴广的封号，是暂时授予他的代行王权的职位。假，代行、代理的意思。③监：监督、率领。荥（xíng）阳：秦县名，治所在今河南荥阳市东北。④武臣（？—前208年）：陈县人，原为陈胜部下将领，受命攻占赵地邯郸后，经张耳、陈馀劝说，自立为赵王，且违抗陈胜命令，拒绝援助周文反击秦军。张耳（？—前202年）：大梁（今河南开封）人，战国末为魏国外黄（今河南民权县西北）令，后参加义军。陈馀（？—前204年）：秦末大梁人。他与张耳被陈胜任命为武臣左右校尉北攻赵地，武臣立为赵王后，陈馀为大将军。武臣死后，又与张耳立赵歇为王。⑤汝阴：秦县名，治所在今安徽阜阳县。九江郡：秦郡名，包括今安徽、江苏、长江以北、淮河以南及江西大部分地区。治所在今安徽寿县。⑥楚兵：楚地起义军。

葛婴至东城①，立襄彊为楚王②。婴后闻陈王已立，因杀襄彊，还报③。至陈，陈王诛杀葛婴。陈王令魏人周市北徇魏地④。吴广围荥阳，李由为三川守⑤，守荥阳，吴叔弗能下。陈王征国之豪杰与计，以上蔡人房君蔡赐为上柱国⑥。

【注释】

①东城：秦县名，治所在今安徽定远县东南五十里。②襄彊：秦二世元年八月被立为楚王，九月被杀。③还报：返回报告。④周市（fú）：陈胜部将。魏地：战国时魏国的领土，相当今河南中部、北部、山西南部地区。⑤李由：李斯长子，秦始皇时为三川守。吴广围三川，赵高以李由不击义军，责李斯、李由谋反，夷

三族。⑥上蔡：秦县名，治所在今河南上蔡县西南。本蔡邑，周武王封叔度于此，其后蔡平侯自此迁往新蔡，蔡昭侯又自新蔡迁往州来，州来即改为下蔡，因此，蔡邑则称为上蔡。房君：蔡赐的封号。房，吴房县，在今河南遂平县。上柱国：官名，战国时楚国设置，原为保卫国都之官，后为楚的最高武官，也称上柱国，其地位仅次于令尹。唐以后为勋官称号。

周文，陈之贤人也[①]，尝为项燕军视日[②]，事春申君[③]，自言习兵[④]，陈王与之将军印，西击秦。行收兵至关[⑤]，车千乘，卒数十万，至戏[⑥]，军焉[⑦]。秦令少府章邯免郦山徒、人奴产子生[⑧]，悉发以击楚大军，尽败之。周文败，走出关，止次曹阳二三月[⑨]。章邯追败之，复走次渑池十余日[⑩]。章邯击，大破之。周文自刭[⑪]，军遂不战。

【注释】

①周文（？—前208年）：又名周章，陈县人。②视日：占候卜筮的人，或专指观察天象以卜吉凶的人，又名日者。③春申君（？—前238年）：战国时楚相黄歇的封号。④习兵：熟习军事。⑤关：指函谷关，在今河南灵宝市西南。⑥戏：戏水，在今陕西西安市临潼区东，发源于骊山，流入渭河。此指戏亭。⑦军：驻扎。⑧少（shào）府：官名。始于战国，秦汉相沿，为九卿之一。章邯（？—前205年）：原为秦将，任少府。⑨止次：驻扎、停留。曹阳：亭名，在今河南灵宝市东。⑩渑（miǎn）池：秦邑名，在今河南渑池县西。⑪自刭（jǐng）：自刎、自杀。

武臣到邯郸[①]，自立为赵王，陈馀为大将军，张耳、召骚为左右丞相。陈王怒，捕系武臣等家室[②]，欲诛之。柱国曰："秦未亡而诛赵王将相家属，此生一秦也[③]。不如因而立之[④]。"陈王乃遣使者贺赵，而徙系武臣等家属宫中[⑤]，而封耳子张敖为成都君[⑥]，趣赵兵亟入关[⑦]。赵王将相相与谋曰："王王赵[⑧]，非楚意也。楚已诛秦，必加兵于赵。计莫如毋西兵[⑨]，使使北徇燕地以自广也[⑩]。赵南据大河，北有燕、代[⑪]，楚虽胜秦，不敢制赵。若楚不胜秦，必重赵。赵乘秦之弊，可以得志于天下。"赵王以为然，因不西兵，而遣故上谷卒史韩广将兵北徇燕地[⑫]。

【注释】

①邯郸：古都名、县名。战国时赵敬侯自晋阳徙都于此。故址在今河北省邯郸市西。②捕系：逮捕关押。③此生一秦也：意为又树一敌国。④因而立之：就此机会立武臣为赵王。⑤徙系：迁移到另一处关押。这里把武臣家属软禁在宫中。⑥成都：在今山东鄄城县东南。⑦趣（cù）赵兵亟入关：催促赵兵赶快入函谷。趣，通"促"，催促之意。亟（jí）：急，赶快。⑧王王（wàng）赵：陈王立赵王。第一个王指陈胜王。第二个王是名词作动词用，读音如wàng，意为使……为王。⑨计莫如毋西兵：最好的办法是不要向西方进军。计，办法、计策。莫如，不如。毋通通"无"，不的意思。⑩使使（shǐ shì）：第一个使为动词，派遣。第二个使为名词，使者。⑪燕代：燕指原战国时燕国的领土，相当今天河北北部、辽宁西部一带。⑫上谷（yù）：秦郡名，治所在沮阳，即今河北怀来县东南。辖境约当今河北张家口、小五台山以东，赤城、延庆县以西，及长城和北京昌平区以北地。卒史：官名。秦汉官署中属吏，秩百石，亦有两百石的。

燕故贵人豪杰谓韩广曰："楚已立王，赵又已立王。燕虽小，亦万乘之国也，愿将军立为燕王。”韩广曰：“广母在赵，不可。”燕人曰：“赵方西忧秦，南忧楚，其力不能禁我。且以楚之彊，不敢害赵王将相之家，赵独安敢害将军之家！”韩广以为然，乃自立为燕王。居数月，赵奉燕王母及家属归之燕。

当此之时，诸将之徇地者，不可胜数。周市北徇地至狄[1]，狄人田儋杀狄令[2]，自立为齐王，以齐反，击周市。市军散，还至魏地，欲立魏后故宁陵君咎为魏王[3]。时咎在陈王所，不得之魏。魏地已定，欲相与立周市为魏王，周市不肯。使者五反[4]，陈王乃立宁陵君咎为魏王，遣之国。周市卒为相。

【注释】

①狄：古县名。战国齐邑，秦置县。治所在今山东高青县东南。②田儋（dān）：原齐国贵族。③宁陵君：战国时魏公子咎的封号，因封于宁陵，固以为号。宁陵，古邑名，故址在今河南宁陵县南。④使者五反：派使者五次往返。

将军田臧等相与谋曰[1]：“周章军已破矣，秦兵旦暮至[2]，我围荥阳城弗能下，秦军至，必大败。不如少遗兵[3]，足以守荥阳，悉精兵迎秦军。今假王骄，不知兵权[4]，不可与计，非诛之，事恐败。”因相与矫王令以诛吴叔[5]。献其首于陈王。陈王使使赐田臧楚令尹印，使为上将。田臧乃使诸将李归等守荥阳城，自以精兵西迎秦军于敖仓[6]。与战，田臧死，军破。章邯进兵击李归等荥阳下，破之，李归等死。

【注释】

①田臧：吴广部将。②旦暮至：早晚就到。日出为旦，日落为暮。③少遗兵：留下少量兵力。遗，留。④兵权：兵家权谋，用兵艺术。⑤矫（jiǎo）王令：假传陈王的命令。矫，诈。⑥敖仓：秦代在敖山上所置谷仓。故址在今河南郑州市西北邙山上。地当黄河与济水分流处，中原漕粮集中于此，再西送关中，北输边塞，是当时最重要的粮仓。

阳城人邓说将兵居郯[1]，章邯别将击破之[2]，邓说军散走陈。铚人伍徐将兵居许[3]，章邯击破之，伍徐军皆散走陈，陈王诛邓说。

陈王初立时，陵人秦嘉[4]，铚人董緤，符离人朱鸡石、取虑人郑布[5]、徐人丁疾等皆特起[6]，将兵围东海守庆于郯[7]。陈王闻，乃使武平君畔为将军[8]，监郯下军[9]。秦嘉不受命，嘉自立为大司马，恶属武平君。告军吏曰：“武平君年少，不知兵事，勿听！”因矫以王命杀武平君畔。

章邯已破伍徐，击陈，柱国房君死。章邯又进兵击陈西张贺军[10]。陈王出监战，军破，张贺死。

腊月[11]，陈王之汝阴，还至下城父[12]，其御庄贾杀以降秦[13]。陈胜葬砀[14]，谥曰隐王[15]。

【注释】

①郯说（yuè）海县名，在今山东郯城县北。此时章邯军未至东海，不当在郯交战。郯当为郏（jiá）之误。郏，春秋郑地，在今河南郏县，与邓说家乡阳城临近。②别将：另一路部将。③伍徐：陈胜部将。④陵：秦县名，治所在今江苏宿迁市东南。《汉书·陈胜传》作凌。秦嘉：张楚政权建立后，各地纷纷响应，秦嘉就是其中一支义军的首领。后为项梁军击败，战死。⑤董緤（xiè）、朱鸡石、郑布、丁疾：是响应陈胜起义的几支义军首领。事迹不详。取虑（qiū lǘ）：秦县名，

治所在今江苏睢宁县西南。⑥徐：古国名，是东夷之一的徐戎族所建。汉置县，治今安徽泗县南。特起：各自独立起兵。特，单独之意。⑦东海：郡名，楚汉间置。治所在郯（今山东郯城县北），称郯郡。⑧武平君：封号。畔为其名。⑨监郯下军：监督、统管围郯的几支义军部队。⑩张贺：陈胜部将。⑪腊月：腊为古代阴历十二月的一种祭祀。始于周代。原意为岁终猎禽兽以祭先祖、百神。因阴历岁终为十二月，故后世以腊月为十二月。⑫还（xuàn）：通“旋”，有迅速、转向的意思。下城父（fǔ）：古地名。在今安徽涡阳县东南的下城父聚。⑬御：驾车的人。⑭砀（dàng）古邑名、县名。战国时为楚邑。秦置县，治所在今安徽砀山县南。⑮谥（shì）：古代在人死后按其生平事迹评定褒贬给予的称号。隐：谥号，有哀伤之意。

陈王故涓人将军吕臣为苍头军[1]，起新阳[2]，攻陈下之，杀庄贾，复以陈为楚。

初，陈王至陈，令铚人宋留将兵定南阳[3]，入武关[4]。留已徇南阳，闻陈王死，南阳复为秦。宋留不能入武关，乃东至新蔡[5]，遇秦军，宋留以军降秦。秦传留至咸阳[6]，车裂留以徇[7]。

【注释】

①涓人：宫廷中从事洒扫的近侍，后亦称中涓，为亲近之臣。亦转指谒者、太监之类。②新阳：秦汉县名，治所在今安徽界首市北。③南阳：秦郡名，今河南南阳市。④武关：是河南通往咸阳的要道上的重要关口，刘邦入秦即由此关通过。⑤新蔡：古邑名。春秋时蔡平侯自上蔡迁都于此，故名。秦置县，在今河南新蔡县。⑥传：递解、押送。咸阳：古邑名。在今陕西咸阳市东北二十里。因位于九嵕山之南，渭水之北。古时谓山之南，水之北都为阳，因该邑在山水之阳，故名咸阳。⑦车裂：亦称轘或轘裂，俗称五马分尸，是古代的一种酷刑。用刑方法是将人头和四肢分别拴在五辆车上，以五马驾车，同时分驰，撕裂肢体。徇（xùn）：示众。

秦嘉等闻陈王军破出走，乃立景驹为楚王[1]，引兵之方与[2]，欲击秦军定陶下[3]。使公孙庆使齐王，欲与并力俱进。齐王曰：“闻陈王战败，不知其死生，楚安得不请而立王[4]！”公孙庆曰：“齐不请楚而立王，楚何故请齐而立王！且楚首事[5]，当令于天下[6]。”田儋诛杀公孙庆。

【注释】

①景驹：楚国旧贵族，后为项梁击败，身死。②方与（fáng yǔ）：秦县名，治所在今山东鱼台县西北。③定陶：秦县名，治所在今山东定陶县西北。④安得：怎么能够、哪里能够。⑤首事：首先起事。⑥当令于天下：应当向天下发号施令。令，号令。

秦左右校复攻陈[1]，下之。吕将军走[2]，收兵复聚。鄱盗当阳君黥布之兵相收[3]，复击秦左右校，破之青波[4]，复以陈为楚。会项梁立怀王孙心为楚王[5]。

【注释】

①左右校：秦武官名，即左、右校尉，次于将军。②走：败走。③鄱（pó）：鄱阳，旧县名，秦置鄱县，治所在今江西鄱阳县东北。西汉改为番（pō）阳，东汉始作鄱阳。当阳，今湖北当阳市。黥（qíng）布：（？—前195年）即英布。曾坐法黥面，故称黥布。详见《黥布列传》。相收：指吕臣与英布部队互相联合。

④青波：又作青陂（pí）秦地名，在今河南新蔡县西南。⑤项梁：项燕之子，项羽的叔父。

陈胜王凡六月。已为王，王陈[①]。其故人尝与庸耕者闻之，之陈，扣宫门曰："吾欲见涉。"宫门令欲缚之[②]。自辩数[③]，乃置，不肯为通[④]。陈王出，庶道而呼涉。陈王闻之，乃召见，载与俱归。入宫，见殿屋帷帐[⑤]，客曰："夥颐[⑥]！涉之为王沈沈者[⑦]！"楚人谓多为夥，故天下传之，夥涉为王[⑧]，由陈涉始。客出入愈益发舒[⑨]，言陈王故情[⑩]。或说陈王曰："客愚无知，颛妄言，轻威[⑪]。"陈王斩之。诸陈王故人皆自引去[⑫]，由是无亲陈王者。陈王以朱房为中正[⑬]，胡武为司过[⑭]，主司群臣[⑮]。诸将徇地，至[⑯]，令之不是者[⑰]，系而罪之。以苛察为忠[⑱]。其所不善者，弗下吏[⑲]，辄自治之[⑳]。陈王信用之。诸将以其故不亲附。此其所以败也。

陈胜虽已死，其所置遣侯王将相竟亡秦，由涉首事也。高祖时，为陈涉置守冢三十家砀[㉑]，至今血食[㉒]。

【注释】

①王（wàng）陈：在陈县称王。王，作动词用。②宫门令：守卫宫门的长官。③自辩数（shuò）：自己再三申辩。数，多次。④乃：才。置：宽赦通融。为通：替客传达。⑤帷帐：指室内张挂的帐幔之类装饰品。无顶为帷，有顶为帐。⑥夥颐（huǒ yí）：惊叹词。对富丽众多之物表示惊讶或惊羡。⑦沈沈（chén）：当时楚人口语，形容宫室高大深邃。⑧夥涉为王：楚方言，指一朝称王天下，就变得十分阔气起来。⑨发舒：放肆、无拘束的暴露。⑩故情：过去的事情。⑪颛妄言：专说荒诞的话，胡言乱语。颛，通"专"。⑫自引去：自己离开、引退。引，退走。⑬中正：掌管人事之官。陈胜初设，三国魏在各州郡置中正官，专查本地人才品德。⑭司过：掌管纠察群臣过失之官。陈胜初设。⑮主司群臣：指中正、司过两官专管考核、纠察群臣。⑯至：指诸将执行军事任务（徇地）回来复命。⑰令之不是者：不遵从命令行事的人。⑱苛察：以烦琐苛刻显示精明。⑲弗下吏：指陈胜不交给有关执法官吏处治臣下。⑳辄（zhé）：总是。自治之：亲自去治罪。置遣：设置派遣。㉑守冢（zhǒng）：安置民户住在葬地附近，专事看管坟墓，以示对死者的尊重。㉒血食：享受祭祀。古代祭祀宰杀牲畜作为祭品，故称享受祭祀为血食。

褚先生曰："地形险阻，所以为固也[①]；兵革刑法，所以为治也[②]。犹未足恃也[③]。夫先王以仁义为本，而以固塞文法为枝叶[④]，岂不然哉！"吾闻贾生之称曰[⑤]：

【注释】

①褚先生：即褚少孙，西汉元、成帝之间人。《史记》出世后，十篇缺，有录无书。②兵革刑法：指军队与监狱。为治：当作治国的手段。③足恃（shì）足够依靠。④固塞文法：巩固边塞、制订法律。文，修饰、装点。枝叶：指次要的事情。⑤贾生：指贾谊。生，古时称有学识的人为生，如儒生、诸生等。

秦孝公据殽函之固[①]，拥雍州之地[②]，君臣固守，以窥周室[③]。有席卷天下[④]，包举宇内[⑤]，囊括四海之意[⑥]，并吞八荒之心[⑦]。当是时也，商君佐之[⑧]，内立法度，务耕织，修守战之备，外连衡而斗诸侯[⑨]。于是秦人拱手而取西河之外[⑩]。

【注释】

①秦孝公：名渠梁，秦献公之子，公元前361年至前338年在位，他任商鞅变法，使秦骤强，奠定了统一事业的基础。②雍州：古九州之一，包括今陕西中部、北部及甘肃西北大半部与内蒙古额济纳之地。雍或作雝、邕。③窥（kuì）：窥伺，暗中察看，乘机而动。④席卷：像卷起席子，把上面的东西全卷进去。⑤包举宇内：包含天下。⑥囊括四海：指封建君主统一全国。囊括，全部包罗进去。四海，指全国。古人以为中国四周都是海，故谓四海或四海之内指代全国。⑦八荒：八方极远处。⑧商君：即商鞅，详见《商君列传》。佐：辅佐。⑨连衡：即连横，意谓破坏六国合纵，联络山东一些诸侯国攻击某个诸侯国，以达到各个击破之目的。衡，通“横”。⑩拱手：敛手。谓双手相合拱手胸前，比喻不用动手。西河：地域名，指今陕西华阴、华县、白水、澄城一带。

“孝公既没[①]，惠文王、武王、昭王蒙故业[②]，因遗策[③]，南取汉中[④]，西举巴蜀[⑤]，东割膏腴之地，收要害之郡[⑥]。诸侯恐惧，会盟而谋弱秦[⑦]。不爱珍器重宝肥饶之地，以致天下之士。合从缔交[⑧]，相与为一[⑨]。当此之时，齐有孟尝[⑩]，赵有平原[⑪]，楚有春申，魏有信陵[⑫]：此四君者，皆明知而忠信，宽厚而爱人，尊贤而重士。约从连衡，兼韩、魏、燕、赵、宋、卫、中山之众[⑬]。于是六国之士有宁越、徐尚、苏秦、杜赫之属为之谋[⑭]，齐明、周最、陈轸、邵滑、楼缓、翟景、苏厉、乐毅之徒通其意[⑮]，吴起、孙膑、带他、兒良、王廖、田忌、廉颇、赵奢之伦制其兵[⑯]。尝以什倍之地，百万之师，仰关而攻秦[⑰]。秦人开关而延敌[⑱]，九国之师[⑲]，遁逃而不敢进。秦无亡矢遗镞之费[⑳]，而天下固已困矣。于是从散约败，争割地而赂秦[㉑]。秦有余力而制其弊[㉒]，追亡逐北[㉓]，伏尸百万，流血漂橹[㉔]，因利乘便，宰割天下，分裂山河，强国请服，弱国入朝。”

【注释】

①没：死。②惠文王：孝公之子，前337—前311年在位。武王：惠文王之子，前310—前307年在位。昭王：即秦昭襄王，秦武王之弟，前306—前251年在位。蒙故业：继承旧业。③因遗策：遵循遗留下来的政策。这里指商鞅新法。④汉中：今陕西省南部及湖北西北部一带地方。⑤举：攻取。巴蜀：即今四川省。巴，今四川东部。蜀，今四川中部、西部。⑥割：割取。膏腴（yú）：肥沃。收：收取。要害之郡：地形险要、山川险阻的州郡。⑦会盟：聚会结为同盟。谋弱秦：策划削弱秦国。⑧致：招致。合从（zōng）：战国中期，秦国逐渐强大，较弱的齐、燕、楚、赵、韩、魏等国联合抗秦，对这种抗秦策略，史称合纵。⑨相与为一：互相联合一致。⑩孟尝：即齐国贵族田文的封号。袭其父田婴封爵，封于薛（今山东滕州市南），称薛公，号孟尝君。⑪平原：即战国时赵国的平原君，赵胜，是赵惠文王的弟弟。封于东武城（今山东武城县西北），号平原君。⑫信陵：即信陵君毕无忌。魏国贵族，魏安釐（xī）王之弟，号信陵君。⑬明知：明智。知，通“智”。约从连横：连横，原指秦国联合东西方诸侯国，对抗南北结盟国的策略，提倡这个策略的代表人物是张仪。这里的约从连横，指六国缔结盟约，联合东西南北诸国力量，共同抗素，分裂连横力量。《过秦论》作“约从离横”。连，当作“离”。兼：聚合。宋、卫、中山：战国时三个弱小国家。卫于前209年为秦所灭。中山（即今河北定县）于前296年为赵所灭。⑭宁越：赵国人。徐尚：未详。苏秦：东周洛阳人，详见《苏秦列传》。杜赫：周人。之属：这一类人。⑮齐明：

东周臣。周最（jù）：周室的公子。最，通“聚”。陈轸：夏人，仕秦，亦仕楚，后仕齐。邵滑：楚人。邵，“正义”作昭。楼缓：魏相。翟景：未详。苏厉：苏秦弟，齐臣。乐（yuè）毅：燕昭王亚卿。通其意：陈说合纵抗秦的道理。⑯吴起：卫国人，事魏文侯为将，著名兵家。后逃奔楚国，事楚悼王，推行变法。悼王一死，即被旧贵族杀害。孙膑：战国时著名兵家，齐国人。被他的同学庞涓处以膑刑，（剜去膝盖骨）后被齐国秘密救回，任军师，先后于桂陵、马陵战胜庞涓统率的魏军。带他：未详。兒良：兒，通“倪”，战国时豪士。王廖：战国时豪士。田忌：齐将。与孙膑率齐军败魏军于桂陵、马陵。廉颇、赵奢：皆赵将。制其兵：替六国训练、统率军队。⑰仰关：自下而上攻关。关指函谷关。⑱延敌：引进敌军。⑲九国：韩、赵、魏、楚、燕、齐六国及宋、卫、中山。⑳亡矢遗镞（cù）：损失箭和箭头。㉑赂秦：一作奉秦。行贿讨好秦国。㉒制其弊：控制住诸侯的弱点。㉓追亡逐北：追逐失败逃亡的敌人。北，败。㉔流血漂橹（lǔ）：流的血把大盾漂浮起来。

施及孝文王、庄襄王①，享国之日浅②，国家无事。

及至始皇③，奋六世之余烈④，振长策而御宇内⑤，吞二周而亡诸侯⑥，履至尊而制六合⑦，执敲朴以鞭笞天下⑧，威振四海。南取百越之地⑨，以为桂林、象郡⑩，百越之君俛首系颈⑪，委命下吏⑫。乃使蒙恬北筑长城而守藩篱⑬，却匈奴七百余里⑭，胡人不敢南下而牧马⑮，士亦不敢贯弓而报怨⑯。于是废先王之道，燔百家之言⑰，以愚黔首⑱。堕名城⑲，杀豪俊，收天下之兵聚之咸阳，销锋镝⑳，铸以为金人十二㉑，以弱天下之民。然后践华为城㉒，因河为池㉓，据亿丈之城，临不测之谿以为固㉔。良将劲弩㉕，守要害之处，信臣精卒㉖，陈利兵而谁何㉗。天下已定，始皇之心，自以为关中之固，金城千里㉘，子孙帝王万世之业也㉙。

【注释】

①施（yì）及：《秦始皇本纪》作延及。施，延续。孝文王：秦昭襄王之子，在位一年（前 250 年）。庄襄王：孝文王之子（前 249—前 247 年）在位三年。②享国日浅：在位日子短。③始皇：《秦始皇本纪》作“秦王”。④奋：《过秦论》、《秦始皇本纪》皆作“续”。六世：指孝公、惠文王、武王、昭襄王、孝文王、庄襄王六世国君。余烈：丰饶功业、丰功伟业。余，饶。⑤振长策：挥动长鞭。策，马鞭。御宇内：驾驭、控制天下。⑥二周：西周、东周。西周指周考王分封的诸侯国，开国君主为西周的桓公，建都河南（今河南洛阳），战国时为小国，为秦所灭。东周指从西周分裂出来的另一小国，亦为秦所灭。⑦履（lǚ）至尊：登帝位。履，登踏。至尊，指帝王，此喻帝位。⑧执敲朴：《秦始皇本纪》作执捶拊。敲朴为一种刑杖。短曰敲，长曰朴。鞭笞（chī）：鞭打。⑨百越：南方各地越族的总称。⑩桂林：秦郡名。约当今广西壮族自治区南部及以南、以西地区。⑪俛（fǔ）首系颈：低头，自己用绳系在颈上，表示投降。俛，通“俯”。⑫委命下吏：把生命交给了秦朝下级官吏，听凭摆布。⑬蒙恬（tián）：秦将，始皇三十二年（前 214 年）奉命率兵三十万，北逐匈奴，筑长城，西起临兆（今甘肃岷县），东至辽东（今辽宁省南部），共长万余里。⑭却：打退。⑮胡人：我国古代西北部少数民族统称。秦汉时多指匈奴。牧马：指到汉族边界进行掳掠骚扰。⑯贯弓：同“弯弓”。拉满弓。贯，通“弯”。⑰先王之道：一般指夏、商、周三代帝王的统治办法。先王指秦以前帝王。燔（fán）百家之言：指公元前 213 年（秦始皇三十四年）秦始皇用李斯建议进行的焚书事件。⑱黔首：秦始皇二十六年，确定一般平民称

为黔首。⑲堕（huī）：毁坏。⑳销锋提镝（dí）：熔化锐利的兵器和箭头。镝，通“镝”，箭镞。《秦始皇本纪》作“销锋铸鐻（jù）”，鐻，钟鐻。㉑金人：铜人。㉒践华为城：在华山上行走，使华山成为城墙。践，《秦始皇本纪》作“断”。㉓因河为池：凭借黄河作为防守的防卫城壕。㉔谿（xī）：同溪，两山夹谷中的河沟。㉕劲弩：强劲有力的弓。㉖信臣精卒：忠实的臣子、精锐的士卒。㉗陈：陈列，装备。利兵：锋利的兵器。谁何（hē）：呵问是谁。㉘金城：坚固如铜铸一样的城。㉙万世之业：秦始皇曾说：“我为始皇帝，后世以计数，二世、三世、至千世万世，传之无穷。”意谓传之万世的家天下。

始皇既没，余威振于殊俗①。然而陈涉瓮牖绳枢之子②，甿隶之人③，而迁徙之徒也④，材能不及中人⑤，非有仲尼、墨翟之贤⑥，陶朱、猗顿之富也⑦。蹑足行伍之间⑧，俛仰仟佰之中⑨，率罢散之卒⑩，将数百之众，转而攻秦。斩木为兵⑪，揭竿为旗⑫，天下云会响应⑬，赢粮而景从⑭，山东豪俊遂并起而亡秦族矣⑮。

【注释】

①殊俗：风俗不同的地方，指边远地区。②瓮牖（yǒu）：用瓦瓮做的窗户。③甿隶：雇农，农奴之辈。甿，氓的古字。④迁徙：迁移。⑤中人：中等人，一般普通的人。⑥仲尼、墨翟：孔子、墨子。⑦陶朱：即范蠡，原为越王勾践的大夫，后去官至陶，经商致富，自称陶朱公。猗（yī）顿：一说以盐起家，春秋鲁人。一说经营畜牧业致富。⑧蹑（niè）足：插足，参加。⑨仟佰：仟佰为谓千人百人之长。⑩罢（pí）散：疲困散乱。罢，通“疲”。⑪斩木为兵：砍削树木为兵器。⑫揭竿为旗：高举竹竿做旗帜。⑬云会响应：像风云一样合拢来，像回声一样应声而起。⑭赢（yíng）粮景（yǐng）从：携带粮食，如影随形跟着（陈胜起义）。⑮山东豪俊：指殽山、函谷关以东的广大地区的诸侯、起义军首领。秦族：秦王室家族。

“且天下非小弱也①，雍州之地，殽函之固自若也②。陈涉之位③，非尊于齐、楚、燕、赵、韩、魏、宋、卫、中山之君也④；鉏櫌棘矜⑤，非铦於句戟长铩也⑥；適戍之众，非俦於九国之师也⑦；深谋远虑，行军用兵之道，非及乡时之士也⑧。然而成败异变⑨，功业相反也。尝试使山东之国与陈涉度长絜大⑩，比权量力，则不可同年而语矣⑪。然而秦以区区之地，致万乘之权，抑八州而朝同列⑫，百有余年矣。然后以六合为家，殽函为宫⑬。一夫作难而七庙堕⑭，身死人手⑮，为天下笑者，何也？仁义不施⑯，而攻守之势异也⑰。”

【注释】

①天下非小弱：指秦朝的天下没有缩小和变弱。②固：坚固。自若：像自己原来的样子。③位：指地位和威望。④非尊于……之君：没有……国君尊贵。⑤鉏櫌（yōu）：鉏头的柄。棘矜（jīn）：戟和矛的柄。棘，戟。矜，矛的柄。⑥铦（xiān）：锋利。句戟：有钩的戟，句，通“钩”。长铩（shā）：有长刃的矛。⑦俦（chóu）：同类，类别。⑧乡（xiàng）时之士：过去的谋士，如甯越、徐尚等人。乡时，早先、从前。乡，通“向”。⑨异变：完全不同。⑩度长絜（xié）大：比比长短大小。絜，度量物体长度。⑪同年：相等。⑫抑八州：意为控制了天下。抑，控制。⑬六合为家：东西南北天地之间的一切都归王朝一姓所有。殽函为宫：殽山、函谷关成为宫廷的围墙。⑭七庙堕（huī）：帝王宗庙被毁灭。借指国家灭亡。

古代天子有七庙：父庙三，子庙三，太祖庙一。⑮身死人手：指秦二世被赵高杀死，子婴被项羽杀死。⑯仁义不施：指秦始皇统一中国之后，没有顺应形势需要推行仁政，而是用暴政来统治人民。⑰攻守之势异也：指处于创业与守成时的形势有所不同。

外戚世家第十九①

自古受命帝王及继体守文之君[2]，非独内德茂也[3]，盖亦有外戚之助焉。夏之兴也以涂山[4]，而桀之放也以末喜[5]。殷之兴也以有娀[6]，纣之杀也嬖妲己[7]。周之兴也以姜原及大任[8]，而幽王之禽也淫于褒姒[9]。故《易》基《乾》《坤》[10]，《诗》始《关雎》[11]，《书》美釐降[12]，《春秋》讥不亲迎[13]。夫妇之际[14]，人道之大伦也[15]。礼之用，唯婚姻为兢兢[16]。夫乐调而四时和[17]，阴阳之变，万物之统也[18]。可不慎与[19]！人能弘道[20]，无如命何。甚哉，妃匹之爱[21]，君不能得之于臣，父不能得之于子，况卑下乎！既欢合矣，或不能成子姓[22]；能成子姓矣，或不能要其终[23]：岂非命也哉？孔子罕称命[24]，盖难言之也[25]。非通幽明之变[26]，恶能识乎性命哉[27]？

【注释】

①外戚：帝王的母族和妻族。②受命：即受天之命。古代帝王自称受命于天，假托神权以巩固统治。继体：继位。③内德：内在的品德，在此指皇帝个人所具有的品德。④夏：中国历史上第一个奴隶制王朝。相传由夏后氏部落首领禹之子启建立。建都阳城（今河南登封东）、斟鄩（今登封西北）、安邑（今山西夏县西北）等地，至桀，为商汤所灭，共传十三代、十六王，约当公元前 21 世纪至公元前 16 世纪。涂山：古部落名，禹娶涂山氏之女生启，启建立夏朝。⑤桀：夏朝末代君主，著名的暴君。⑥殷：即商王朝。商部落始祖契（xiè）居于商（今河南商丘），传至相土时，势力达到今渤海一带。传至汤，灭夏桀，建立商朝。传至纣，为周武王所灭，凡传十七代，三十一王，约当公元前 16 世纪至公元前 11 世纪。有娀：古部落名。商部落始祖契的母亲是有娀氏之女简狄，神话传说她吞玄鸟（燕子）卵怀孕生契。⑦纣（zhòu）：商朝末代君主，著名的暴君。嬖（bì）：宠爱、宠幸。妲（dá）己：有苏氏之女，姓己。⑧周：古部落和朝代名。始祖后稷。原居邰（tái，在今陕西武功县西南），传至公刘，迁至豳（bīn，在今陕西彬县），古公亶父定居岐山（今陕西岐山县东北），形成周部族。周文王迁都于丰（今陕西西安西沣水西岸）。周武王灭商后，建立周朝，建都于镐（hào，今沣水东岸）。⑨幽王：西周朝末代昏君。禽：通“擒”。褒姒：褒国人，姓姒。周幽王三年，褒国把她进献给周幽王，极受宠爱，幽王因此而废申后和太子宜臼，申侯联合犬戎攻周，杀幽王于骊山之下，褒姒也被俘，西周灭亡。⑩《易》：后称《易经》或《周易》。成书经历了很长时间，传说伏羲画八卦，文王演为六十四卦，春秋

时成了三百八十四爻，一般认为《易》最早出现于殷周之际。全书由卦、爻两种符号和卦辞（解说卦的含义）、爻辞（说明爻的含义）两种文字组成，都用于占卦。书中除唯心主义成分外，尚有朴素的辩证法观点。基：根本奠基。《乾》：《易经》的第一卦。乾卦谈星占，写贵族的内讧。乾代表天，天有意志，会劝善惩恶。反映了迷信思想。《坤》：《易经》的第二卦。坤卦谈地，涉及农、商、衣食住行等。反映了大地上各种人的活动。乾坤指阴阳两种对立势力，阳性势力叫乾，阴性势力叫坤，乾之象为天，坤之象为地，引申为天地、日月、男女、父母、世界等的代称。⑪《诗》：即《诗经》，共三百零五篇，是我国古代最早的一部诗歌总集。编成于春秋时代，分为风、雅、颂三大类。《关雎》：《诗·周南》篇名，为全书首篇，也是十五国风的第一篇。《诗序》说是歌咏“后妃之德”。《鲁诗》则说是大臣（毕公）刺周康王好色晏起之作。朱熹以后的研究者或认为是写上层社会男女恋爱的作品。⑫《书》：《尚书》的最初名称，又称《书经》。先秦时称《书》，汉代以后称《尚书》或《书经》，是儒家经典之一，孔子曾以《书》教授弟子，《书》是一部上古历史文献汇编，其中也有一部分是后人追述上古历史的著作。美：赞美。釐（lí）降：《尚书·尧典》：“釐降二女于妫汭（guī ruì）”，意指尧亲自料理两个女儿下降给舜的婚事。釐，治理，办理，料理。降：下，此处指下嫁。⑬《春秋》：春秋战国时期的编年体史书通称《春秋》，各诸侯国都有《春秋》，这里指孔子根据鲁国历史文献所编的我国第一部编年体史籍，为儒家经典之一。⑭际：彼此之间。⑮人道：人类社会的道德规范。大伦：伦常大道，古代多指统治阶级规定的人与人关系的根本准则。⑯兢兢：小心谨慎的样子。⑰夫乐调而四时和：音乐和谐则四时节令谐调。夫：句首语气词。⑱统：头绪，根本，源泉。⑲与：通“欤”，疑问语气词。⑳弘：扩而大之。㉑妃（pèi）匹：配偶，夫妇。妃：通“配”。㉒子姓：子孙后代。㉓要：得、取。㉔孔子罕称命：《论语、子罕篇》：“子罕言利与命与仁”。罕，很少。㉕盖：连词，表示原因。㉖幽明：幽指阴，明指阳，幽明即阴阳。㉗恶（wū）：怎么。

太史公曰[①]：秦以前尚略矣[②]，其详靡得而记焉[③]。汉兴，吕娥姁为高祖正后[④]，男为太子[⑤]。及晚节色衰爱弛，而戚夫人有宠[⑥]，其子如意几代太子者数矣[⑦]。及高祖崩，吕后夷戚氏[⑧]，诛赵王，而高祖后宫唯独无宠疏远者得无恙。

【注释】

①太史公曰：这段文字为作者评论之辞。太史公即司马迁。秦汉太史令掌天文，历法，记事，兼管国家典籍文书。汉武帝时，司马迁父子相继任太史令，司马迁尊其父始称太史公，后又以此名自称。②尚略：遥远和简略。尚，通“上”。③靡：不，无。④吕娥姁（xū）：吕后名雉，字娥姁。⑤男：儿子。⑥戚夫人：汉高祖宠姬，生赵王如意。⑦几（jī）：几乎。数（shuò）：屡次。⑧夷：灭。

吕后长女为宣平侯张敖妻[①]，敖女为孝惠皇后。吕太后以重亲故[②]，欲其生子万方，终无子，诈取后宫人子为子。及孝惠帝崩，天下初定未久，继嗣不明[③]。于是贵外家，王诸吕以为辅[④]，而以吕禄女为少帝后[⑤]，欲连固根本牢甚，然无益也。

【注释】

①张敖：汉初赵王张耳的儿子，鲁元公主的丈夫。②重（chóng）亲；张敖女为吕后长女生，惠帝张后为某姊所生女，亲上加亲，故名重亲。③继嗣，继承

人。④王（wàng）：封王。⑤吕禄：吕后的侄子，很受吕后重用，吕后死后，与吕产等发兵作乱，被陈平、周勃等平定。少帝：前所立少帝已被吕后幽禁死，此少帝为恒山王继位者。

高后崩，合葬长陵[①]。禄、产等惧诛[②]，谋作乱。大臣征之[③]，天诱其统[④]，卒灭吕氏[⑤]。唯独置孝惠皇后居北宫[⑥]。迎立代王，是为孝文帝，奉汉宗庙[⑦]。此岂非天邪？非天命孰能当之[⑧]？

【注释】

①长陵：古县名，西汉王陵之一，汉高帝十二年筑陵置县，治所在今咸阳市东北，高帝死后葬此。②产：即吕后侄子吕产。③大臣：指陈平、周勃等忠于刘氏政权的功臣。征：征伐。④诱：导引，连续。统：高祖所开创的刘氏天下的统纪。⑤卒：终于。⑥北宫：因在未央宫北故名北宫。⑦宗庙：帝王先祖之庙，又为王室的代称。⑧孰：谁。疑问代词。

薄太后，父吴人，姓薄氏，秦时与故魏王宗家女魏媪通[①]，生薄姬，而薄父死山阴[②]，因葬焉[③]。

【注释】

①宗家女，同宗的女儿。媪：（ǎo）老年妇女的通称。此指中年妇女。通：通奸。②山阴：古县名。③因：于是。焉：于此。

及诸侯畔秦[①]，魏豹立为魏王，而魏媪内其女于魏宫[②]。媪之许负所相[③]，相薄姬，云当生天子。是时项羽方与汉王相距荥阳[④]，天下未有所定。豹初与汉击楚[⑤]，及闻许负言，心独喜，因背汉而畔，中立，更与楚连和。汉使曹参等击虏魏王豹，以其国为郡，而薄姬输织室[⑥]。豹已死，汉王入织室，见薄姬有色，诏内后宫，岁余不得幸[⑦]。始姬少时，与管夫人、赵子儿相爱[⑧]，约曰："先贵无相忘。"已而管夫人、赵子儿先幸汉王[⑨]。汉王坐河南宫成皋台，此两美人相与笑薄姬初时约。汉王闻之，问其故，两人具以实告汉王。汉王心惨然，怜薄姬，是日召而幸之。薄姬曰："昨暮夜妾梦苍龙据吾腹[⑩]。"高帝曰："此贵征也[⑪]，吾为女遂成之[⑫]"。一幸生男，是为代王。其后薄姬希见高祖[⑬]。

【注释】

①诸侯畔秦：指公元前209年爆发陈胜、吴广起义，各地原六国旧贵族纷纷起兵响应，他们杀掉秦的官吏，建立自己的政权，各自为王，形成新的诸侯国。畔：通"叛"。②内：通"纳"。献进。③之：前往，去。④汉王：指刘邦。刘邦曾被项羽封为汉王。距：通"拒"。对峙，对抗。荥阳：县名。治所在今河南荥阳市东北。⑤与：亲附。⑥输：送。织室：汉朝掌管皇室丝帛织造和染色的机构。⑦幸：临幸。此处指性生活。⑧爱：亲善。⑨已而：不久。幸：指同房。⑩据：盘踞。⑪征：征兆。⑫女：通"汝"，你。遂：顺利办到。⑬希：通"稀"。少。

高祖崩，诸御幸姬戚夫人之属[①]，吕太后怒，皆幽之[②]，不得出宫。而薄姬以希见故，得出，从子之代，为代王太后。太后弟薄昭从如代[③]。

【注释】

①属：类。②幽：囚禁。③如：往，去。

代王立十七年，高后崩。大臣议立后，疾外家吕氏强[1]，皆称薄氏仁善，故迎代王，立为孝文皇帝，而太后改号曰皇太后，弟薄昭封为轵侯[2]。

【注释】

①疾：憎恨，厌恶。②轵（zhǐ）：古县名，汉置县。治所在今河南济源市南。

薄太后母亦前死，葬栎阳北[1]。于是乃追尊薄父为灵文侯，会稽郡置园邑三百家[2]，长丞已下吏奉守冢[3]，寝庙上食祠如法[4]。而栎阳北亦置灵文侯夫人园，如灵文侯园仪[5]。薄太后以为母家魏王后，早失父母，其奉薄太后诸魏有力者，于是召复魏氏，赏赐各以亲疏受之。薄氏侯者凡一人。

【注释】

①栎（yuè）阳：古县名。治所在今西安市临潼区东北。②会稽（kuài jī）：郡名。治所在吴县（今江苏苏州市）。园邑：守护陵园的居民区。③长丞：此指守护陵园的官吏。长（zhǎng），主管官吏。丞，辅佐官吏。④寝庙：又称庙寝。庙在前，为安放死者神位之所；寝在后，为藏放死者衣冠之所。⑤仪：准则，法度。

薄太后后文帝二年[1]，以孝景帝前二年崩[2]，葬南陵[3]。以吕后会葬长陵[4]，故特自起陵，近孝文帝霸陵[5]。

【注释】

①后文帝二年：即比文帝晚二年。此处"后"为先后之后。②以孝景帝前二年：即在孝景帝第二年（前155年）。③南陵：在霸陵南十里，故谓南陵。陵，高大的坟墓。④会：合。⑤霸陵，汉文帝葬墓，在今陕西西安市长安区东。

窦太后，赵之清河观津人也[1]。吕太后时，窦姬以良家子入宫侍太后[2]。太后出宫人以赐诸王，各五人，窦姬与在行中。窦姬家在清河，欲如赵近家，请其主遣宦者吏："必置我籍赵之伍中[3]。"宦者忘之，误置其籍代伍中。籍奏，诏可，当行。窦姬涕泣，怨其宦者，不欲往，相强，乃肯行[4]。至代，代王独幸窦姬，生女嫖，后生两男。而代王王后生四男。先代王未入立为帝而王后卒。及代王立为帝，而王后所生四男更病死[5]。孝文帝立数月，公卿请立太子[6]，而窦姬长男最长[7]，立为太子。立窦姬为皇后，女嫖为长公主[8]。其明年，立少子武为代王，已而又徙梁[9]，是为梁孝王。

【注释】

①清河：郡名。治所在清阳（今河北清河县东南）。辖境相当于今河北省清河、枣强等县。观（guàn）津：古县名。治所在今河北武邑县东南。②良家子：旧指清白人家子女通称。③籍：簿籍名册。④乃：才。⑤更：交互，更替，相继。⑥公卿：原指三公九卿，后泛指朝廷中的高级官员。⑦长（zhǎng）：年岁大。⑧长公主：汉时皇帝之姊妹称长公主。⑨徙：迁移。

窦皇后亲蚤卒[1]，葬观津。于是薄太后乃诏有司[2]，追尊窦后父为安成侯，母曰安成夫人。令清河置园邑二百家，长丞奉守，比灵文园法[3]。

【注释】

①蚤：通"早"。②乃：就。有司：古代设官分职，各有专司，因称官吏为

"有司"。③比：并列，等同。

窦皇后兄窦长君[①]，弟曰窦广国，字少君。少君年四五岁时，家贫，为人所略卖[②]，其家不知其处。传十余家[③]，至宜阳[④]，为其主入山作炭，暮卧岸下百余人[⑤]，岸崩，尽压杀卧者[⑥]，少君独得脱，不死。自卜数日当为侯[⑦]，从其家之长安。闻窦皇后新立，家在观津，姓窦氏。广国去时虽小，识其县名及姓[⑧]，又常与其姊采桑堕，用为符信[⑨]，上书自陈[⑩]。窦皇后言之于文帝，召见，问之，具言其故，果是。又复问他何以为验？[⑪]对曰："姊去我西时[⑫]，与我决于传舍中[⑬]，丐沐沐我[⑭]，请食饭我[⑮]，乃去。"于是窦后持之而泣[⑯]，泣涕交横下。侍御左右皆伏地泣，助皇后悲哀。乃厚赐田宅金钱，封公昆弟[⑰]，家于长安。

【注释】

①窦长君：窦皇后的哥哥名建，字长君。②略卖：被人掠夺而出卖。③传：通"转"。④宜阳：汉县名，在今河南宜阳县西。⑤岸：山崖。⑥杀：死。⑦卜：占卦问吉凶。⑧识（zhì）：记住。⑨符信：凭证。⑩陈：说明。⑪他：别的，其他的。⑫去：离开。西：动词，向西走。⑬决：通"诀"，诀别。传（zhuàn）舍：官家驿站，供过客暂住的房屋。相当于现在的公家招待所。⑭丐：乞求。沐：米汁。淘米过后的泔水。⑮饭：给……吃饭。⑯持：握，执。⑰封公昆弟：公昆弟就是皇后同祖之昆弟，如窦婴是皇后侄子，也得以在长安安家。

绛侯、灌将军等曰[①]："吾属不死[②]，命乃且县此两人[③]。两人所出微[④]，不可不为择师傅宾客[⑤]，又复效吕氏大事也[⑥]。"于是乃选长者士之有节行者与居。窦长君、少君由此为退让君子，不敢以尊贵骄人。

【注释】

①绛侯：即周勃。跟随刘邦起兵，辅佐刘邦定天下，深得刘邦器重，封为绛侯。②吾属：我们这些人。③且：将要。县：通"悬"。④微：卑贱、贫寒。⑤师傅：老师。⑥效：效仿大事：指发动兵变，谋取政权。

窦皇后病，失明。文帝幸邯郸慎夫人、尹姬，皆毋子[①]。孝文帝崩，孝景帝立，乃封广国为章武侯[②]。长君前死，封其子彭祖为南皮侯[③]。吴楚反时[④]，窦太后从昆弟子窦婴[⑤]，任侠自喜[⑥]，将兵，以军功为魏其侯[⑧]。窦氏凡三人为侯。

【注释】

①毋：通"无"，没有。②章武：古县名。治所在今河北黄骅市北。为广国的采邑。③南皮：古县名。④吴楚反：指汉初西汉景帝时吴楚等七国的叛乱。⑤从（zòng）昆弟：党兄弟。⑥任侠自喜：讲侠义而自好如此。喜：好（hào）。⑦将（jiàng）：带兵。⑧魏其：汉县名，在今山东临沂县，窦婴的采邑。

窦太后好黄帝、老子言[①]，帝及太子诸窦不得不读《黄帝》《老子》，尊其术。

窦太后后孝景帝六岁崩[②]。合葬霸陵。遗诏尽以东宫金钱财物赐长公主嫖[③]。

【注释】

①黄帝、老子言：指黄老道家言论。黄帝，又号轩辕氏。②后孝景帝六岁：即汉武帝建元六年（前 135 年）。③东宫：此指太后所居之宫。汉制，太后居长乐宫，在未央宫东，故称太后为东宫，亦称东朝。

王太后，槐里人[①]，母曰臧儿。臧儿者，故燕王臧荼孙也[②]。臧儿嫁为槐里王仲妻，生男曰信，与两女。而仲死，臧儿更嫁长陵田氏[③]，生男蚡、胜。臧儿长女嫁为金王孙妇，生一女矣，而臧儿卜筮之[④]，曰两女皆当贵。因欲奇两女，乃夺金氏。金氏怒，不肯予决，乃内之太子宫[⑥]。太子幸爱之，生三女一男。男方在身时[⑦]，王美人梦日入其怀。以告太子，太子曰："此贵征也"。未生而孝文帝崩，孝景帝即位，王夫人生男。

【注释】

①槐里：古县名。治所在今陕西兴县东南。②臧荼（tú）：燕地人，参加反秦起义，从项羽救赵有功，被封为燕王，后降汉，汉高祖五年（前202年）叛乱，后战败被俘。③更嫁：改嫁。④卜筮（shì）：古时占卜用龟甲称卜，用蓍草占卜称筮。从预测行事吉凶，合称卜筮。⑤予：同"与"。决：同诀，分别，诀别。⑥内：通"纳"。⑦方：正在，正好。

先是臧儿又入其少女儿姁，儿姁生四男[①]。

【注释】

①四男：即广川王越，胶东王寄，清河王乘，常山王舜。

景帝为太子时，薄太后以薄氏女为妃。及景帝立，立妃曰薄皇后。皇后毋子[①]，毋宠。薄太后崩，废薄皇后。

【注释】

①毋：通"无"。

景帝长男荣，其母栗姬。栗姬，齐人也。立荣为太子。长公主嫖有女，欲予为妃。栗姬妒，而景帝诸美人皆因长公主见景帝[①]，得贵幸[②]，皆过栗姬[③]，栗姬日怨怒，谢长公主[④]，不许。长公主欲予王夫人，王夫人许之。长公主怒，而日谗栗姬短于景帝曰："栗姬与诸贵夫人幸姬会[⑤]，常使侍者祝唾其背[⑥]，挟邪媚道[⑦]。"景帝以故望之[⑧]。

【注释】

①因：靠着，通过。②贵幸：尊贵而宠幸。③过：超过，胜过。④谢：谢绝。⑤幸姬：为君王所宠幸的姬妾。会：聚会。⑥使侍者祝唾其背：让侍奉的人在诸贵夫人背后吐唾沫诅咒。祝，诅咒。其，指诸贵夫人幸姬。⑦挟（xié）邪媚道：持邪门歪道。挟：动词，持，也有怀有、怀藏之意。媚道，媚惑人的邪术。道，方术，方法。⑧望：怨恨。

长公主日誉王夫人男之美[①]，景帝亦贤之，又有曩者所梦日符[②]，计未有所定。王夫人知帝望栗姬，因怒未解[③]，阴使人趣大臣立栗姬为皇后[④]。大行奏事毕[⑤]，曰："'子以母贵，母以子贵'[⑥]，今太子母无号，宜立为皇后"。景帝怒曰："是而所宜言邪[⑦]！"遂案诛大行[⑧]，而废太子为临江王。栗姬愈恚恨，不得见，以忧死。卒立王夫人为皇后，其男为太子，封皇后兄信为盖侯[⑧]。

【注释】

①美：美德。②曩（nǎng）：从前。符：符瑞，即所谓"祥瑞"的征兆。③因：趁着。④阴：暗地里。大臣：当作"大行"。⑤大行：原名典客，景帝中

六年更名大行令，掌管接待异邦宾客。⑥子以母贵，母以子贵：这句话出自《春秋公羊传·隐公元年》文。⑦而：通“尔”，汝，你。⑧案诛：问罪杀死。盖：县名。在今山东沂水县西北，为王信的采邑。

景帝崩，太子袭号为皇帝[①]。尊皇太后母臧儿为平原君[②]。封田蚡为武安侯[③]，胜为周阳侯[④]。

【注释】

①袭号：受称号，继位。袭，受。号，称号。②平原：县名。故城在今山东平原县南。③武安：汉县名，田蚡（fén）的封邑。即今河北武安县。④周阳：县名。在今山西闻喜县东北。

景帝十三男，一男为帝，十二男皆为王。而儿姁早卒，其四子皆为王。王太后长女号曰平阳公主[①]，次为南宫公主[②]，次为林虑公主[③]。

【注释】

①平阳：汉县名。故城在今山西临汾市西南。②南宫：汉县名。故城在今河北南宫市西北。③林虑：汉县名。故城在今河南林县。

盖侯信好酒。田蚡、胜贪，巧于文辞。王仲蚤死[①]，葬槐里，追尊为共侯[②]，置园邑二百家。及平原君卒，从田氏葬长陵，置园比共侯园[③]。而王太后后孝景帝十六岁，以元朔四年崩[④]，合葬阳陵[⑤]。王太后家凡三人为侯。

【注释】

①蚤：通“早”。②共：共，通“恭”，用于谥号。③置：设置，置办。④元朔四年：为公元前125年。元朔，汉武帝年号，共六年（前128—前123年）。⑤阳陵：西汉五陵之一，本弋阳县，汉景帝五年在此筑阳陵，并改县名。

卫皇后字子夫，生微矣。盖其家号曰卫氏[①]，出平阳侯邑[②]。子夫为平阳主讴者[③]。武帝初即位，数岁无子。平阳主求诸良家子女十余人，饰置家[④]。武帝祓霸上还[⑤]，因过平阳主[⑥]。主见所侍美人[⑦]，上弗说[⑧]。既饮[⑨]，讴者进，上望见，独说卫子夫。是日，武帝起更衣，子夫侍尚衣轩中[⑩]，得幸。上还坐[⑪]，欢甚，赐平阳主金千斤。主因奏子夫奉送入宫[⑫]。子夫上车，平阳主拊其背曰[⑬]：“行矣，强饭，勉之！即贵[⑭]，无相忘。”入宫岁余，竟不复幸[⑮]。武帝择宫人不中用者，斥出归之[⑯]。卫子夫得见，涕泣请出[⑰]。上怜之，复幸，遂有身[⑱]，尊宠日隆[⑲]。召其兄卫长君、弟青为侍中[⑳]。而子夫后大幸，有宠，凡生三女一男[㉑]。男名据。

【注释】

①其家号曰卫氏：据《卫将军列传》载卫青的父亲本姓郑名季，在平阳侯家做事，与平阳侯婢女卫媪私通，生青，所以假冒卫氏。②平阳侯：曹寿，为汉高祖功臣曹参的曾孙。③讴（ōu）者：歌伎。④饰置家：打扮起来安置在家里。⑤武帝：是刘彻的谥号。祓（fú）：古代为了除灾求福而举行的一种祭祀，又称祓禊，祓除。时间、地点、方式各有不同，通常于岁首在宗庙、社坛中举行，尤以阴历三月上巳日（一月中第一个属巳的日子）在水边举行最为流行。⑥过：探望。⑦主：指平阳主，即平阳侯曹寿的妻子阳信长公主。见，通“现”。⑧上：帝王，在此指武帝。弗：不。说：通“悦”，欢喜，高兴。⑨既：已经。⑩尚衣轩：更衣室。尚：主，管。轩：车，此当指小房间。⑪还（huán）：返回。⑫奏：

进献。⑬拊（fǔ）：抚摩。⑭即：如果。⑮竟：一直，始终。⑯斥：斥退。⑰请，请求允许。⑱有身：怀孕。身，通“娠”。⑲隆：高，突出，多。⑳侍中：官名，为自列侯以下至郎中的加官，无定员，侍从皇帝左右，出入宫廷。㉑三女：指诸邑、石邑及卫长公主（后封当利公主）。

初[①]，上为太子时，娶长公主女为妃。立为帝，妃立为皇后，姓陈氏，无子。上之得为嗣[②]，大长公主有力焉[③]，以故陈皇后骄贵[④]。闻卫子夫大幸，恚，几死者数矣[⑤]。上愈怒。陈皇后挟妇人媚道[⑥]，其事颇觉[⑦]，于是废陈皇后，而立卫子夫为皇后。

【注释】

①初：当初，本来，叙事中追述以往之辞。②嗣（sì）：继承人。③大长公主：因陈皇后的母亲汉景帝姊长公主比武帝高一辈，故尊称大长公主。④以故：因此缘故。陈皇后，名阿娇。⑤几（jī）：差点，几乎。数（shuò）：好多次。⑥挟妇人媚道：陈皇后使女子楚服为她咒诅（念咒语祈求降灾于他人），被发觉后，陈皇后被贬居长门宫，楚服枭首，相连及诛者三百余人。⑦颇觉：多被发觉。

陈皇后母大长公主，景帝姊也，数让武帝姊平阳公主曰[①]：“帝非我不得立，已而弃捐吾女[②]，壹何不自喜而倍本乎[③]！”平阳公主曰：“用无子故废耳[④]。”陈皇后求子，与医钱凡九千万[⑤]，然竟无子[⑥]。

卫子夫已立为皇后，先是卫长君死[⑦]，乃以卫青为将军，击胡有功[⑧]，封为长平侯[⑨]。青三子在襁褓中[⑩]，皆封为列侯[⑪]。及卫皇后所谓姊卫少儿[⑫]，少儿生子霍去病[⑬]，以军功封冠军侯[⑭]，号骠骑将军[⑮]。青号大将军[⑯]。立卫皇后子据为太子[⑰]。卫氏枝属以军功起家[⑱]，五人为侯[⑲]。

【注释】

①让：责备，责怪。②弃捐：抛弃。③壹何：多么。壹，语助词，表强调。自喜：自爱。倍，通“背”。④用：因为。耳：而已，罢了。⑤与：给予，在此为花费之意。⑥竟：一直，始终。⑦先是，在此之前。⑧胡：我国古代西北部民族的统称。秦汉时多指匈奴。⑨长平：县名，西汉置。治所在今河南西华县东北。⑩襁褓（qiǎng bǎo）：或作繦緥。婴儿的被子。⑪列侯：秦制爵分二十级，彻侯位最高，为第二十级。汉承秦制，为避汉武帝彻讳，或称通侯。列侯即彻侯、通侯。⑫及：至于。⑬霍去病：（前140—前117年）西汉名将，河东平阳（今山西临汾市西南）人。⑭冠军：古县名。汉元朔六年置，因霍去病功冠诸军，封冠军侯于此，故名。治所在今河南邓州市西北。⑮骠骑将军：将军名号，次禄与大将军相等，主征伐。⑯大将军：始于战国，汉代沿置，为将军的最高称号，主征伐。⑰据：刘据，为卫皇后所生，故称卫太子。⑱枝属：宗族，本家。⑲五人为侯：指卫青为侯；长子为侯世子、侍中；其他三子皆为侯，一门出五个侯。

及卫后色衰，赵之王夫人幸，有子，为齐王[①]。

王夫人蚤卒。而中山李夫人有宠，有男一人，为昌邑王[②]。

李夫人蚤卒，其兄李延年以音幸[③]，号协律[④]。协律者，故倡也[⑤]。兄弟皆坐奸[⑥]，族[⑦]。是时其长兄广利为贰师将军[⑧]，伐大宛[⑨]，不及诛，还，而上既夷李氏，后怜其家，乃封为海西侯[⑩]。

【注释】

①齐王：即齐怀王，名闳。②昌邑王：即昌邑哀王，名髆（bō）。髆死，其子贺继为昌邑王。③音：善于音乐。④协律：协律郎，是执掌音乐的官，汉武帝因李延年擅长新声，置为协律都尉。⑤倡：歌舞艺人。⑥兄弟皆坐奸：李延年弟李季因出入宫中，与宫人淫乱，于是兄弟宗族被诛灭。坐：因犯……罪。⑦族：灭族。⑧贰师将军：贰师本是当时大宛国的地名，太初元年（前104年）武帝派李广利到该地夺取良马，于是用贰师之名冠以将军之号加于广利。⑨大宛（yuān）：古西域国名，在今苏联中亚费尔干纳盆地。王治贵山城（今苏联中亚卡散赛）。汉武帝太初三年（前102年）降汉。⑩海西侯：李广利征大宛，因国近西海（指我国西部或以西地区，咸海或黑海一带），故号海西侯。

他姬子二人为燕王、广陵王①。其母无宠，以忧死。

及李夫人卒，则有尹婕妤之属②，更有宠③。然皆以倡见④，非王侯有土之士女⑤，不可以配人主也。

【注释】

①燕王：名旦，李姬所生，为人辩略，昭帝元凤元年（前80年）与上官桀、桑弘羊等人谋反，被发觉，自杀。②婕妤（jié yú）：又作“倢伃”，女官名，帝王妃嫔的称号。属：类别。③更：相继，继续。④见（xiàn）：立。⑤土：封土。士女：亦作“仕女”，美人。

褚先生曰①：臣为郎时②，问习汉家故事者钟离生③。曰：王太后在民閒时所生一女者④，父为金王孙。王孙已死，景帝崩后，武帝已立，王太后独在⑤。而韩王孙名嫣素得幸武帝⑥，承閒白言太后有女在长陵也⑦。武帝曰：“何不蚤言！”乃使使往先视之⑧，在其家。武帝乃自往迎取之。跸道⑨，先驱旄骑出横城门⑩，乘舆驰至长陵⑪。当小市西入里⑫，里门闭，暴开门⑬，乘舆直入此里，通至金氏门外止⑭，使武骑围其宅⑮，为其亡走，身自往取不得也⑯。即使左右群臣入呼求之。家人惊恐，女亡匿内中床下⑰。扶持出门，令拜谒。武帝下车泣曰：“嚄⑱！大姊，何藏之深也⑲！”诏副车载之⑳，回车驰还㉑，而直入长乐宫。行诏门著引籍㉒，通到谒太后。太后曰：“帝倦矣，何从来？”帝曰：“今者至长陵得臣姊，与俱来。”顾曰：㉓“谒太后！”太后曰：“女某邪？”曰：“是也。”太后为下泣，女亦伏地泣。武帝奉酒前为寿㉔，奉钱千万，奴婢三百人，公田百顷，甲第㉕，以赐姊。太后谢曰：“为帝费焉。”于是召平阳主、南宫主、林虑主三人俱来谒见姊㉖，因号曰修成君。有子男一人，女一人。男号为修成子仲，女为诸侯王王后㉗。此二子非刘氏，以故太后怜之。修成子仲骄恣，陵折吏民㉘，皆患苦之㉙。

【注释】

①褚先生：据《汉书·司马迁传》记载，司马迁《史记》一百三十篇“十篇缺，有录无书”，由褚先生补缺。褚先生名少孙，是汉元成年间的一个博士。今本《史记》中，凡是褚少孙所补的大都标明“褚先生曰”。②郎：皇帝侍从官侍郎、中郎、郎中等的统称。③钟离生：姓钟离，生为对儒生尊称。④閒：古“间”。⑤独：无夫曰独。⑥韩王孙：韩嫣（yān），字王孙，弓高侯韩穨当之孙，为武帝佞幸之臣。素：向来，一向。⑦白：禀告，陈述。⑧使使（shǐ shǐ）：派使者。⑨跸道：开道。帝王出行时开路清道，禁止他人通行。跸，通“�”。⑩旄骑（máo jì）：即旌头骑，古代军队中一种担任前驱的骑兵。横（héng）城门：长安北面西头门。渭桥本名横桥，架渭水上。在咸阳东南二十二里，此桥对门便是横城门。⑪乘（shèng）舆：旧指皇帝或诸侯所用的专车。⑫当：值，在。小市：小街道。里：里巷。古二十五家为里。⑬暴：突然，猛然。⑭通：畅通，无阻碍。⑮武骑（jì）：武装的骑兵。⑯身自：自身，親自。⑰匿（nì）：隐藏。⑱嚄（huò）：表示惊讶的声音。⑲何：多么。⑳副车：古代帝王外出时的从车。㉑回车：掉转车头往回走。㉒行：行在路上。㉓顾：回头。㉔奉：两手捧着。前：上前。为寿：祝福。㉕甲第：上等住宅。甲：甲等。第，府第，住宅。㉖平阳、南宫、林虑三公主皆景帝女，王皇后生。谒见：拜见。㉗为诸侯王王后：指嫁为淮南王刘安太子妃，此处称王后不当。㉘陵折：欺压折辱人。㉙患苦：烦厌。

卫子夫立为皇后，后弟卫青字仲卿，以大将军封为长平侯。四子，长子伉为侯世子[①]，侯世子常侍中，贵幸。其三弟皆封为侯，各千三百户，一曰阴安侯[②]，一曰发干侯[③]，三曰宜春侯[④]，贵震天下。天下歌之曰："生男无喜，生女无怒[⑤]，独不见卫子夫霸天下！"

【注释】

①侯世子：古代诸侯的长子。②阴安：汉侯国。故城在今河南清丰县北。③发干：汉县名。故城在今山东聊城市西南。④宜春：汉侯国。故城在今河南汝南县西南。⑤生男无喜，生女无怒：生了男孩别高兴，生了女孩别生气。在古代属下韵，所以与"下"押韵。

是时平阳主寡居[①]，当用列侯尚主[②]。主与左右议长安中列侯可为夫者，皆言大将军可。主笑曰："此出吾家，常使令骑从我出入耳，奈何用为夫乎？"左右侍御者曰[③]："今大将军姊为皇后，三子为侯，富贵振动天下，主何以易之乎[④]？"于是主乃许之。言之皇后，令白之武帝[⑤]，乃诏卫将军尚平阳公主焉。

褚先生曰：丈夫龙变。传曰："蛇化为龙，不变其文[⑥]；家化为国，不变其姓。"丈夫当时富贵，百恶灭除，光耀荣华，贫贱之时何足累之哉[⑦]！

【注释】

①平阳主寡居：此时平阳主丈夫平阳侯曹寿因有恶疾就居封国，故平阳主在京城寡居。②尚主：娶公主为妻。③侍御者：侍奉并为平阳主赶车的人。④易：轻视。⑤白：陈述，汇报。⑥文：通"纹"，花纹。⑦累（lèi）：连累，牵连。

武帝时，幸夫人尹婕妤。邢夫人号娙娥[①]，众人谓之"娙何"[②]。娙何秩比中二千石[③]，容华秩比二千石[④]，婕妤秩比列侯。常从婕妤迁为皇后。

尹夫人与邢夫人同时并幸，有诏不得相见。尹夫人自请武帝，愿望见邢夫人，帝许之。即令他夫人饰，从御者数十人，为邢夫人来前[⑤]。尹夫人前见之，曰："此非邢夫人身也[⑥]。"帝曰："何以言之？"对曰："视其身貌形状，不足以当人主矣[⑦]。"于是帝乃诏使邢夫人衣故衣[⑧]，独身来前。尹夫人望见之，曰："此真是也。"于是乃低头俛而泣[⑨]，自痛其不如也。谚曰："美女入室，恶女之仇[⑩]。"

褚先生曰：浴不必江海，要之去垢；马不必骐骥[⑪]，要之善走[⑫]；士不必贤世[⑬]，要之知道[⑭]；女不必贵种，要之贞好[⑮]。《传》曰："女无美恶[⑯]，入室见妒[⑰]；士无贤不肖[⑱]，入朝见嫉。"美女者，恶女之仇。岂不然哉！

【注释】

①娙（xíng）：女子身长之美。娥：美貌。②谓：称，叫做。娙何：汉女官名。③秩：俸禄，职位品级。中二千石：汉制官吏按所得的俸禄的多寡分为若干等级。④容华：汉女官名。二千石：汉制郡守的俸禄为二千石（月俸一百二十斛谷），因成为郡守的通称。⑤为：扮作，充当。⑥身：自身，本人。⑦当：匹配。⑧衣（yì）：穿衣。⑨俛：通“俯”。⑩恶：丑陋。⑪骐骥（qí jì）：骏马。⑫走：奔驰。⑬贤世：贤于世。贤，才能，德行好。⑭知道：懂得道理。⑮贞：贞洁。好：美，善。⑯无：不论。⑰见：通“现”。显露。在动词前表示被动。被。⑱不肖：不像，意谓品行不端正。

鉤弋夫人姓赵氏[①]，河间人也[②]。得幸武帝，生子一人，昭帝是也。武帝年七十，乃生昭帝。昭帝立时，年五岁耳[③]。

卫太子废后，未复立太子。而燕王旦上书[④]，愿归国入宿卫[⑤]。武帝怒，立斩其使者于北阙[⑥]。

上居甘泉宫，召画工图画周公负成王也。于是左右群臣知武帝意欲立少子也。后数日，帝谴责鉤弋夫人。夫人脱簪珥叩头[⑦]。帝曰：“引持去，送掖庭狱[⑧]！”夫人还顾[⑨]，帝曰：“趣行[⑩]，女不得活[⑪]！”夫人死云阳宫。时暴风扬尘，百姓感伤。使者夜持棺往葬之，封识其处[⑫]。

【注释】

①鉤弋夫人：因赵夫人居鉤弋宫，故号鉤弋夫人。②河间：侯国名。治所在成乐，今河北献县东南河间市。因地处黄河与永定河之间而得名。③年五岁：汉武帝十七岁即位，在位五十四年，寿七十一岁，昭帝八岁即位。④燕王旦：武帝第三子。太子兵败自杀，武帝次子齐王闳又早死，旦自以为按次第当立为太子，于是上书请求到宫禁中值宿护卫。⑤国：国都。宿卫：入京值宿护卫。⑥立：马上。北阙（què）：古代宫殿北面的门楼，为臣子等朝见或上书之处。⑦脱：脱下，摘掉。簪（zān）：用来绾头发的一种针形发饰。珥（ěr）：用珠子或玉石做的耳环。⑧掖庭：宫中官署名。⑨还（huán）顾：回头看。⑩趣（cù）：赶快，迅速。⑪女：通“汝”，你。⑫封：聚土筑坟。识（zhì）：作标记。

其后帝闲居，问左右曰：“人言云何？”左右对曰：“人言且立其子[①]，何去其母乎？”帝曰：“然。是非儿曹愚人所知也[②]。往古国家所以乱也，由主少母壮也。女主独居骄蹇[③]，淫乱自恣，莫能禁也。女不闻吕后邪？”故诸为武帝生子者，无男女[④]，其母无不谴死[⑤]，岂可谓非贤圣哉！昭然远见，为后世计虑，固非浅闻愚儒之所及也[⑥]。谥为“武”[⑦]，岂虚哉！

【注释】

①且：将要。②儿曹：儿辈们，晚辈们。曹，辈。③骄蹇（jiǎn）：傲慢，不顺从。④无：不论。⑤其母无不谴死：此言失实。⑥固：本来。及：比得上。⑦谥：古代帝王，贵族，大臣或其他有地位的人死后被加上带有褒贬意义的称号，叫作谥。

楚元王世家第二十

楚元王刘交者，高祖之同母少弟也[1]，字游。

高祖兄弟四人，长兄伯，伯蚤卒[2]。始高祖微时[3]，尝辟事[4]，时时与宾客过巨嫂食[5]。嫂厌叔，叔与客来，嫂详为羹尽[6]，栎釜[7]，宾客以故去。已而视釜中尚有羹，高祖由此怨其嫂。及高祖为帝，封昆弟[8]，而伯子独不得封。太上皇以为言[9]，高祖曰："某非忘封之也[10]，为其母不长者耳[11]。"于是乃封其子信为羹颉侯[12]。而王次兄仲于代[13]。

【注释】

①《汉书》作同父，言同父，即言异母。②蚤：同"早"。③微：卑微，低下。④辟：同"避"，逃避。⑤巨嫂：长嫂，大嫂巨，大。⑥详：通"佯"，假装。⑦栎釜（lì fǔ）：刮锅边出声。釜，锅。⑧昆弟：兄弟。⑨太上皇：皇帝的父亲称太上皇，这里指刘邦的父亲。⑩某：谦称。⑪不长（zhǎng）者：不像长辈的样子。⑫羹颉（jié）侯：汉高祖七年封。羹颉，羹尽之意。⑬次兄：二哥，名喜，字仲。其子刘濞，后改封吴王。代：汉封国，在今河北省境，辖云中、雁门、代三郡五十三县，其都在今河北蔚县东北。汉高祖十一年（前196），平定陈豨叛乱，立子恒为代王，都中都（今山西平遥县西北）。

高祖六年[1]，已禽楚王韩信于陈[2]，乃以弟交为楚王，都彭城[3]。即位二十三年卒，子夷王郢立[4]。夷王四年卒，子王戊立。

【注释】

①高祖六年：前201年。②禽：同"擒"。楚王韩信：即后来淮阴侯韩信。③彭城：县名。故城在今江苏省徐州市。④郢（yǐng）：《汉书》作郢客。

王戊立二十年，冬，坐为薄太后服私奸[1]，削东海郡[2]。春，戊与吴王合谋反[3]，其相张尚、太傅赵夷吾谏，不听。戊则杀尚、夷吾，起兵与吴西攻梁[4]，破棘壁[5]。至昌邑南[6]，与汉将周亚夫战[7]。汉绝吴、楚粮道，士卒饥，吴王走，楚王戊自杀，军遂降汉。

【注释】

①坐：因犯……罪。薄太后：汉高祖之姬，汉文帝之母。服：服丧。②东海郡：治所在今山东省郯城县北。辖境相当今山东费县、临沂、江苏赣榆以南，山

东枣庄市、江苏邳州市以东和江苏宿迁、灌南以北地区。③吴王：刘濞（bì），刘邦次兄刘喜之子。④梁：汉封国。都城在睢阳，今河南省商丘市南。⑤棘壁：地名。故城在今河南永城市西北。⑥昌邑：县名，故城在今山东金乡县西北。⑦周亚夫：（？——前143年）西汉名将。沛县人。周勃之子。初封条侯。文帝时为河内太守，景帝时任太尉，平定吴楚七国之乱有功，迁为丞相。

汉已平吴、楚，孝景帝欲以德侯子续吴①，以元王子礼续楚。窦太后曰②："吴王，老人也，宜为宗室顺善③。今乃首率七国，纷乱天下，奈何续其后！"不许吴，许立楚后。是时礼为汉宗正④。乃拜礼为楚王，奉元王宗庙⑤，是为楚文王。

【注释】

①德侯：名广，代王刘仲之子、吴王濞之弟。②窦太后：汉文帝的皇后，汉景帝之母。③顺善：遵守法度的表率。顺，顺从引申为"效忠"。善，慈惠。引申为"行善"。④宗正：官名。⑤奉：供奉，即祭祀之意。宗庙：帝王、诸侯祭祀祖先的处所。亦作王室的代称。

文王立三年卒，子安王道立。安王二十二年卒，子襄王注立。襄王立十四年卒，子王纯代立。王纯立，地节二年①，中人上书告楚王谋反②，王自杀，国除，入汉为彭城郡。

【注释】

①地节二年：为前68年。地节为汉宣帝年号。②中人：即宫人。

赵王刘遂者，其父高祖中子，名友。谥曰"幽"。幽王以忧死，故为"幽"。高后王吕禄于赵①，一岁而高后崩。大臣诛诸吕吕禄等②，乃立幽王子遂为赵王。

【注释】

①高后：即吕后，汉高祖刘邦的正后，汉惠帝之母。王（wàng）：封王，使王。②诸吕：吕后诸兄弟及家族子弟称诸吕。

孝文帝即位二年①，立遂弟辟彊，取赵之河间郡为河间王②，是为文王。立十三年卒，子哀王福立。一年卒，无子，绝后，国除，入于汉。

【注释】

①孝文帝：即汉文帝刘恒，汉王朝自称"以孝治天下"，所以自惠帝以后，都在谥号上加个"孝"字。②河间郡：治所在乐成（今河北省献县东南）。

遂既王赵二十六年，孝景帝时坐晁错以適削赵王常山之郡①。吴、楚反，赵王遂与合谋起兵。其相建德、内史王悍谏，不听。遂烧杀建德、王悍，发兵屯其西界，欲待吴与俱西。北使匈奴②，与连和攻汉。汉使曲周侯郦寄击之③。赵王遂还，城守邯郸④，相距七月。吴楚败于梁，不能西。匈奴闻之，亦止，不肯入汉边。栾布自破齐还⑤，乃并兵引水灌赵城。赵城坏，赵王自杀，邯郸遂降。赵幽王绝后。

【注释】

①晁错（前200—前154年）：西汉政论家。②匈奴：中国古代北方民族之一。③曲周：县名。故城在今河北省曲周县东北。④邯郸：赵都。故城在今河北省邯郸市。⑤栾布：西汉梁人。文帝时为燕相。

太史公曰：国之将兴，必有祯祥，君子用而小人退。国之将亡，贤人隐，乱臣贵。使楚王戊毋刑申公[1]，遵其言，赵任防与先生[2]，岂有篡杀之谋，为天下僇哉[3]？贤人乎，贤人乎！非质有其内[4]，恶能用之哉？甚矣，“安危在出令，存亡在所任”，诚哉是言也！

【注释】

①使：假如。②防与先生：人名。③僇（lù）：通“戮”。杀戮，侮辱。此处借指罪人。

荆燕世家第二十一

荆王刘贾者[1]，诸刘，不知其何属[2]。初起时，汉王元年[3]，还定三秦[4]，刘贾为将军，定塞地[5]，从东击项籍[6]。

【注释】

①荆：春秋时楚国的古称。②不知其何属：不知是刘氏家族的那一支。实际上刘贾是刘邦的堂兄。③汉王元年：公元前 206 年。④还定三秦：三秦指秦朝的故地关中地区，项羽以霸王号令天下，把刘邦封于汉中，为汉王。又三分关中，分别封与章邯，领咸阳以西、甘肃东部地区，为雍王；司马欣领有咸阳以东地区，为塞王；董翳领有今陕西北部地区，为翟王。三王领地即为三秦。置三秦的用意在于阻止刘邦东进。刘邦为了东进，首先从汉中还回攻袭三王，夺取三秦，以做对抗项羽的基地，故称还定三秦。⑤塞地：即塞王司马欣的领地，在今河南灵宝市西至陕西潼关一带。⑥从东：跟从向东。

汉四年，汉王之败成皋[1]，北渡河[2]，得张耳、韩信军[3]，军修武[4]，深沟高垒[5]，使刘贾将二万人，骑数百，渡白马津入楚地[6]，烧其积聚[7]，以破其业，无以给项王军食。已而楚兵击刘贾，贾辄壁不肯与战[8]，而与彭越相保[9]。

【注释】

①成皋（gāo）：古邑名。春秋时即郑国虎牢，后改为成皋。②河：指黄河。③张耳（？—前 202 年）：大梁（今河南开封市）人。秦末参加农民起义，汉初封为赵王。事见《张耳陈馀列传》。韩信（？—前 196 年）：淮阴（今江苏淮阴市西南）人，由楚归汉，拜为大将。④修武：县名。故城在今河南省获嘉县境内。军：驻扎。⑤深沟高垒：军事上的一种防御战术。⑥白马津：古黄河渡口名。在今河南滑县东北。秦汉时在白马县西北古黄河南岸，与北岸黎阳津相对。黄河南迁以前，为历代兵家必争之地。津，渡口。⑦积聚：储存的粮草军需等物。⑧壁：坚壁，关紧军营大门，坚守不出战。⑨彭越（？—前 196 年）：昌邑（今山东金

乡县西北）人。常渔钜野泽中，秦末起兵反秦，后归汉，破项羽有战功，汉初封为梁王，因有人告谋反，被杀。

汉五年，汉王追项籍至固陵[1]，使刘贾南渡淮围寿春[2]。还至[3]，使人间招楚大司马周殷[4]。周殷反楚，佐刘贾举九江[5]，迎武王黥布兵[6]，皆会垓下[7]，共击项籍。汉王因使刘贾将九江兵[8]，与太尉卢绾西南击临江王共尉[9]。共尉已死，以临江为南郡[10]。

【注释】

①固陵：古村落名。在今河南太康县西南。②寿春：古邑名。楚地，在今安徽寿县西南。秦置县，治所在今安徽寿县。又为九江郡治所。③还（xuán）：通“旋”，很快地。④閒：通“间”，私下，暗地。⑤举：攻拔。九江：郡名。秦置，治所在寿春（今安徽寿县）。辖境约当今安徽、河南、淮河以南，湖北黄冈以东、江西全省。以江分九派会合于浔阳（今江西九江市）境内得名。⑥黥布（？—前195年）：当阳（今湖北当阳市）人，本名英布，因罪黥面，为骊山刑徒，故名。⑦垓下：古地名。在今安徽灵璧县东南沱河北岸。⑧因使：于是便派遣。⑨太尉：官名。秦汉时为全国最高武官，统领军政大权，与丞相、御使大夫并称三公。后世渐渐变为加官，无实权。卢绾（前247或256—前193年）：丰（今属江苏丰县）人，随刘邦起义于沛，入汉中为将军。⑩南郡：郡名。战国时秦置。治所在郢（今湖北江陵县西北），后迁江陵（今县）。汉时辖境相当今湖北粉青河及襄樊市以南，荆门、洪湖以西，长江和清江流域以北，西至巫山。其后渐小。

汉六年春，会诸侯于陈[1]，废楚王信，囚之，分其地为二国。当是时也，高祖子幼，昆弟少[2]，又不贤，欲王同姓以镇天下[3]，乃诏曰[4]：“将军刘贾有功，及择子弟可以为王者[5]。”群臣皆曰：“立刘贾为荆王，王淮东五十二城[6]；高祖弟交为楚王，王淮西三十六城[7]。”因立子肥为齐王[8]。始王昆弟刘氏也。

【注释】

①陈：县名，在今河南淮阳县。②昆弟：兄弟。③镇：镇抚。④诏：皇帝的命令或文告。⑤及：宜。⑥王（wàng）：称王于某地，即统治某地。名词用作动词。淮东：地区名。淮水有一段是自南而北流向，向北的转折点正是寿县，因此习惯上把淮水东岸和淮水南岸的寿县一带地区称之为淮东。⑦淮西：地区名。淮水北岸一带地区，相当今皖北、豫东地区。⑧肥：刘邦有八男，刘肥为长庶男。其母为曹氏，刘邦之外妇。高祖六年立肥为齐王。

高祖十一年秋[1]，淮南王黥布反，东击荆。荆王贾与战，不胜，走富陵[2]，为布军所杀。高祖自击破布。十二年，立沛侯刘濞为吴王[3]，王故荆地。

【注释】

①高祖十一年：前196年。②富陵：古县名。在今江苏洪泽县西北洪泽湖里（已被淹）。③沛：古县、郡、国名。秦置县，属泗水郡。汉改为沛郡，治所在相县（今安徽淮北市西北）。辖境相当今安徽淮河以北、西肥河以东，河南夏邑、永城及江苏沛、丰等地。刘濞（前215—前154年）：刘邦侄，封吴王。

燕王刘泽者[1]，诸刘远属也[2]。高帝三年，泽为郎中[3]。高帝十一年，泽以将军击陈豨[4]，得王黄[5]，为营陵侯[6]。

【注释】

①刘泽：刘邦远房兄弟。②远属：同宗族中的远房。③郎中：官名。战国时始置。汉代沿置，其长官为郎中令，掌车、骑、门户，内充侍卫，外从作战。④陈豨（xī）：汉初封为列侯。⑤王黄：陈豨将。⑥营陵：县名。汉代为北海郡治所，在今山东昌乐县东南。

高后时[1]，齐人田生游乏资[2]，以画干营陵侯泽[3]，泽大说之，用金二百斤为田生寿。田生已得金，即归齐。二年，泽使人谓田生曰："弗与矣[4]。"田生如长安[5]，不见泽，而假大宅，令其子求事吕后所幸大谒者张子卿[6]。居数月，田生子请张卿临[7]，亲修具[8]。张卿许往。田生盛帷帐共具[9]，譬如列侯[10]。张卿惊。酒酣[11]，乃屏人说张卿曰[12]："臣观诸侯王邸弟百余[13]，皆高祖一切功臣[14]。今吕氏雅故本推毂高帝就天下[15]，功至大，又亲戚太后之重[16]。太后春秋长[17]，诸吕弱，太后欲立吕产为王[18]，王代[19]。太后又重发之[20]，恐大臣不听。今卿最幸，大臣所敬，何不风大臣以闻太后[21]，太后必喜。诸吕已王，万户侯亦卿之有[22]。太后心欲之，而卿为内臣，不急发[23]，恐祸及身矣。"张卿大然之，乃风大臣语太后[24]。太后朝，因问大臣。大臣请立吕产为吕王[25]。太后赐张卿千斤金，张卿以其半与田生。田生弗受，因说之曰："吕产王也，诸大臣未大服。今营陵侯泽，诸刘，为大将军[26]，独此尚觖望[27]。今卿言太后，列十余县王之，彼得王，喜去，诸吕王益固矣。"张卿入言，太后然之。乃以营陵侯刘泽为琅邪王[28]。琅邪王乃与田生之国。田生劝泽急行，毋留。出关[29]，太后果使人追止之，已出，即还。

【注释】

①高后：即吕后。②田生：名田子春。③画：谋划、策划。一说指图画。干：求取。④弗与：不合作。弗，不。与，党与，亲近跟从。⑤如：去。⑥幸：得宠。⑦临：光临。⑧亲修具：不假手仆役，亲自整理家具，招待客人。⑨帷帐：围在四周的幕布为帷，有顶布的为帐子。共：通"供"。具：所陈设的家具。⑩譬如：好像。⑪酣（hān）：酒喝得畅快。⑫屏：斥退，让左右从人退下。⑬邸（dǐ）：王侯或官员朝见皇帝时，在京设置的住所为邸。⑭一切：一例、同时。⑮雅故：平常、向来。推毂（gǔ）：有推车前进、推荐人才、拥戴助人举事三解，这里指佐助奉推高祖起事，成帝业。毂，车轮中心的圆木，即车轴。⑯又亲戚太后之重：又有身居要位的太后这门亲戚。⑰春秋长（zhǎng）：年纪大了。春秋，指年龄。⑱吕产：吕后弟。汉初封交侯，吕后专制，封为吕王，后徙为梁王，不就国，为上将军，统领南军。吕后死，为相国，阴谋为乱，被杀。⑲代：古国名。在今河北蔚县。汉初为同姓王国，都代（今河蔚县东北），辖境约当今山西离石、灵石、昔阳以北和河北蔚县、阳原、怀安等地。⑳重发：难以发言、开口。重，难。㉑风（fěng）：通"讽"。用含蓄的话暗示或劝告。㉒万户侯：汉代封侯制度，列侯食邑最大的万户，小的五百户。㉓不急发：不赶快去说、去办。㉔风大臣语太后：劝说大臣同意封诸吕为王，然后禀告太后。㉕吕产为吕王在吕后六年，此时当为梁王。㉖大将军：武官名。始于战国，汉代沿置，为将军的最高称号。㉗觖（jué）望：怨望、失望。㉘琅邪（yá）：古邑名、郡名、国名。战国时齐地。在今山东半岛东南部。刘泽为琅邪王后，郡即改为国，治东武（今山东诸城市）。㉙关：指函谷关。

及太后崩，琅邪王泽乃曰：“帝少，诸吕用事[①]，刘氏孤弱。”乃引兵与齐王合谋西[②]，欲诛诸吕。至梁[③]，闻汉遣灌将军屯荥阳[④]，泽还兵备西界，遂跳驱至长安[⑤]。代王亦从代至。诸将相与琅邪王共立代王为天子。天子乃徙泽为燕王[⑥]，乃复以琅邪予齐，复故地。

【注释】

①用事：执政、当权。②齐王：指齐悼惠王刘肥之子刘襄，刘邦之孙。③梁：古郡名、国名。④灌将军：即灌婴（？—前176年）。睢阳（今河南商丘市南）人。贩卖丝绸为业，破项羽有战功，封颍阴侯。后平定吕氏叛乱、迎立汉文帝有功，任太尉，后为丞相。荥（xíng）阳：郡、县名。秦置县，治所在今河南荥阳市东北。⑤跳驱：奔驰。⑥徙：迁、移。这里指改封。

泽王燕二年，薨，谥为敬王。传子嘉，为康王。

至孙定国，与父康王姬奸，生子男一人。夺弟妻为姬。与子女三人奸。定国有所欲诛杀臣肥如令郢人[①]，郢人等告定国，定国使谒者以他法劾捕格杀郢人以灭口[②]。至元朔元年[③]，郢人昆弟复上书具言定国阴事，以此发觉。诏下公卿，皆议曰：“定国禽兽行，乱人伦，逆天，当诛。”上许之。定国自杀，国除为郡。

【注释】

①肥如：古县名。西汉置，治所在今河北卢龙县北。②他法：另外的法律条文。③元朔元年：汉武帝年号。公元前128年。

太史公曰：荆王王也，由汉初定，天下未集[①]，故刘贾虽属疏，然以策为王[②]，填江淮之间[③]。刘泽之王，权激吕氏[④]，然刘泽卒南面称孤者三世[⑤]。事发相重[⑥]，岂不为伟乎[⑦]！

【注释】

①未集：尚未安定。集，安定。②以策为王：凭帝王策封为王。策，策命，帝王赐封之凭证。③填（zhèn）：通“镇”镇抚、镇守。④权激吕氏：指刘泽以权谋取得了王位，先激发吕氏为王，然后为自己争得王号。⑤卒：终于。南面：面向南方。孤：古代帝王对自己的谦称。⑥事发相重：指刘泽用田生计使吕后封诸吕为王之事发生后，而自己因得相尊重为王事。⑦伟：盛大；超乎平常。

齐悼惠王世家第二十二

齐悼惠王刘肥者，高祖长庶男也[①]。其母外妇也[②]，曰曹氏。高祖六年，立肥为齐王，食七十城[③]，诸民能齐言者皆予齐王[④]。

【注释】

①庶：古代正妻生子为嫡子，妾妃所生为庶子，为家庭的旁支。②外妇：姘头，非正式夫妻关系。③食：供养；接受封地。④这句话的意思是说凡讲齐国语言的地区，土地、百姓都划归齐王管辖。

齐王，孝惠帝兄也。孝惠帝二年，齐王入朝。惠帝与齐王燕饮[①]，亢礼如家人[②]。吕太后怒，且诛齐王[③]。齐王惧不得脱，乃用其内史勋计[④]，献城阳郡[⑤]，以为鲁元公主汤沐邑[⑥]。吕太后喜，乃得辞就国。

【注释】

①燕饮：用酒和饭菜招待客人。燕，通“宴”。②亢（kàng）礼：以平等礼节相待。③且：将要。④内史：官名。⑤城阳郡：西汉初置，文帝二年改为国。治所在莒县（今属山东）。西汉末辖境相当今山东莒县、沂南和蒙阴县东部地区。⑥鲁元公主：刘邦长女，吕后所生。食邑在鲁，谥号元。后许配给张耳之子张敖为妻。生女为孝惠帝皇后。汤沐邑：周制。诸侯朝见天子，天子赐以王畿以内的、供住宿和斋戒沐浴的封邑。

悼惠王即位十三年，以惠帝六年卒。子襄立，是为哀王。

哀王元年，孝惠帝崩，吕太后称制[①]，天下事皆决于高后。二年，高后立其兄子郦侯吕台为吕王[②]，割齐之济南郡为吕王奉邑[③]。

【注释】

①制：天子之命令曰制。称制，指代行天子的职权。②郦（lì）：古县名。秦置。在今河南内乡县东北。③济南：郡、国名。西汉初置郡，汉文帝改为国。景帝时为叛乱的七国之一。治所在今东平陵（今山东章丘市西）。

哀王三年，其弟章入宿卫于汉[①]，吕太后封为朱虚侯[②]，以吕禄女妻之[③]。后四年，封章弟兴居为东牟侯[④]，皆宿卫长安中。

【注释】

①宿卫：在宫禁中值宿警卫。②朱虚：古县名。治所在今山东临朐县东南。③吕禄：吕后兄子。先封胡陵侯，后封为赵王。惠帝死后，为将居北军。④东牟：

古县名。西汉置。治所在今山东烟台牟平区。

哀王八年，高后割齐琅邪郡立营陵侯刘泽为琅邪王[①]。

【注释】

①琅邪（yá）：古邑名、郡名、国名。春秋齐地。秦置郡，治所在琅邪（琅邪台西北）。西汉移治东武（今诸城市），辖境相当今山东半岛东南部。营陵：古县名。在今山东昌乐县东南。为北海郡治所。

其明年，赵王友入朝，幽死于邸。三赵王皆废[①]。高后立诸吕为三王[②]，擅权用事[③]。

【注释】

①三赵王：指赵王如意、赵王刘友、赵王刘恢。②三王：燕王、赵王、梁王。③擅（shàn）权：专权。擅，专。

朱虚侯年二十，有气力，忿刘氏不得职。尝入侍高后燕饮，高后令朱虚侯刘章为酒吏[①]。章自请曰："臣，将种也，请得以军法行酒[②]。"高后曰："可。"酒酣，章进饮歌舞。已而曰："请为太后言耕田歌。"高后儿子畜之[③]，笑曰："顾而父知田耳[④]。若生而为王子[⑤]，安知田乎？"章曰："臣知之。"太后曰："试为我言田。"章曰："深耕概种[⑥]，立苗欲疏[⑦]，非其种者，钼而去之[⑧]。"吕后默然。顷之，诸吕有一人醉，亡酒，章追，拔剑斩之而还，报曰："有亡酒一人，臣谨行法斩之。"太后左右皆大惊。业已许其军法，无以罪也。因罢。自是之后，诸吕惮朱虚侯[⑨]，虽大臣皆依朱虚侯，刘氏为益强。

【注释】

①酒吏：为饮酒助兴取乐游戏而设立的酒令官，其他人听令轮流说诗词，或做其他游戏、歌舞，违令者罚酒。②行酒：巡行监酒，席间主持罚酒、欢饮。③儿子畜(xù)之：当着小孩子对待他。儿子，孺子、小孩子。④顾：倒是。而：若，乃，你。⑤若：你。⑥概（jì）种：播种稠密。概，稠密。⑦立苗欲疏：留苗要疏散。⑧钼："锄"的异体字。⑨惮（dàn）：畏惧、害怕。

其明年，高后崩。赵王吕禄为上将军，吕王产为相国[①]，皆居长安中[②]，聚兵以威大臣，欲为乱。朱虚侯章以吕禄女为妇，知其谋，乃使人阴出告其兄齐王，欲令发兵西，朱虚侯、东牟侯为内应；以诛诸吕，因立齐王为帝[③]。

【注释】

①相国：官名。春秋时齐国始设左右相。战国时又称相国、相邦、丞相，为百官之长。秦以后成为辅佐皇帝的最高官职。②长安：我国古都之一。汉高祖五年置县，七年定都于此。③因：于是，就。

齐王既闻此计，乃与其舅父驷钧、郎中令祝午、中尉魏勃阴谋发兵[①]。齐相召平闻之[②]，乃发卒卫王宫。魏勃绐召平曰[③]："王欲发兵，非有汉虎符验也[④]。而相君围王，固善。勃请为君将兵卫卫王[⑤]。"召平信之，乃使魏勃将兵围王宫。勃既将兵，使围相府。召平曰："嗟乎！道家之言'当断不断，反受其乱'[⑥]，乃是也。"遂自杀。于是齐王以驷钧为相，魏勃为将军，祝午为内史，悉发国中兵。使祝午东诈琅邪王曰："吕氏作乱，齐王发兵欲西诛之。齐王自以儿子，年少，不习兵革之事，愿举国委大王。大王自高帝将也，习战事。齐王不敢离兵，使臣请大王幸之临菑见齐王计事[⑦]，并将齐兵以西平关中之乱[⑧]。"琅邪王信之，以为然，迺驰见齐王[⑨]。齐王与魏勃等因留琅邪王，而使祝午尽发琅邪国而并将其兵。

【注释】

①郎中令：官名。秦汉时置，为皇帝、诸侯王左右亲近的高级官职，属官有大夫、郎、谒者及期门、羽林宿卫官。掌守卫宫殿门户。中尉：官名。战国时赵国曾设，职掌选练举贤，任官使能。秦汉为武职，掌京师治安，汉代则兼主北军。②召（shào）平：《索隐》按广陵人召平与东陵侯召平及此召平皆似别一人。即是说不似一人。③绐（dài）：哄骗、欺骗。按汉制，诸侯王无兵权，只有中央朝廷派驻之相国有军队指挥权，故魏勃骗召（shào）平以攫取兵权。④虎符：古代帝王授予臣属兵权和调拨军队的凭证。用铜铸成虎形，背有铭文，分为两半，右半留存中央，左半发给地方官吏或统兵的将帅。调拨军队时，须由使臣持此信物验合，方能生效。⑤将兵卫卫王：带兵守护王宫。⑥道家：先秦诸子百家之一。

主要代表人物为老子。当断不断、反受其乱：这是当时流行的一种习惯用语，《后汉书·儒林传》云引自黄石公《三略》。此话指办事须当机立断。⑦临菑：古邑名。亦作临淄、临甾，因城临淄水故名。故此在今山东淄博市东北旧临淄。⑧关中：古地区名。所指大小不一，一说函谷关以西为关中。一说秦岭以北范围内，包括陇西、陕北。⑨迺：通“乃”。于是，就。

琅邪王刘泽既见欺，不得反国①，乃说齐王曰②：“齐悼惠王高皇帝长子，推本言之，而大王高皇帝適长孙也③，当立。今诸大臣狐疑未有所定，而泽于刘氏最为长年，大臣固待泽决计。今大王留臣无为也，不如使我入关计事。”齐王以为然，乃益具车送琅邪王。

【注释】

①反：同返。②说（shuì）：劝说。③適：通“嫡”。

琅邪王既行，齐遂举兵西攻吕国之济南①。于是齐哀王遗诸侯王书曰：“高帝平定天下，王诸子弟，悼惠王于齐。悼惠王薨，惠帝使留侯张良立臣为齐王②。惠帝崩，高后用事③，春秋高④，听诸吕擅废高帝所立⑤，又杀三赵王，灭梁、燕、赵以王诸吕⑥，分齐国为四⑦。忠臣进谏，上惑乱不听⑧。今高后崩，皇帝春秋富⑨，未能治天下，固恃大臣诸侯⑩。今诸吕又擅自尊官，聚兵严威，劫列侯忠臣⑪，矫制以令天下⑫，宗庙所以危。今寡人率兵入诛不当为王者。”

【注释】

①吕国之济南：吕后称制二年，立吕台为吕王，割齐之济南郡为吕王奉邑。②留：古县名。秦置，治所在今江苏沛县东南。西汉张良即封于此。张良（？—前186年）：汉初功臣。字子房，相传为城父（今河南郏县东）人，其祖与父为韩国五世之相。③用事：执政。④春秋高：年纪大。⑤听：任凭、听凭。⑥梁、燕、赵：汉初为三个异姓诸侯王，彭越为梁王，卢绾为燕王、张耳、张敖先后为赵王。⑦分齐国为四：分割齐国为济南、琅邪、城阳、齐国四国。⑧上：指吕后。⑨春秋富：年纪小。富，尚未匮竭，谓之富。⑩固恃（shì）：必须依靠。⑪劫：威逼、威胁。⑫矫制：假传皇帝命令。

汉闻齐发兵而西，相国吕产乃遣大将军灌婴东击之①。灌婴至荥阳②，乃谋曰：“诸吕将兵居关中，欲危刘氏而自立。我今破齐还报，是益吕氏资也③。”乃留兵屯荥阳，使使喻齐王及诸侯④，与连和，以待吕氏之变而共诛之。齐王闻之，乃西取其故济南郡，亦屯兵于齐西界以待约。

【注释】

①灌婴（？—前176年）：汉初功臣。睢阳（今河南商丘市南）人，贩卖丝绸为业。②荥阳：郡名、县名。战国时为韩邑，秦汉置县，治所在今河南荥阳市东北。③资：资助、本钱。④使使（shǐ shǐ）：派使者。喻：告诉。

吕禄、吕产欲作乱关中，朱虚侯与太尉勃、丞相平等诛之①。朱虚侯首先斩吕产，于是太尉勃等乃得尽诛诸吕。而琅邪王亦从齐至长安。

【注释】

①太尉：秦汉时官名。为全国军事首脑，与丞相、御史大夫并称三公。汉

武帝时改称大司马。勃：周勃（？—前169年），汉初功臣。沛县人，少时织薄曲（蚕薄，供养蚕用）为业，当过办丧事的吹鼓手。平：陈平（？—前178年），汉初大臣。

大臣议欲立齐王，而琅邪王及大臣曰："齐王母家驷钧，恶戾[1]，虎而冠者也[2]。方以吕氏故几乱天下[3]，今又立齐王，是欲复为吕氏也。代王母家薄氏[4]，君子长者；且代王又亲高帝子，于今见在，且最为长。以子则顺，以善人则大臣安。"于是大臣乃谋迎立代王，而遣朱虚侯以诛吕氏事告齐王，令罢兵。

【注释】

①恶戾（lì）：凶暴、不讲情理。戾，乖张。②虎而冠：虎中之冠。意为最凶猛之虎。③几（jī）：差一点、几乎。④代王：刘邦之子刘恒。后来的文帝。薄氏：即刘邦之姬薄夫人。

灌婴在荥阳，闻魏勃本教齐王反，既诛吕氏，罢齐兵，使使召责问魏勃。勃曰："失火之家，岂暇先言大人而后救火乎[1]！"因退立，股战而栗[2]，恐不能言者，终无他语。灌将军熟视笑曰[3]："人谓魏勃勇，妄庸人耳[4]，何能为乎！"乃罢魏勃[5]。魏勃父以善鼓琴见秦皇帝。及魏勃少时，欲求见齐相曹参[6]，家贫无以自通，乃常独早夜埽齐相舍人门外[7]，相舍人怪之，以为物[8]，而伺之[9]，得勃。勃曰："愿见相君，无因[10]，故为子埽，欲以求见。"于是舍人见勃曹参[11]，因以为舍人。一为参御[12]，言事，参以为贤，言之齐悼惠王。悼惠王召见，则拜为内史。始，悼惠王得自置二千石。及悼惠王卒而哀王立，勃用事，重于齐相。

【注释】

①暇：空闲。这句话的意思是救火不能先请示家长，救国难不能等待国君命令。②股：大腿。战：通"颤"。栗（lì）：通"慄"。害怕得发抖。③熟视：仔细看着。④妄庸：胡乱庸劣。⑤罢：罢官，不治罪而解除官职。⑥曹参（？—前190年）：汉初大臣。沛县人，随刘邦起义，屡立战功，封平阳（今山西临汾市西南）侯，任齐相九年。⑦埽：通"扫"。舍人：官名。⑧以为物：以为怪物。物，鬼怪。⑨伺：暗中窥察。⑩无因：没有机会。因，因缘、机会。⑪舍人见勃曹参：舍人引见魏勃于曹参。见，通"现"，显露，使……显露。⑫为参御：为曹参驾驭车马。

孝文帝元年，尽以高后时所割齐之城阳、琅邪、济南郡复与齐[1]，而徙琅邪王王燕，益封朱虚侯、东牟侯各二千户。

是岁，齐哀王卒，太子则立，是为文王。

【注释】

①城阳：郡名、国名。

这一年，齐哀王去世，太子则继位，这就是文王。

齐文王元年，汉以齐之城阳郡立朱虚侯为城阳王，以齐济北郡立东牟侯为济北王[1]。

二年，济北王反，汉诛杀之，地入于汉。

后二年，孝文帝尽封齐悼惠王子罢军等七人皆为列侯[2]。

齐文王立十四年卒，无子，国除，地入于汉。

后一岁，孝文帝以所封悼惠王子分齐为王，齐孝王将闾以悼惠王子杨虚侯为齐王。故齐别郡尽以王悼惠王子：子志为济北王，子辟光为济南王，子贤为菑川王③，子卬为胶西王④，子雄渠为胶东王⑤，与城阳、齐凡七王。

【注释】

①济北郡：秦置。在今泰安市东南。②列侯：爵位名。为二十等爵中的最高一级。③菑川：古县名、国名。为今淄博市西南部。淄博即由淄川、博山两个矿区合并而成。④胶西：郡名、国名。⑤胶东：郡名、国名。汉初为郡，文帝时改为国。治所在即墨（今山东平度市东南），辖境相当今山东平度、莱阳、莱西等县及迤南一带。

齐孝王十一年，吴王濞、楚王戊反①，兴兵西，告诸侯曰："将诛汉贼臣晁错以安宗庙。"②胶西、胶东、菑川、济南皆擅发兵应吴、楚。欲与齐③，齐孝王狐疑，城守不听，三国兵共围齐④。齐王使路中大夫告于天子⑤。天子复令路中大夫还告齐王："善坚守，吾兵今破吴楚矣。"路中大夫至，三国兵围临菑数重，无从入。三国将劫与路中大夫盟，曰："若反言汉已破矣⑥，齐趣下三国⑦，不且见屠。"路中大夫既许之，至城下，望见齐王，曰："汉已发兵百万，使太尉周亚夫击破吴楚⑧，方引兵救齐，齐必坚守无下！"三国将诛路中大夫。

【注释】

①吴王濞（前215—前154年）：刘邦侄、其兄刘仲之子，封为吴王，领有会稽郡、豫章郡、沛郡三郡五十三城。楚王戊：刘邦弟刘交之孙，刘交封为楚王，都彭城，戊为第三代楚王，因犯罪被削东海郡，便与吴王合谋反叛，后兵败自杀。②晁错（前200—前154年）：西汉初政论家。颍川（今河南禹县）人，好申不害、商鞅学说，又向伏生学《尚书》。文帝时任太子家令、景帝时任御史大夫。③与：结交。④三国：指胶西、菑川、济南。⑤路中大夫：姓路名卬，官中大夫。中大夫为郎中令属官，与谏议大夫、光禄大夫等备顾问。⑥若：你。⑦趣（qū）：趋向、奔赴。⑧周亚夫（？—前143年）：西汉名将。沛县人，周勃之子。初封条侯。景帝时任太尉，平定七国之乱，迁为丞相。

齐初围急，阴与三国通谋，约未定，会闻路中大夫从汉来，喜，及其大臣乃复劝王毋下三国①。居无何②，汉将栾布、平阳侯等兵至齐③，击破三国兵，解齐围。已而复闻齐初与三国有谋④，将欲移兵伐齐。齐孝王惧，乃饮药自杀。景帝闻之，以为齐首善，以迫劫有谋，非其罪也，乃立孝王太子寿为齐王，是为懿王，续齐后。而胶西、胶东、济南、菑川王咸诛灭，地入于汉。徙济北王王菑川⑤。齐懿王立二十二年卒，子次景立，是为厉王。

【注释】

①毋下三国：不要屈服三国。②居无何：待不多久。③栾布（？—前145年）：西汉梁（治今河南商丘市南）人。④已而：过不久。⑤王王（wàng）：第二个"王"字读去声，作动词用，统理，君临之意。

齐厉王，其母曰纪太后。太后取其弟纪氏女为厉王后。王不爱纪氏女。太后欲其家重宠①，令其长女纪翁主入王宫②，正其后宫③，毋令得近王，欲令爱纪氏女。王因与其姊翁主奸。

【注释】

①重宠：世世宠贵于王宫。②翁主：诸侯王之女为翁主。③正：纠正，管束。

齐有宦者徐甲，入事汉皇太后[①]。皇太后有爱女曰修成君，修成君非刘氏[②]，太后怜之。修成君有女名娥，太后欲嫁之于诸侯，宦者甲乃请使齐，必令王上书请娥。皇太后喜，使甲之齐。是时齐人主父偃知甲之使齐以取后事[③]，亦因谓甲："即事成，幸言偃女愿得充王后宫。"甲既至齐，风以此事[④]。纪太后大怒，曰："王有后，后宫具备。且甲，齐贫人，急乃为宦者，入事汉，无补益，乃欲乱吾王家！且主父偃何为者？乃欲以女充后宫！"徐甲大穷[⑤]，还报皇太后曰："王已愿尚娥[⑥]，然有一害，恐如燕王[⑦]。"燕王者，与其子昆弟奸，新坐以死[⑧]，亡国，故以燕感太后。太后曰："无复言嫁女齐事。"事浸浔闻于天子[⑨]。主父偃由此亦与齐有郤[⑩]。

【注释】

①皇太后：指汉武帝生母王太后。②修成君：王太后前嫁金氏所生女。③主父偃（？—前126年）：西汉临淄（今山东淄博市东北）人，主父为复姓。④风：通"讽"。诱导，暗示，劝说。⑤大穷：尴尬、难堪，窘迫。⑥尚：仰攀婚姻，娶公主为妻。⑦恐如燕王：恐怕重蹈燕王覆辙。燕王指刘泽孙刘定国，因乱人伦，罪死，国除。⑧坐：入罪、定罪。又作犯……罪。⑨浸浔（jìn xún）：逐渐达到、渐进。⑩郤（xì）：通"隙"。空隙。引申为嫌隙。

主父偃方幸于天子，用事，因言："齐临菑十万户，市租千金[①]，人众殷富[②]，巨于长安[③]，此非天子亲弟爱子不得王此。今齐王于亲属益疏。"乃从容言[④]："吕太后时齐欲反，吴楚时孝王几为乱。今闻齐王与其姊乱。"于是天子乃拜主父偃为齐相，且正其事[⑤]。主父偃既至齐，乃急治王后宫宦者为王通于姊翁主所者，令其辞证皆引王[⑥]。王年少，惧大罪为吏所执诛，乃饮药自杀。绝无后。

【注释】

①市租千金：城市商业税为市租。千金，指日得千金，言商业繁华。②殷富：富足、富裕。③巨：大。④从容：同怂恿，煽惑。⑤正：治罪。矫正。⑥引：牵引。

是时赵王惧主父偃一出废齐，恐其渐疏骨肉，乃上书言偃受金及轻重之短[①]。天子亦既囚偃[②]。公孙弘言[③]："齐王以忧死毋后[④]，国入汉，非诛偃无以塞天下之望[⑤]。"遂诛偃。

【注释】

①轻重：用心不平。②既：已。③公孙弘（前200—前121年）：汉武帝时大臣。菑川人，以熟习文法吏治、又缘饰以儒术，武帝时为御史大夫，后为丞相，封平津侯。④毋后：绝后。毋，通"无"。⑤塞：满足。望：愿望。

齐厉王立五年死，毋后，国入于汉。

齐悼惠王后尚有二国，城阳及菑川。菑川地比齐。天子怜齐，为悼惠王冢园在郡，割临菑东环悼惠王冢园邑尽以予菑川，以奉悼惠王祭祀。

城阳景王章，齐悼惠王子，以朱虚侯与大臣共诛诸吕，而章身首先斩相国吕王产于未央宫[①]。孝文帝既立，益封章二千户，赐金千斤。孝文二年，以齐之城阳郡立章为城阳王。立二年卒，子喜立，是为共王[②]。

【注释】

①未央宫：汉高祖朝见大臣的皇宫之一。②共：通“恭”。谥号用字。

共王八年，徙王淮南[①]。四年，复还王城阳。凡三十三年卒，子延立，是为顷王。

【注释】

①王（wàng）：称王，统理，君临。下句“复还王城阳”之“王”同。淮南：郡名、国名。

顷王二十六年卒，子义立，是为敬王。敬王九年卒，子武立，是为惠王。惠王十一年卒，子顺立，是为荒王。荒王四十六年卒，子恢立，是为戴王。戴王八年卒，子景立，至建始三年[①]，十五岁，卒。

【注释】

①建始三年：前 30 年，建始为汉成帝年号。这是后人续补，司马迁未生活至此时。

济北王兴居，齐悼惠王子，以东牟侯助大臣诛诸吕，功少。及文帝从代来，兴居曰：“请与太仆婴入清宫[①]。”废少帝[②]，共与大臣尊立孝文帝。

【注释】

①太仆：官名。始置于春秋。秦汉沿置，为九卿之一，掌皇帝的舆马和马政。婴：夏侯婴。滕公夏侯婴曾为汉高祖太仆。清宫：古代帝王行幸所至，或迎立新帝，照例须先由人清查所居宫室，以防意外。②废少帝：少帝即吕后所立常山王义，立后更名弘。

孝文帝二年，以齐之济北郡立兴居为济北王，与城阳王俱立。立二年，反。始大臣诛吕氏时，朱虚侯功尤大，许尽以赵地王朱虚侯，尽以梁地王东牟侯。及孝文帝立，闻朱虚、东牟之初欲立齐王，故绌其功[①]。及二年，王诸子，乃割齐二郡以王章、兴居。章、兴居自以失职夺功。章死，而兴居闻匈奴大入汉，汉多发兵，使丞相灌婴击之，文帝亲幸太原[②]，以为天子自击胡，遂发兵反于济北。天子闻之，罢丞相及行兵，皆归长安。使棘蒲侯柴将军击破虏济北王[③]，王自杀，地入于汉，为郡。

【注释】

①绌（chù）：通“黜”。废退、消除。②幸：皇帝巡行到某处为幸。③棘蒲侯柴将军：《集解》云为柴武。

后十三年，文帝十六年，复以齐悼惠王子安都侯志为济北王[①]。十一年，吴、楚反时，志坚守，不与诸侯合谋。吴、楚已平，徙志王菑川。

【注释】

①安都：安都城在今河北高阳县西南。

济南王辟光，齐悼惠王子，以勒侯孝文十六年为济南王[①]。十一年，与吴、楚反。汉击破，杀辟光，以济南为郡，地入于汉。

【注释】

①勒：《汉书》作朸（lì）县。西汉置，治所在今山东商河县东北。

菑川王贤，齐悼惠王子，以武城侯文帝十六年为菑川王①。十一年，与吴、楚反，汉击破，杀贤。

【注释】

①武城：古邑名、县名。

天子因徙济北王志王菑川。志亦齐悼惠王子，以安都侯王济北。菑川王反，毋后，乃徙济北王王菑川。凡立三十五年卒，谥为懿王。子建代立，是为靖王，二十年卒。子遗代立，是为顷王，三十六年卒。子终古立，是为思王。二十八年卒，子尚立，是为孝王，五年卒。子横立，至建始三年①，十一岁，卒。

【注释】

①建始三年语亦为褚少孙所补，非司马迁文。

胶西王卬①，齐悼惠王子，以昌平侯文帝十六年为胶西王②。十一年，与吴楚反。汉击破，杀卬，地入于汉，为胶西郡。

【注释】

①卬：通“昂”。②昌平：古乡名。

胶东王雄渠，齐悼惠王子，以白石侯文帝十六年为胶东王①。十一年，与吴、楚反，汉击破，杀雄渠，地入于汉，为胶东郡。

【注释】

①白石：白石城在今山东陵县北。

太史公曰：诸侯大国无过齐悼惠王。以海内初定，子弟少，激秦之无尺土封，故大封同姓，以填万民之心①。及后分裂，固其理也。

【注释】

①填（zhèn）：通“镇”。安定、安抚。

萧相国世家第二十三

萧相国何者①，沛丰人也②。以文无害为沛主吏掾③。

【注释】

①相国：春秋和战国时期所设官职，为百官之长。②沛：秦置县，汉初改泗水郡为沛郡，治所在相县（今安徽淮北市西北）。辖境相当今安徽淮河以北、西肥河以东，河南夏邑、永城，江苏沛、丰等县。丰：古邑名，秦时属沛县。汉置丰县，在今江苏省西北，邻接安徽、山东两省。治所在今江苏丰县。③以文无害：

通晓刑法律令，审讯囚犯无所枉害，犹如公平吏，能主持公道。主吏掾（yuàn）：主吏即功曹，汉代郡守、县令下皆有功曹史，简称功曹，主管总务、人事，与闻政务。掾，附属官员的通称。

高祖为布衣时①，何数以吏事护高祖。高祖为亭长②，常左右之③。高祖以吏繇咸阳④，吏皆送奉钱三⑤，何独以五⑥。

【注释】

①布衣：指平民百姓。②亭长：官名。战国时在国与国之间设亭，置亭长，以防御敌人。③左右：相帮，相助。④繇（yáo）：通“徭”，徭役，封建统治阶级强制人民承担的无偿劳动。这里的“以吏繇”指刘邦以官吏身份遣送服劳役的人去咸阳。咸阳：古都邑名。在今陕西咸阳市东北。因位于九嵏（zōng）山之南，渭水之北。古谓山南水北为阳，咸阳地处山水之阳故名。秦自秦孝公十二年（前350年）始都于此。汉高祖元年改名新城，武帝时改名渭城。⑤送奉钱三：奉送钱三百。⑥何独以五：唯独萧何奉送五百钱。

秦御史监郡者与从事①，常辨之②。何乃给泗水卒史事③，第一④。秦御史欲入言征何⑤，何固请⑥，得毋行。

【注释】

①御史：官名。秦以前为史官。从事：属官。②常辨之：指萧何与御史从事一道工作时，十分称职，办事情经常能分辨得很清楚。③给泗水卒史事：担任泗水郡的卒史职务。给（jǐ）事，担任工作。泗水：这里指郡名。卒史：官名。汉代郡官署中属吏之一，置十人，秩百担。④第一：考课官吏工作时为第一名。⑤征：征调提拔。⑥固请：坚决辞谢。

及高祖起为沛公①，何常为丞督事②。沛公至咸阳，诸将皆争走金帛财物之府分之③，何独先入收秦丞相御史律令图书藏之④。沛公为汉王⑤，以何为丞相。项王与诸侯屠烧咸阳而去⑥。汉王所以具知天下阸塞⑦，户口多少，彊弱之处⑧，民所疾苦者，以何具得秦图书也。何进言韩信⑨，汉王以信为大将军⑩。语在《淮阴侯》事中⑪。

【注释】

①沛公：刘邦、萧何响应陈胜起义，占据沛县，刘邦被立为沛公。②丞：各级主要官吏的助手，如郡丞、县丞。③走（zǒu）：趋向、奔赴。④律令：法令。图书：《汉书·萧何传》作“图籍文书”。度数；籍谓官吏版簿、户口生齿等；书即文书档案。图书实为图籍文书的省称。⑤汉王：公元前206年，项羽入关，大封诸侯王，刘邦被封在汉中，领有巴、蜀、汉中之地，号汉王。⑥项王：项羽大封诸侯王，号令天下，自称西楚霸王，人称项王。⑦具：同“俱”，都。阸（è）塞：即扼塞，险要难行的军事要地。⑧彊：“强”的异体字。⑨进言：推荐。韩信：淮阴（今江苏淮安市淮阴区东南）人，由楚归汉，任大将军，破项羽有大功。⑩大将军：官名。将军的最高称号。战国始置，汉代沿袭，掌统兵征战。⑪语在《淮阴侯》事中：即事见《淮阴侯列传》。

汉王引兵东定三秦①，何以丞相留收巴蜀②，填抚谕告③，使给军食。汉二年④，汉王与诸侯击楚，何守关中⑤，侍太子⑥，治栎阳⑦。为法令约束，立宗庙社稷宫室县邑[8]，辄奏上[9]，可，许以从事；即不及奏上，辄以便宜施行[10]，上来以闻[11]。关中事计户口转漕给军[12]，汉王数失军遁去[13]，何常兴关中卒，辄补缺。上以此专属任何关中事。

【注释】

①东定三秦：三秦为秦故地关中三王之领地，为项羽所封。②巴：古郡名，治所江州，在今重庆市嘉陵江北岸。蜀：古郡名，治所在今成都市。巴蜀辖境大致相当于现在的四川省。③填抚谕告：填抚，《汉书·高帝纪下》作"填国家、抚百姓。"意思是主持国家政务，安抚当地百姓。④汉二年：前 205 年。⑤关中：陕西中部地区。通常指函谷关以西、散关以东地区。后来一般将关中划在东面函谷关、南面武关、北面萧关、西南大散关之间。⑥太子：指吕后所生子刘盈，即后来的汉惠帝。⑦栎（yuè）阳：古县名。秦置，治所在今陕西西安市临潼区东北渭水北岸。⑧宗庙：古代帝王、诸侯或大夫、士祭祀祖宗的处所。又是王室的代称。社稷（jì）：古代帝王、诸侯所祭的土神和谷神。⑨辄（zhé）：每每，总是。⑩便宜：实事求是，灵活办事。⑪上：指汉王刘邦。以闻：向上汇报。⑫转漕：陆运为转，水运称漕。⑬遁（dùn）：逃走。

汉三年，汉王与项羽相距京、索之间[1]，上数使使劳苦丞相[2]。鲍生谓丞相曰："王暴衣露盖[3]，数使使劳苦君者，有疑君心也。为君计，莫若遣君子孙昆弟能胜兵者悉诣军所[4]，上必益信君。"于是何从其计，汉王大说。

【注释】

①京：古县名，治所在今河南荥阳市东南。②使使（shǐ shǐ）：派遣使者。劳苦：慰劳。③暴（pù）衣露盖：指刘邦过着风吹日晒、露宿野外的艰苦战争生活。暴，晒、显露。④昆弟：兄弟。胜（shēng）兵：胜任军事，有条件从军者。诣（yì）：到。

汉五年，既杀项羽，定天下，论功行封。群臣争功，岁余功不决。高祖以萧何功最盛，封为酂侯[1]，所食邑多。功臣皆曰："臣等身被坚执锐[2]，多者百余战，少者数十合[3]，功城略地，大小各有差[4]。今萧何未尝有汗马之劳，徒持文墨议论[5]，不战，顾反居臣等上[6]，何也？"高帝曰："诸君知猎乎？"曰："知之。""知猎狗乎？"曰："知之。"高帝曰："夫猎，追杀兽兎者狗也，而发踪指示兽处者人也[7]。今诸君徒能得走兽耳，功狗也。至如萧何，发踪指示，功人也。且诸君独以身随我，多者两三人。今萧何举宗数十人皆随我[8]，功不可忘也。"群臣皆莫敢言。

【注释】

①酂（cuó）：古县名，治所在今河南永城市西北。②披坚执锐：身穿坚硬铠甲，手执锐利兵器，投身于战斗中，形容冲锋陷阵，作战勇敢。③合：古代作战，敌对双方执兵器对打（交锋）一次称一合或一个回合。④有差：有差别，不等。差，差等。⑤徒：只是。⑥顾：倒，却。⑦发踪：放开系犬绳。踪，同纵，系猎犬的绳。⑧举：全部。

列侯毕已受封，及奏位次，皆曰："平阳侯曹参身被七十创[1]，攻城略地，功最多，宜第一。"上已桡功臣[2]，多封萧何，至位次未有以复难之，然心欲何第一。关内侯鄂君进曰[3]："群臣议皆误。夫曹参虽有野战略地之功，此特一时之事。

夫上与楚相距五岁，常失军亡众，逃身遁者数矣。然萧何常从关中遣军补其处，非上所诏令召，而数万众会上之乏绝者数矣。夫汉与楚相守荥阳数年[④]，军无见粮[⑤]，萧何转漕关中，给粮不乏。陛下虽数亡山东[⑥]，萧何常全关中以待陛下，此万世之功也。今虽亡曹参等百数[⑦]，何缺于汉？汉得之不必待以全。奈何欲以一旦之功而加万世之功哉[⑧]！萧何第一，曹参次之。”高祖曰：“善。”于是乃令萧何第一，赐带剑履上殿[⑨]，入朝不趋[⑩]。

【注释】

①平阳：古邑、县名。相传尧都于此。秦置县，治所在今山西临汾市西南。曹参（？—前190年）：沛县人，以秦沛县狱吏随刘邦起义，屡立战功，封侯之后，任齐相九年，萧何死后，继任丞相。②桡（náo）：屈服、挫败。③关内侯：爵位名，只有爵位封号，没有封地。汉代爵分二十等，沿袭秦制。关内侯为第十九等爵。鄂侯：即鄂千秋，跟从刘邦起兵，后封为安平侯。④荥阳：古县名。⑤见：通“现”。⑥山东：指战国时崤山、华山以东六国领土，秦关中以东地区皆称山东。⑦亡：通“无”。⑧加：超过、高于。⑨赐：特许。带剑履上殿：大臣朝见皇帝时的一种特殊优待。⑩趋：小步快走，表示恭敬。

上曰：“吾闻进贤受上赏。萧何功虽高，得鄂君乃益明。”于是因鄂君故所食关内侯邑封为安平侯[①]。是曰，悉封何父子兄弟十余人，皆有食邑[②]。乃益封何二千户，以帝尝繇咸阳时何送我独赢奉钱二也[③]。

【注释】

①安平：汉县名。故治在今河北省安平县。②食邑：即采邑，又名采地、封地。③赢：多。

汉十一年[①]，陈豨反[②]，高祖自将，至邯郸[③]。未罢，淮阴侯谋反关中[④]，吕后用萧何计，诛淮阴侯，语在《淮阴》事中。上已闻淮阴侯诛，使使拜丞相何为相国，益封五千户，令卒五百人一都尉为相国卫[⑤]。诸君皆贺，召平独吊[⑥]。召平者，故秦东陵侯。秦破，为布衣，贫，种瓜于长安城东[⑦]，瓜美，故世俗谓之“东陵瓜”，从召平以为名也。召平谓相国曰：“祸自此始矣。上暴露于外而君守于中，非被矢石之事而益君封置卫者，以今者淮阴侯新反于中，疑君心矣。夫置卫卫君，非以宠君也。愿君让封勿受，悉以家私财佐军，则上心说[⑧]。”相国从其计，高帝乃大喜。

【注释】

①汉十一年：前196年。②陈豨（xī）：刘邦属将，汉初任赵国相，统率赵、代军队，大养宾客，与王黄等勾结匈奴贵族，发动武装叛乱，战败被杀。③邯郸：古都邑、郡、县名。故址、治所在今河北邯郸市。④淮阴：秦县名。在今江苏省淮安市淮阴区西南。⑤都尉：官名。战国时置，比将军略低的武官。⑥吊：哀伤，慰藉。⑦长安：古都之一。汉高祖五年（前202年）置县，七年定都于此。故址在今西安市西北。⑧说：通“悦”。

汉十二年秋，黥布反[①]上自将击之，数使使问相国何为。相国为上在军，乃拊循勉力百姓[②]，悉以所有佐军，如陈豨时。客有说相国曰：“君灭族不久矣[③]。夫君位为相国，功第一，可复加哉？然君初入关中，得百姓心，十余年矣，皆附君，常复孳孳得民和[4]。上所为数问君者，畏君倾动关中。今君胡不多买田地[5]，贱贳贷以自污[6]？上心乃安。”于是相国从其计，上乃大说。

【注释】

①黥布：六（今安徽六安市）人，原名英布，因受过黥刑，故名。依附项羽时为九江王，归汉后封为淮南王。②抚循勉力：安抚勉励。③灭族：古代刑罚，一人有罪，灭三族或九族，统称为灭族。④孳孳（zī）：孜孜勤勉不倦。⑤胡：何，为什么。⑥贱：低价。贳（shì）贷：赊借。自污：自己败坏自己的名声。

上罢布军归，民道遮行上书[1]，言相国贱彊买民田宅数千万。上至，相国谒[2]。上笑曰：“夫相国乃利民！”[3]民所上书皆以与相国，曰：“君自谢民。”相国因为民请曰：“长安地狭，上林中多空地[4]，弃[5]，愿令民得入田，毋收稿为禽兽食[6]。”上大怒曰：“相国多受贾人财物[7]，乃为请吾苑！”乃下相国廷尉[8]，械系之[9]。数日，王卫尉侍，前问曰：“相国何大罪，陛下系之暴也？”上曰：“吾闻李斯相秦皇帝[10]，有善归主，有恶自与[11]。今相国多受贾竖金而为民请吾苑，以自媚于民，故系治之。”王卫尉曰：“夫职事苟有便于民而请之[12]，真宰相事，陛下奈何乃疑相国受贾人钱乎！且陛下距楚数岁，陈豨、黥布反，陛下自将而往，当是时，相国守关中，摇足则关以西非陛下有也。相国不以此时为利，今乃利贾人之金乎？且秦以不闻其过亡天下，李斯之分过[13]，又何足法哉[14]！陛下何疑宰相之浅也[15]。”高帝不怿[16]。是日，使使持节赦出相国[17]。相国年老，素恭谨，入，徒跣谢[18]。高帝曰：“相国休矣！相国为民请苑，吾不许，我不过为桀纣主[19]，而相国为贤相。吾故系相国，欲令百姓闻吾过也。”

【注释】

①遮：阻拦。②谒（yè）：臣属、晚辈进见上级、长辈叫作谒。③这句话是刘邦说的反话。④上林：古苑名。⑤弃：荒废。⑥稿：禾杆、麦秸。⑦贾（gǔ）人：商人，一般指流动贩卖为商，坐店营业为贾。⑧廷尉：官名。秦始置，汉景帝时改称大理，武帝时复称廷尉。⑨械系：用镣铐拘禁。⑩李斯：楚国上蔡（今河南上蔡县）人，荀况的学生，战国晚期入秦，历任廷尉、丞相。后为赵高所杀。⑪自与：自己留给自己。⑫苟（gǒu）：如果。⑬分过：分担过失。⑭法：效法。⑮浅：这里指看轻、小看。⑯怿（yì）：喜悦、高兴。⑰节：符节，古代用来做凭证的东西。⑱徒跣（xiǎn）：赤脚行走，是一种谢罪的表示。⑲桀、纣：即夏桀和殷纣，古代暴君。

何素不与曹参相能[1]，及何病，孝惠自临视相国病[2]，因问曰：“君即百岁后[3]，谁可代君者？”对曰：“知臣莫如主。”孝惠曰：“曹参何如？”何顿首曰[4]：“帝得之矣！臣死不恨矣！”[5]

【注释】

①素：平时，一向。能：在“不相能”词组中作和睦相亲解。②孝惠：即汉孝惠帝刘盈，吕后所生。③即：如果。百岁后：人死以后。④顿首：磕头。⑤恨：遗憾。

何置田宅必居穷处，为家不治垣屋[1]。曰：“后世贤，师吾俭；不贤，毋为势家所夺。”

孝惠二年[②]，相国何卒，谥为文终侯[③]。

【注释】

①垣：围墙。②孝惠二年：公元前193年。③谥（shì）：古代帝王、大臣或其他有地位的人死后，给一个带有褒贬评价意义的称号。

后嗣以罪失侯者四世，绝，天子辄复求何后，封续酂侯[①]，功臣莫得比焉。

【注释】

①酂（zàn）：汉县名，故城在今湖北光化县北。萧何当年封地酂在今河南永城市西北。

太史公曰：萧相国何于秦时为刀笔吏[①]，录录未有奇节[②]。及汉兴，依日月之末光[③]，何谨守管籥[④]，因民之疾秦法[⑤]，顺流与之更始[⑥]。淮阴、黥布等皆以诛灭[⑦]，而何之勋烂焉[⑧]。位冠群臣，声施后世[⑨]，与闳夭、散宜生等争烈矣[⑩]。

【注释】

①刀笔吏：古代在竹简、木板上书写，写错了就用刀刮去重写，由此把那些用刀和笔从事文墨工作的小官吏称"刀笔吏"。②录录：即碌碌，平庸无奇。③日月：比喻皇帝。末光：余光。④管籥（yuè）：钥匙。引申为职责。⑤疾：痛恨。⑥更始：除旧立新。⑦以：通"已"。⑧勋：功业。烂：灿烂。⑨施（yì）：延及。⑩闳（hóng）夭散宜生：周文王两个得力大臣，后佐助武王灭商有功，为周初功臣。烈：功业。

曹相国世家第二十四

平阳侯曹参者[①]，沛人也[②]。秦时为沛狱掾[③]，而萧何为主吏[④]，居县为豪吏矣[⑤]。

【注释】

①平阳：古邑、县名。在今山西临汾市西南，为曹参食邑。②沛：县名。即今江苏沛县。③狱掾（yuàn）：秦、汉时主管监狱的小吏。④萧何：沛县人。主吏：秦、汉郡县地方官的属官。⑤豪吏：有势力、有名望的官吏。

高祖为沛公而初起也[①]，参以中涓从[②]。将击胡陵、方与[③]，攻秦监公军[④]，大破之。东下薛[⑤]，击泗水守军薛郭西[⑥]。复攻胡陵，取之。徙守方与。方与反为魏[⑦]，击之。丰反为魏[⑧]，攻之。赐爵七大夫[⑨]。击秦司马𫵩军砀东[⑩]，破之，取砀、狐父、祁善置[⑪]。又攻下邑以西，至虞[⑫]，击章邯车骑[⑬]。攻爰戚及亢父[⑭]，先登。迁为五大夫。北救阿[⑮]，击章邯军，陷陈[⑯]，追至濮阳[⑰]。攻定陶[⑱]，取临济[⑲]。南救雍丘[⑳]，击李由军[㉑]，破之，杀李由，虏秦候一人[㉒]。秦将章邯破杀项梁也[㉓]，沛公与项羽引而东。楚怀王以沛公为砀郡长[24]，将砀郡兵。于是乃封参为执帛[25]，号曰建成君[26]。迁为戚公[27]，属砀郡。

【注释】

①高祖：汉高帝刘邦的庙号。②中涓（juàn）：秦、汉时皇帝的侍从官。原为主管宫中清洁工作的官员。③胡陵：县名。在今山东鱼台县东南。方与（fáng yǔ）：县名。在今山东鱼台县西。④监：指泗水郡监，名平。秦朝时，在郡里设置郡守、郡尉、郡监，郡监主管郡的监察工作。公：尊称。⑤薛：邑名。在今山东滕州市南。⑥泗水：秦郡名，郭：外城。⑦魏：指魏王魏咎，战国魏王的后裔，陈胜起义后被立为魏王。⑧丰：秦沛县邑名，汉置县。在今江苏省丰县。当时雍齿守丰，降魏反沛公。⑨七大夫：爵位名。秦、汉爵位分二十级，其第五级为大夫，第六级为官大夫，第七级为公大夫，第九级为五大夫，这里是指第七级公大夫。⑩司马𡰥（音夷）：秦军别将。砀（dàng）：县名。在今河南永城市东北。⑪狐父：地名。在今安徽砀山县南。祁：县名。在今河南夏邑县东北。善置：驿站名，属祁县。汉代谓驿为置。⑫下邑：县名。在今安徽砀山县东。虞：县名。在今河南虞城县。⑬章邯：原为秦少府，秦末率军镇压农民起义军，后投降项羽，封为雍王。楚汉战争中，被刘邦击败，自杀。⑭爰戚：县名，在今山东嘉祥县南。亢父（gāng fǔ）：县名。在今山东济宁市南。⑮阿：东阿县。即今山东东阿县西南。当时章邯围田荣于此。⑯陈：县名。在今河南淮阳县。陈胜曾都于此。⑰濮阳：县名。在今河南濮阳县。⑱定陶：县名。在今山东定陶县西北。⑲临济：邑名。在今河北丘县东。⑳雍丘：县名。在今河南杞县。㉑李由：秦朝丞相李斯的儿子，当时做三川郡守。㉒候：军候。负责侦察的军官。㉓项梁：秦末农民起义军的领袖。相（今江苏宿迁西南）人。㉔砀郡：郡名。地在今河南、山东、安徽三省交界地区，治所在砀。㉕执帛：战国时楚国爵位名称。刘邦初起时，官爵多从楚制。㉖建成君：建成，县名，在今河南永城市东南。楚汉之际，受封者虚建名号，不必实有其地。㉗戚公：指戚县令。戚县在今江苏沛县东北。

其后从攻东郡尉军[1]，破之成武南[2]。击王离军成阳南[3]，复攻之杠里[4]，大破之。追北[5]，西至开封[6]，击赵贲军[7]，破之，围赵贲开封城中。西击秦将杨熊军于曲遇[8]，破之，虏秦司马及御史各一人[9]。迁为执珪[10]。从攻阳武[11]，下轘辕、缑氏[12]，绝河津[13]，还击赵贲军尸北[14]，破之。从南攻犨[15]，与南阳守齮战阳城郭东[16]，陷陈[17]，取宛[18]，虏齮，尽定南阳郡。从西攻武关、峣关[19]，取之。前攻秦军蓝田南[20]，又夜击其北，秦军大破，遂至咸阳[21]，灭秦。

【注释】

①东郡：郡名。治所在濮阳（今河南濮阳县西南）。尉：郡尉。掌管一郡的军事。②成武：县名。在今山东成武县。③王离：秦朝将领。成阳：县名。在今山东鄄城县东南。④杠里：地名。在成阳西。⑤追北：追击败军。北，败逃。⑥开封：县名。在今开封市南。⑦赵贲（bēn）：秦朝将领。⑧曲遇：城聚名。在今河南省中牟县东。⑨司马：武官名。掌管军政与军赋。御史：官名。掌管文书和记事。⑩执珪：战国时楚国最高爵位名称。⑪阳武：县名。在今河南原阳县东南。⑫轘（huán）辕：山名。在今河南偃师县东南。缑（gōu）氏：县名。在今河南偃师县东南。⑬河津：黄河的渡口。河，黄河。津，渡口。⑭尸：即尸乡。在今河偃

师县西南。⑮犨（chōu）：邑名。在今河南省鲁山县东南。⑯南阳：郡名。治所在宛（yuān）县（今河南南阳市）。齮（yǐ）：指秦南阳郡守吕齮。阳城：县名。在今河南方城县东。⑰陈：通"阵"。⑱宛（yuān）：县名。在今河南南阳市。⑲武关：关名。在今陕西丹凤县东南丹江上。峣（yáo）关：关名。⑳蓝田：县名。在今陕西蓝田县西。㉑咸阳：秦都城。

项羽至，以沛公为汉王。汉王封参为建成侯。从至汉中[①]，迁为将军。从还定三秦[②]，初攻下辩、故道、雍、斄[③]。击章平军于好畤南[④]，破之，围好畤，取壤乡[⑤]。击三秦军壤东及高栎[⑥]，破之。复围章平，章平出好畤走。因击赵贲、内史保军[⑦]，破之。东取咸阳，更名曰新城[⑧]。参将兵守景陵二十日[⑨]，三秦使章平等攻参；参出击，大破之。赐食邑于宁秦[⑩]。参以将军引兵围章邯于废丘[⑪]。以中尉从汉王出临晋关[⑫]。至河内[⑬]，下修武[⑭]，渡围津[⑮]，东击龙且、项他定陶[⑯]，破之。东取砀、萧、彭城[⑰]。击项籍军，汉军大败走。参以中尉围取雍丘。王武反于外黄[⑱]，程处反于燕[⑲]，往击，尽破之。柱天侯反于衍氏[⑳]，又进破取衍氏。击羽婴于昆阳[㉑]，追至叶[㉒]。还攻武强[㉓]，因至荥阳[㉔]。参自汉中为将军中尉，从击诸侯及项羽，败，还至荥阳，凡二岁。

【注释】

①汉中：郡名。地在今陕西南部，治所在南郑（今陕西汉中市）。②三秦：项羽为了防止刘邦东出，将秦故地关中三分，封给秦的三个降将——章邯、司马欣、董翳。③下辩：邑名。在今甘肃成县西北。故道：县名。在今陕西宝鸡市西南。雍：县名。在今陕西凤翔县南。斄（tái）：县名。在今陕西武功县西南。④章平：章邯的弟弟、部将。好畤（zhì）：县名。在今陕西乾县东。⑤壤乡：村邑名。在今陕西武功县东南。⑥高栎（lì）：村邑名。在壤乡附近。一说在今乾县东南。⑦内史：秦朝京城内的行政长官，相当于后来的京兆尹。⑧新城：汉高帝元年（前206年）：把咸阳改名新城，后来武帝又改名为渭城。⑨景陵：县名，或秦代陵名。⑩食邑：又叫采邑。宁秦：县名。在今陕西华阴市东。⑪废丘：邑名。在今陕西兴平市东南。⑫中尉：秦汉时掌管京城治安的武官。临晋关：即蒲津关。在今陕西大荔县黄河西岸，是当时秦、晋之间的险要关隘。⑬河内：泛指黄河以北。⑭修武：县名。在今河南获嘉县境。⑮围津：也称白马津，黄河渡口之一。在今河南滑县东北。围，通"韦"。白马津有韦乡、韦津。⑯龙且（jū）：齐国人。项羽的将领，后被韩信所杀。项他：魏国丞相。⑰萧县：县名。在今安徽萧县西北。彭城：县名。在今江苏徐州市。⑱王武：刘邦的将领。外黄：县名。在今河南杞县东北。⑲程处：刘邦的将领。燕：县名。在今河南省延津县东北。⑳柱天侯：刘邦部将的封号。柱天，当作"天柱"，在今安徽霍山县东北。衍氏：城名。在今河南省郑州市北。㉑羽婴：人名。昆阳：县名。在今河南省叶县。㉒叶（shè）：本作"枼"，县名。在今河南省叶县南。㉓武强：城名。在今河南郑州市东北。㉔荥阳：县名。

高祖［三］二年[①]，拜为假左丞相[②]，入屯兵关中[③]。月余，魏王豹反[④]，以假左丞相别与韩信东攻魏将军孙遬军东张[⑤]，大破之。因攻安邑[⑥]，得魏将王襄。击魏王于曲阳[⑦]，追至武垣[⑧]，生得魏王豹。取平阳[⑨]，得魏王母妻子[⑩]，尽定魏地，凡五十二城。赐食邑平阳。因从韩信击赵相国夏说军于邬东[⑪]，大破之，斩夏说。

韩信与故常山王张耳引兵下井陉[12]，击成安君[13]，而令参还围赵别将戚将军于邬城中[14]。戚将军出走，追斩之。乃引兵诣敖仓汉王之所[15]。韩信已破赵，为相国，东击齐。参以右丞相属韩信，攻破齐历下军[16]，遂取临菑[17]。还定济北郡[18]，攻著、漯阴、平原、鬲、卢[19]。已而从韩信击龙且军于上假密[20]，大破之，斩龙且，虏其将军周兰。定齐，凡得七十余县。得故齐王田广相田光[21]，其守相许章[22]，及故齐胶东将军田既[23]。韩信为齐王，引兵诣陈，与汉王共破项羽，而参留平齐未服者。

【注释】

①高祖二年：公元前 205 年。②假：非正式的。古代代理或暂时设立的职务称“假”。③屯：驻扎。关中：地区名。秦、汉京都地区，位于函谷关以西、散关以东、武关以北、萧关以南，处四关之中，故称关中。大致指今陕西省境。④魏王豹：魏王咎的弟弟。⑤遬（sù）：古“速”字。东张：城名。在今山西永济市北。⑥安邑：县名。在今山西夏县西北。⑦曲阳：县名。在今山西绛县东南。⑧武垣：县名。在今山西曲垣县西北。⑨平阳：县名。在今山西临汾市西南。⑩妻子：妻子、儿女。⑪韩信：淮阴（今江苏清江市西南）人。刘邦的大将。楚汉战争时，因功封齐王。⑫张耳：大梁（今河南开封市）人，参加陈涉起义军后，拥立赵歇为赵王。井陉（xíng）：县名。在今河北井陉县。县北井陉山有井陉关，是古代的军事要地。⑬成安君：陈馀的封号。大梁人。参加农民起义军后，同张耳一起拥立赵歇为赵王。成安，县名。在今河南临汝县东南。一说在今河南民权县东北。⑭别将：另一支部队的将领。⑮诣：往；到。敖仓：秦代在敖山上建立的粮仓。故址在今河南郑州市西北邙山上，是当时的重要粮仓。⑯历下：邑名。在今山东济南市。⑰临菑（zī）：邑名。在今山东淄博市东北。⑱济北郡：郡名。地在今山东济南市长清区一带。⑲著：县名。在今山东济阳县西北。漯（tà）阴：县名。在今山东临邑县南。平原：县名。在今山东平原县西南。鬲（gé）：县名。在今山东省陵县西北。卢：县名。在今山东长清县南。⑳上假密：县名。故城在今山东高密市西南。㉑田广：齐国贵族田荣的儿子。㉒守相：指代替丞相留守。㉓胶东：国名。在今山东平度一带，在即墨（今平度市东南）。

项籍已死，天下定，汉王为皇帝，韩信徙为楚王[1]，齐为郡。参归汉相印。高帝以长子肥为齐王，而以参为齐相国。以高祖六年赐爵列侯[2]，与诸侯剖符[3]，世世勿绝。食邑平阳万六百三十户，号曰平阳侯，除前所食邑。

【注释】

①徙：调职。②列侯：爵位名。③剖符：古代帝王分封诸侯或功臣时，把表示凭证的符信分成两半，双方各执一半。

以齐相国击陈豨将张春军[1]，破之。黥布反[2]，参以齐相国从悼惠王将兵车骑十二万人[3]，与高祖会击黥布军，大破之。南至蕲[4]，还定竹邑、相、萧、留[5]。

【注释】

①陈豨（xī）：刘邦的将领。汉初封列侯，任赵相国，统帅赵、代军队，后勾结匈奴，举兵谋反，战败被杀。②黥（qíng）布：原名英布。曾犯法黥面，故称黥布。③悼惠王：刘肥的谥号。详见《齐悼惠王世家》。④蕲（qí）：县名。在今安徽宿州市东南。⑤竹邑：县名，属沛郡。在今安徽宿州市北。相：县名，属沛郡。在今安徽淮北市西北。萧：县名。在今安徽省萧县西北。留：县名。在

今江苏省沛县东南。

参功：凡下二国，县一百二十二；得王二人，相三人，将军六人，大莫敖、郡守、司马、候、御史各一人①。

【注释】

①大莫敖：战国时楚国爵位名，相当于卿。

孝惠帝元年①，除诸侯相国法，更以参为齐丞相。参之相齐，齐七十城。天下初定，悼惠王富于春秋②，参尽召长老诸生③，问所以安集百姓④，如齐故诸儒以百数⑤，言人人殊⑥，参未知所定。闻胶西有盖公⑦，善治黄老言⑧，使人厚币请之⑨。既见盖公，盖公为言治道贵清静而民自定⑩，推此类具言之⑪。参于是避正堂⑫，舍盖公焉⑬。其治要用黄老术⑭，故相齐九年，齐国安集，大称贤相。

【注释】

①惠帝：刘盈。刘邦的儿子。前195—前188年在位。②富于春秋：年纪很轻。春秋，指年龄。③诸生：许多儒生。④安集：安居乐业。使动用法。⑤如：通“而”。连词。数（shǔ）：计算。⑥殊：不同。⑦胶西：郡名。地在今山东胶河以西地区。治所在高密（今山东高密市西南）。⑧治：研究。黄老言：指道家学说。⑨币：本指缯帛，古人常用作互相赠送的礼物，常用以代指礼物。⑩为言：“为之言”的省略式。治道：治理国家的方法。贵：崇尚，以动用法。⑪推此类：以此类推。⑫避：避开；让出。正堂：指丞相办公的地方。⑬舍：住宿。使动用法。焉：于是；在这里。兼词。⑭要：总；全。

惠帝二年，萧何卒。参闻之，告舍人趣治行①：“吾将入相。”居无何②，使者果召参。参去③，属其后相曰④：“以齐狱市为寄⑤，慎勿扰也。”后相曰：“治无大于此者乎⑥？”参曰：“不然。夫狱市者，所以并容也⑦，今君扰之，奸人安所容也⑧？吾是以先之⑨。”

【注释】

①舍人：门客。趣（cù）：通“促”。赶快。治行：整理行整。②居无何：过了不久。居，停，经过。③去：离开。④属：通“嘱”。嘱咐；嘱托。后相：后任丞相。⑤狱：指教唆犯罪、包揽诉讼、资助盗贼的场所。市：指投机倒把、用私斗秤、欺骗顾客的场所。寄：寄寓。这句意为，要让齐国的狱市作为奸人的寄寓场所，不行峻法，不施严刑，不要使奸人无处容身而作乱。⑥治：治道；政治措施。⑦所以并容：善恶并容的地方。⑧安所：何所；哪里。⑨是以：以是；因此。先之：以之为先。先，以动用法。

参始微时①，与萧何善②；及为将相③，有郤④。至何且死，所推贤唯参。参代何为汉相国，举事无所变更，一遵萧何约束⑤。

【注释】

①微时：微贱的时候。②善：相好；要好。③及：等到。④郤（xì）：通“隙”。嫌隙；隔阂。⑤一：一概；完全。

择郡国吏木诎于文辞①，重厚长者②，即召除为丞相史③。吏之言文刻深，欲务声名者④，辄斥去之⑤。日夜饮醇酒⑥。卿大夫已下吏及宾客见参不事事⑦，来者皆欲有言。至者，参辄饮以醇酒，间之[8]，欲有所言，复饮之，醉而后去，终莫得开说[9]，以为常。

【注释】

①木诎（qū）：质朴而不善于辞令。②长者：指老实、敦厚的人。③除：任命。古代拜官授职叫除。史：办事人员。④言文：言语有文采，即长于言辞。刻深：苛求深究。务：追求。⑤辄：就；立即。⑥醇酒：味道浓厚的美酒。⑦已：通"以"。不事事：不理政事. 动词；下"事"，政事，名词。⑧间之：过了一会儿。⑨开说：开口劝谏。

相舍后园近吏舍，吏舍日饮歌呼。从吏恶之[1]，无如之何[2]，乃请参游园中，闻吏醉歌呼，从吏幸相国召按之[3]。乃反取酒张坐饮[4]，亦歌呼与相应和[5]。

【注释】

①从吏：随从官吏。②无如之何：对他们无可奈何。③幸：希望。按：查问处理。④张坐：张设座席。坐，通"座"。⑤与相应和（hè）：跟他们彼此呼应，一唱一和。

参见人之有细过[1]，专掩匿覆盖之[2]，府中无事。

【注释】

①细过：小过失。②掩匿覆盖：掩盖包瞒。

参子窋为中大夫[1]。惠帝怪相国不治事[2]，以为"岂少朕与"[3]？乃谓窋曰："若归[4]，试私从容问而父曰[5]：'高帝新弃群臣[6]，帝富于春秋，君为相，日饮，无所请事[7]，何以忧天下乎[8]？'然无言吾告若也[9]。"窋既洗沐归[10]，闲侍[11]，自从其所谏参[12]。参怒，而笞窋二百，曰："趣入侍，天下事非若所当言也。"至朝时[13]，惠帝让参曰[14]："与窋胡治乎[15]？乃者我使谏君也[16]。"参免冠谢曰[17]："陛下自察圣武孰与高帝[18]？"上曰："朕乃安敢望先帝乎[19]！"曰："陛下观臣能孰与萧何贤？"上曰："君似不及也。"参曰："陛下言之是也[20]。且高帝与萧何定天下，法令既明[21]，今陛下垂拱[22]，参等守职[23]，遵而勿失[24]，不亦可乎？"惠帝曰："善。君休矣！"

【注释】

①窋（zhúo）：空，物在穴中貌。另义通"窟"。中大夫：郎中令属官。掌议论，备顾问。②怪：奇怪。以动用法。③少：轻视。朕：原为古人的自称，从秦始皇起，专用为皇帝的自称。与：通"欤"。④若：你（们）。⑤从容：举止舒缓，不急迫。而：通"尔"。你（们）。⑥新弃群臣：刚刚离开群臣。指去世不久。这是一种讳饰的说法。⑦请事：请示报告。⑧何以：以何，凭什么。⑨无：莫；不要。⑩洗沐：沐浴。借指例假。汉制：官吏五日一休息，称为洗沐或休沐。⑪闲侍：闲暇时侍奉父亲。⑫自从其所：自出其意。即把惠帝的话变为自己的心意。⑬朝：指群臣朝见惠帝。⑭让：责备。⑮与：于；对。胡：何；为何。⑯乃者：从前；往日。⑰免冠：脱下帽子。古人表示谢罪的方式。⑱孰与：表示比较后进行选择，即"比起来，哪一个。"孰，谁，何。与，比。⑲乃：竟至。⑳是：对；正确。㉑既明：已经明确。㉒垂拱：垂衣拱手。意为可以无为而治。㉓守职：谨守职位。㉔遵：遵循既定的法令制度。失：放弃；改变。

参为汉相国，出入三年[①]，卒。谥懿侯[②]。子窋代侯。百姓歌之曰[③]："萧何为法，顜若画一[④]；曹参代之，守而勿失。载其清净[⑤]，民以宁一[⑥]。"

【注释】

①出入：首尾；前后。三年：曹参以惠帝二年七月入相，至五年八月死去，为相四个年头，但实际只有三年。②谥（shì）：古时贵族死后依其生前事迹所评定的称号。③歌：作歌咏唱。④顜（jiǎng）：平直明确。画一：整齐。⑤载：乘；行。⑥宁一：安宁不乱。

平阳侯窋，高后时为御史大夫[①]。孝文帝立[②]，免为侯。立二十九年卒，谥为静侯。子奇代侯，立七年卒，谥为简侯。子时代侯。时尚平阳公主[③]，生子襄[④]。时病疠[⑤]，归国。立二十三年卒，谥夷侯。子襄代侯。襄尚卫长公主[⑥]，生子宗。立十六年卒，谥为共侯。子宗代侯。征和二年中，宗坐太子死[⑦]，国除。

【注释】

①御史大夫：秦、汉时仅次于丞相的中央最高行政长官，掌监察、执法，兼掌重要文书图籍。②孝文帝：刘恒。刘邦的儿子。前180—前157年在位。③尚：古代娶帝王的女儿叫尚。平阳公主：汉景帝的女儿。④襄：曹襄。武帝时曾任将军。⑤病疠（lì）：患麻风病。⑥卫长公主：汉武帝卫皇后的长女。平阳，在今山西临汾市西南。⑦宗坐太子死：指曹宗因受汉武帝太子刘据发动兵变事件的牵连而犯了死罪。

太史公曰：曹相国参攻城野战之功所以能多若此者，以与淮阴侯俱。及信已灭，而列侯成功[①]，唯独参擅其名[②]。参为汉相国，清静极言合道[③]。然百姓离秦之酷后[④]，参与休息无为[⑤]，故天下俱称其美矣[⑥]。

【注释】

①成功：成就的战功。②擅：专有。③清静极言合道：即"极言清静合道"的意思。极言，力主，坚决认为。④离：通"罹"。遭受。⑤与：给予；使……能。动词。⑥美：美德。

留侯世家第二十五

留侯张良者[①]，其先韩人也[②]。大父开地[③]，相韩昭侯、宣惠王、襄哀王[④]。父平，相釐王、悼惠王[⑤]。悼惠王二十三年，平卒。卒二十岁，秦灭韩。良年少，未宦事韩[⑥]。韩破，良家僮三百人[⑦]。弟死不葬，悉以家财求客刺秦王[⑧]，为韩报仇，以大父、父五世相韩故[⑨]。

【注释】

①留：县名。在今江苏沛县东南。②先：祖先。③大父：祖父。④韩昭侯：前358—前333年在位。宣惠王：前332—前312年在位。襄哀王：韩仓，一作襄王。前311—前296年在位。⑤釐王：韩咎。前295—前273年在位。釐通"僖"，谥号用字。悼惠王：一作桓惠王。前272—前239年在位。⑥宦事：服事于某国做官。⑦僮：奴仆。⑧客：指刺客。⑨五世：五代。指从昭侯至悼惠王共五代。

良尝学礼淮阳①，东见仓海君②。得力士，为铁椎重百二十斤③。秦皇帝东游，良与客狙击秦皇帝博浪沙中④，误中副车⑤。秦皇帝大怒，大索天下⑥，求贼甚急，为张良故也。良乃更名姓，亡匿下邳⑦。

【注释】

①礼：典章制度。淮阳：国名、郡名。地在今河南中东部，治所在陈县（今淮阳县）。②仓海君：隐士，姓名不详。③铁椎：一种奋击的武器，形状像瓜。椎，通"锤"。百二十斤：相当于今天六十余斤。按：秦、汉时一斤相当现在的半斤略多。④狙（jū）击：暗中埋伏，乘机袭击。博浪沙：地名。在今河南原阳县东南。⑤副车：属车；随行的车辆。⑥大索：大举搜索。⑦亡匿：逃亡躲藏。下邳：县名。在今江苏省邳州市西南。

良尝閒从容步游下邳圯上①，有一老父②，衣褐③，至良所，直堕其履圯下④，顾谓良曰："孺子⑤，下取履！"良鄂然⑥，欲殴之。为其老，强忍，下取履。父曰："履我⑦！"良业为取履⑧，因长跪履之⑨。父以足受⑩，笑而去。良殊大惊，随目之⑪。父去里所⑫，复还，曰："孺子可教矣。后五日平明，与我会此。"良因怪之，跪曰："诺。"五日平明，良往。父已先在，怒曰："与老人期⑬，后⑭，何也？"去，曰："后五日早会。"五日鸡鸣，良往。父又先在，复怒曰："后，何也？"去，曰："后五日复早来。"五日，良夜未半往。有顷⑮，父亦来，喜曰："当如是。"出一编书⑯，曰："读此则为王者师矣。后十年兴⑰。十三年孺子见我济北⑱，谷城山下黄石即我矣⑲。"遂去，无他言，不复见。旦日视其书⑳，乃《太公兵法》也㉑。良因异之㉒，常习诵读之㉓。

【注释】

①閒：闲暇时。从容：舒缓，随意。步游：散步。圯（yí）：桥。②老父（fǔ）：老丈；老年男子。③衣褐（yì hè）：穿粗布短衣。衣，穿，动词。④直：特；故意。堕：坠落。使动用法。履：鞋子。⑤孺子：小子。亲暱的称呼。⑥鄂然：惊讶的样子。鄂，通"愕"。⑦履我：为我履；给我穿上。⑧业：已经。⑨长跪：挺直腰身跪着，表示庄重。履之：为之履；替他穿上。⑩受：接受；让他穿上。⑪目：注视。动词。⑫所：许；左右。⑬期：相约。⑭后：后到。动词。⑮有顷：不久；过了一会。⑯一编书：一册书。⑰兴：兴起；发迹。⑱济北：济水的北面。⑲谷城山：亦名黄山，在今山东东阿县东北。⑳旦日：明天。㉑乃：是。《太公兵法》：相传为太公吕尚所著。㉒异：奇异。以动用法。㉓习：反复温习。诵：熟读能背。读：辨析句读，了解意义。

居下邳，为任侠①，项伯常杀人②，从良匿。

【注释】

①任侠：古人把重然诺，轻生死，抑强扶弱的行为叫任侠。②项伯：项羽叔父。西汉建立后，赐姓刘氏，封射阳侯。常：通“尝”。曾经。

后十年，陈涉等起兵，良亦聚少年百余人[①]。景驹自立为楚假王[②]，在留。良欲往从之，道遇沛公[③]。沛公将数千人[④]，略地下邳西[⑤]，遂属焉[⑥]。沛公拜良为厩将[⑦]。良数以《太公兵法》说沛公[⑧]，沛公善之，常用其策。良为他人言，皆不省[⑨]。良曰：“沛公殆天授[⑩]。”故遂从之，不去见景驹。

【注释】

①少年：指青年。②景驹：楚国王族的后裔。假王：暂时代理为王。③沛公：刘邦。④将（jiàng）：率领。⑤略：攻占。⑥焉：他（们）。代词。⑦厩将：管理军马的官。⑧数（shuò）：屡次；多次。说（shuì）：用言辞劝说，使对方听从自己的意见。⑨省（xǐng）：领悟。⑩殆：接近；大概。

及沛公之薛[①]，见项梁[②]。项梁立楚怀王。良乃说项梁曰：“君已立楚后，而韩诸公子横阳君成贤[③]，可立为王，益树党[④]。”项梁使良求韩成，立以为韩王。以良为韩申徒[⑤]，与韩王将千余人西略韩地，得数城，秦辄复取之，往来为游兵颍川[⑥]。

【注释】

①之：往；到。薛：邑名。在今山东滕州市南。②项梁：秦末农民起义军领袖。③诸公子：对公子的统称。横阳君成：韩成。横阳君是他的封号。④益树党：增建与国，以为党援。党，同伙。⑤申徒：即司徒，地位近似丞相。⑥为游兵：游动作战之兵。

沛公之从雒阳南出轘辕[①]，良引兵从沛公，下韩十余城，击破杨熊军[②]。沛公乃令韩王成留守阳翟[③]，与良俱南，攻下宛[④]，西入武关[⑤]。沛公欲以兵二万人击秦峣下军[⑥]，良说曰：“秦兵尚强，未可轻。臣闻其将屠者子[⑦]，贾竖易动以利[⑧]。愿沛公且留壁[⑨]，使人先行，为五万人具食[⑩]，益为张旗帜诸山上，为疑兵，令郦食其持重宝啖秦将[⑪]。”秦将果畔[⑫]，欲连和俱西袭咸阳[⑬]，沛公欲听之。良曰：“此独其将欲叛耳，恐士卒不从。不从必危，不如因其解击之[⑭]。”沛公乃引兵击秦军，大破之。逐北至蓝田[⑮]，再战，秦兵竟败[⑯]。遂至咸阳，秦王子婴降沛公[⑰]。

【注释】

①雒（luò）阳：都邑名。在今河南省洛阳市东北。轘（huán）辕：山名。在今河南省偃师县东南。②杨熊：秦将。③阳翟（zhái）：县名。在今河南省禹县。④宛（yuān）：县名。即今河南南阳市。⑤武关：关名。旧址在今陕西丹凤县东南。⑥峣（yáo）：峣关，故址在今陕西蓝田县东南。⑦其将：指守峣关的秦军将领。⑧贾（gǔ）竖：对商人的贬称。⑨壁：军营的围墙。泛指营垒。⑩具食：准备粮食。具，备。⑪郦食其（lì yì jī）：陈留高阳（今河南杞）人。辩士。啖（dàn）：引诱；收买。⑫畔：通“叛”。反叛。⑬咸阳：秦朝都城，故址在今陕西省咸阳市东北。⑭解（xiè）：通“懈”。懈怠；松懈。⑮逐北：追击败军。北：败逃。蓝田：县名。在今陕西蓝田西。⑯竟：最后；终于。⑰子婴：秦始皇的孙子。

沛公入秦宫，宫室、帷帐、狗马、重宝、妇女以千数[①]，意欲留居之。樊哙谏沛公出舍[②]，沛公不听。良曰："夫秦为无道，故沛公得至此[③]。夫为天下除残贼，宜缟素为资[④]。今始入秦[⑤]，即安其乐，此所谓'助桀为虐'[⑥]。且'忠言逆耳利于行，毒药苦口利于病'，愿沛公听樊哙言。"沛公乃还军霸上[⑦]。

【注释】

①以千数（shǔ）：用千为单位来计算。数，计算。动词。②樊哙：沛县人。出舍：搬出秦宫居住。舍，居住，动词。③得：能够。④缟素：白色丝绢，引申为朴素。资：凭借。⑤始：初。⑥助桀（jié）为虐：比喻帮助恶人干坏事。⑦霸上：地名。一作"灞上"。在今陕西西安市东。

项羽至鸿门下[①]，欲击沛公，项伯乃夜驰入沛公军，私见张良，欲与俱去。良曰："臣为韩王送沛公，今事有急，亡去不义[②]。"乃具以语沛公[③]。沛公大惊，曰："为将奈何[④]？"良曰："沛公诚欲倍项羽邪[⑤]？"沛公曰："鲰生教我距关无内诸侯[⑥]，秦地可尽王，故听之。"良曰："沛公自度能却项羽乎[⑦]？"沛公默然良久，曰："固不能也[⑧]。今为奈何？"良乃固要项伯[⑨]。项伯见沛公。沛公与饮为寿[⑩]，结宾婚[⑪]。令项伯具言沛公不敢倍项羽，所以距关者，备他盗也。及见项羽后解[⑫]，语在《项羽》事中。

【注释】

①鸿门：地名。在今陕西西安市临潼区东北。②亡去：逃离。③具：通"俱"。都；完全。语（yù）：告诉。动词。④奈何：怎么；怎么办。⑤诚：果真；的确。邪（yé）：通"耶"。表疑问语气的助词。⑥鲰（zōu）生：一说"鲰"指小鱼。鲰生谓小鱼生的，骂人之词。距：通"拒"。无：莫；不要。禁戒副词。内（nà）：通"纳"。接纳。⑦度（duó）：估计；推测。却：退却。使动用法。⑧固：本来。⑨固：坚决。要：通"邀"。遮留。⑩为寿：祝寿；祝福。⑪结宾婚：结为朋友与亲家。⑫解：和解。

汉元年正月，沛公为汉王[①]，王巴蜀[②]。汉王赐良金百溢[③]，珠二斗，良具以献项伯。汉王亦因令良厚遗项伯[④]，使请汉中地[⑤]。项王乃许之，遂得汉中地。汉王之国[⑥]，良送至褒中[⑦]，遣良归韩。良因说汉王曰："王何不烧绝所过栈道[⑧]，示天下无还心[⑨]，以固项王意[⑩]。"乃使良还。行，烧绝栈道。

【注释】

①沛公为汉王：指沛公被项羽封为汉王。刘邦从汉元年正月至汉五年做皇帝以前，世称汉王。②王（wàng）：君临，统治。动词。巴：郡名。地在今四川东部，治所在江州（今重庆市北）。蜀：郡名。地在今四川西部，治所在成都（今成都）。③溢：通"镒"。重量单位。④遗（wèi）：赠予；致送。⑤汉中：郡名。地在今陕西省南部、湖北省西部。治所在南郑（今陕西汉中市东）。⑥之：往；到。动词。⑦褒中：县名。在今陕西勉县东北。⑧栈道：亦称阁道。⑨示：做给别人看；向别人表示。⑩固：稳定；坚定。使动用法。

良至韩，韩王成以良从汉王故，项王不遣成之国，从与俱东[①]。良说项王曰："汉王烧绝栈道，无还心矣。"乃以齐王田荣反，书告项王[②]。项王以此无西忧汉心，而发兵北击齐。

【注释】

①从：跟随。使动用法。东：向东进发。动词。②书告：写信告诉。

项王竟不肯遣韩王[①]，乃以为侯，又杀之彭城[②]。良亡，间行归汉王[③]，汉王亦已还定三秦矣[④]。复以良为成信侯，从东击楚。至彭城，汉败而还。至下邑[⑤]，汉王下马踞鞍而问曰[⑥]："吾欲捐关以东等弃之[⑦]，谁可与共功者[⑧]？"良进曰："九江王黥布[⑨]，楚枭将[⑩]，与项王有郄[⑪]；彭越与齐王田荣反梁地[⑫]：此两人可急使。而汉王之将独韩信可属大事[⑬]，当一面。即欲捐之[⑭]，捐之此三人，则楚可破也。"汉王乃遣随何说九江王布[⑮]，而使人连彭越。及魏王豹反[⑯]，使韩信将兵击之，因举燕、代、齐、赵[⑰]。然卒破楚者，此三人力也[⑱]。

【注释】

①竟：最终。②彭城：县名。即今江苏徐州市。③间行：抄小路走。间，间道，偏僻小路。④还定三秦：项羽为了防止汉王东出，将秦朝故地关中三分，封给秦朝的三个降将——章邯为雍王，司马欣为塞王，董翳为翟王。雍、塞、翟三国合称"三秦"。汉元年八月，汉王用韩信计，自汉中从故道（县名）出，袭破章邯，司马欣、董翳望风而降。⑤下邑：县名。在今安徽砀山县。⑥踞：凭倚。⑦捐：弃。关：指函谷关。⑧与共功：与我共建统一天下的大功。⑨黥布：六县（今安徽省六安市）人。本名英布。曾犯法黥面，故又称黥布。⑩枭将：猛将。⑪郄（xì）：通"郤""隙"。嫌隙；隔阂。⑫彭越：昌邑（今山东金乡县西北）人。田荣：战国时齐国王族的后代。梁地：即魏地。大致指今河南省东部地区。⑬韩信：淮阴（今江苏省淮安市淮阴区西南）人。刘邦的大将。属（zhǔ）：托付。⑭即：如果。⑮随何：辩士。后任护军中尉。⑯魏王豹：魏国贵族。⑰因举：乘势攻占。⑱卒：终于。

张良多病，未尝特将也[①]。常为画策臣[②]，时时从汉王。

【注释】

①特将：独自将兵。特，单独。将，统率指挥军队。②画策：出谋划策。

汉三年，项羽急围汉王荥阳[①]，汉王恐忧，与郦食其谋桡楚权[②]。食其曰："昔汤伐桀，封其后于杞[③]。武王伐纣，封其后于宋[④]。今秦失德弃义，侵伐诸侯社稷[⑤]，灭六国之后，使无立锥之地。陛下诚能复立六国后世[⑥]，毕已受印[⑦]，此其君臣百姓必皆戴陛下之德，莫不乡风慕义[⑧]，愿为臣妾[⑨]。德义已行，陛下南乡称霸，楚必敛衽而朝[⑩]。"汉王曰："善。趣刻印[⑪]，先生因行佩之矣。"

【注释】

①荥（xíng）阳：县名。治所今河南荥阳市东北。②郦食其（lì yì jī）：刘邦之谋士，后出使齐，被齐王田广烹杀。桡（náo）：通"挠"。削弱。权：权力；力量。③杞：国名。地在今河南杞县。相传周武王曾封夏朝的后代东楼公于此。④宋：国名。地在今河南东部一带和山东、安徽间地段。周成王封纣商的庶兄微子启于此。都睢阳（今河南商丘市南）。⑤社稷：社，土神；稷，谷神。常用以指代国家。⑥陛下：对皇帝的尊称，始于秦朝。诚：果真；如果。⑦毕：全；都。受印：指六国后代接受分封印绶。⑧莫：没有人。无指代词。乡（xiàng）：通"向"。⑨臣妾：这里代指臣民百姓。⑩敛衽（rèn）：整理衣裳。敛，收束；衽：衣襟。

⑪趣（cù）：通“促”。赶快。

食其未行，张良从外来谒①。汉王方食②，曰：“子房前③！客有为我计桡楚权者。”具以郦生语告，曰：“于子房何如？”良曰：“谁为陛下画此计者？陛下事去矣④。”汉王曰：“何哉？”张良对曰：“臣请借前箸为大王筹之⑤。”曰：“昔者汤伐桀而封其后于杞者，度能制桀之死命也。今陛下能制项籍之死命乎？”曰：“未能也。”“其不可一也。武王伐纣封其后于宋者，度能得纣之头也。今陛下能得项籍之头乎？”曰：“未能也。”“其不可二也。武王入殷⑥，表商容之闾⑦，释箕子之拘⑧，封比干之墓⑨。今陛下能封圣人之墓，表贤者之闾，式智者之门乎⑩？”曰：“未能也。”“其不可三也。发巨桥之粟⑪，散鹿台之钱⑫，以赐贫穷。今陛下能散府库以赐贫穷乎？”曰：“未能也。”“其不可四矣。殷事已毕，偃革为轩⑬，倒置干戈，覆以虎皮⑭，以示天下不复用兵。今陛下能偃武行文，不复用兵乎？”曰：“未能也。”“其不可五矣。休马华山之阳⑮，示以无所为。今陛下能休马无所用乎？”曰：“未能也。”“其不可六矣。放牛桃林之阴⑯，以示不复输积⑰。今陛下能放牛不复输积乎？”曰：“未能也。”“其不可七矣。且天下游士离其亲戚⑱，弃坟墓⑲，去故旧⑳，从陛下游者，徒欲日夜望咫尺之地㉑。今复六国，立韩、魏、燕、赵、齐、楚之后，天下游士各归事其主，从其亲戚，反其故旧坟墓，陛下与谁取天下乎？其不可八矣。且夫楚唯无强㉒，六国立者复桡而从之㉓，陛下焉得而臣之㉔？诚用客之谋，陛下事去矣。”汉王辍食吐哺㉕，骂曰：“竖儒㉖，几败而公事㉗！”令趣销印。

【注释】

①谒（yè）：拜见。②方食：正在吃饭。③子房：张良的表字。前：上前来，动词。④事：指一统天下的大事。⑤箸：筷子。筹：筹画。⑥殷：商朝从盘庚迁都到殷（今河南省安阳市西北）以后时间很长，故商又称殷，或称商殷、殷商。⑦表：标志，标榜。动词。⑧箕子：商纣的伯叔父，做过太师。曾对纣进谏，纣把他囚禁。周武王灭商后释放了他。拘：囚禁。⑨封：堆土筑坟。比干：商纣的伯叔父，做过少师。⑩式：通“轼”。本指车前扶手的横木。古代乘车遇见尊长者或经过尊长者之门时，伏在车前的横木上，表示敬意，叫作“轼”。⑪巨桥：商纣的粮仓所在地，旧址在今河北曲周县东北。⑫鹿台：商纣高台名，旧址在今河南汤阴县境。⑬偃革为轩：谓废兵车而用乘车。偃，停废。革：指兵车。⑭覆：覆盖；遮盖。⑮华山：山名。主峰在陕西华阴市南，世称“西岳”。阳：山的南面。⑯牛：指供军事运输用的牛。桃林：地名。在今河南灵宝市西。⑰输积：运输与积聚。⑱游士：游说之士。亲戚：指父母兄弟。⑲坟墓：指祖宗。⑳故旧：老朋友。㉑咫（zhǐ）尺之地：狭小的土地。咫，八寸。㉒楚唯无强：犹言“唯楚无强”。㉓桡而从之：桡（náo），屈从、弯曲。言如楚强，六国就会屈从楚国。㉔焉：怎么；哪里。臣：称臣；臣服。使动用法。㉕辍（chuò）食：停止吃饭。吐哺（bǔ）：把口里的食物吐出来。㉖竖儒：对儒生的鄙称。竖，童仆，小子。㉗而公：你老子。

汉四年，韩信破齐而欲自立为齐王，汉王怒。张良说汉王，汉王使良授齐王信印，语在《淮阴》事中①。

【注释】

①《淮阴》：指《淮阴侯列传》。

其秋，汉王追楚至阳夏南[①]，战不利而壁固陵[②]，诸侯期不至[③]。良说汉王，汉王用其计，诸侯皆至。语在《项籍》事中。

【注释】

①阳夏（jiǎ）：县名。在今河南太康县。②壁：营垒。固陵：地名。在今河南省太康县南。③诸侯：指韩信、彭越。期：相约。动词。

汉六年正月，封功臣。良未尝有战斗功，高帝曰："运筹策帷帐中[①]，决胜千里外[②]，子房功也。自择齐三万户。"良曰："始臣起下邳，与上会留，此天以臣授陛下。陛下用臣计，幸而时中[③]，臣愿封留足矣，不敢当三万户[④]。"乃封张良为留侯，与萧何等俱封[⑤]。

【注释】

①筹策：计谋策划。②决胜：决定最后的胜负，此言取得胜利。③幸：侥幸。时中（zhòng）：偶尔料中。④当：承受。⑤萧何：沛县人。辅佐刘邦起义。

上已封大功臣二十余人，其余日夜争功不决，未得行封。上在雒阳南宫，从复道望见诸将往往相与坐沙中语[①]。上曰："此何语[②]？"留侯曰："陛下不知乎？此谋反耳。"上曰："天下属安定[③]，何故反乎？"留侯曰："陛下起布衣[④]，以此属取天下[⑤]，今陛下为天子，而所封皆萧、曹故人所亲爱[⑥]，而所诛者皆生平所仇怨。今军吏计功，以天下不足遍封，此属畏陛下不能尽封，恐又见疑平生过失及诛[⑦]，故即相聚谋反耳。"上乃忧曰："为之奈何？"留侯曰："上平生所憎，群臣所共知，谁最甚者？"上曰："雍齿与我故[⑧]，数尝窘辱我[⑨]。我欲杀之，为其功多，故不忍。"留侯曰："今急先封雍齿以示群臣，群臣见雍齿封，则人人自坚矣[⑩]。"于是上乃置酒[⑪]，封雍齿为什方侯[⑫]，而急趣丞相、御史定功行封[⑬]。群臣罢酒，皆喜曰："雍齿尚为侯，我属无患矣。"

【注释】

①复道：阁道；天桥。②何语：语何；说些什么。③属（zhǔ）：适；刚才。④布衣：古代平民穿布衣，因以代指平民。⑤以：凭借；依靠。此属：这一辈；这一班。属，辈，等。⑥萧、曹故人所亲爱："所亲爱"是"萧、曹故人"的后置定语。⑦见：被。及诛：受诛。⑧雍齿：沛县人。秦末随刘邦起兵。⑨数（shuò）：屡次；多次。窘辱：困辱。⑩自坚：自己坚信。⑪置酒：设置酒宴。⑫什方：县名，为雍齿的封地。在今四川什邡市南。⑬丞相：官名。秦、汉时为朝廷的最高官职。御史：官名。本为史官，从秦代开始兼有监察权。汉代御史因职务不同，有侍御史、符玺御史、治书御史、监军御史等。这里当指御史大夫，为三公之一。

刘敬说高帝曰[①]："都关中[②]。"上疑之。左右大臣皆山东人[③]，多劝上都雒阳："雒阳东有成皋[④]，西有殽黾[⑤]，倍河[⑥]，向伊雒[⑦]，其固亦足恃[⑧]。"留侯曰："雒阳虽有此固，其中小，不过数百里，田地薄，四面受敌，此非用武之国也[⑨]。夫关中左殽函[⑩]，右陇蜀[⑪]，沃野千里，南有巴蜀之饶，北有胡苑之利[⑫]，阻三面而守，独以一面东制诸侯。诸侯安定，河渭漕輓天下[⑬]，西给京师[⑭]；诸侯有变[⑮]，顺流而下，足以委输[⑯]。此所谓金城千里[⑰]，天府之国也[⑱]，刘敬说是也。"于是高帝即日驾[⑲]，西都关中[⑳]。

【注释】

①刘敬：本姓娄，齐人。②都：建都。动词。关中：地区名。因其地位于函谷关以西、散关以东、武关以北、萧关以南，在四关之中，故称关中。大致指今陕西关中平原。③山东：地区名。战国、秦、汉时代，通称崤山或华山以东为山东。与当时所谓“关东”含义相同。一般专指中原地区，有时也泛指战国时秦以外的六国领土。④成皋（gāo）：邑名。在今河南荥阳市汜水镇。⑤黾（yáo miǎn）：指殽山和渑池水。⑥倍：通“背”。靠。动词。河：黄河。⑦伊：伊河。在河南省西部。雒：雒水，今洛河。流经今河南省洛阳南入黄河。⑧固：四面阻塞。⑨国：都城；地方。⑩殽（xiáo）：崤山，在今河南洛宁县西北。殽，通“崤”。函：指函谷关。⑪陇：陇山。在今陕西省陇县西北。蜀：指蜀地的岷山，在今四川省北部。陇山南连岷山，故云。⑫胡：古代对西北方少数民族的称呼，这里专指匈奴。苑：畜养禽兽的牧场。关中北部与胡地相接，可以牧养禽兽，又能从交界的边地得到胡马，故言“胡苑之利”。⑬渭：渭河，黄河最大的支流，在陕西省中部。漕輓：指水陆运输。漕，漕运，水路运输。輓，在前拉车，指陆运。漕輓多指为朝廷运输粮食。⑭给（jǐ）：供给；供应。京师：帝王京都。⑮有变：发生事变。⑯委输：转运，运输。指转运军队和军需物资。⑰金城：坚固的城墙。⑱天府：指自然条件优越，形势险固，物产富饶的地方。⑲驾：本为预备车马，准备起程。这里指驾车起程。⑳西：向西进发。动词。

留侯从入关。留侯性多病[①]，即道引不食谷[②]，杜门不出岁余[③]。

【注释】

①性：生命；身体。②道引：道家的养生法，即呼吸俯仰，屈伸手足，使血气充足，身体轻举，促进身体健康。道，通“导”。不食谷：亦称辟谷。③杜门不出：指不通宾客，不外访。杜，堵，闭。

上欲废太子[①]，立戚夫人子赵王如意[②]。大臣多谏争，未能得坚决者也[③]。吕后恐[④]，不知所为。人或谓吕后曰：“留侯善画计策，上信用之。”吕后乃使建成侯吕泽劫留侯[⑤]，曰：“君常为上谋臣，今上欲易太子[⑥]，君安得高枕而卧乎[⑦]？”留侯曰：“始上数在困急之中，幸用臣策。今天下安定，以爱欲易太子，骨肉之间[⑧]，虽臣等百余人何益[⑨]。”吕泽强要曰[⑩]：“为我画计。”留侯曰：“此难以口舌争也。顾上有不能致者[⑪]，天下有四人[⑫]。四人者年老矣，皆以为上慢侮人，故逃匿山中，义不为汉臣。然上高此四人[⑬]。今公诚能无爱金玉璧帛[⑭]，令太子为书，卑辞安车[⑮]，因使辩士固请[⑯]，宜来。来，以为客，时时从入朝，令上见之，则必异而问之[⑰]。问之，上知此四人贤，则一助也。”于是吕后令吕泽使人奉太子书[⑱]，卑辞厚礼，迎此四人。四人至，客建成侯所[⑲]。

【注释】

①太子：指惠帝刘盈，吕后所生。②戚夫人：刘邦宠爱的妃子。③坚决：明确的决定。④吕后：吕雉。刘邦妻。⑤建成侯吕泽：吕泽当作吕释之。吕泽是吕雉的长兄，封周吕侯；吕释之是吕雉的次兄，封建成侯。下文的吕泽，均当作吕释之。劫：挟持；强制。⑥易：更换。⑦高枕而卧：比喻安闲不顾，置身事外。⑧骨肉：比喻至亲。⑨虽：纵然；即使。⑩强（qiǎng）要：坚决要求，强迫要求。⑪顾：有两解：一、但是。二、考虑到。致：求得；引来。⑫四人：指商山四皓，

秦末四个著名的隐士。⑬高：尊敬。⑭无爱：不要吝惜。璧：玉器。平圆形，中心有孔。帛：丝织品。⑮卑辞：谦逊的言辞。安车：一种小型坐车。古车立乘，此为坐乘。⑰异：诧异，感到惊奇。⑱奉：送，进献。⑲客：客居。

汉十一年，黥布反，上病，欲使太子将①，往击之。四人相谓曰："凡来者②，将以存太子③。太子将兵，事危矣。"乃说建成侯曰："太子将兵，有功则位不益太子；无功还，则从此受祸矣。且太子所与俱诸将④，皆尝与上定天下枭将也，今使太子将之，此无异使羊将狼也，皆不肯为尽力，其无功必矣。臣闻'母爱者子抱'⑤，今戚夫人日夜侍御⑥，赵王如意常抱居前，上曰'终不使不肖子居爱子之上'⑦，明乎其代太子位必矣。君何不急请吕后承间为上泣言⑧：'黥布，天下猛将也，善用兵。今诸将皆陛下故等夷⑨，乃令太子将此属，无异使羊将狼，莫肯为用。且使布闻之，则鼓行而西耳⑩。上虽病，强载辎车⑪，卧而护之⑫，诸将不敢不尽力。上虽苦，为妻子自强。'"于是吕泽立夜见吕后，吕后承间为上泣涕而言，如四人意。上曰："吾惟竖子固不足遣⑬，而公自行耳。"于是上自将兵而东⑭，群臣居守，皆送至灞上。留侯病，自强起，至曲邮⑮，见上曰："臣宜从，病甚。楚人剽疾⑯，愿上无与楚人争锋⑰。"因说上曰："令太子为将军，监关中兵。"上曰："子房虽病，强卧而傅太子⑱。"是时叔孙通为太傅⑲，留侯行少傅事⑳。

【注释】

①将（jiàng）：为将；领兵。②凡：一切。来者：所以来的目的。③将：表示将然语气的副词。存：存在；保全。④俱（jū）：在一起。⑤母爱者子抱：语本《韩非子》"其母好者其子抱"，意为爱其母必抱其子。⑥侍御：亲近陪从帝王。⑦不肖（xiào）：不才，不像，特指儿子不像父亲那样贤能。⑧承间（jiàn）：伺隙；找机会。为：对；向。⑨故等夷：过去行辈相等的人。夷，侪，辈。⑩鼓行：指军队行进大张旗鼓，无所顾忌。西：西行。⑪强（qiǎng）载：自己勉强坐在车上。辎车：有帷帐的大车；卧车。⑫护之：监护诸将。⑬惟：想；考虑。⑭东：东行。⑮曲邮：地名。⑯剽（piào）：疾：勇猛敏捷。⑰争锋：交战以决胜败。⑱傅：辅佐。⑲叔孙通：原为秦博士。⑳少傅：辅导太子的官，主领东宫官属。

汉十二年，上从击破布军归，疾益甚，愈欲易太子。留侯谏，不听，因疾不视事①。叔孙太傅称说引古今②，以死争太子③。上详许之④，犹欲易之。及燕⑤，置酒，太子侍。四人从太子，年皆八十有余，须眉皓白⑥，衣冠甚伟⑦。上怪之，问曰："彼何为者？"四人前对，各言名姓，曰东园公，角里先生⑧，绮里季，夏黄公。上乃大惊，曰："吾求公数岁，公辟逃我⑨，今公何自从吾儿游乎？"四人皆曰："陛下轻士善骂，臣等义不受辱，故恐而亡匿。窃闻太子为人仁孝⑩，恭敬爱士，天下莫不延颈欲为太子死者⑪，故臣等来耳。"上曰："烦公幸卒调护太子⑫。"

【注释】

①视事：就职；办公。②称说：陈说；宣扬。③争：争保。④详（yáng）：通"佯"。假装。⑤燕：通"宴"。宴会。⑥皓白：雪白。皓，通"皓"。⑦伟：特异。⑧角（lù）：一作"甪（lù）"。⑨辟：通"避"。躲避。⑩窃：私下。⑪延颈：伸长脖子遥望。⑫幸：希冀；希望。卒：自始至终地。

四人为寿已毕，趋去①。上目送之，召戚夫人指示四人者曰②："我欲易之，彼四人辅之，羽翼已成，难动矣。吕后真而主矣。”戚夫人泣，上曰：“为我楚舞[③]，吾为若楚歌[④]。”歌曰：“鸿鹄高飞[⑤]，一举千里。羽翮已就[⑥]，横绝四海[⑦]。横绝四海，当可奈何！虽有矰缴[⑧]，尚安所施[⑨]！”歌数阕[⑩]，戚夫人嘘唏流涕[⑪]，上起去，罢酒。竟不易太子者，留侯本招此四人之力也。

【注释】

①趋：快步走。②指示：指给人看。指，指看；示，给人看。与现代汉语中的“指示”含义有别。③楚舞：楚地之舞。④若：你（们）。⑤鸿鹄（hú）：天鹅。一般用以比喻志向远大的人。这里比喻刘盈。⑥羽翮（hé）已就：羽翼已成。翮，羽毛的茎，中空半透明，也可借指鸟的翅膀。⑦横绝：横渡；往来飞越。四海：天下。⑧矰缴（zēng zhuó）：系有丝绳用以射鸟的短箭。⑨尚：且，将。安：哪里。施：设置，布设。⑩阕（què）：乐曲一首为阕。乐曲终了也为阕。这里指歌数遍。⑪嘘唏（xī）：叹气；抽咽。

留侯从上击代[①]，出奇计马邑下[②]，及立萧何相国[③]，所与上从容言天下事甚众，非天下所以存亡，故不著[④]。留侯乃称曰[⑤]：“家世相韩，及韩灭，不爱万金之资[⑥]，为韩报仇强秦，天下振动[⑦]。今以三寸舌为帝者师[⑧]，封万户，位列侯[⑨]，此布衣之极，于良足矣。愿弃人间事，欲从赤松子游耳[⑩]。”乃学辟谷，道引轻身。会高帝崩[⑪]，吕后德留侯[⑫]，乃强食之[⑬]，曰：“人生一世间，如白驹过隙[⑭]，何至自苦如此乎！”留侯不得已，强听而食。

【注释】

①击代：时代相陈豨反叛，自立为代王，刘邦率军前往征讨。代，国名。地在今山西省北部和河北省西北角，建都代县（今河北蔚县东北）。②马邑：县名。在今山西朔县。③立萧何相国：指张良劝刘邦立萧何为相国。④著：记载。⑤称：宣称；宣言。⑥资：钱财。⑦振：通“震”。⑧三寸舌：指富于辩才，能说会道，以言语取胜。⑨列侯：爵位名。⑩赤松子：传说中的仙人。相传为神农时的雨师，能入火不烧，常登昆仑山，随风雨上下。⑪会：适逢。崩：古代称帝王死为崩。⑫德：感激。动词。⑬食（sì）：通“饲”。给人吃。⑭白驹过隙：比喻时光迅速，人生短促。语本《庄子》：“人生天地之间，若白驹之过隙。”

后八年卒，谥为文成侯[①]。子不疑代侯。

【注释】

①谥（shì）：封建时代给死者按其生平事迹评定的称号。

子房始所见下邳圯上老父与《太公书》者，后十三年从高帝过济北，果见谷城山下黄石，取而葆祠之[①]。留侯死，并葬黄石。每上冢伏腊[②]，祠黄石。

【注释】

①葆：通“宝”。祠：祭祀。②上冢：扫墓。伏腊：秦汉时，夏天的伏日、冬天的腊日，都是节日，合称伏腊。每逢伏、腊，均举行祭祀。

留侯不疑，孝文帝五年坐不敬[①]，国除。

【注释】

①孝文帝：汉文帝刘恒。前179—前157年在位。

太史公曰：学者多言无鬼神，然言有物①。至如留侯所见老父予书，亦可怪矣。高祖离困者数矣②，而留侯常有功力焉③，岂可谓非天乎！上曰："夫运筹策帷帐之中，决胜千里外，吾不如子房。"余以为其人计魁梧奇伟④，至见其图⑤，状貌如妇人好女⑥。盖孔子曰："以貌取人，失之子羽⑦。"留侯亦云⑧。

【注释】

①物：怪物。②离：通"罹"。遭遇；遭受。③功力：功劳。焉：语尾词。④计：考虑。魁梧：高大貌。⑤图：画像。⑥好女：美女。⑦子羽：孔丘弟子澹台（tán tái）灭明的表字。⑧云：如此。

陈丞相世家第二十六

陈丞相平者，阳武户牖乡人也①。少时家贫②，好读书，有田三十亩，独与兄伯居。伯常耕田，纵平使游学③。平为人长大美色。人或谓陈平曰："贫何食而肥若是④？"其嫂嫉平之不视家生产⑤，曰："亦食糠覈耳⑥。有叔如此，不如无有。"伯闻之，逐其妇而弃之。

【注释】

①阳武：县名。在今河南原阳县东南。户牖（yǒu）乡：乡名。在今河南兰考县东北。②少时：古人把凡未满三十岁的青年、少年都叫"少"。③纵：听任；听凭。④何食：食何；吃什么。若是：像这样。⑤嫉：憎恨；埋怨。⑥糠覈（hé）：指粗恶饭食。覈，通"麧（hé）"，米麦的粗屑。

及平长，可娶妻，富人莫肯与者①，贫者平亦耻之②。久之，户牖富人有张负③，张负女孙五嫁而夫辄死，人莫敢娶。平欲得之。邑中有丧，平贫，侍丧④，以先往后罢为助⑤。张负既见之丧所，独视伟平⑥，平亦以故后去⑦。负随平至其家，家乃负郭穷巷⑧，以弊席为门⑨；然门外多有长者车辙⑩。张负归，谓其子仲曰："吾欲以女孙予陈平。"张仲曰："平贫不事事⑪，一县中尽笑其所为，独奈何予女乎？"负曰："人固有好美如陈平而长贫贱者乎⑫？"卒与女⑬。为平贫，乃假贷币以聘⑭，予酒肉之资以内妇⑮。负诫其孙曰："毋以贫故，事人不谨。事兄伯如事父，事嫂如母。"平既娶张氏女，赍用益饶⑯，游道日广⑰。

【注释】

①莫：没有。与：给；嫁给。②耻之：以娶贫穷人家的女子为耻。耻：以动用法。③张负：有两解：一、姓张的老妇。负，通"妇"。二、人名。④侍丧：在丧家服务。按：古代富贵人家很重视丧葬，规模大的丧礼，要使用大量的人力。⑤先往后罢：早去迟归。⑥视：看上；相中。伟：高大，漂亮。⑦以故：因为要

在张负面前造成好的印象的缘故。⑧负郭穷巷：靠近外城城墙的偏僻小巷。⑨奬：通“敝”。破烂。⑩多有长者辙：意为陈平多与长者交往，有别于一般的贫者。长者，厚道者，这里指显贵者。辙，轮迹。⑪不事事：不从事生产。上“事”，动词，从事。下“事”，名词，指生产事业。⑫固：通“故”。乃，竟。⑬卒：最后；终于。⑭假贷：借给。⑮内（nà）妇：娶亲。内，通“纳”。⑯赀（zī）用：资财；财物。赀，通“资”。饶：富裕。⑰游道：交游的联系面。

里中社[①]，平为宰[②]，分肉食甚均。父老曰：“善，陈孺子之为宰[③]！”平曰：“嗟乎，使平得宰天下[④]，亦如是肉矣！”

【注释】

①里：相当于现在的自然村或居民点。陈平所在里名叫库上里。社：土地神。这里指社祭，用如动词。②宰：主持分配祭肉的人。③孺子：小子。这里是亲昵的称呼。④宰：主持；支配者。

陈涉起而王陈[①]，使周市略定魏地，立魏咎为魏王[②]，与秦军相攻于临济[③]。陈平固已前谢其兄伯[④]，从少年往事魏王咎于临济[⑤]。魏王以为太仆[⑥]。说魏王不听，人或谗之，陈平亡去。

【注释】

①陈涉：陈胜的表字。王（wàng）：称王。动词。陈：县名。在今河南淮阳县。②魏咎：战国时魏国的公子。③临济：邑名。在今河南封丘县东。④固：本来。谢：告辞。⑤从：跟随。被动用法。⑥太仆：管理车马的官。

久之，项羽略地至河上[①]，陈平往归之，从入破秦，赐平爵卿[②]。项羽之东王彭城也[③]，汉王还定三秦而东[④]，殷王反楚[⑤]。项羽乃以平为信武君，将魏王咎客在楚者以往，击降殷王而还。项王使项悍拜平为都尉[⑥]，赐金二十溢[⑦]。居无何，汉王攻下殷。项王怒，将诛定殷者将吏。陈平惧诛，乃封其金与印，使使归项王[⑧]，而平身间行杖剑亡[⑨]。渡河，船人见其美丈夫独行，疑其亡将，要中当有金玉宝器[⑩]，目之[⑪]，欲杀平。平恐，乃解衣臝而佐刺船[⑫]。船人知其无有，乃止。

【注释】

①河：古代黄河的专名。②爵卿：卿一级的爵位。虚衔。③彭城：县名。在今江苏徐州市。④还定三秦：项羽大封诸侯王时，为了防止汉王东出，将秦朝故地关中三分，封给秦朝的三个降将——章邯为雍王，司马欣为塞王，董翳为翟王。⑤殷王：司马卬。殷地在今河南省。建都朝歌（今河南淇县）。⑥都尉：比将军略低的武官。⑦溢：通“镒”。重量单位。二十或二十四两为一镒。⑧使使（shǐ shì，今读 shǐ shǐ）：派遣使者。⑨身：只身；一个人。间（jiàn）行：抄小路走。间，间道，偏僻小道。杖：通“仗”。执持。⑩要（yāo）：通“腰”。⑪目：注视。⑫臝：赤身。

平遂至修武降汉[①]，因魏无知求见汉王[②]，汉王召入。是时万石君奋为汉王中涓[③]，受平谒[④]，入见平[⑤]。平等七人俱进，赐食。王曰：“罢，就舍矣[⑥]。”平曰：“臣为事来[⑦]，所言不可以过今日。”于是汉王与语而说之[⑧]，问曰：“子之居楚何官？”曰：“为都尉。”是日乃拜平为都尉，使为参乘[⑨]，典护军[⑩]。诸将尽讙[⑪]，曰：“大王一日得楚之亡卒，未知其高下，而即与同载，反使监护军长者[⑫]！”汉王闻之，愈益幸平[13]。遂与东伐项王。至彭城，为楚所败。引而还，收散兵至荥阳[14]，以平为亚将[15]，属于韩王信[16]，军广武[17]。

【注释】

①修武：地名。在今河南获嘉县。②因：凭借。通过。魏无知：刘邦的近臣。③万石君：石奋。中涓：本为宫中管理清洁卫生的官员。这里指侍从官。④谒：名片。⑤见（xiàn）：引见。⑥舍：客舍。⑦事：指机密要事。⑧说（yuè）：通“悦”。⑨参乘：亦作“骖乘”。指陪乘或陪乘的人，居车之右。起平衡车座和护卫车主的作用。⑩护军：监督和协调各将领的行动。⑪谨（xuān）：喧哗。⑫军长者：资历老的将领。⑬愈益：更加。幸：宠信。⑭荥（xíng）：阳：县名。在今河南荥阳东北。⑮亚将：次于主将的将领。⑯韩王信：战国时韩襄王之孙。被刘邦立为韩王。⑰军：驻扎。动词。广武：古城名。旧址在今河南省荥阳东北广武山上。

绛侯、灌婴等咸谗陈平曰[1]：“平虽美丈夫，如冠玉耳[2]，其中未必有也。臣闻平居家时，盗其嫂[3]；事魏不容，亡归楚；归楚不中[4]，又亡归汉。今日大王尊官之[5]，令护军。臣闻平受诸将金，金多者得善处[6]，金少者得恶处。平，反复乱臣也，愿王察之。”汉王疑之，召让魏无知[7]。无知曰：“臣所言者，能也[8]；陛下所问者，行也[9]。今有尾生、孝己之行而无益处于胜负之数[10]，陛下何暇用之乎[11]？楚汉相距[12]，臣进奇谋之士，顾其计诚足以利国家不耳[13]。且盗嫂受金又何足疑乎？”汉王召让平曰：“先生事魏不中，遂事楚而去，今又从吾游[14]，信者固多心乎[15]？”平曰：“臣事魏王，魏王不能用臣说，故去事项王。项王不能信人，其所任爱，非诸项即妻之昆弟，虽有奇士不能用，平乃去楚。闻汉王之能用人，故归大王。臣躶身来，不受金无以为资[16]。诚臣计画有可采者[17]，愿大王用之；使无可用者[18]，金具在[19]，请封输官[20]，得请骸骨[21]。”汉王乃谢[22]，厚赐，拜为护军中尉[23]，尽护诸将。诸将乃不敢复言。

【注释】

①绛侯：周勃的封号。灌婴：封颍阴侯，后任太尉、丞相。②如冠玉耳：帽子用美玉作装饰，外表好看，而其中空虚。③盗嫂：与嫂私通。④不中：不合；不合心意。⑤尊：尊重；器重。官：封给官职。⑥处（chǔ）：待遇；安排。⑦让：责备。⑧能：才能。⑨行（xìng）：品行。⑩尾生：古代传说中坚守信约的人。⑪何暇：哪有工夫。⑫相距：相持不下。距，通“拒”。⑬顾：想；考虑。诚：果真。不（fǒu）：通“否”。⑭游：交往。⑮信者：讲信用的人。固：本来；原来。多心：三心二意。⑯资：资用；费用。⑰诚：如果。⑱使：假使。⑲具：通“俱”。都；完全。⑳封：封存。输官：送交官府。㉑请骸骨：请求辞职。进退不能自主，故辞官叫“请骸骨”。骸骨，指身体。㉒谢：道歉；谢罪。㉓拜：授予官职或爵位。护军中尉：武官名。负责监督和协调各将领的行动。

其后，楚急攻，绝汉甬道[1]，围汉王于荥阳城。久之，汉王患之，请割荥阳以西以和。项王不听。汉王谓陈平曰：“天下纷纷，何时定乎？”陈平曰：“项王为人，恭敬爱人，士之廉节好礼者多归之[2]。至于行功爵邑[3]，重之[4]，士亦以此不附。今大王慢而少礼，士廉节者不来；然大王能饶人以爵邑[5]，士之顽钝嗜利无耻者亦多归汉[6]。诚各去其两短，袭其两长[7]，天下指麾则定矣[8]。然大王恣侮人[9]，不能得廉节之士。顾楚有可乱者，彼项王骨鲠之臣亚父、钟离眛、龙且、周殷之属[⑩]，不过数人耳。大王诚能出捐数万斤金，行反间[⑪]，间其君臣，以疑其心，项王为人意忌信谗[⑫]，必内相诛。汉因举兵而攻之，破楚必矣。”汉王以为然，乃出黄金四万斤，与陈平，恣所为，不问其出入。

【注释】

①甬道：筑墙垣如街巷的通道，用以运输粮草，以防抄劫。②廉节：清白，高洁的操守。③行功爵邑：论功行赏，授爵位，封食邑。爵邑均用如动词。④重：难；为难。⑤饶：慷慨施恩惠。⑥顽钝：圆滑没有骨气。⑦袭：集合。⑧指麾：一指点，一挥手。形容事情很容易办到。麾，通“挥”。⑨恣（zì）：放肆；任意。⑩骨鲠（gěng）：比喻刚直。鲠，鱼骨。亚父：即范增。楚国的重要谋臣。项羽称他为亚父以示尊敬。钟离眜（mò）：项羽的将领。项羽死后，投靠韩信，后被迫自杀。龙且（jū）：齐国人。项羽的将领。后被韩信所杀。周殷：项羽的大司马，后降汉。⑪反间（jiàn）：用计离间敌人，使起内讧。⑫意忌：猜忌。意，猜疑。

陈平既多以金纵反间于楚军[①]，宣言诸将钟离眜等为项王将[②]，功多矣，然而终不得裂地而王[③]，欲与汉为一，以灭项氏而分王其地。项羽果意不信钟离眜等。项王既疑之，使使至汉。汉王为太牢具[④]，举进。见楚使，即详惊曰[⑤]：“吾以为亚父使，乃项王使[⑥]！”复持去，更以恶草具进楚使[⑦]。楚使归，具以报项王。项王果大疑亚父。亚父欲急攻下荥阳城，项王不信，不肯听。亚父闻项王疑之，乃怒曰：“天下事大定矣，君王自为之！愿请骸骨归！”归未至彭城，疽发背而死[⑧]。陈平乃夜出女子二千人荥阳城东门，楚因击之，陈平乃与汉王从城西门夜出去。遂入关，收散兵复东[⑨]。

【注释】

①纵：大量派出。②宣言：公开散布；公开传播。③裂地：划分土地。④太牢具：丰富的筵席。具，指祭器或食器。⑤详（yáng）：通“佯”。假装。⑥乃：却；竟。表判断。⑦恶草具：恶劣的食物。⑧疽（jū）：痈疽；毒疮。⑨东：东行。动词。

其明年，淮阴侯破齐[①]，自立为齐王，使使言之汉王。汉王大怒而骂，陈平蹑汉王[②]。汉王亦悟，乃厚遇齐使，使张子房卒立信为齐王[③]。封平以户牖乡。用其奇计策，卒灭楚。常以护军中尉从定燕王臧荼[④]。

【注释】

①淮阴侯：即韩信。淮阴（今江苏省淮安市淮阴区西南）人。刘邦的大将。齐：国名。地在今山东省境。②蹑（niè）：踩。③张子房：即张良，子房为表字。④常：通“尝”。曾经。臧荼（tú）：被项羽封为燕王。

汉六年，人有上书告楚王韩信反。高帝问诸将，诸将曰：“亟发兵坑竖子耳[①]。”高帝默然。问陈平，平固辞谢[②]，曰：“诸将云何？”上具告之。陈平曰：“人之上书言信反，有知之者乎？”曰：“未有。”曰：“信知之乎？”曰：“不知。”陈平曰：“陛下精兵孰与楚[③]？”上曰：“不能过。”平曰：“陛下将用兵有能过韩信者乎？”上曰：“莫及也[④]。”平曰：“今兵不如楚精，而将不能及，而举兵攻之，是趣之战也[⑤]。窃为陛下危之[⑥]。”上曰：“为之奈何[⑦]？”平曰：“古者天子巡狩[⑧]，会诸侯。南方有云梦[⑨]，陛下弟出伪游云梦[⑩]，会诸侯于陈[⑪]。陈，楚之西界，信闻天子以好出游[12]，其势必无事而郊迎谒。谒，而陛下因禽之[13]，此特一力士之事耳[14]。”高帝以为然，乃发使告诸侯会陈：“吾将南游云梦。”上因随以行。行未至陈，楚王信果郊迎道中。高帝豫具武士[15]，见信至，即执缚之，载后车[16]。信呼曰：“天下已定，我固当烹[17]！”高帝顾谓信曰：“若毋声[18]！而反[19]，明矣！”武士反接之[20]。遂会诸侯于陈，尽定楚地。还至雒阳[21]，赦信以为淮阴侯，而与功臣剖符定封[22]。

【注释】

①亟：急速。竖子：小子。指韩信。韩信平齐后，立为齐王，后徙为楚王。②固：坚决。③孰与：何如；比起来怎么样。④莫：没有人。无指代词。及：赶得上。⑤趣（cù）：通“促”。促使；逼使。⑥窃：私自。谦敬副词。危：感到危险。⑦奈何：怎么；怎么办。⑧巡狩：亦作“巡守”。古时皇帝视察诸侯所守的地方。⑨云梦：古代湖泽名。⑩弟：通“第”。但；只。⑪陈：县名。在今河南淮阳县。⑫好：好会；和平会见。⑬因：乘机。禽：通“擒”。捉拿。⑭特：只；不过。⑮豫：通“预”。具：准备。⑯后车：属车；随从车辆。⑰固：本来。烹：煮死。古代的酷刑。⑱若：你（们）。毋：莫；不要。声：大声叫喊。动词。⑲而：你（们）。⑳反接：两手反捆在背后。㉑雒（luò）阳：都邑名。㉒剖符定封：封功臣时，把功绩写在符券上，剖为两半，一半藏在宗庙，一半交给功臣，以为凭信。

于是与平剖符，世世勿绝，为户牖侯。平辞曰：“此非臣之功也。”上曰：“吾用先生谋计，战胜克敌，非功而何？”平曰：“非魏无知臣安得进[1]？”上曰：“若子可谓不背本矣[2]。”乃复赏魏无知。其明年，以护军中尉从攻反者韩王信于代[3]。卒至平城[4]，为匈奴所围[5]，七日不得食。高帝用陈平奇计[6]，使单于阏氏[7]，围以得开。高帝既出，其计秘，世莫得闻。

【注释】

①安：哪里；怎么。②若子：你先生。子，古代对男子的尊称。背本：忘本。③代：国名。地在今山西省北部和河北省西北角，建都代（今河北省蔚县东北）。④卒（cù）：通“猝”。仓促；匆忙。平城：县名。在今山西大同市东北。⑤匈奴：北方部族名，亦称胡。⑥陈平奇计：有两说：一说赂以珍宝。一说以赠送绝色美女怂恿阏氏劝说单于撤兵。⑦单（chán）于：匈奴君主的称号。阏氏（yān zhī）：匈奴王后的称号。

高帝南过曲逆[1]，上其城，望见其屋室甚大，曰：“壮哉县！吾行天下，独见洛阳与是耳[2]。”顾问御史曰[3]：“曲逆户口几何？”对曰：“始秦时三万余户，间者兵数起[4]，多亡匿，今见五千户[5]。”于是乃诏御史，更以陈平为曲逆侯，尽食之[6]，除前所食户牖。

【注释】

①曲逆：县名。在今河北顺平县东南。②洛阳：当作“雒阳”。按周时洛邑，战国时改名洛阳，汉时改名雒阳，三国曹魏时又改名洛阳。③御史：官名。④间者：近来。⑤见：通“现”。现存。动词。⑥尽食之：把全县都分封给他作食邑。

其后常以护军中尉从攻陈豨及黥布[1]。凡六出奇计[2]，辄益邑[3]，凡六益封。奇计或颇秘，世莫能闻也。

【注释】

①陈豨（xī）：刘邦的将领。黥布：本名英布，因曾犯法黥面，故又称黥布。②六出奇计：一、对项羽、范增行反间计。二、荥阳夜突围。三、劝立韩信为齐王。四、伪游云梦擒韩信。五、解平城围。六、当是在进攻陈豨、英布时，本传无明文交代。③辄益邑：每每增加食邑。辄，每每，总是。益：增加。邑：食邑。

高帝从破布军还，病创[①]，徐行至长安[②]。燕王卢绾反[③]，上使樊哙以相国将兵攻之[④]。既行，人有短恶哙者[⑤]。高帝怒曰："哙见吾病，乃冀我死也[⑥]。"用陈平谋而召绛侯周勃受诏床下，曰："陈平亟驰传载勃代哙将[⑦]，平至军中即斩哙头！"二人既受诏，驰传未至军，行计之曰[⑧]："樊哙，帝之故人也[⑨]，功多，且又乃吕后弟吕媭之夫[⑩]，有亲且贵，帝以忿怒故，欲斩之，则恐后悔。宁囚而致上[⑪]，上自诛之。"未至军，为坛[⑫]，以节召樊哙[⑬]。哙受诏，即反接载槛车[⑭]，传诣长安，而令绛侯勃代将，将兵定燕反县。

【注释】

①病创（chuāng）：因受伤而病倒。刘邦攻黥布时，为流矢所中。创，伤。②徐行：慢慢行走。长安：汉都城，在今陕西西安市西北。③卢绾（wǎn）：刘邦的将领。被封为燕王。燕：国名，地在今河北省北部。建都蓟（今北京市西南）。④樊哙（kuài）：刘邦的将领，封为舞阳侯，曾任左丞相。⑤短：指责别人的缺点、过失。动词。恶（wù）：毁谤。⑥冀：希望。⑦驰传（zhuàn）：驾驿站车马急行。传，本指驿站或驿站的车马。⑧行计：边走边商议。⑨故人：老友。⑩弟：女弟；妹妹。⑪致：给予；送去。⑫坛：用土筑的高台。⑬节：古代使者所持以作凭证的信物，用竹或木制成。⑭槛车：周围有栅栏的车辆，即囚车。

平行闻高帝崩[①]，平恐吕太后及吕媭谗怒[②]，乃驰传先去。逢使者诏平与灌婴屯于荥阳[③]，平受诏，立复驰至宫，哭甚哀，因奏事丧前[④]。吕太后哀之，曰："君劳，出休矣。"平畏谗之就，因固请得宿卫中[⑤]。太后乃以为郎中令[⑥]，曰："傅教孝惠[⑦]。"是后吕媭谗乃不得行。樊哙至，则赦复爵邑。

【注释】

①崩：古代称帝王死为崩。②谗：指吕媭进谗言。怒：指吕后发怒。③使者：朝廷的使者。诏：帝王的命令。这里作动词用。④丧前：指高帝灵柩前。⑤固：坚决。宿卫：值宿宫廷，担任警卫。⑥郎中令：官名。掌宫殿门户。为皇帝的侍从警卫、顾问官员的首长。⑦傅教：辅佐，教导。孝惠：刘盈的谥号。这是司马迁追书之辞。《汉书》作"傅教帝"，是对的。

孝惠帝六年，相国曹参卒[①]，以安国侯王陵为右丞相，陈平为左丞相。

【注释】

①曹参：沛县人。秦时为狱吏，与萧何同起兵，辅佐高帝定天下，封平阳侯，继萧何任相国。

王陵者，故沛人[①]，始为县豪，高祖微时，兄事陵[②]。陵少文[③]，任气[④]，好直言。及高祖起沛，入至咸阳，陵亦自聚党数千人，居南阳[⑤]，不肯从沛公。及汉王之还攻项籍，陵乃以兵属汉。项羽取陵母置军中，陵使至，则东乡坐陵母[⑥]，欲以招陵。陵母既私送使者，泣曰："为老妾语陵[⑦]，谨事汉王。汉王，长者也，无以老妾故，持二心⑧。妾以死送使者⑨。”遂伏剑而死⑩。项王怒，烹陵母。陵卒从汉王定天下⑪。以善雍齿⑫，雍齿，高帝之仇，而陵本无意从高帝，以故晚封，为安国侯⑬。

【注释】

①沛：县名。今江苏省沛县。②兄事：以对待兄长的态度事奉。③少文：缺少文雅，即不知礼仪。④任气：纵任意气，即感情用事。⑤南阳：郡名。地在今河南省西南部及湖北省西北部，治所在宛（今河南省南阳市）。⑥东乡（xiàng）坐陵母：让陵母东向坐。乡，通“向”。坐，使动用法。古以东向坐为尊。⑦语（yù）：告诉；告诫。⑧持：守，保，扶。二心：三心二意。⑨妾：旧时妇女的谦称。⑩伏剑：引剑自杀。⑪卒：终；终于。⑫善：友好。雍齿：沛县人。⑬安国：县名，故城在今河北安国市东南。

安国侯既为右丞相，二岁，孝惠帝崩。高后欲立诸吕为王①，问王陵，王陵曰：“不可。”问陈平，陈平曰：“可。”吕太后怒，乃详迁陵为帝太傅②，实不用陵。陵怒，谢疾免③，杜门竟不朝请④，七年而卒。

【注释】

①诸吕：指吕后的兄弟侄儿吕产、吕禄等。②迁：徙官，移换官职。太傅：官名。位居三公之上而无实权。③谢疾免：称病辞职。④杜门：闭门不外出。杜，塞。朝请（qìng）：汉制，诸侯朝见皇帝，在春曰朝，在秋曰请。

陵之免丞相，吕太后乃徙平为右丞相，以辟阳侯审食其为左丞相①。左丞相不治②，常给事于中③。

【注释】

①辟阳：县名，在今河北冀州市东南。审食（yì）其（jī）：人名，事迹见下文。②不治：不立治事的处所。③给（jǐ）事：处理政事。中：宫禁中。

食其亦沛人，汉王之败彭城西，楚取太上皇、吕后为质①，食其以舍人侍吕后②。其后从破项籍为侯，幸于吕太后③。及为相，居中，百官皆因决事④。

【注释】

①太上皇：刘邦的父亲。质：人质。②舍人：家臣。③幸：为帝王所亲爱。④因：通过。

吕媭常以前陈平为高帝谋执樊哙①，数谗曰②：“陈平为相非治事③，日饮醇酒④，戏妇女。”陈平闻，日益甚。吕太后闻之，私独喜⑤。面质吕媭于陈平曰⑥：“鄙语曰‘儿妇人口不可用⑦’，顾君与我何如耳⑧。无畏吕媭之谗也。”

【注释】

①谋：出谋划策。执：捉拿。②数（shuò）：屡次；多次。③非治事：不理政事。④醇（chún）酒：浓厚的美酒。⑤私：私下，暗自。⑥质：对证。⑦口：口里的话。⑧顾：察看。与：于；对于。

吕太后立诸吕为王，陈平伪听之①。及吕太后崩，平与太尉勃合谋，卒诛诸吕，立孝文皇帝②，陈平本谋也③。审食其免相。

【注释】

①伪听：假意听从。②孝文皇帝：汉文帝刘恒。③本谋：主谋。

孝文帝立，以为太尉勃亲以兵诛吕氏，功多；陈平欲让勃尊位①，乃谢病。孝文帝初立，怪平病②，问之。平曰："高祖时，勃功不如臣平。及诛诸吕，臣功亦不如勃。愿以右丞相让勃。"于是孝文帝乃以绛侯勃为右丞相，位次第一③；平徙为左丞相，位次第二。赐平金千斤，益封三千户。

【注释】

①尊位：指右丞相之位。古代以右为上，左为下。②怪：认为奇怪。以动用法。③次：列；排列。

居顷之①，孝文皇帝既益明习国家事②，朝而问右丞相勃曰："天下一岁决狱几何③？"勃谢曰："不知。"问："天下一岁钱谷出入几何？"勃又谢不知，汗出沾背，愧不能对。于是上亦问左丞相平。平曰："有主者。"上曰："主者谓谁④？"平曰："陛下即问决狱⑤，责廷尉⑥；问钱谷，责治粟内史⑦。"上曰："苟各有主者，而君所主者何事也？"平谢曰："主臣⑧！陛下不知其驽下⑨，使待罪宰相⑩。宰相者，上佐天子理阴阳⑪，顺四时，下育万物之宜，外镇抚四夷诸侯，内亲附百姓，使卿大夫各得任其职焉。"孝文帝乃称善。右丞相大惭，出而让陈平曰："君独不素教我对！"陈平笑曰："君居其位，不知其任邪⑫？且陛下即问长安中盗贼数，君欲强对邪？"于是绛侯自知其能不如陈平远矣。居顷之，绛侯谢病请免相，陈平专为一丞相。

【注释】

①居顷之：过不多久。②既：已经。益：更加。明习：明白熟悉。③决狱：审理和判决刑事案件。④谓：通"为"。表判断。⑤即：如果。⑥责：责成；查询。廷尉：官名。九卿之一。掌管司法。⑦治粟内史：官名。九卿之一。掌管钱粮。⑧主臣：有三解：一、当时表示恭敬惶恐的习惯语。二、主管群臣。三、遵守臣道。⑨其：指代自己。驽（nú）下：愚劣卑下。驽，劣马，引申为愚劣。⑩待罪：听候办罪。旧时官吏常怕因失职得罪，因此用待罪作为供职的谦辞。⑪阴阳：古代用阴阳解释万物化生，凡天地、日月、昼夜、晴雨、男女、雌雄等都分属阴阳。⑫邪（yé）：通"耶"。疑问语气助词。

孝文帝二年，丞相陈平卒，谥为献侯①。子共侯买代侯②。二年卒，子简侯恢代侯。二十三年卒，子何代侯。二十三年，何坐略人妻③，弃市④，国除。

【注释】

①谥（shì）：古代在人死后按照他的生前事迹评定褒贬给予的称号。②共（gōng）：通"恭"。谥号用字。③坐：指犯罪的因由。由……获罪。略：强取。④弃市：古代在闹市执行死刑，并将尸体暴露街头，称为弃市。

始陈平曰："我多阴谋①，是道家之所禁②。吾世即废③，亦已矣④，终不能复起，以吾多阴祸也⑤。"然其后曾孙陈掌以卫氏亲贵戚⑥，愿得续封陈氏，然终不得。

【注释】

①阴谋：诡秘的计策。②道家：以先秦老聃为代表的以"道"的学说为中心的学派。③世：后代，后嗣。④已：终止；完毕。⑤阴祸：暗中积下的灾祸。

⑥陈掌：汉武帝卫皇后的姐夫。

太史公曰：陈丞相平少时，本好黄帝、老子之术[①]。方其割肉俎上之时[②]，其意固已远矣[③]。倾侧扰攘楚、魏之间[④]，卒归高帝。常出奇计，救纷纠之难[⑤]，振国家之患[⑥]。及吕后时，事多故矣[⑦]，然平竟自脱[⑧]，定宗庙[⑨]，以荣名终，称贤相，岂不善始善终哉！非知谋孰能当此者乎[⑩]？

【注释】

①黄帝、老子之术：即道家学说。②方：正当。俎（zǔ）：砧板。③意：志向。④倾侧扰攘：偏斜混乱。⑤纷纠：纠纷；杂乱纷扰。⑥振：救，消除。⑦故：难；变故。⑧自脱：自免于祸。⑨定宗庙：稳定国家局势。⑩知：通“智”。孰：谁。

绛侯周勃世家第二十七[①]

绛侯周勃者，沛人也[②]。其先卷人，徙沛[③]。勃以织薄曲为生[④]，常为人吹箫给丧事[⑤]，材官引彊[⑥]。

【注释】

①泷川龟太郎《史记会注考证》：“古钞本绛侯下无周勃二字，与史公自序合。”②沛：古县名，治所在今江苏沛县。③卷（quān）：古邑名，西汉置县，在今河南原阳县西南。④薄曲：蚕箔（bó）。用芦苇或竹子编织的养蚕器具，象席子或筛子。⑤吹箫给丧事：办理丧事时吹箫。相当后代吹鼓手。⑥材官：勇猛的兵士。引彊：拉强弓的弓箭手。彊，同“强”。

高祖之为沛公初起，勃以中涓从攻胡陵[①]，下方与[②]。方与反，与战，却适[③]。攻丰[④]，击秦军砀东[⑤]。还军留及萧[⑥]。复攻砀，破之。下下邑[⑦]，先登，赐爵五大夫[⑧]。攻蒙、虞[⑨]，取之。击章邯车骑，殿[⑩]。定魏地[⑪]。攻爰戚、东缗[⑫]，以往至栗[⑬]，取之。攻啮桑[⑭]，先登。击秦军阿下[⑮]，破之。追至濮阳，下甄城[⑯]。攻都关、定陶[⑰]，袭取宛朐[⑱]，得单父令[⑲]。夜袭取临济[⑳]，攻张[㉑]，以前至卷，破之。击李由军雍丘下[㉒]。攻开封[㉓]，先至城下为多。后章邯破杀项梁，沛公与项羽引兵东如砀。自初起沛还至砀，一岁二月。楚怀王封沛公号安武侯[㉔]，为砀郡长；沛公拜勃为虎贲令[㉕]。以令从沛公定魏地，攻东郡尉于城武[㉖]，破之。击王离军[㉗]，破之。攻长社[㉘]，先登。攻颍阳、缑氏[㉙]，绝河津[㉚]，击赵贲军尸北[㉛]。南攻南阳守齮[㉜]，破武关、峣关[㉝]，破秦军于蓝田[㉞]，至咸阳[㉟]，灭秦。

【注释】

①中涓（juān）：秦汉时代皇帝的侍从官。②方与（fáng yǔ）：古县名，治所在今山东鱼台县西。③却：退却，这里指打退。适：通“敌”，《汉书·周勃

传》作“敌”。④丰：秦邑名，汉置县，在今江苏丰县。⑤砀（dàng）：秦郡名，治所在今安徽砀山县南。⑥留：古县名，治所在今江苏沛县东南。萧：古县名，治所在今安徽萧县西北。⑦下邑：古县名，治所在今安徽砀山县。⑧五大夫：功爵名。秦制，根据军功大小定爵为二十级，第一级（最低级）为公士，第九级为五大夫。⑨蒙：古邑名，在今河南商丘市东北。⑩章邯：原为秦少府，曾率被赦囚犯、奴隶镇压了陈涉起义。⑪魏地：这里指今河南东部一带。⑫爰戚：古县名，治所在今山东嘉祥县南。东缗（mín）：古邑名，在今山东金乡县。⑬栗：古县名，治所在今河南夏邑县。⑭齧（niè）桑：此处为城名。《此舆记要》云“沛县西南有峣桑亭”。⑮阿：东阿县，治所在今山东东阿县西南。⑯濮阳：古县名，治所在今河南濮阳县西南。甄（juàn，又读 zhēn）城：古邑名，在今山东鄄城北。甄，通“鄄”。⑰都关：古县名，治所在今山东鄄城东北。定陶：古县名，治所在今山东定陶县西北。⑱宛朐（yuān qú）：古县名，治所在今山东荷泽市西南。⑲单父（shàn fǔ）：古县名，治所在今山东单县。令：县令。⑳临济：邑名。故址在今河南封丘县东。㉑张：寿张，古县名，治所在今山东东平县西南。㉒李由：秦将，是丞相李斯的儿子。㉓开封：古县名，治所在今开封市南。㉔楚怀王：项梁、项羽起兵反秦后，在民间找到战国时楚怀王熊槐的孙子熊心，将他立为楚王，也叫楚怀王。后被项羽改称义帝，又迫他迁到长沙郡郴县，中途派人将他杀死。㉕虎贲（bēn）令：统率警卫部队的将领。㉖东郡：郡名，辖境约相当今山东西北部和河南东北部一带，治所在濮阳，今河南濮阳县西南。尉：郡尉，秦朝在郡设郡守、郡尉、郡监三个主要官吏。城武：古县名，治所在今山东成武县。㉗王离：秦将，是名将王翦的孙子。㉘长社：古邑名，在今河南长葛市东北。㉙颍阳：在今河南许昌市西。缑（gōu）氏：古县名，治所在今河南郾师县东南。㉚河津：黄河的渡口。这里是指黄河的重要渡口平阴津，在今河南孟津市东北。㉛赵贲：秦将。㉜南阳：古郡名，辖境相当河南省西南部及湖北省西北部一带，治所在今南阳市。齮（yǐ）：秦南阳郡守吕齮。㉝武关：关隘名。在今陕西丹凤县东南丹江上，非今址。峣（yáo）关：又名蓝田关，故址在今陕西蓝田县东南。㉞蓝田：古县名，治所在今蓝田县西。㉟咸阳：秦朝国都。

项羽至，以沛公为汉王。汉王赐勃爵为威武侯，从入汉中[①]，拜为将军。还定三秦[②]。至秦，赐食邑怀德[③]。攻槐里、好畤[④]，最。击赵贲、内史保于咸阳[⑤]，最。北攻漆[⑥]，击章平、姚卬军[⑦]。西定汧[⑧]，还下郿、频阳[⑨]。围章邯废丘[⑩]。破西丞[⑪]，击盗巴军[⑫]，破之。攻上邽[⑬]。东守峣关。转击项籍，攻曲逆[⑭]，最。还守敖仓[⑮]。追项籍，籍已死，因东定楚地泗水、东海郡[⑯]，凡得二十二县。还守雒阳、栎阳[⑰]。赐与颍阴侯共食钟离[⑱]。以将军从高帝击反者燕王臧荼[⑲]，破之易下[⑳]。所将卒当驰道为多[㉑]。赐爵列侯[㉒]，剖符世世勿绝[㉓]，食绛八千一百八十户[㉔]，号绛侯。

【注释】

①汉中：古郡名，辖境约相当今陕西省秦岭以南以及湖北省西北部，治所在今陕西汉中市。②三秦：指原秦关中地。③食邑：又叫采邑，是君主赐给臣下的世袭封地。怀德：县名，汉置，在今陕西大荔县东南。④槐里：古县名，治所在今陕西兴平市东南。好畤（zhì）：古县名，治所在今陕西乾县东。⑤内史：秦朝京城的行政长官。⑥漆：古县名，治所在今陕西彬县。⑦章平、姚卬（áng）：

章邯的将领。章平是章邯的弟弟。⑧汧（qiān）：古县名，治所在今陕西陇县南。⑨郿（méi）：在今陕西眉县东北。频阳：在今陕西富平县东北。⑩废丘：雍王章邯的都城。⑪西：古县名，故址在今甘肃天水市西南。丞：县丞。⑫盗巴：章邯的部将。⑬上邽（guī）：古县名，治所在今甘肃天水市。⑭曲逆：古县名，治所在今河北顺平县东南。⑮敖仓：秦代在敖山上建立的著名粮仓。故址在今郑州市西北的邙山上。⑯泗水：郡名，汉初改名沛郡，治所相（在今安徽淮北市西北）。东海郡：楚汉之际也称"郯（tán）郡"，治所在今山东郯城县北。⑰雒阳：在今洛阳市东北。栎（yuè）阳：古县名，治所在今陕西西安市临潼区东北。⑱颍阴侯：灌婴。钟离：古县名，治所在今安徽凤阳县东。⑲臧荼（tú）：人名。他随项羽入关后，被封为燕王；背楚归汉后仍保持原爵位。高祖五年谋反被俘。⑳易：易县。因易水发源于此得名。㉑当驰道：在驰道（古代皇帝行驶车马的交通大道）上阻击叛军。当，抵敌。㉒列侯：秦称彻侯，是二十等爵位中的最高爵位，汉称列侯、通侯。㉓剖符：古代帝王分封诸侯或功臣时，把表示凭证的符信分成两半，双方各执一半。㉔食绛：把绛作为食邑。

以将军从高帝击反韩王信于代[①]。降下霍人[②]。以前至武泉[③]，击胡骑[④]，破之武泉北。转攻韩信军铜鞮[⑤]，破之。还，降太原六城[⑥]。击韩信、胡骑晋阳下[⑦]，破之，下晋阳。后击韩信军于硰石[⑧]，破之，追北八十里[⑨]。还攻楼烦三城[⑩]，因击胡骑平城下[⑪]，所将卒当驰道为多。勃迁为太尉[⑫]。

【注释】

①韩王信：战国韩襄王的后代，引兵随刘邦到汉中，后被封为韩王。②霍人：古邑名，在今山西繁峙县东北。③武泉：古邑名，在今内蒙古自治区呼和浩特市东北。④胡：古代泛指西北的少数民族，此处专指匈奴。⑤铜鞮（dī）古县名，治所在今山西沁县西南。⑥太原：古郡名，治所在晋阳（今太原市西南）。⑦晋阳：古县名，为太原郡治所，故址在今山西太原市西南的古城营。⑧硰（shā，或 zuǒ）石：古邑名，在今山西静乐县东北。⑨北：战败，这里指败军。⑩楼烦：古县名，治所在今山西宁武县。⑪平城：古县名，治所在今山西大同市东北。⑫太尉：汉代最高军事长官。

击陈豨[①]，屠马邑[②]。所将卒斩豨将军乘马絺[③]。击韩信、陈豨、赵利军于楼烦[④]，破之，得豨将宋最、雁门守圂[⑤]。因转攻，得云中守遬、丞相箕肆、将勋[⑥]，定雁门郡十七县、云中郡十二县。因复击豨灵丘[⑦]，破之，斩豨，得豨丞相程纵、将军陈武、都尉高肆，定代郡九县。

【注释】

①陈豨（xī）：刘邦的将领，任赵国相国。②屠：指屠城，即毁其城、杀其民。马邑：古县名，治所在今山西朔县东北。③乘马絺（chī）：陈豨的部将，姓乘马，名絺。④赵利：原赵国将领。⑤雁门：古郡名，治所善无，在今山西右玉县南。守：郡守。圂（hùn）：雁门郡守的名字。⑥云中：古郡名，治所云中在今内蒙古自治区托克托县东北。遬（sù）：云中郡守的名字。⑦灵丘：古县名，治所在今山西灵丘县。

燕王卢绾反[①]，勃以相国代樊哙将[②]。击下蓟[③]，得绾大将抵、丞相偃、守陉、太尉弱、御史大夫施[④]。屠浑都[⑤]，破绾军上兰[⑥]。复击破绾军沮阳[⑦]，追至长城[8]，定上谷十二县[9]，右北平十六县[10]，辽西、辽东二十九县[11]，渔阳二十二县[12]。最从高帝得相国一人[13]，丞相二人，将军、二千石各三人[14]；别破军二，下城三，定郡五，县七十九，得丞相、大将各一人。

【注释】

①卢绾（wǎn）：刘邦的同乡好友，跟随刘邦起兵。②樊哙：刘邦的重要将领，封为舞阳侯。③蓟（jì）：古县名，故址在今北京市西南。④抵、偃、陉（xíng）、弱、施皆人名。⑤浑都：古县名，又名军都，治所在今北京昌平区西北。⑥上兰：即马兰溪，在今河北怀来县东北。⑦沮（jǔ）阳：古县名，治所在今怀来县东南。⑧长城：指今怀来县北面的长城。⑨上谷：古郡名，在沮阳。⑩右北平：古郡名，在今辽宁凌源市西北。⑪辽西：古郡名，治所阳乐，在今辽宁义县西。辽东：古郡名，治所襄平，在今辽宁辽阳市。⑫渔阳：古县名，治所在今北京市密云县西南。⑬最：旧注作“都凡”（总计之意）。⑭二千石：俸禄为二千石（实际月俸为一百二十斛谷）的官吏，汉代主要指郡守。

勃为人木彊敦厚[1]，高帝以为可属大事[2]。勃不好文学，每召诸生说士，东乡坐而责之[3]：“趣为我语[4]。”其椎、少文如此[5]。

【注释】

①木彊（强）：质朴刚强。敦厚：忠厚稳重。②属：通“嘱”，托付。③东乡坐：面朝东坐。乡通“向”。责：命令。④趣：快。⑤椎：直率，质朴。文：文饰，客套。

勃既定燕而归，高祖已崩矣[1]。以列侯事孝惠帝[2]。孝惠帝六年，置太尉官，以勃为太尉。十岁，高后崩[3]。吕禄以赵王为汉上将军，吕产以吕王为汉相国[4]，秉汉权[5]，欲危刘氏。勃为太尉，不得入军门；陈平为丞相[6]，不得任事。于是勃与平谋，卒诛诸吕而立孝文皇帝[7]。其语在《吕后》《孝文》事中[8]。

【注释】

①崩：古代称帝王死叫“崩”。②孝惠帝：刘邦的嫡长子刘盈，在位七年（前194—前188年）。③高后：刘邦的嫡妻吕雉。④吕禄、吕产：吕后的侄儿。⑤秉（bǐng）：把持。⑥陈平：汉阳武人，少贫，好黄老之术，帮助刘邦定天下，封曲逆侯；惠帝时为左丞相。吕后死，与周勃诛诸吕，立文帝，为丞相。⑦孝文帝：刘邦子，薄姬所生，名恒，公元前179年至前157年在位。⑧指《吕后本纪》与《孝文帝本纪》。

文帝既立，以勃为右丞相，赐金五千斤[1]，食邑万户。居月余，人或说勃曰：“君既诛诸吕，立代王[2]，威震天下。而君受厚赏，处尊位，以宠，久之即祸及身矣。”勃惧，亦自危。乃谢[3]，请归相印，上许之。岁余，丞相平卒，上复以勃为丞相。十余月，上曰：“前日吾诏列侯就国[4]，或未能行。丞相吾所重，其率先之。”乃免相就国。

【注释】

①金：据《汉书·食货志》记载，当时把金银铜都叫金，黄金为上等，白金（银）为中等，赤金（铜）为下等。黄金一斤值万钱。②代王：孝文帝未即位时是代王。③谢：这里指辞官。④就国：回到封地，不在朝廷担任职务。

岁余，每河东守尉行县至绛[①]，绛侯勃自畏恐诛，常被甲，令家人持兵以见之。其后人有上书告勃欲反[②]，下廷尉[③]，廷尉下其事长安[④]。逮捕勃治之。勃恐，不知置辞，吏稍侵辱之。勃以千金与狱吏，狱吏乃书牍背示之[⑤]，曰："以公主为证。"公主者，孝文帝女也，勃太子胜之尚之[⑥]。故狱吏教引为证。勃之益封受赐，尽以予薄昭[⑦]。及系急，薄昭为言薄太后[⑧]。太后亦以为无反事。文帝朝，太后以冒絮提文帝[⑨]，曰："绛侯绾皇帝玺[⑩]，将兵于北军[⑪]，不以此时反。今居一小县，顾欲反邪[⑫]？"文帝既见绛侯狱辞，乃谢曰[⑬]："吏方验而出之。"于是使使持节赦绛侯，复爵邑。绛侯既出，曰："吾尝将百万军[⑭]，然安知狱吏之贵乎[⑮]？"

【注释】

①河东：郡名，辖境约相当今山西沁水以西、霍山以南地区，治所安邑，在今山西夏县北。守尉：郡守、郡尉。行县：到所属各县巡视。②其后：指汉文帝前四年（公元前 176 年）。③廷尉：汉代掌管刑狱的最高长官。④长安：西汉国都。故城在今西安市西北。⑤牍（dú）：书写公文的木简。⑥太子：当时列侯的长子也可称太子。尚：古代娶皇帝的女儿叫尚。⑦薄昭：薄太后的弟弟，被封为轵侯。⑧薄太后：刘邦的妃子，文帝的母亲。⑨冒絮：一种头巾。提：掷。⑩绾（wǎn）：系挂着。玺（xǐ）：皇帝的玉印。⑪北军：汉代守卫京城的卫戍部队。吕后死时，命令吕禄统领北军，吕产统领南军。周勃平吕氏之乱，首先夺得北军的军权，然后捕杀诸吕，废少帝（吕后所立的惠帝之子），迎立代王。⑫顾：却，反而。⑬谢：道歉。⑭将：率领。⑮安：何，怎么。

绛侯复就国。孝文帝十一年卒，谥为武侯[①]。子胜之代侯。六岁，尚公主，不相中[②]。坐杀人[③]，国除。绝一岁，文帝乃择绛侯勃子贤者河内守亚夫[④]，封为条侯[⑤]，续绛侯后。

【注释】

①谥（shì）：我国封建时代，有地位的人死后，根据他生时行迹所给予的称号。②不相中：不相合。③坐：触犯法规。④河内：郡名，辖境包括今河南省黄河以北地区、河北省南端、山西省东南部；治所怀（在今河南武陟县西南）。⑤条：县名，治所在今河北景县南。"条"或写作"脩"。

条侯亚夫自未侯为河内守时，许负相之[①]，曰："君后三岁而侯；侯八岁为将相，持国秉[②]，贵重矣，于人臣无两；其后九岁而君饿死。"亚夫笑曰："臣之兄已代父侯矣。有如卒[③]，子当代，亚夫何说侯乎？然既已贵如负言，又何说饿死？指示我。"许负指其口曰："有从理入口[④]，此饿死法也[⑤]。"居三岁，其兄绛侯胜之有罪，孝文帝择绛侯子贤者，皆推亚夫，乃封亚夫为条侯，续绛侯后。

【注释】

①自：这里相当"在"。许负：河内温县（今已并入沁阳市）人，是一个善于看相的老婆子。②秉：通"柄"，权。③有如：如果。④从（通纵）理：指脸上的竖纹。⑤法：法相。

文帝之后六年，匈奴大入边[①]。乃以宗正刘礼为将军[②]，军霸上[③]；祝兹侯徐厉为将军，军棘门[④]；以河内守亚夫为将军，军细柳[⑤]，以备胡。上自劳军，至霸上及棘门军，直驰入，将以下骑送迎。已而之细柳军，军士吏被甲，锐兵刃，彀弓弩[⑥]，持满。天子先驱至，不得入。先驱曰："天子且至！"军门都尉曰[⑦]："将军令曰：'军中闻将军令，不闻天子之诏。'"居无何，上至，又不得入。于是上乃使使持节诏将军："吾欲入劳军。"亚夫乃传言开壁门[⑧]。壁门士吏谓从属车骑曰：将军约："军中不得驱驰。"于是天子乃按辔徐行[⑨]。至营，将军亚夫持兵揖曰[⑩]："介胄之士不拜[⑪]，请以军礼见。"天子为动，改容式车[⑫]，使人称谢[⑬]："皇帝敬劳将军。"成礼而出。既出军门，群臣皆惊。文帝曰："嗟乎，此真将军矣！曩者霸上、棘门军[⑭]，若儿戏耳！其将固可袭而虏也。至于亚夫，可得而犯邪？"称善者久之。月余，三军皆罢。乃拜亚夫为中尉[⑮]。

【注释】

①匈奴：北方的一个游牧民族，当时是汉朝的主要外患。②宗正：负责皇族内部事务的长官，是九卿之一。③霸上：古地名，在今陕西西安市东，地处霸水以西的高原上，为捍卫长安的军事要地。④棘（jí）门：古地名，在今陕西咸阳市东北。⑤细柳：古地名，在今陕西咸阳市西南渭河北岸。⑥彀（gòu）张满弓弩。⑦军门：营门⑧壁：营垒。⑨辔（pèi）：驾驭牲口的缰绳。⑩揖：（yī）：拱手施礼。⑪介胄（zhòu）之士：穿着铠甲、戴着头盔的将士。⑫改容：表情变严肃。⑬称谢：宣告。⑭曩（nǎng）者：从前，过去（包括很久前与不久前）。⑮中尉：掌管京城治安的武官。

孝文且崩时，诫太子曰[①]："即有缓急[②]，周亚夫真可任将兵。"文帝崩，拜亚夫为车骑将军[③]。

【注释】

①太子：刘启，即位后称孝景帝，前157年至前141年在位。②缓急：偏义复词，"缓"无义，指发生了危急的事件。③车骑将军：地位仅次于上卿的高级将领。

孝景三年，吴、楚反[①]。亚夫以中尉为太尉，东击吴、楚。因自请上曰："楚兵剽轻[②]，难与争锋。愿以梁委之[③]，绝其粮道，乃可制。"上许之。

【注释】

①指汉景帝前三年（前154年）吴、楚七国发动的武装叛乱。为首的是吴王刘濞（高祖兄刘仲的儿子），其他是：楚王刘戊、胶西王刘卬、胶东王刘雄渠、济南王刘辟光、菑川王刘贤、赵王刘遂。②剽（piào）：凶悍。轻：行动迅速。③梁：梁国，辖境包括今河南商丘、虞城、民权及安徽砀山等县。委：舍弃。

太尉既会兵荥阳[①]，吴方攻梁，梁急，请救。太尉引兵东北走昌邑[②]，深壁而守。梁日使使请太尉，太尉守便宜，不肯往。梁上书言景帝，景帝使使诏救梁。太尉不奉诏，坚壁不出；而使轻骑兵弓高侯等绝吴、楚兵后食道[③]。吴兵乏粮，饥，数欲挑战，终不出。夜，军中惊，内相攻击扰乱，至于太尉帐下[④]；太尉终卧不起。顷之，复定。后吴奔壁东南陬[⑤]；太尉使备西北。已而其精兵果奔西北，不得入。吴兵既饿，乃引而去。太尉出精兵追击，大破之。吴王濞弃其军，而与壮士数千人亡走，保于江南丹徒[⑥]。汉兵因乘胜，遂尽虏之，降其兵。购吴王千金。月余，越人斩吴王头以告[⑦]。凡相攻守三月，而吴、楚破平。于是诸将乃以太尉计谋为是。由此梁孝王与太尉有郤[⑧]。

【注释】

①荥（xíng）阳：古邑名，汉代设县，治所在今河南荥阳市东北，是古代军事要地。②昌邑：古县名，治所在今山东金乡县西北。③弓高侯：韩颓当，他是韩王信的儿子，孝文帝时从匈奴投汉，封弓高侯。④“夜军中惊”各句：指太尉军中发生小的惊扰，《资治通鉴》作“条侯军中夜惊”。⑤陬（zōu）：角落。⑥丹徒：古县名，治所在今江苏镇江市东丹徒镇，紧靠长江南岸。⑦越人：指东越人，是古代越人的一支。⑧梁孝王：景帝的同母弟刘武（窦太后子）。郤：同“隙”，仇隙。

归，复置太尉官。五岁，迁为丞相，景帝甚重之。

景帝废栗太子[①]，丞相固争之，不得。景帝由此疏之。而梁孝王每朝，常与太后言条侯之短[②]。

【注释】

①栗太子：刘荣，景帝栗姬所生。景帝四年，立刘荣为太子；七年废为临江王，另立刘彻（景帝第九子）为太子，刘彻便是后来的汉武帝。②太后：窦太后。汉景帝之母。短：不是处，缺点。

窦太后曰：“皇后兄王信可侯也[①]。”景帝让曰：“始南皮、章武侯先帝不侯[②]，及臣即位乃侯之。信未得封也。”窦太后曰：“人主各以时行耳。自窦长君在时，竟不得侯，死后乃其子彭祖顾得侯，吾甚恨之。帝趣侯信也！”景帝曰：“请得与丞相议之。”丞相议之，亚夫曰：“高皇帝约：‘非刘氏不得王，非有功不得侯。不如约，天下共击之。’今信虽皇后兄，无功，侯之，非约也。”景帝默然而止。

【注释】

①皇后：景帝王皇后，刘彻（武帝）的生母。②南皮侯：窦太后哥哥窦长君的儿子窦彭祖封号。南皮，在今河北南皮县东北。章武侯：窦太后的弟弟窦广国封号。章武，在今河北沧州市东北。

其后匈奴王唯徐卢等五人降，景帝欲侯之以劝后。丞相亚夫曰：“彼背其主降陛下，陛下侯之，则何以责人臣不守节者乎？”景帝曰：“丞相议不可用。”乃悉封唯徐卢等为列侯[①]。亚夫因谢病。景帝中三年，以病免相。

【注释】

①唯徐卢在景帝中三年初被封为容成侯。其他四人不详。

顷之，景帝居禁中[①]，召条侯赐食。独置大胾[②]，无切肉，又不置櫡[③]。条侯心不平，顾谓尚席取櫡[④]。景帝视而笑曰：“此不足君所乎？”[⑤]条侯免冠谢。上起[⑥]，条侯因趋出[⑦]。景帝以目送之，曰：“此怏怏者非少主臣也！”[⑧]

【注释】

①顷之：不久。禁中：宫中。②大胾（zì）：大块未切开的肉。③櫡（zhù）：通“箸”。筷子。④尚席：主管酒席的人。⑤此不足君所乎：旧有二说，一说释为“赐君食而不设箸，此由我意于君有不足”，意思是说，请您吃饭却不在席上放筷子，这是因为我对您有不满的地方；另一说释为“非故不足君之食具，偶失之也”，意即不是故意不给您放筷子，是偶然的失误。第一说太露，与“笑而视之”不合；第二说全无责备周亚夫之意，亦不合前后文意。应释为：“这件事您不满意吗？”

不足，不满；君所，即“您这儿”的意思。刘基在《卖柑者言》中曾模仿这种句式：“吾售之，人取之，未闻有言，而独不足子所乎？”⑥上起：皇上叫他起来。⑦趋：快步走。⑧怏怏（yàng）：表现不满的神态。少（shào）主：指太子刘彻。

居无何[1]，条侯子为父买工官尚方甲楯五百被可以葬者[2]。取庸苦之不予钱[3]。庸知其盗买县官器[4]，怒而上变告子[5]。事连污条侯。书既闻上，上下吏。吏簿责条侯[6]，条侯不对。景帝骂之曰：“吾不用也[7]”。召诣廷尉[8]。廷尉责曰：“君侯欲反邪？”亚夫曰：“臣所买器，乃葬器也。何谓反邪？”吏曰：“君侯纵不反地上，即欲反地下耳。”吏侵之益急。初，吏捕条侯，条侯欲自杀，夫人止之，以故不得死，遂入廷尉。因不食五日，呕血而死。国除。

【注释】

①居无何：过了没多久。②工官：官署名，主管制造日用器皿和武器的官府。尚方：官署名，主造皇室所用刀剑等兵器及玩好器物。甲：护身的铠甲。器：即盾，盾牌，战斗时供挡刀箭用。被：具，件。③取庸：搬取甲盾的雇工。之：指条侯子。④县官：指皇帝。⑤上变告子：上书告发周亚夫子有谋反之意。变，变故，紧急事件。⑥簿：文书。簿责：根据文书所列罪状加以责问、审理。⑦吾不用也：意思是说，“我再也不任用他了”，使狱吏抓紧审问，无后顾之忧。或说，这是责备狱吏无用，要交给另外的人审理。⑧诣（yì）：往，到……去。

绝一岁，景帝乃更封绛侯勃他子坚为平曲侯[1]，续绛侯后。十九年卒，谥为共侯。子建德代侯，十三年，为太子太傅[2]。坐酎金不善，元鼎五年，有罪，国除[3]。

【注释】

①平曲：侯国名，在今江苏东海县东南。②太子太傅：辅导太子的师傅。③这一句，《汉书》作：“坐酎金免官；后有罪，国除。”酎（zhòu）金：皇帝祭祀宗庙时，叫诸侯献金助祭，叫“酎金”。

条侯果饿死。死后，景帝乃封王信为盖侯[1]。

【注释】

①条侯之死在王信封侯之前，应为公元前 145 年初。

太史公曰：绛侯周勃始为布衣时[1]，鄙朴人也[2]，才能不过凡庸[3]。及从高祖定天下，在将相位；诸吕欲作乱，勃匡国家难[4]，复之乎正。虽伊尹、周公，何以加哉[5]？亚夫之用兵，持威重，执坚刃[6]，穰苴曷有加焉[7]！足己而不学[8]，守节不逊[9]，终以穷困。悲夫！

【注释】

①布衣：平民。②鄙朴：粗野憨厚。③凡庸：普通人。④匡：扶正，挽救。⑤伊尹：商初的大臣，名伊（尹是官职）。⑥坚刃：通“坚忍”。坚忍是坚毅能忍耐的意思。⑦穰苴（ráng jū）：春秋时齐国景公朝的著名军事家，姓田，名穰苴，因担任司马，故称他为司马穰苴。⑧足己：满足于自己的才智。⑨守节：坚持正确意见，如争废栗太子，反对封王信为侯。不逊：不恭顺，如顾尚席取箸、不对制狱。

梁孝王世家第二十八

梁孝王武者①，孝文皇帝子也②，而与孝景帝同母③。母，窦太后也④。

孝文帝凡四男⑤：长子曰太子⑥，是为孝景帝⑦；次子武；次子参；次子胜⑧。孝文帝即位二年⑨，以武为代王⑩，以参为太原王⑪，以胜为梁王。二岁，徙代王为淮阳王⑫。以代尽与太原王，号曰代王。参立十七年⑬，孝文后二年卒⑭，谥为孝王⑮。子登嗣立，是为代共王。立二十九年，元光二年卒⑯。子义立，是为代王。十九年⑰，汉广关⑱，以常山为限⑲，而徙代王王清河⑳。清河王徙以元鼎三年也㉑。

【注释】

①梁孝王（？—前144年）：刘武，以爱好文学著称。封于梁。国在今河南、安徽两省交界地区，都睢（suī）阳（今河南省商丘市南）。②孝文皇帝（前203—前157年）：汉文帝刘恒，前179年至前157年在位。③孝景帝（前188—前141年）：汉景帝刘启，前157年至前141年在位。④窦太后（？—前135年）：汉文帝皇后，清河观津（今河北衡水市东）人。⑤凡：共。⑥太子：预定继承君位的皇子。⑦是：此；这。⑧胜：《孝文本纪》和《汉书》作“揖”。⑨即位：帝王登位。⑩代：封国名。⑪太原：封国名。地在今山西省中部，都晋阳（今太原市西南）。⑫徙（xǐ）：迁移。淮阳：封国名。地在今河南省淮阳县一带，建都陈县（今淮阳县）。⑬立：即位；在位。⑭孝文后二年：汉文帝后元二年（前162年）。⑮谥（shì）：封建时代在人死后按其生前事迹评定褒贬给予的称号。天子由礼官议定，大臣由天子赐予。⑯元光：汉武帝的年号。元光二年，即前133年。⑰十九年：刘义立为代王后十九年。⑱汉广关：汉朝扩充关隘。⑲常山：本名恒山，避文帝刘恒名讳改。限：阻隔；界限。⑳王（wàng）：君临；统治。清河：封国名。在今河北省、山东省交界地区，建都清阳（今河北清河县东南）。㉑以：于；在。梁孝王刘武，是孝文皇帝的儿子，而且和孝景帝是同母兄弟。母亲就是窦太后。

初，武为淮阳王十年，而梁王胜卒，谥为梁怀王。怀王最少子，爱幸异于他子。其明年，徙淮阳王武为梁王。梁王之初王梁，孝文帝之十二年也。梁王自初王通历已十一年矣①。

【注释】

①通历：通数。谓从汉文帝二年封代，后徙淮阳，又徙梁，通数文帝二年至十二年徙梁已十一年了。

梁王十四年，入朝。十七年，十八年，比年入朝[①]，留[②]，其明年，乃之国[③]。二十一年，入朝。二十二年，孝文帝崩[④]。二十四年，入朝。二十五年，复入朝[⑤]。是时上未置太子也[⑥]。上与梁王燕饮[⑦]，尝从容言曰[⑧]："千秋万岁后传于王。"[⑨]王辞谢。虽知非至言[⑩]，然心内喜。太后亦然[⑪]。

其春，吴、楚、齐、赵七国反[⑫]。吴、楚先击梁棘壁[⑬]，杀数万人。梁孝王城守睢阳[⑭]，而使韩安国、张羽等为大将军[⑮]，以距吴、楚[⑯]。吴、楚以梁为限[⑰]，不敢过而西，与太尉亚夫等相距三月[⑱]。吴、楚破，而梁所破杀虏略与汉中分[⑲]。明年，汉立太子。其后梁最亲，有功，又为大国，居天下膏腴地[⑳]。地北界泰山[㉑]，西至高阳[㉒]，四十余城，皆多大县。

【注释】

①比年：连年。②留：指留在京师。③乃：才。之：往；到。④崩：古代称帝王死为崩。⑤复：再。⑥上：皇上。置：设立。⑦燕饮：私宴；家宴。燕，通"宴"。⑧尝：曾经。从（cōng）容：随便，不慌不忙。⑨千秋万岁：君王死的讳辞。⑩至言：深切中肯的言论。这里指诚恳的言淡。⑪然：如此；这样。⑫吴、楚、齐、赵七国反：汉景帝三年（前154年），吴王刘濞联合楚王刘戊、赵王刘遂、胶西王刘印、胶东王刘雄渠、济南王刘辟光、菑川王刘贤，为了反对朝廷的削藩政策，发动大规模叛乱。其中的胶西、胶东、济南、菑川四国都是由齐国分出来的，这里用"齐"概指它们。⑬棘壁：地名。一名大棘。在今河南省永城市西北。⑭城守：据城守御。⑮韩安国（？—前127年）：梁国城安（今河南临汝县）人。字长孺。初为梁孝王中大夫。吴楚七国之乱时，击退吴兵，由此著名。武帝时任御史大夫，后为卫尉。张羽：事迹不详。大将军：武官名。⑯距：通"拒"，抵御。⑰限：阻隔。⑱太尉：武官名。秦至西汉设置，为全国军政首脑，与丞相、御史大夫并称三公。汉武帝时改称大司马。亚夫：周亚夫（？—前143年）。沛县（今江苏省沛县）人。相距：相持。⑲略：有两解：一、夺取。动词。二、大约。副词。中分：对半分；相等。⑳膏腴（yú）：肥沃富饶。㉑界：毗连。动词。㉒高阳：乡名。在今河南省杞县西南。

孝王，窦太后少子也，爱之，赏赐不可胜道[①]。于是孝王筑东苑[②]，方三百余里[③]。广睢阳城七十里[④]。大治宫室[⑤]，为复道[⑥]，自宫连属于平台三十余里[⑦]。得赐天子旌旗，出从千乘万骑。东西驰猎，拟于天子[⑧]。出言趩[⑨]，入言警[⑩]。招延四方豪桀[⑪]，自山以东游说之士[⑫]，莫不毕至[⑬]，齐人羊胜、公孙诡、邹阳之属[⑭]。公孙诡多奇邪计[⑮]，初见王，赐千金，官至中尉[⑯]，梁号之曰公孙将军。梁多作兵器弩弓矛数十万[⑰]，而府库金钱且百巨万[⑱]，珠玉宝器多于京师[⑲]。

【注释】

①赏赐：指赏赐之财物。胜（shēng）：尽。②东苑（yuàn）：即兔园。旧址在今河南省商丘市东。③方：周围。④广：扩大。⑤大治：大事修建。⑥复道：高楼间或山岩险要处架空的通道，又名阁道。⑦连属（zhǔ）：连接；连续。⑧拟：比拟；类似。⑨趩（bì）：亦作"跸"。帝王出行时的清道。⑩警：警戒；戒备。

警跸，指皇帝出入经过的地方严加警戒，断绝行人。⑪招延：招揽；延请。⑫山：指崤山。游说（shuì）之士：周游各国陈说政治形势，提出各种主张的策士。⑬莫：没有人。无指代词。毕：全；尽。⑭邹阳：齐郡（今山东省东部）人。文学家。属：类。⑮奇邪计：奇巧诡怪之计。⑯中尉：武官名。⑰弩：用机栝发箭的弓。⑱且：将近。百巨万：大百万；亿万。巨万，一亿。⑲京师：首都。

二十九年十月，梁孝王入朝。景帝使使持节乘舆驷马①，迎梁王于关下②。既朝，上疏因留③，以太后亲故④。王入则侍景帝同辇⑤，出则同车游猎，射禽兽上林中⑥。梁之侍中、郎、谒者著籍引出入天子殿门⑦，与汉宦官无异。

【注释】

①使（shǐ）使（shì今读shǐ）：派遣使者。持节：拿着符节。节，符节，使者所持的凭信物，乘舆驷马：驾着驷马高车。②关下：函谷关前。③疏：奏章。④以：因为。故：缘故。⑤侍：侍候。辇（niǎn）：帝王所乘的车。⑥上林：苑名。苑内放养禽兽，供皇帝射猎。旧址在今陕西省西安市西南。⑦侍中：官名。秦始置，汉沿置，为自列侯以下至郎中的加官。侍从皇帝左右，出入宫廷。侍郎：官名。郎官的一种，为宫廷的近侍。谒（yè）者：官名。始置于春秋战国时，为国君掌管传达。秦汉沿置。著籍：编著簿册。引：导引；通引。

十一月，上废栗太子①，窦太后心欲以孝王为后嗣②。大臣及袁盎等有所关说于景帝③，窦太后义格④，亦遂不复言以梁王为嗣事由此。以事秘，世莫知。乃辞归国⑤。

【注释】

①栗太子：刘荣。栗姬所生。②后嗣（sì）：后代；继承人。③袁盎（àng）：即爰盎。安陵（今陕西省咸阳市东北）人。关说：谏阻。④义：通“议”。格：受阻碍。⑤乃：就；于是。

其夏四月①，上立胶东王为太子②。梁王怨袁盎及议臣③，乃与羊胜、公孙诡之属阴使人刺杀袁盎及他议臣十余人④。逐其贼⑤，未得也。于是天子意梁王⑥，逐贼，果梁使之⑦。乃遣使冠盖相望于道⑧，覆按梁⑨，捕公孙诡、羊胜。公孙诡、羊胜匿王后宫⑩。使者责二千石急⑪，梁相轩丘豹及内史韩安国进谏王⑫，王乃令胜、诡皆自杀，出之。上由此怨望于梁王⑬。梁王恐，乃使韩安国因长公主谢罪太后⑭，然后得释。

【注释】

①其：指示代词。②胶东王：刘彻，即后来的汉武帝。③怨：恨。④阴：隐秘。他：其他。⑤逐：追赶。⑥意：猜想。⑦果：果然。⑧冠盖：仕宦的冠服车盖，也代指仕宦。⑨覆按：反复按验审查。⑩匿：隐藏。⑪二千石：汉代官吏俸禄等级，也即用以指代这个等级的官吏，如郡守尉、王国相等。⑫内史：汉初诸侯王国置内史，掌民政。谏：向上直言纠正过失。⑬怨望：怨恨责怪。⑭因：经由。长公主：皇帝的姊妹称长公主。谢罪：认错；道歉。

上怒稍解①，因上书请朝。既至关，茅兰说王②，使乘布车③，从两骑入④，匿于长公主园。汉使使迎王，王已入关，车骑尽居外，不知王处。太后泣曰：“帝杀吾子！”景帝忧恐。于是梁王伏斧质于阙下⑤，谢罪，然后太后、景帝大喜，相泣，复如故。悉召王从官入关[6]。然景帝益疏王[7]，不同车辇矣。

【注释】

①解：消除。②茅兰：梁孝王臣子。说（shuì）：劝说；说服。③布车：用白布作帷幕的丧车。④从：使随从；带领。⑤伏：卧伏。阙：宫阙，即帝王居住的地方。⑥悉：全部。从官：随从的官吏。⑦益：逐渐。

三十五年冬，复朝。上疏欲留，上弗许[1]。归国，意忽忽不乐[2]。北猎良山[3]，有献牛[4]，足出背上，孝王恶之[5]。六月中，病热，六日卒，谥曰孝王。

【注释】

①弗：不。②忽忽：失意貌；心中空虚恍惚。③良山：即梁山，在今山东省梁山县南。④有：或。虚指代词。⑤恶（wù）：厌恶。

孝王慈孝[1]，每闻太后病，口不能食，居不安寝，常欲留长安侍太后[2]。太后亦爱之。及闻梁王薨[3]，窦太后哭极哀，不食，曰："帝果杀吾子！"景帝哀惧，不知所为。与长公主计之[4]，乃分梁为五国，尽立孝王男五人为王，女五人皆食汤沐邑[5]。于是奏之太后，太后乃说[6]，为帝加一飡[7]。

【注释】

①慈孝：孝敬。②长安：汉都城，在今陕西省西安市西北。③薨（hōng）：古代称诸侯死为薨。④计：商议。⑤食：享用。⑥说（yuè）：通"悦"。⑦加一飡：多进一次饮食。

梁孝王长子买为梁王，是为共王[1]；子明为济川王[2]；子彭离为济东王[3]；子定为山阳王[4]；子不识为济阴王[5]。

孝王未死时，财以巨万计，不可胜数。及死，藏府余黄金尚四十余万斤[6]，他财物称是[7]。

梁共王三年，景帝崩。共王立七年卒，子襄立，是为平王。

【注释】

①共（gōng）：通"恭"。谥号用字。②济川：封国名。地在今河南省中东部，治所在济阳（今兰考县东北）。③济东：封国名。地在今山东济宁市一带，治所在无盐（今东平县东南）。④山阳：封国名。地在今山东省独山湖一带，治所在昌邑（今金乡县西北）。⑤济阴：封国名。地在今山东省西南部，治所在定陶（今定陶县西北）。⑥藏（zàng）府：府库。斤：汉代一斤约合今半市斤。⑦称（chèn）：相当。

梁平王襄十四年，母曰陈太后。共王母曰李太后。李太后，亲平王之大母也[1]。而平王之后姓任，曰任王后。任王后甚有宠于平王襄[2]。初，孝王在时，有罍樽[3]，直千金[4]。孝王诫后世[5]，善保罍樽，无得以与人[6]。任王后闻而欲得罍樽。平王大母李太后曰："先王有命，无得以罍樽与人。他物虽百巨万，犹自恣也[7]。"任王后绝欲得之[8]。平王襄直使人开府取罍樽[9]，赐任王后。李太后大怒，汉使者来，欲自言，平王襄及任王后遮止[10]，闭门，李太后与争门，措指[11]，遂不得见汉使者[12]。李太后亦私与食官长及郎中尹霸等士通乱[13]，而王与任王后以此使人风止李太后[14]，李太后内有淫行[15]，亦已[16]。后病薨。病时，任后未尝请病[17]；薨，又不持丧[18]。

【注释】

①亲平王之大母：平王的亲祖母。大母，祖母。②有宠：得到宠爱。③罍（léi）樽（zūn）：酒器名。④直：通“值”。⑤诫：告诫。⑥无：不。与：给。⑦犹：还；可。自恣（zì）：放任；为所欲为。⑧绝：甚，极。⑨直：径自。⑩遮止：遮挡，阻止。⑪措（zé）：通“笮（zé）”。夹住。⑫遂：就；于是。⑬私：暗地。食官长：官名。主管饮食。郎中：官名。管理皇宫车骑门户，内充侍卫，外从作战。⑭风（fěng）：通“讽”。⑮内：私下；暗地。⑯已：止。动词。⑰请病：请安问病。⑱持丧；居丧守孝。

元朔中[①]，睢阳人类犴反者[②]，人有辱其父，而与淮阳太守客出同车[③]。太守客出下车，类犴反杀其仇于车上而去。淮阳太守怒，以让梁二千石[④]。二千石以下求反甚急[⑤]，执反亲戚[⑥]。反知国阴事[⑦]，乃上变事[⑧]，具告知王与大母争樽状[⑨]。时丞相以下见知之[⑩]，欲以伤梁长吏[⑪]，其书闻天子。天子下吏验问[⑫]，有之。公卿请废襄为庶人[⑬]。天子曰：“李太后有淫行，而梁王襄无良师傅，故陷不义。”乃削梁八城[⑭]，枭任王后首于市[⑮]。梁余尚有十城。襄立三十九年卒，谥为平王。子无伤立为梁王也。

【注释】

①元朔：汉武帝年号。②类犴（àn）反：人名。③淮阳：这时是郡的建制，指淮阳郡。④让：责备。⑤求：寻找，追捕。⑥执：捉拿。⑦国：指梁国。阴事：秘密不可告人的事。⑧乃：就。上变事：向朝廷报告紧急的事变。⑨具：通“俱”。都；完全。状：情状。⑩时：当时。⑪长吏：高级官吏。这里指相、内史、中尉等。⑫下吏验问：交给官吏审问。⑬公卿：三公九卿。泛指朝廷高级官吏。⑭削：减少。⑮枭（xiāo）首：斩首示众。

济川王明者，梁孝王子，以桓邑侯孝景中六年为济川王[①]。七岁，坐射杀其中尉[②]，汉有司请诛[③]，天子弗忍诛，废明为庶人，迁房陵[④]，地入于汉为郡[⑤]。

【注释】

①桓邑侯：刘明原来的封爵。②坐：犯……罪。③有司：古代设官分职，各有专司，因称官吏为有司。④房陵：县名。即今湖北省房县。⑤为郡：封国废除后，领地归朝廷直辖，改设郡。

济东王彭离者，梁孝王子，以孝景中六年为济东王。二十九年，彭离骄悍[①]，无人君礼[②]，昏暮私与其奴、亡命少年数十人行剽杀人[③]，取财物以为好[④]。所杀发觉者百余人，国皆知之[⑤]，莫敢夜行。所杀者子上书言。汉有司请诛，上不忍，废以为庶人，迁上庸[⑥]，地入于汉，为大河郡[⑦]。

【注释】

①骄悍：骄横强悍。②人君：国君。③昏暮：夜晚。亡命：不顾性命。④好（hào）：喜爱；嗜好。⑤国：指国人。⑥上庸：县名。在今湖北省竹山县西南。⑦大河郡：汉武帝元鼎元年，济东国地入汉为大河郡。

山阳哀王定者，梁孝王子，以孝景中六年为山阳王。九年卒，无子，国除，地入于汉，为山阳郡。

济阴哀王不识者，梁孝王子，以孝景中六年为济阴王。一岁卒，无子，国除，地入于汉，为济阴郡。

太史公曰：梁孝王虽以亲爱之故，王膏腴之地，然会汉家隆盛[①]，百姓殷富，故能植其财货[②]，广宫室，车服拟于天子[③]。然亦僭矣[④]。

【注释】

①会：遇上。②植：通“殖”。增加；积累。③车服：车马服饰。④僭（jiàn）：超越本分，旧指下级冒用上级的名义、礼仪或器物。

褚先生曰：臣为郎时，闻之于宫殿中老郎吏好事者称道之也[①]。窃以为令梁孝王怨望[②]，欲为不善者[③]，事从中生[④]。今太后[⑤]，女主也，以爱少子故，欲令梁王为太子。大臣不时正言其不可状[⑥]，阿意治小[⑦]，私说意以受赏赐[⑧]，非忠臣也。齐如魏其侯窦婴之正言也[⑨]，何以有后祸？景帝与王燕见[⑩]，侍太后饮，景帝曰：“千秋万岁之后传王。”太后喜说。窦婴在前，据地言曰[⑪]：“汉法之约，传子適孙[⑫]，今帝何以得传弟，擅乱高帝约乎！”于是景帝默默无声，太后意不说。

【注释】

①郎吏：郎官。泛指侍从官员。②窃：私自。表个人意见的谦辞。③欲为不善：指企图继承帝位的野心。④中：指宫中太后。⑤今：那，这。指示代词。⑥时：及时。⑦阿意：曲从；迎合。⑧私说意：暗地求得太后喜悦。说，通“悦”。⑨齐：全；都。窦婴，观津（今河北省衡水市东）人。⑩燕见：君臣在内廷会见。燕，通“宴”。⑪据地：稽首伏地。据，按。⑫適（dí）孙：嫡长孙。適，通“嫡”。

故成王与小弱弟立树下[①]，取一桐叶以与之，曰：“吾用封汝。”周公闻之[②]，进见曰：“天王封弟，甚善。”成王曰：“吾直与戏耳[③]。”周公曰：“人主无过举[④]，不当有戏言，言之必行之。”于是乃封小弟以应县[⑤]。是后成王没齿不敢有戏言[⑥]，言必行之。《孝经》曰[⑦]：“非法不言，非道不行。”此圣人之法言也[⑧]。今主上不宜出好言于梁王[⑨]。梁王上有太后之重[⑩]，骄蹇日久[⑪]，数闻景帝好言[⑫]，千秋万世之后传王，而实不行。

【注释】

①成王：周成王，姬诵。②周公：姬旦。周武王之弟。因采邑在周（今陕西省岐山县北），称为周公。曾助武王灭商。武王死后，成王年幼，由他摄政。③直：但；只。④人主：君主。过举：错误的、不恰当的举动。⑤应县：应，周代国名。有应乡。⑥没齿：没世；一辈子。⑦《孝经》：儒家经典之一。论述封建孝道，宣传宗法思想。⑧圣人：道德智能极高的人。法言：格言。⑨宜：应当。⑩重：重视。⑪骄蹇（jiǎn）：骄横傲慢。⑫数（shuò）：多次；频繁。

又诸侯王朝见天子，汉法凡当四见耳。始到，入小见[①]；到正月朔旦[②]，奉皮荐璧玉贺正月[③]，法见[④]；后三日，为王置酒，赐金钱财物；后二日复入小见，辞去。凡留长安不过二十日。小见者，燕见于禁门内[⑤]，饮于省中[⑥]，非士人所得入也[⑦]。今梁王西朝，因留，且半岁。入与人主同辇，出与同车。示风以大言而实不与[⑧]，令出怨言，谋畔逆[⑨]，乃随而忧之[⑩]，不亦远乎[⑪]！非大贤人，不知退让。今汉之仪法[⑫]，朝见贺正月者，常一王与四侯俱朝见，十余岁一至。今梁王常比年入朝见[⑬]，久留。鄙语曰“骄子不孝”[⑭]，非恶言也。故诸侯王当为置良师傅[15]，相忠言之士[16]，如汲黯、韩长孺等[17]，敢直言极谏[18]，安得有患害[19]！

【注释】

①小见：即“燕见”。非正式的朝见。②朔旦：夏历初一早晨。③奉：捧；进献。皮荐：鹿皮作垫。④法见：按照规定礼仪的正式朝见。⑤燕见：帝王闲暇时召见臣下。⑥省中：宫中。汉制：王所居曰禁中，诸公所居曰省中。⑦士人：士子与庶人。士，指一般官吏或书生。⑧示风（fèng）：告知。大言：指继承帝位的话。⑨畔逆：叛乱。畔，通“叛”。⑩乃：才。⑪远：乖违事理。⑫仪法：礼仪的规定。⑬比（bì）年：连年。比，接连。⑭鄙语：俗语。⑮置：设置。⑯相：任为相。使动用法。⑰汲黯（àn）：濮阳（今河南省濮阳县西南）人。⑱极谏：竭力苦谏。⑲安：何；怎么。

盖闻梁王西入朝[1]，谒窦太后[2]，燕见，与景帝俱侍坐于太后前，语言私说[3]。太后谓帝曰：“吾闻殷道亲亲[4]，周道尊尊[5]，其义一也[6]。安车大驾[7]，用梁孝王为寄[8]。”景帝跪席举身曰[9]：“诺。”罢酒出，帝召袁盎诸大臣通经术者曰[10]：“太后言如是，何谓也？”皆对曰：“太后意欲立梁王为帝太子。”帝问其状，袁盎等曰：“殷道亲亲者，立弟。周道尊尊者，立子。殷道质[11]，质者法天[12]，亲其所亲，故立弟。周道文[13]，文者法地，尊者敬也，敬其本始[14]，故立长子。周道，太子死，立適。殷道，太子死，立其弟。”帝曰：“于公何如？”皆对曰：“方今汉家法周[15]，周道不得立弟，当立子。故《春秋》所以非宋宣公[16]。宋宣公死，不立子而与弟。弟受国死[17]，复反之与兄之子[18]。弟之子争之，以为我当代父后，即刺杀兄子。以故国乱，祸不绝。故《春秋》曰‘君子大居正[19]，宋之祸宣公为之[20]。’臣请见太后白之[21]。”袁盎等入见太后：“太后言欲立梁王，梁王即终[22]，欲谁立？”太后曰：“吾复立帝子。”袁盎等以宋宣公不立正[23]，生祸，祸乱后五世不绝，小不忍害大义状报太后[24]。太子乃解说[25]，即使梁王归就国。而梁王闻其义出于袁盎诸大臣所[26]，怨望，使人来杀袁盎。袁盎顾之曰：“我所谓袁将军者也，公得毋误乎[27]？”刺者曰：“是矣！”刺之，置其剑[28]，剑著身[29]。视其剑，新治。问长安中削厉工[30]。工曰：“梁郎某子来治此剑[31]。”以此知而发觉之，发使者捕逐之[32]。独梁王所欲杀大臣十余人[33]，文吏穷本之[34]，谋反端颇见[35]。太后不食，日夜泣不止。景帝甚忧之，问公卿大臣，大臣以为遣经术吏往治之，乃可解。于是遣田叔、吕季主往治之[36]。此二人皆通经术，知大礼。来还，至霸昌厩[37]，取火悉烧梁之反辞，但空手来对景帝。景帝曰：“何如？”对曰：“言梁王不知也[38]。造为之者，独其幸臣羊胜、公孙诡之属为之耳。谨以伏诛死[39]，梁王无恙也[40]。”景帝喜悦，曰：“急趋谒太后[41]。”太后闻之，立起坐飡[42]，气平复。故曰，不通经术知古今之大礼，不可以为三公及左右近臣[43]。少见之人，如从管中闚天也[44]。

【注释】

①盖：发语词。②谒（yè）：进见。③私说：亲热和悦。私，亲爱。④殷道亲亲：指商朝王位的继承制度，通常是兄弟相传。⑤周道尊尊：指周朝王位的继承制度，是父子相传。尊尊，尊敬尊长辈。⑥义：道理。一：相通；一致。⑦安车：可以安坐的小车。此为太后自代。大驾：犹言大行，意即去世。⑧寄：寄托；托付。⑨举身：伸直身子。⑩经术：指儒家经典的道理。⑪质：质朴。⑫法：

取法；仿效。⑬文：文采。⑭本始：本原；原始。⑮方今：当今。⑯《春秋》：编年体春秋史，儒家经典之一。非：责备。宋宣公：子力。前747—前728年在位。⑰受国：接受了国家权力。⑱反：通“返”。归还。⑲君子：统治者；有德者。大：尊崇；崇尚。居正：遵守常道。⑳引语出于《公羊传·隐公》。㉑白：告语；陈说。㉒即：如果。终：死。㉓正：嫡长。㉔小不忍害大义：暗指窦太后为了疼爱梁孝王，会要造成皇族内部争夺继承权的斗争。㉕解说：理解和喜悦。㉖义：通“议”。主意。所：处所。㉗得毋：莫不是。㉘置：扔。㉙著（zhuó）：同“着”。附着。㉚削厉工：制作磨砺剑的工人。㉛某子：某人。㉜发：派遣。㉝独：乃，就是。㉞文吏：指审案官吏。㉟端：端倪；迹象。颇：很，甚。见：通“现”。显露。㊱田叔：陉城（今河北省定县）人。㊲霸昌厩（jiù）：厩名。在当时长安附近。㊳言：衍文。㊴谨：谦敬副词。以：通“已”。伏诛：受死刑。㊵恙（yàng）：伤害。㊶趋：快步走。㊷立：即刻。湌，“餐”异体字。㊸三公：当时以丞相、太尉、御史大夫为三公，为负责军政的最高长官。㊹闚：通“窥”。从小孔中察看。

五宗世家第二十九[1]

孝景皇帝子凡十三人为王，而母五人，同母者为宗亲。栗姬子曰荣、德、阏于[2]。程姬子曰馀、非、端。贾夫人子曰彭祖、胜。唐姬子曰发。王夫人儿姁子曰越、寄、乘、舜[3]。

【注释】

①五宗：汉景帝五个妃子所生的十三个儿子，皆封为王，称“五宗”。②栗姬：汉景帝宠妃。③儿姁（xū）：王皇后之妹。

河间献王德[1]，以孝景帝前二年用皇子为河间王[2]。好儒学，被服造次必于儒者[3]。山东诸儒多从之游[4]。

【注释】

①河间：封国名。地在今河北省中南部，治所在乐成（今献县东南）。②用皇子：凭皇子身份。③被服：衣服穿着。造次：仓促，急促。④山东：当时指崤山、华山以东的广大地区。

二十六年卒[1]，子共王不害立[2]。四年卒，子刚王基代立。十二年卒，子顷王授代立。

【注释】

①二十六年：在位二十六年。河间献王二十六年相当汉武帝元光五年（前130年）。下同。②共（gōng）：通“恭”。用于谥号。

临江哀王阏于[①]，以孝景帝前二年用皇子为临江王。三年卒，无后，国除为郡[②]。

【注释】

①临江：封国名。地在今湖北省中西部，治所在江陵。阏：音yān或è。②国除为郡：封国取消，改为郡。

临江闵王荣，以孝景前四年为皇太子，四岁废，用故太子为临江王[①]。

四年，坐侵庙壖垣为宫[②]，上征荣[③]。荣行，祖于江陵北门[④]，既已上车，轴折车废。江陵父老流涕窃言曰：“吾王不反矣！[⑤]”荣至，诣中尉府簿[⑥]。中尉郅都责讯王[⑦]，王恐，自杀。葬蓝田[⑧]，燕数万衔土置冢上，百姓怜之。

【注释】

①用故太子为临江王：以曾经作过太子的身份降为临江王。景帝废栗太子事详见《孝景本纪》。②坐：因……犯罪。壖（ruán）垣：宫庙内墙以外、外墙以内的空地叫壖；垣是外面的矮墙。③上：皇上，指景帝。④祖：出行前祭祀路神，并设宴送行。⑤反：通“返”。⑥诣：往。中尉：官名，掌管京城治安。簿：对簿，根据文书核对事实，即受审讯。⑦郅都：人名，后被窦太后所杀。⑧蓝田：县名，在陕西蓝田县西。

荣最长，死无后，国除，地入于权，为南郡。

右三国本王皆栗姬之子也[①]。

【注释】

①右：过去书写竖行左演，故右相当于“以上”的意思。

鲁共王馀，以孝景前二年用皇子为淮阳王[①]。二年，吴、楚反破后[②]，以孝景前三年徙为鲁王。好治宫室、苑囿、狗马[③]。季年好音[④]。不喜辞辩，为人吃[⑤]。

【注释】

①淮阳：封国名，地在今河南省东部，治所在陈县（今淮阳县）。②吴、楚反：吴楚七国反叛。③苑囿（yuàn yòu）：养禽兽植树木的狩猎场所。④季年：晚年。音：音乐。⑤吃（旧读jī）：口吃，结巴。

二十六年卒，子光代为王。初好音、舆马[①]；晚节啬[②]，惟恐不足于财。

【注释】

①舆马：车马。②晚节：晚年。啬：吝啬。

江都易王非[①]，以孝景前二年用皇子为汝南王[②]。吴、楚反时，非年十五，有材力，上书愿击吴。景帝赐非将军印，击吴。吴已破，二岁，徙为江都王，治吴故国[③]，以军功赐天子旌旗。元光五年[④]，匈奴大入汉为贼[⑤]，非上书愿击匈奴，上不许。非好气力，治宫观，招四方豪桀[⑥]，骄奢甚。

【注释】

①江都：封国名。在今江苏省中部，治所在广陵（今扬州）。②汝南：封国

名，在今河南、安徽两省交界地区，治所在上蔡（今河南上蔡县西南）。③吴故国：吴王刘濞的老地盘。④元光：汉武帝年号。⑤贼：残害。⑥桀：通“杰”。

立二十六年卒。子建立为王，七年自杀。淮南、衡山谋反时[①]，建颇闻其谋，自以为国近淮南，恐一日发，为所并，即阴作兵器，而时佩其父所赐将军印，载天子旗以出。易王死未葬，建有所说易王宠美人淖姬，夜使人迎，与奸服舍中[②]。及淮南事发，治党与，颇及江都王建。建恐，因使人多持金钱，事绝其狱[③]。而又信巫祝[④]，使人祷祠妄言[⑤]。建又尽与其姊弟奸[⑥]。事既闻，汉公卿请捕治建。天子不忍，使大臣即讯王。王服所犯[⑦]，遂自杀。国除，地入于汉，为广陵郡。

【注释】

①淮南、衡山谋反：淮南王刘安与衡山王刘赐谋反，②所说（yuè）：所喜爱的。淖（nào）姬：其父易王之妾。服舍：守丧的房舍。③事绝其狱：通过活动来熄灭这场官司。④巫祝：迷信职业者。⑤祷祠：祭祀祈祷。⑥弟：指女弟，妹妹。⑦服：认罪。

胶西于王端[①]，以孝景前三年吴楚七国反破后，端用皇子为胶西王。端为人贼戾[②]。又阴痿[③]，一近妇人，病之数月。而有爱幸少年为郎[④]。为郎者顷之与后宫乱，端禽灭之，及杀其子母。数犯上法，汉公卿数请诛端，天子为兄弟之故不忍[⑤]，而端所为滋甚。有司再请削其国，去太半[⑥]。端心愠，遂为无訾省[⑦]。府库坏漏尽，腐财物以巨万计，终不得收徙。令吏毋得收租赋。端皆去卫[⑧]，封其宫门，从一门出游。数变名姓，为布衣，之他郡国[⑨]。

【注释】

①胶西：封国名，地在今山东省胶河以西地带，治所在高密（今高密市西南）。②贼戾（lì）：狠毒凶暴。③阴痿（wěi）：男子性功能衰败，即阳痿不举。④郎：侍从官。⑤天子：指汉武帝。⑥有司：有关的主管官员。⑦愠（yùn）：内心怨恨。无訾省：不理财、不管事。訾，通“资”。⑧去卫：撤除警卫人员。⑨之：往。

相、二千石往者[①]，奉汉法以治，端辄求其罪告之，无罪者诈药杀之。所以设诈究变[②]。强足以距谏[③]，智足以饰非[④]。相、二千石从王治，则汉绳以法[⑤]。故胶西小国，而所杀伤二千石甚众。

【注释】

①相：朝廷派往封国的最高官员，总管政务。二千石：汉代按俸禄给官吏分等级，二千石是高级官员。吴楚叛乱后，各王国的官吏都直接由汉朝廷派遣。②所以设诈：设置骗局的方法。究变：穷尽变化。③距：通“拒”。④饰非：掩饰过错。⑤绳以法：按朝廷法律处理。

立四十七年，卒，竟无男代后，国除，地入于汉，为胶西郡。

右三国本王皆程姬之子也。

赵王彭祖，以孝景前二年用皇子为广川王[①]。赵王遂反破后[②]，彭祖王广川，四年，徙为赵王。十五年，孝景帝崩。彭祖为人巧佞卑谄[③]，足恭而心刻深[④]。好法律，持诡辩以中人[⑤]。彭祖多内宠姬及子孙。相、二千石欲奉汉法以治，则害于王家[⑥]。是以每相、二千石至，彭祖衣皂布衣[⑦]，自行迎，除二千石舍[⑧]；多设疑事以作动之[⑨]，得二千石失言，中忌讳[⑩]，辄书之。二千石欲治者，则以此迫劫[⑪]；不听，乃上书告，及污以奸利事。彭祖立五十余年，相、二千石无能满二岁，辄以罪去，大者死，小者刑，以故二千石莫敢治，而赵王擅权。使使即县为贾人榷会[⑫]，入多于国经租税[⑬]。以是赵王家多金钱，然所赐姬诸子亦尽之矣。彭祖取故江都易王宠姬王建所盗与奸淖姬者为姬，甚爱之。

【注释】

①广川：封国名。地在今河北省南部，治所在信都（今冀州市）。②赵：封国名，地在今河北、河南、山东三省交界地区，治所在邯郸。③巧佞：能说会道。卑谄（chǎn）：卑下，善于巴结奉承。④足（旧读 jù）恭：过分恭顺。刻深：严酷阴毒。⑤好法律：指喜欢玩弄法律条文。⑥害于王家：对赵王家有害。⑦皂布衣：黑布衣，服役者所穿的衣服。⑧除：扫除。⑨作动之：使二千石有所表露。⑩中（zhòng）忌讳：冒犯朝廷禁忌。中，正对上。⑪迫劫：要挟。⑫使使即县：派使者到各县。即，到。贾（gǔ）：经商。榷（què）：垄断经营，只许王家独营。会（kuài）：通“侩”，拉拢买卖，唯利是图。⑬入：指经商收入。

彭祖不好治宫室、禨祥[①]，好为吏事[②]。上书愿督国中盗贼。常夜从走卒行徼邯郸中[③]。诸使过客以彭祖险陂[④]，莫敢留邯郸。

【注释】

①禨（jī）祥：敬鬼神以求福。②吏事：下级官吏办的政事。③从（zòng）走卒：叫士兵跟随自己。行徼（jiào）：巡察。④诸使：指其他郡国的使者。以：因。险陂（bì）：奸险邪恶。

其太子丹与其女及同产姊奸[①]。与其客江充有郤[②]。充告丹，丹以故废。赵更立太子。

【注释】

①其女：刘彭祖的女儿，刘丹的异母姊妹。②江充：邯郸人。

中山靖王胜[①]，以孝景前三年用皇子为中山王。十四年，孝景帝崩。胜为人乐酒好内[②]，有子枝属百二十余人[③]。常与兄赵王相非[④]，曰：“兄为王，专代吏治事。王者当日听音乐声色。”赵王亦非之，曰：“中山王徒日淫，不佐天子拊循百姓[⑤]，何以称为藩臣[⑥]！”

【注释】

①中山：封国名，地在今河北省中西部，治所在卢奴（今定县）。②乐（旧读 yào）酒：好酒。好内：贪女色。③子枝属：各支子孙。④相非：互相责难。⑤拊（fǔ）循：安抚治理。⑥藩臣：形容诸侯王是皇室的屏藩。

立四十二年卒，子哀王昌立。一年卒，子昆侈代为中山王。

右二国本王皆贾夫人之子也。

长沙定王发[①]。发之母唐姬，故程姬侍者。景帝召程姬，程姬有所辟[②]，不愿进，而饰侍者唐儿使夜进。上醉不知，以为程姬而幸之，遂有身[③]。已乃觉非程姬也。及生子，因命曰发[④]。以孝景前二年用皇子为长沙王。以其母微，无宠，故王卑湿贫国[⑤]。

【注释】

①长沙：封国名。②有所辟：指经期。辟，通“避”。③身：通“娠”。怀孕。④命：取名。发：有“事后发现”“偶然发生”之意。⑤微：地位低下。

立二十七年卒。子康王庸立，二十八年卒。子鲋鮈立为长沙王[①]。

【注释】

①鲋鮈（fù jū）：人名。

右一国本王唐姬之子也。

广川惠王越，以孝景中二年用皇子为广川王。

十二年卒，子齐立为王。齐有幸臣桑距，已而有罪。欲诛距，距亡，王因禽其宗族[①]。距怨王，乃上书告王齐与同产奸。自是之后，王齐数上书告言汉公卿及幸臣所忠等[②]。

【注释】

①禽：通“擒”。②告言：控告。所忠：人名。

胶东康王寄[①]，以孝景中二年用皇子为胶东王。二十八年卒。淮南王谋反时，寄微闻其事，私作楼车镞矢[②]，战守备，候淮南之起。及吏治淮南之事，辞出之[③]。寄于上最亲[④]，意伤之，发病而死，不敢置后，于是上闻。寄有长子者名贤，母无宠；少子名庆，母爱幸，寄常欲立之，为不次[⑤]，因有过，遂无言。上怜之，乃以贤为胶东王，奉康王嗣[⑥]；而封庆于故衡山地[⑦]，为六安王[⑧]。

【注释】

①胶东：封国名。地在今山东省东部，治所在即墨（今平度市东南）。②楼车：窥看敌军城堡营垒虚实的一种像高楼的车子。镞（zú）：箭头。③辞出之：供词牵涉到他（刘寄）。④最亲：刘寄母为武帝母之妹。⑤不次：不合次序。⑥嗣（sì）：继承人。⑦故衡山地：指衡山王刘赐的老地盘。⑧六安：封国名。都六（今安徽六安市）。

胶东王贤立十四年卒，谥为哀王。子庆为王[①]。

【注释】

①庆：《汉兴以来诸侯王年表》和《汉书》都作“通平”，一本作“建”。庆，与叔父同名，误。

六安王庆，以元狩二年用胶东康王子为六安王[①]。

【注释】

①元狩：汉武帝年号。元狩二年相当公元前 121 年。

清河哀王乘[①]，以孝景中三年用皇子为清河王。十二年卒，无后，国除，地入于汉，为清河郡。

【注释】

①清河：封国名。

常山宪王舜[①]，以孝景中五年用皇子为常山王。舜最亲，景帝少子，骄怠多淫，数犯禁，上常宽释之。立三十二年卒，太子勃代立为王。

【注释】

①常山：封国名。地在今河北省西南部，治所在元氏（今元氏县西北）。

初，宪王舜有所不爱姬生长男棁[1]。棁以母无宠故，亦不得幸于王。王后脩生太子勃。王内多，所幸姬生子平、子商。王后希得幸。及宪王病甚，诸幸姬常侍病，故王后亦以妒媢不常侍病[2]，辄归舍。医进药，太子勃不自尝药，又不宿留侍病。及王薨，王后、太子乃至。宪王雅不以长子棁为人数[3]，及薨，又不分与财物。郎或说太子、王后，令诸子与长子棁共分财物，太子、王后不听。太子代立，又不收恤棁[4]。棁怨王后、太子。汉使者视宪王丧，棁自言宪王病时，王后、太子不侍，及薨，六日出舍[5]，太子勃私奸，饮酒，博戏，击筑[6]，与女子载驰，环城过市，入牢视囚。天子遣大行[7]骞验王后及问王勃[8]，请逮勃所与奸诸证左[8]，王又匿之。吏求捕，勃大急，使人致击笞掠，擅出汉所疑囚者[9]。有司请诛宪王后脩及王勃。上以脩素无行[10]，使棁陷之罪，勃无良师傅[11]，不忍诛。有司请废王后脩，徙王勃以家属处房陵[12]，上许之。

【注释】

①棁：音 zhuó，或音 duó。②妒媢（mào）：嫉妒。③雅：平素，向来。④收恤：收容救济，照顾抚慰。⑤出舍：走出服丧的处所。⑥筑（zhú）：古击弦乐器。⑦大行：官名，掌管接待宾客。⑧骞：张骞。验：审问。⑨“使人”句：指刘勃拷问揭发他的人，并擅自放出所关押的嫌疑犯。⑩无行（xìng）：没好品行。⑪师傅：太师、太傅。傅，或解为辅导（动词）。⑫房陵：县名，在今湖北省房县。秦汉时，宗室大臣犯罪常贬居到这里。

勃王数月，迁于房陵，国绝。月余，天子为最亲乃诏有司曰：“常山宪王蚤夭[1]，后妾不和，適孽诬争[2]，陷于不义以灭国，朕甚闵焉[3]。其封宪王子平三万户，为真定王[4]；封子商三万户，为泗水王[5]。”

【注释】

①蚤：通“早”。夭：短命而死。②適（dí）：通“嫡”，正妻及其所生长子称嫡。此处指刘勃。孽（niè）：旁支子孙。此处指刘棁。③闵：哀怜。④真定：封国名，地在今河北省滹沱河流域，治所在真定（今正定县南）。⑤泗水：封国名，地在今江苏省洪泽湖以北，治所在淩县（今江苏宿迁市西南）。

真定王平，元鼎四年用常山宪王子为真定王[1]。

【注释】

①元鼎：汉武帝年号。元鼎四年相当公元前 113 年。

泗水思王商，以元鼎四年用常山宪王子为泗水王，十一年卒。子哀王安世立，十一年卒，无子。于是上怜泗水王绝，乃立安世弟贺为泗水王。

右四国本王皆王夫人儿姁子也。其后，汉益封其支子为六安王、泗水王二国。凡儿姁子孙，于今为六王。

太史公曰：高祖时诸侯皆赋[1]，得自除内史以下[2]，汉独为置丞相[3]，黄金印。诸侯自除御史、廷尉正、博士[4]，拟于天子[5]。自吴、楚反后，五宗王世[6]，汉为置二千石[7]，去“丞相”曰“相”，银印。诸侯独得食租税，夺之权[8]。其后诸侯贫者或乘牛车也。

【注释】

①诸侯：汉代的王，类似古代的诸侯，故亦称诸侯王。②内史：官名，管理民政。③丞相：官名，统领众官。④御史：掌管图籍秘书，兼有纠察弹劾之权。廷尉正：掌管刑狱。博士：掌古今史事，备顾问。⑤拟：比拟，类似。⑥世：时代。⑦二千石：汉代官吏俸禄等级。⑧权：指管理政事的大权。

三王世家第三十[①]

“大司马臣去病昧死再拜上疏皇帝陛下[②]：陛下过听[③]，使臣去病待罪行间[④]。宜专边塞之思虑，暴骸中野无以报[⑤]，乃敢惟他议以干用事者[⑥]，诚见陛下忧劳天下，哀怜百姓以自忘，亏膳贬乐[⑦]，损郎员[⑧]。皇子赖天[⑨]，能胜衣趋拜[⑩]，至今无号位师傅官[⑪]。陛下恭让不恤[⑫]，群臣私望[⑬]，不敢越职而言。臣窃不胜犬马心[⑭]，昧死愿陛下诏有司[⑮]，因盛夏吉时定皇子位[⑯]。唯陛下幸察[⑰]。臣去病昧死再拜以闻皇帝陛下[⑱]。”三月乙亥，御史臣光守尚书令奏未央宫[⑲]。制曰[⑳]：“下御史[㉑]。”

【注释】

①三王：汉武帝之子齐王刘闳、燕王刘旦、广陵王刘胥的合称。刘闳为武帝第二子，王夫人所生；刘旦、刘胥为武帝第三、第四子，李姬所生。②大司马：官名。秦和汉初设太尉，掌管全国军政。武帝时废太尉，设大司马，多与大将军、骠骑将军、车骑将军等联称。西汉后期常以大司马辅政。去病：霍去病（前140—前117年）。河东平阳（今山西省临汾市西南）人。官至骠骑将军，封冠军侯，后任大司马。疏（shù）：向皇帝陈述意见的奏章。陛下：对帝王的尊称。陛本是宫殿的台阶。臣下对帝王说话，不敢直指帝王，婉言对台阶下的侍卫人员说，因卑以达尊。③过听：误听。意思是说自己本无才德，之所以得到重用是因为皇上误听。这是一种谦虚的说法，相当于说“承蒙错爱”。④待罪：旧时官吏常怕因失职得罪，因此用待罪作为供职的谦辞。行（háng）间：行伍之间。即军中。⑤暴骸（pù hái）中野：尸骨暴露在荒野之中。⑥乃：竟。干：干犯；打扰。用事者：指皇帝下面的办事人员。⑦亏：减省。膳（shàn）：饭食。贬：抑制；损减。乐（yuè）：音乐。这里指娱乐活动。⑧损：减少。郎：帝王侍从官的通称，有议郎、中郎、侍郎、郎中等名称。其职责为护卫陪从，随时建议，备顾问和差遣。员：人员。⑨赖：依靠；凭借。⑩胜（shēng）衣：儿童稍长，能够穿着朝服。⑪号：封号。位：爵位。师傅官：教导辅佐皇子的官员。⑫恭让：谦让。恤：体恤；安置。⑬私：私下；暗暗地。望：埋怨。⑭窃（qiè）：私下。常用作表示个人意见的谦辞。犬马心：为主人效劳的心思。⑮诏（zhào）：帝王给臣子下命令。有司：官吏。

古代设官分职，各有专司，故称有司。⑯因：趁着。⑰唯：句首助词，表示希望。幸：敬辞。表示对方这样做是使自己感到幸运。⑱以闻皇帝陛下：以（此）让皇帝听到。⑲御史：官名。光：人名。守：官吏试用或兼理称守。尚书令：官名。属少府，掌管章奏文书。未央宫：汉宫名。⑳制：帝王的命令。㉑下：下交。

六年三月戊申朔[①]，乙亥，御史臣光守尚书令丞非[②]，下御史书到，言："丞相臣青翟[③]、御史大夫臣汤[④]、太常臣充[⑤]、大行令臣息[⑥]、太子少傅臣安行宗正事昧死上言[⑦]：大司马去病上疏曰：'陛下过听，使臣去病待罪行间。宜专边塞之思虑，暴骸中野无以报，乃敢惟他议以干用事者，诚见陛下忧劳天下，哀怜百姓以自忘，亏膳贬乐，损郎员。皇子赖天，能胜衣趋拜，至今无号位师傅官。陛下恭让不恤，群臣私望，不敢越职而言。臣窃不胜犬马心，昧死愿陛下诏有司，因盛夏吉时定皇子位。唯愿陛下幸察。'制曰'下御史'。臣谨与中二千石、二千石臣贺等议[⑧]：古者裂地立国，并建诸侯以承天子[⑨]，所以尊宗庙重社稷也[⑩]。今臣去病上疏，不忘其职，因以宣恩[⑪]，乃道天子卑让自贬以劳天下[⑫]，虑皇子未有号位。臣青翟、臣汤等宜奉义遵职[⑬]，愚憧而不逮事[⑭]。方今盛夏吉时[⑮]，臣青翟、臣汤等昧死请立皇子臣闳、臣旦、臣胥为诸侯王[⑯]。昧死请所立国名。"

【注释】

①六年：指武帝元狩六年（前117年）。朔：夏历初一。②丞：尚书左、右丞，尚书令助手。非：人名。③丞相：官名。青翟（dí）：庄青翟。④汤：张汤。杜陵（今陕西省西安市东南）人。武帝时历任廷尉、御史大夫等职。⑤太常：官名。掌礼乐郊庙社稷事宜。充：赵充。⑥大行令：官名。⑦太子少傅：官名。负责教导、辅佐太子。安：任安。行：兼理官职。宗正：官名。掌管皇族事务，多由皇族担任。⑧中（zhòng）二千石（shí）、二千石：官职品级。汉代内自九卿郎将，外至郡守尉的俸禄等级，都是二千石。分三等：中二千石，月得百八十斛；二千石，月得百二十斛；比二千石，月得百斛。中，满的意思。贺：公孙贺。北地义渠（今甘肃省合水县西南）人。后为丞相。⑨承：承奉。⑩宗庙：天子、诸侯祭祀祖先的处所。封建帝王把天下据为一家所有，世代相传，故以宗庙作为朝廷或国家的代称。社稷：土神和谷神。指祭祀土神、谷神的场所，古代常用作国家政权的标志。⑪宣恩：宣扬皇上恩德。⑫卑让：卑恭谦让。劳：勤劳；劳苦。为动用法。⑬奉义：遵循道义。⑭愚憧（chōng）：呆笨。⑮方：当。⑯闳（hóng）：刘闳。旦：刘旦。胥（xū）：刘胥。

制曰："盖闻周封八百[①]，姬姓并列[②]，或子、男、附庸[③]。《礼》'支子不祭'[④]。云并建诸侯所以重社稷[⑤]，朕无闻焉[⑥]。且天非为君生民也。朕之不德[⑦]，海内未洽[⑧]，乃以未教成者强君连城[⑨]，即股肱何劝[⑩]？其更议以列侯家之[⑪]。"

【注释】

①盖：发语词。周：朝代名。公元前11世纪周武王灭商后建立。建都于镐（hào，今西安市长安区西北）。周公东征后，确立宗法制，创立典章制度，并不断分封诸侯。前770年周平王东迁到洛邑（今河南省洛阳市）。历史上称平王东迁以前为西周，以后为东周。东周又可分为春秋和战国两个时期。前256年为秦所灭。②姬姓：周朝王族姓姬。③或：有的。子、男：封爵名。周爵五等，公、侯、伯、子、男。附庸：附属于诸侯的小国。④《礼》：儒家经典名。这里指《礼记》。

支子不祭：封建宗法，嫡长子或继承先祖的儿子为宗子，其余的儿子为支子。《礼记·曲礼》下："支子不祭，祭必告于宗子。"⑤云：说。⑥朕（zhèn）：古人自称，自秦始皇开始专用作皇帝自称。⑦不德：没有德行。⑧海内：四海之内。古人以为中国四面环海，所以称国内为海内，称国外为海外。洽（qià）：和谐；融洽。⑨未教成者：没有教导成熟的人。强（qiǎng）：勉强。君：统治。动词。连城：许多个城邑相连。⑩即：则。连词。股肱（gōng）：大腿和胳膊。喻辅佐君主的大臣。劝：奖励；勉励。⑪其：祈使副词。更议：变更建议。列侯：一般的侯爵，食禄而不建国。家：古代指卿大夫的封地。这里用如动词，意谓诸侯王封邑称国，列侯食邑称家。即指按列侯应得的食邑封给三王。

三月丙子，奏未央宫。"丞相臣青翟、御史大夫臣汤昧死言：臣谨与列侯臣婴齐、中二千石二千石臣贺、谏大夫博士臣安等议曰①：伏闻周封八百②，姬姓并列，奉承天子③。康叔以祖考显④，而伯禽以周公立⑤，咸为建国诸侯⑥，以相傅为辅⑦。百官奉宪⑧，各遵其职，而国统备矣⑨。窃以为并建诸侯所以重社稷者，四海诸侯各以其职奉贡祭⑩。支子不得奉祭宗祖⑪，礼也⑫。封建使守藩国⑬，帝王所以扶德施化。陛下奉承天统⑭，明开圣绪⑮，尊贤显功⑯，兴灭继绝⑰。续萧文终之后于酂⑱，褒厉群臣平津侯等⑲。昭六亲之序⑳，明天施之属，使诸侯王封君得推私恩分子弟户邑㉑，锡号尊建百有余国㉒。而家皇子为列侯，则尊卑相逾，列位失序㉓，不可以垂统于万世㉔。臣请立臣闳、臣旦、臣胥为诸侯王。"三月丙子，奏未央宫。

【注释】

①婴齐：人名。事迹不详。谏大夫：官名。职掌论议。博士：学官名。职掌古今历史书籍典章并备顾问应对，属太常。②伏闻：听说。伏：谦敬副词。③奉承：侍奉；服事。④康叔：姬封。周文王少子，原封于康（今河南省禹县西北），故称康叔。武庚乱平后，周公把他封在卫国，建都朝歌（今河南省淇县）。考：父亲。后世只称亡父为考。显：高贵；显赫。⑤伯禽：周公长子。周公：姬旦。周文王第四子。因封邑在周（今陕西岐山县东北），故称周公。⑥咸：都。副词。⑦相傅：即傅相。指辅导国君、诸侯王的官员。辅：辅佐。⑧奉：奉行；遵循。宪：法度。⑨国统：国家的统纪。统，世代相传的系统。⑩职：任务。奉贡祭：奉献贡物和祭品。⑪宗祖：一族的祖先。⑫礼：指礼制的规定。⑬封建：指古代帝王把爵位、土地赐给诸侯，在封定的区域内建立邦国。藩国：诸侯国。古代帝王以之屏藩王室，故称。⑭天统：上天降赐的统绪。⑮明开圣绪：昌明开创圣人的绪业。⑯尊贤显功：使贤德者尊贵，使有功者显达。⑰兴灭继绝：兴复灭亡了的国家，继续断绝了的世代。⑱续：继续；延续。萧文终：即萧何（？—前193年），沛（今江苏省沛县）人。⑲褒厉：嘉奖，勉励。厉，通"励"。平津侯：即公孙弘（前200—前121年）。菑川薛（今山东省滕州市南）人。汉武帝时任丞相，封平津侯。⑳六亲：六种亲属，包括血亲和姻亲两类。㉑封君：领受封邑的贵族。推私恩：推广私恩，即指诸侯王封君把自己的封邑分赐给子弟。㉒锡：赐。有，通"又"。㉓尊卑相逾，列位失序：指诸侯王子已为列侯，而皇子又为列侯，便是尊卑贵贱混乱了。㉔垂统：把基业传给后代子孙。

制曰："康叔亲属有十而独尊者①，褒有德也。周公祭天命郊，故鲁有白牡、骍刚之牲[2]，群公不毛[3]，贤不肖差也[4]。'高山仰之，景行向之[5]'，朕甚慕焉。所以抑未成[6]，家以列侯可[7]。"

【注释】

①亲属有十：指康叔同母兄弟有十人。②周公祭天命郊，故鲁有白牡、骍刚之牲：周成王为了表彰周公的功德，规定鲁国在礼仪方面享受许多特权，可以像周王一样在郊外祭祀天帝，祭祀周公用白牡（白色公畜），祭礼鲁公（伯禽）用骍刚（赤色公牛），这些在当时都是按照等级制原则有严格规定的。③群公：其他公侯。不毛：指毛色不纯的祭牲。④不肖（xiào）：不贤的人。差（cī）：区别等级。⑤高山仰之，景行（xìng）向之：语本《诗·小雅·车舝》；景行，高明的德行。⑥抑：压抑。⑦家以列侯可：即可以列侯家之。

四月戊寅，奏未央宫。"丞相臣青翟、御史大夫臣汤昧死言：臣青翟等与列侯、吏二千石、谏大夫、博士臣庆等议[1]：昧死奏请立皇子为诸侯王。制曰：'康叔亲属有十而独尊者，褒有德也。周公祭天命郊，故鲁有白牡、骍刚之牲。群公不毛，贤不肖差也。"高山仰之，景行向之"，朕甚慕焉。所以抑未成，家以列侯可。'臣青翟、臣汤、博士臣将行等伏闻康叔亲属有十[2]，武王继体[3]，周公辅成王[4]，其八人皆以祖考之尊建为大国。康叔之年幼，周公在三公之位[5]，而伯禽据国于鲁，盖爵命之时，未至成人。康叔后捍禄父之难[6]，伯禽殄淮夷之乱[7]。昔五帝异制[8]，周爵五等[9]，春秋三等[10]，皆因时而序尊卑[11]。高皇帝拨乱世反诸正[12]，昭至德[13]，定海内，封建诸侯，爵位二等[14]。皇子或在襁褓而立为诸侯王[15]，奉承天子，为万世法则，不可易。陛下躬亲仁义[16]，体行圣德[17]，表里文武[18]。显慈孝之行，广贤能之路[19]。内褒有德，外讨强暴。极临北海[20]，西溱月氏[21]，匈奴、西域[22]，举国奉师[23]。舆械之费[24]，不赋于民[25]。虚御府之藏以赏元戎[26]，开禁仓以振贫穷[27]，减戍卒之半[28]。百蛮之君[29]，靡不乡风[30]，承流称意[31]。远方殊俗[32]，重译而朝[33]，泽及方外[34]。故珍兽至，嘉谷兴[35]，天应甚彰[36]。今诸侯支子封至诸侯王[37]，而家皇子为列侯，臣青翟、臣汤等窃伏孰计之[38]，皆以为尊卑失序，使天下失望，不可。臣请立臣闳、臣旦、臣胥为诸侯王。"四月癸未，奏未央宫，留中不下[39]。

【注释】

①庆：人名。事迹不详。②将行：人名。事迹不详。③武王：周武王。姬发。④成王：周成王。姬诵。⑤三公：指太师、太傅、太保。⑥捍：抵御。禄父：商纣之子武庚，字禄父。武王灭商后，受封为殷君，仍都朝歌，周派管叔、蔡叔监视他。⑦殄（tiǎn）淮夷之乱：伯禽受封后，曾在费（今山东省费县西北）誓师，征伐淮夷、徐戎。⑧五帝：传说中的上古帝王。其说不一，《史记》指黄帝、颛顼（zhuān xū）、帝喾（kù）、尧、舜。异制：制度各不相同。⑨周爵：周朝的爵位。五等：公、侯、伯、子、男。⑩春秋：时代名。⑪因时：根据时代。序：按次序排列。⑫高皇帝：指汉高帝刘邦（前256—前195年）。沛（今江苏省沛县）人。前209年，陈胜吴广起义，刘邦亦起兵于沛，号为沛公。前206年率兵攻入秦都咸阳，废除秦的苛刑严法，约法三章。同年被项羽封为汉王，据有巴、蜀、汉中一带。后与项羽争战，相持五年，前202年击败项羽，建立汉朝。诸："之于"的合音词。⑬昭：彰明；显示。⑭二等：指王和列侯。⑮襁褓（qiǎng bǎo）：裹

婴儿的小布被。引申为婴儿时期。⑯躬亲：亲自。仁：古代一种含义广泛的道德概念，核心是人与人互相亲爱。义：正义。指思想行为符合一定的标准。⑰体行：身体力行。圣德：最高尚的德行。⑱表里文武：文治武功并重，互相补充。表里，内外，互相配合。⑲广：使……宽广。使动用法。⑳极：边境；边远的尽头。北海：指今西伯利亚贝加尔湖。㉑溱（zhēn）：通“臻”。至；到达。月氏（zhī）：也作“月支”。西域国名。㉒匈奴：也称胡。北方部族名。秦汉时散居在大漠南北，过游牧生活，善骑射。㉓举国奉师：全国都供给朝廷的部队。㉔舆械：指车辆和武器等军用装备。㉕赋：征收。㉖虚：使……空虚。使动用法。御府：官署名。皇帝的府库。属于少府。元戎（róng）：本为大型战车。这里指大将或兵众。㉗禁仓：宫禁中的仓库。振：通“赈”，救济。㉘戍卒：防守边塞的士兵。㉙百蛮：指华夏族以外的各部族。㉚靡（mǐ）：没有。否定代词。乡（xiàng）风：指向往汉朝风化。㉛承流称意：承受汉朝教化的影响，合乎朝廷的意旨。㉜殊俗：不同的风俗。㉝重（chóng）译：辗转翻译。朝：朝拜。㉞方外：边远地方。㉟嘉谷：生长特异的谷物。古人附会为祥瑞。嘉，美好。㊱应：应验。㊲今诸侯支子封诸侯王：指立胶东王刘寄的儿子刘庆为六安王、常山王子平为真定王，子商为泗水王之事。㊳孰：通“熟”。仔细。㊴留中不下：将奏章留在宫禁中，不批示下达。

“丞相臣青翟、太仆臣贺、行御史大夫事太常臣充、太子少傅臣安行宗正事昧死言[①]：臣青翟等前奏大司马臣去病上疏言，皇子未有号位，臣谨与御史大夫臣汤、中二千石、二千石、谏大夫、博士臣庆等昧死请立皇子臣闳等为诸侯王。陛下让文武[②]，躬自切[③]，及皇子未教[④]。群臣之议，儒者称其术，或悖其心[⑤]。陛下固辞弗许[⑥]，家皇子为列侯。臣青翟等窃与列侯臣寿成等二十七人议[⑦]，皆曰以为尊卑失序。高皇帝建天下，为汉太祖，王子孙[⑧]，广支辅[⑨]。先帝法则弗改[⑩]，所以宣至尊也[⑪]。臣请令史官择吉日[⑫]，具礼仪上[⑬]，御史奏舆地图[⑭]，他皆如前故事[⑮]。”制曰：“可。”

【注释】

①太仆：官名。九卿之一。②让：辞让。③切：责备。④未教：未教导有成。⑤称其术：口头上宣扬他们的理论。悖（bèi）其心：与内心相违背。悖，违背。⑥固：坚决。弗：不。⑦寿成：萧寿成。萧何的玄孙。后任太常。⑧王（wàng）：封王。⑨广：扩大；增加。支辅：支持，辅佐。名词。⑩法则：效法。动词。⑪宣：宣扬；显示。至尊：至高无上。⑫史官：主管文书典籍的官吏。⑬具：开列。⑭舆地图：即地图。⑮如前故事：按照以前的旧例。

四月丙申，奏未央宫。“太仆臣贺行御史大夫事昧死言：太常臣充言卜入四月二十八日乙巳[①]，可立诸侯王。臣昧死奏舆地图，请所立国名。礼仪别奏[②]。臣昧死请。”

【注释】

①卜入：用占卜的方法求得。②别：另外。

制曰：“立皇子闳为齐王[①]，旦为燕王[②]，胥为广陵王[③]。”

【注释】

①齐：封国名。②燕：封国名。③广陵：封国名。

四月丁酉，奏未央宫。六年四月戊寅朔，癸卯，御史大夫汤下丞相，丞相下中二千石，二千石下郡太守[①]、诸侯相，丞书从事下当用者[②]。如律令[③]。

【注释】

①太守：管理一郡政事的最高长官。原名郡守，景帝中二年更名太守。②丞书从事：指郡国主办文书的助理官员。③如律令：按照法令执行。汉代诏书结尾的常用语。

"维六年四月乙巳[①]，皇帝使御史大夫汤庙立子闳为齐王[②]。曰：於戏[③]，小子闳，受兹青社[④]！朕承祖考，维稽古建尔国家[⑤]，封于东土，世为汉藩辅[⑥]。於戏念哉！恭朕之诏[⑦]，惟命不于常[⑧]。人之好德[⑨]，克明显光[⑩]；义之不图[⑪]，俾君子怠[⑫]。悉尔心[⑬]，允执其中[⑭]，天禄永终[⑮]。厥有僁不臧[⑯]，乃凶于而国[⑰]，害于尔躬[⑱]。於戏，保国艾民[⑲]，可不敬与[⑳]！王其戒之[㉑]。"

【注释】

①维：发语词。②庙：指在太庙。③於戏：同"呜呼"。叹词。④受兹青社：古代诸侯受封时，由皇帝授予代表其封国方位的某一色土，作为分得土地的象征。齐国在东方，东方配青色，所以授予青土立社。⑤维：考虑。稽（jī）古：参考古制。稽，查考。尔：你（们）。⑥藩（fān）：屏障。⑦恭：奉行。⑧惟命不于常：意思是说天命之所寄托不是固定不变的。惟，发语词。⑨好（hào）德：爱好美德。⑩克：能。显光：灿烂的光辉。⑪义之不图：不能奋勉以追求道义。⑫俾（bì）：使。君子：有德者。⑬悉：尽。⑭允执其中：确能把握中庸之道。允，的确，确实。执，掌握。中，中庸之道。⑮天禄：天赐的福禄。永终长久；永久。⑯厥：句首助词。僁（qiān）：通"愆"。过失；罪过。臧：善。⑰乃：就。副词。而：你（的）。⑱尔躬：你本身。⑲艾（yì）：通"乂"。治理。⑳与（yǔ）：通"欤"。语气助词。㉑戒：警戒；警惕。

右齐王策[①]。

【注释】

①右：旧时书写格式，直行从右至左排列，所以称上文为右。策：策书。

"维六年四月乙巳，皇帝使御史大夫汤庙立子旦为燕王。曰：於戏，小子旦，受兹玄社[①]！朕承祖考，维稽古建尔国家，封于北土，世为汉藩辅。於戏！荤粥氏虐老兽心[②]，侵犯寇盗，加以奸巧边萌[③]。於戏！朕命将率徂征厥罪[④]，万夫长，千夫长[⑤]，三十有二君皆来[⑥]，降期奔师[⑦]。荤粥徙域[⑧]，北州以绥[⑨]。悉尔心，毋作怨[⑩]，毋俷德[⑪]，毋乃废备[⑫]。非教士不得从征[⑬]。於戏，保国艾民，可不敬与！王其戒之。"

【注释】

①玄社：燕国在北方，北方配玄色（黑色），所以授予玄士立社。②荤粥（xūn yù）氏：上古北方部族名。汉代称匈奴。兽心：野兽心肠。③边萌（máng）：边地的人民。萌，通"氓"，民众。④率：通"帅"。徂（cú）：往。征：讨伐。厥：他（们）的。代词。⑤万夫长，千夫长：古武官名。⑥三十有二君：指当时来投降的三十二帅。⑦降期奔（fèn）师：旗帜降下，军队溃败。期，通"旗"。奔，通"偾（fèn）"，覆败，毁坏。⑧徙域：指匈奴徙于漠北，南无王庭事。⑨绥（suí）：

安定。⑩毋：莫；不。要。⑪俷（fèi）：背弃；败坏。⑫废备：荒废战备。⑬教士：受过训练的士兵。从征：从军，应征。

右燕王策。

"维六年四月乙巳，皇帝使御史大夫汤庙立子胥为广陵王。曰：於戏，小子胥，受兹赤社[①]！朕承祖考，维稽古建尔国家，封于南土，世为汉藩辅。古人有言曰：'大江之南[②]，五湖之间[③]，其人轻心[④]。杨州保疆[⑤]，三代要服[⑥]，不及以政。'於戏！悉尔心，战战兢兢[⑦]，乃惠乃顺[⑧]，毋侗好轶[⑨]，毋迩宵人[⑩]，维法维则[⑪]。《书》云'臣不作威，不作福[⑫]'，靡有后羞[⑬]。於戏，保国艾民，可不敬与！王其戒之。"

【注释】

①赤社：广陵国在南方，南方配赤色，所以授予赤土立社。②大江：即长江。③五湖：泛指太湖流域一带的湖泊。④轻心：指浮躁强悍的风气。⑤杨州：即扬州。古九州之一。⑥三代：指夏、商、周三代。要（yāo）服：古代称离王畿（帝王直辖领地）一千五百里至两千里的地区。这里是指距离朝廷很远的地方。⑦战战兢兢：小心谨慎的意思。⑧乃：助词。惠：仁爱。顺：服从。⑨毋侗（tóng）好轶（yì）：不要放荡，贪图安逸。侗，轻脱。轶，通"逸"。⑩毋迩（ěr）宵（xiǎo）人：不要接近坏人。宵通"小"。⑪维法维则：一切都要遵守法制，一切都要合乎规则。维，助词。⑫《书》：即《尚书》。上古历史文件和部分追述古代事迹著作的汇编。⑬靡：不。否定副词。羞：耻辱。

右广陵王策。

太史公曰：古人有言曰"爱之欲其富，亲之欲其贵"。故王者疆土建国[①]，封立子弟，所以褒亲亲[②]，序骨肉[③]，尊先祖，贵支体[④]，广同姓于天下也[⑤]。是以形势彊而王室安[⑥]。自古至今，所由来久矣。非有异也，故弗论箸也[⑦]。燕齐之事，无足采者。然封立三王，天子恭让，群臣守义，文辞烂然[⑧]，甚可观也，是以附之世家。

【注释】

①疆土：分划土地。疆，划界。②亲亲：爱自己的亲属。③骨肉：比喻至亲。④支体：比喻子孙。⑤广：扩大。同姓：指同姓的势力。⑥是以：以是；因此。彊：通"强"。⑦论箸（zhù）：议论著述。箸，通"著"。⑧烂然：形容文章词句华美。

褚先生曰[①]：臣幸得以文学为侍郎[②]，好览观太史公之列传。传中称《三王世家》文辞可观，求其世家终不能得。窃从长老好故事者取其封策书[③]，编列其事而传之[④]，令后世得观贤主之指意[⑤]。

【注释】

①褚（chǔ）先生：褚少孙。西汉史学家、文学家。颍川（今河南省禹县）人。元帝、成帝间为博士，世号褚先生。②文学：贤良文学的简称。汉代选拔官吏的科目之一。侍郎：官名。汉代郎官的一种，为宫廷的近侍。③长（zhǎng）老：年高者。④传（zhuàn）：记载。⑤指意：即旨意。意图。指，通"旨"。

盖闻孝武帝之时[①]，同日而俱拜三子为王[②]：封一子于齐，一子于广陵，一子于燕。各因子才力智能，及土地之刚柔[③]，人民之轻重[④]，为作策以申戒之[⑤]。谓王："世为汉藩辅，保国治民，可不敬与！王其戒之。"夫贤主所作，固非浅闻者所能知[6]，非博闻强记君子者所不能究竟其意[7]。至其次序分绝[8]，文字之上下，简之参差长短[9]，皆有意，人莫之能知。谨论次其真草诏书[10]，编于左方，令览者自通其意而解说之。

【注释】

①孝武帝：汉武帝刘彻（前156—前87年）。景帝之子。前141—前87年在位。②俱：偕；同。③刚柔：指贫瘠和肥饶。④轻重：轻佻和庄重。⑤申戒：告诫。包含劝勉和警戒。⑥固：本来。⑦究竟：穷尽；透彻理解。动词。⑧至：至于。分绝：划分。⑨简：指策书。参差（cēn cī）：长短不一。⑩论次：论列。真草：楷书和草书。

王夫人者，赵人也，与卫夫人并幸武帝[1]，而生子闳。闳且立为王时[2]，其母病，武帝自临问之。曰："子当为王，欲安所置之？"王夫人曰："陛下在，妾又何等可言者[3]？"帝曰："虽然[4]，意所欲，欲于何所王之？"王夫人曰："愿置之雒阳[5]。"武帝曰："雒阳有武库敖仓[6]，天下冲阸[7]，汉国之大都也。先帝以来，无子王于雒阳者。去雒阳[8]，余尽可。"王夫人不应。武帝曰："关东之国无大于齐者[9]。齐东负海而城郭大[10]，古时独临菑中十万户[11]，天下膏腴地莫盛于齐者矣[12]。"王夫人以手击头，谢曰："幸甚。"王夫人死而帝痛之，使使者拜之曰[13]："皇帝谨使使太中大夫明奉璧一[14]，赐夫人为齐王太后。"子闳王齐，年少，无有子，立，不幸早死，国绝，为郡[15]。天下称齐不宜王云[16]。

【注释】

①卫夫人：卫子夫。后为皇后。幸：为帝王所宠爱。②且：将。③妾：旧时妇女自称的谦辞。④虽然：虽然这样。⑤雒（luò）阳：都邑名。⑥敖（áo）仓：当时最重要的粮仓，设在距洛阳不远的荥阳市东北的敖山上。即今郑州西北邙山上。⑦冲阸（è）：指纵横相交的大道和险要之地。⑧去：除去；除了。⑨关东：指函谷关以东地区。⑩负：背靠。⑪临菑（zī）：县名。一作"临淄"。在今山东省淄博市东北。⑫膏腴地：肥沃富饶的土地。⑬使使（shǐ shǐ）：派遣使者。⑭太中大夫：官名。掌议论。明：人名。奉：通"捧"。璧：玉器。⑮郡：秦、汉时代的地方最高行政区域，郡下统县。⑯王（wàng）：动词，封王，君临，统辖。与上文"何所王之"之"王"意同，音亦同。

所谓"受此土"者，诸侯王始封者必受土于天子之社，归立之以为国社，以岁时祠之[1]。《春秋大传》曰[2]："天子之国有泰社[3]。东方青，南方赤，西方白，北方黑，上方黄。"故将封于东方者取青土，封于南方者取赤土，封于西方者取白土，封于北方者取黑土，封于上方者取黄土。各取其色物[4]，裹以白茅[5]，封以为社。此始受封于天子者也。此之为主土。主土者，立社而奉之也。"朕承祖考"，祖者先也，考者父也。"维稽古"，维者度也，念也，稽者当也，当顺古之道也。

【注释】

①岁时：指一年中的季节。祠：祭祀。②《春秋大传》：书名。《汉书·艺文志》未著录。③泰社：也作"大社""太社"。④色物：有色之物，指上文所说的五色泥土。⑤白茅：多年生草。

齐地多变诈，不习于礼义，故戒之曰"恭朕之诏，唯命不可为常。人之好德，能明显光。不图于义，使君子怠慢。悉若心[①]，信执其中[②]，天禄长终。有过不善，乃凶于而国，而害于若身”。齐王之国[③]，左右维持以礼义，不幸中年早夭[④]。然全身无过，如其策意。

【注释】

①若：你（们）。②信：的确；确实。③之：往，到。④夭（yāo）：少壮而死。

传曰“青采出于蓝，而质青于蓝”者[①]，教使然也。远哉贤主，昭然独见[②]：诫齐王以慎内；诫燕王以无作怨，无俷德；诫广陵王以慎外，无作威与福。

【注释】

①传（zhuàn）：书传。指《荀子》。质：本质；实体。②昭然：光明的样子。

夫广陵在吴越之地[①]，其民精而轻，故诫之曰“江湖之间，其人轻心。扬州葆疆[②]，三代之时，迫要使从中国俗服[③]，不大及以政教，以意御之而已[④]。无侗好佚，无迩宵人，维法是则。无长好佚乐，驰骋弋猎，淫康而近小人[⑤]。常念法度[⑥]，则无羞辱矣”。三江[⑦]、五湖有鱼盐之利，铜山之富，天下所仰[⑧]。故诫之曰“臣不作福”者，勿使行财币[⑨]，厚赏赐[⑩]，以立声誉，为四方所归也。又曰“臣不作威”者，勿使因轻以倍义也[⑪]。

【注释】

①吴越：指春秋时的吴国与越国，在今江浙一带。②葆：通“保”。③俗服：习俗习惯。④御：治理；统治。⑤长，疑为衍文。佚（yì）乐：安逸游荡。佚，通“逸”。弋（yì）猎：射猎。弋：用绳系箭而射。淫康：过度安乐。⑥法度：法令制度。⑦三江：指吴淞江、钱塘江、浦阳江。⑧仰：羡慕。⑨币：指用作礼物的丝织品或泛指礼物。⑩厚：重；大；多。⑪倍：通“背”。背弃。

会孝武帝崩[①]，孝昭帝初立[②]，先朝广陵王胥，厚赏赐金钱财币，直三千余万，益地百里，邑万户。

【注释】

①会：恰巧；适逢。崩：古代讳称帝王之死。犹之如山陵崩塌。②孝昭帝：汉昭帝刘弗陵（前94—前74年）。武帝少子。前87—前74年在位。

会昭帝崩，宣帝初立[①]，缘恩行义[②]，以本始元年中[③]，裂汉地，尽以封广陵王胥四子：一子为朝阳侯[④]；一子为平曲侯[⑤]；一子为南利侯[⑥]；最爱少子弘，立以为高密王[⑦]。

【注释】

①宣帝：汉宣帝刘询（前90—前49年）。武帝曾孙。前74—前49年在位。②缘：因；用。③本始元年：前73年。本始，宣帝的年号。④朝阳侯：刘圣。封地在今山东省章丘县西北。⑤平曲侯：刘曾。平曲，在今江苏省东海县东南。⑥南利侯：刘昌。封地在今河南省上蔡县东。⑦高密：封国名。在今山东省高密市一带。

其后胥果作威福，通楚王使者[①]。楚王宣言曰[②]：“我先元王[③]，高帝少弟也，封三十二城。今地邑益少，我欲与广陵王共发兵云[④]，立广陵王为上，我复王楚三十二城[⑤]，如元王时。”事发觉，公卿有司请行罚诛。天子以骨肉之故，不忍致法于胥[⑥]，下诏书无治广陵王，独诛首恶楚王。传曰“蓬生麻中，不扶自直；白沙在泥中，与之皆黑”者[⑦]，土地教化使之然也。其后胥复祝诅谋反[⑧]，自杀，国除[⑨]。

【注释】

①通：交往；勾结。楚王：刘延寿。②宣言：扬言。③元王：楚元王刘交。沛县（今江苏省沛县）人。刘邦异母弟。④云：衍文。这种祈使句不能用这样的语末助词。⑤王（wàng）：君临；统治。⑥致法：给予法办。⑦“蓬生麻中”出于《荀子·劝学》，今本“泥”作“涅”。《大戴礼记·曾子制言》中亦有之。⑧祝诅（zǔ）：诉于鬼神，祈使降祸于人。⑨国除：封国被废除。

燕土垸埆①，北迫匈奴[②]，其人民勇而少虑[③]，故诫之曰“荤粥氏无有孝行而禽兽心，以窃盗侵犯边民。朕诏将军往征其罪，万夫长，千夫长，三十有二君皆来，降旗奔师。荤粥徙域远处，北州以安矣”。“悉若心，无作怨”者，勿使从俗以怨望也[④]。“无俷德”者，勿使王背德也。“无废备”者，无乏武备，常备匈奴也。“非教士不得从征”者，言非习礼义不得在于侧也。

【注释】

①垸埆（qiāo què）：土地贫瘠。②迫：接近。③虑：谋划。④怨望：心怀不满。

会武帝年老长，而太子不幸薨[①]，未有所立，而旦使来上书，请身入宿卫于长安[②]。孝武见其书，击地[③]，怒曰：“生子当置之齐鲁礼义之乡，乃置之燕赵，果有争心，不让之端见矣[④]。”于是使使即斩其使者于阙下[⑤]。

【注释】

①太子：指卫太子刘据，因“巫蛊”之祸被江充诬陷，于征和二年（前 91 年）被迫造反死难。②宿卫：在宫中值宿，担任警卫。长安：汉都城。在今陕西省西安市西北。③击地：投掷着地。④不让之端：不谦让的苗头。端，开端，苗头。⑤阙（què）下：指帝王居住的地方。

会武帝崩，昭帝初立，旦果作怨而望大臣。自以长子当立，与齐王子刘泽等谋为叛逆[①]，出言曰：“我安得弟在者！今立者乃大将军子也。”欲发兵。事发觉，当诛。昭帝缘恩宽忍，抑案不扬[②]。公卿使大臣请[③]，遣宗正与太中大夫公户满意、御史二人[④]，偕往使燕[⑤]，风喻之[⑥]。到燕，各异日，更见责王[⑦]。宗正者，主宗室诸刘属籍[⑧]，先见王，为列陈道昭帝实武帝子状[⑨]。侍御史乃复见王[⑩]，责之以正法[⑪]，问：“王欲发兵罪名明白，当坐之[⑫]。汉家有正法，王犯纤介小罪过[⑬]，即行法直断耳[⑭]，安能宽王[⑮]。”惊动以文法[⑯]。王意益下，心恐。公户满意习于经术[⑰]，最后见王，称引古今通义[⑱]，国家大礼，文章尔雅[⑲]。谓王曰：“古者天子必内有异姓大夫，所以正骨肉也；外有同姓大夫，所以正异族也。周公辅成王，诛其两弟，故治。武帝在时，尚能宽王。今昭弟始立，年幼，富于春秋[⑳]，未临政[㉑]，委任大臣。古者诛罚不阿亲戚[㉒]，故天下治。方今大臣辅政，奉法直行，无敢所阿，恐不能宽王。王可自谨，无自令身死国灭，为天下笑。”于是燕王旦乃恐惧服罪，叩头谢过。大臣欲和合骨肉，难伤之以法。

【注释】

①齐王：此指以前的齐懿王刘寿，那个齐国于汉武帝元朔二年（前 127 年）

已废除。②抑案：制止。案，通“按”。③公卿：三公九卿的省称。④公户满意：人名。⑤偕：一同。⑥风（fěng）喻：劝告；开导。⑦更（gēng）：轮流更替。⑧宗室：指皇族。⑨为列陈道昭帝实武帝子状：给燕王旦列举事实说明昭帝实为武帝儿子的情况。⑩侍御史：官名。掌管监察或出外执行指定的任务。⑪正法：正式的法律。⑫坐：获罪。⑬纤（xiān）介：细微。⑭行法直断：执行法律，径直决断。⑮宽：宽容；宽大。⑯惊动以文法：用法律条文使他惊惧震动。⑰经术：指儒家学说。⑱通义：普遍通行的道理。⑲文章：这里指言辞。尔雅：近于雅正。⑳富于春秋：言年纪尚幼，年华还多。㉑临政：亲自掌政。㉒阿（ē）：偏袒；庇护。

其后旦复与左将军上官桀等谋反[①]，宣言曰“我次太子，太子不在，我当立，大臣共抑我”云云[②]。大将军光辅政[③]，与公卿大臣议曰：“燕王旦不改过悔正，行恶不变。”于是修法直断[④]，行罚诛。旦自杀，国除，如其策指。有司请诛旦妻子[⑤]。教昭以骨肉之亲，不忍致法，宽赦旦妻子，免为庶人[⑥]。传曰“兰根与白芷[⑦]，渐之滫中[⑧]，君子不近，庶人不服”者[⑨]，所以渐然也[⑩]。

【注释】

①左将军：武官名。汉代的第二等将军。②抑：压制。云云：如此如此。③大将军：武官名。汉代最高级的将军，职掌统兵征战，并常掌握政权。光：霍光。霍去病异母弟。曾任奉车都尉。④修法：严肃法纪。⑤妻子：妻室儿女。⑥庶人：平民。⑦兰根、白芷：香草名。⑧渐（jiān）：浸渍。滫（xiǔ，又 xiū）：尿；溲水。⑨服：佩戴。⑩然：这样。

宣帝初立，推恩宣德，以本始元年中尽复封燕王旦两子：一子为安定侯[①]；立燕故太子建为广阳王[②]，以奉燕王祭祀。

【注释】

①安定侯：刘贤。封地在今河北省深州市西南。②广阳：封国名。

伯夷列传第一[①]

夫学者载籍极博[②]，犹考信于《六艺》[③]。《诗》《书》虽缺[④]，然虞、夏之文可知也[⑤]。尧将逊位[⑥]，让于虞舜，舜、禹之间，岳牧咸荐[⑦]，乃试之于位，典职数十年[⑧]，功用既兴[⑨]，然后授政。示天下重器[⑩]王者大统[⑪]，传天下若斯之难也[⑫]。而说者曰[⑬]：尧让天下于许由[⑭]，许由不受，耻之逃隐。及夏之时，有卞随、务光者[⑮]，此何以称焉[⑯]？太史公曰：余登箕山[⑰]，其上盖有许由冢云[⑱]。孔子序列古之仁圣贤人，如吴太伯、伯夷之伦详矣[⑲]。余以所闻，由、光义至高[⑳]，其文辞不少概见[㉑]，何哉？

【注释】

①列传（zhuàn）第一：《史记》七十列传第一篇。②夫（fū）：语首助词，无意义。载籍：书籍。③《六艺》：即《六经》。指《书》《礼》《乐》《诗》《易》《春秋》。④《诗》《书》虽缺：相传孔丘曾经删削《诗》《书》。⑤虞夏之文：指《尚书》中的《尧典》《舜典》《大禹谟》，其中详细记载了虞、夏禅让的故事。⑥逊位：让位。⑦岳牧：古代传说中的四岳和十二州牧的合称。⑧典职：任职；管理政务。⑨功用：功绩，成绩。⑩重器：贵重的宝器。此处意指天下为王者之重器。⑪大统：指帝王尊位。⑫若斯：如此。⑬说者：指诸子杂记。尧让位给许由，汤让位给卞随、务光，详见《庄子·让王》。⑭许由：尧时隐士。⑮卞随、务光：传说商汤要攻打夏桀，先后找卞随、务光商量，他们都推托说不知道。后来商汤打倒了夏桀，又要把帝位让给他们，他们又拒不接受，并且都投水而死。⑯此何以称焉：意思说：这些人不见于经传，为什么在诸子杂记中又被称赞呢？⑰箕山：山名。在今河南省登封市东南。⑱盖：表示未必确实或难于肯定。传疑副词。⑲吴太伯：周太王的长子。⑲吴太伯：周太王的长子。以为；想。㉑其文辞：指经传上的文字。少：稍微；略为。

孔子曰："伯夷、叔齐，不念旧恶，怨是用希。"[①]"求仁得仁，又何怨乎？"[②]余悲伯夷之意[③]，睹轶诗可异焉[④]。其传曰[⑤]：

伯夷、叔齐，孤竹君之二子也[⑥]。父欲立叔齐。及父卒，叔齐让伯夷，伯夷曰："父命也。"遂逃去。叔齐亦不肯立而逃之。国人立其中子[⑦]。于是伯夷、叔齐闻西伯昌善养老[⑧]，盍往归焉[⑨]？及至，西伯卒，武王载木主，号为文王[⑩]，东伐纣[⑪]。伯夷、叔齐叩马而谏曰[⑫]："父死不葬，爰及干戈[⑬]，可谓孝乎？以臣弑君[⑭]，可谓仁乎？"左右欲兵之[⑮]。太公曰[⑯]："此义人也。"扶而去之。武王已平殷乱，天下宗周[⑰]，而伯夷、叔齐耻之，义不食周粟[⑱]，隐于首阳山[⑲]，采薇而食之[⑳]。及饿且死，作歌。其辞曰："登彼西山兮[㉑]，采其薇矣。以暴易暴兮[㉒]，不知其非矣。神农、虞、夏忽焉没兮[㉓]，我安适归矣[㉔]？于嗟徂兮[㉕]，命之衰矣！"遂饿死于首阳山。

由此观之，怨邪非邪？

【注释】

①不念旧恶，怨是用希：语出《论语·公冶长》。"怨是用希"，即"怨用是希"。②"求仁得仁"二句：语出《论语·述而》。③悲：悲叹，含有钦佩同情之意。④轶诗：下面的歌辞，因未收入《诗经》，故称轶诗。轶，通"佚""逸"，散失。可异焉：感到奇怪。因为按《论语》说，求仁得仁，没有什么可怨的，但歌辞中又有"于嗟徂兮，命之衰矣"的话表示了怨气。所以感到奇怪。⑤其传：指《韩诗外传》和《吕氏春秋》。⑥孤竹：存在于商、周时的诸侯国，其君姓墨胎氏。⑦中（zhòng）子：次子。古代兄弟排行按伯仲叔季次序，通"仲"。那么伯夷排行第一，叔齐排行第三。中，通仲。⑧西伯昌：周文王姬昌，商末为西方诸侯之长，故称西伯昌。⑨盍：有两解：一，通"盖"。二，何不。⑩武王：周武王。⑪纣：商朝最后的君主。又称帝辛。⑫叩马：勒住马。叩，通"扣"。⑬爰：就。干戈：干，盾；戈，平头戟。干戈是古代常用的兵器，引申为战争。⑭弑（shì）：古代下杀上叫弑，如臣杀死君，子女杀死父母。⑮左右：在旁边侍候的人。⑯太公：吕尚，号太公望，齐国始祖。详见《齐太公世家》。⑰宗周：

以周王室为宗主。⑱义：坚持气节。⑲首阳山：山名。⑳薇（wēi）：蕨类植物。巢菜，野豌豆。㉑西山：即首阳山。兮：语气助词，相当于“啊”。㉒易：交换。㉓神农：传说中的三皇之一。㉔安：哪里。适：往；去。㉕于（xū）嗟：感叹词。于，通“吁”。徂（cú）：通“殂”。死。

或曰[1]：“天道无亲[2]，常与善人。”若伯夷、叔齐，可谓善人者非邪？积仁洁行如此而饿死[3]！且七十子之徒[4]，仲尼独荐颜渊为好学[5]；然回也屡空[6]，糟糠不厌[7]，而卒蚤夭[8]。天之报施善人，其何如哉？盗跖日杀不辜[9]，肝人之肉[10]，暴戾恣睢[11]，聚党数千人，横行天下，竟以寿终[12]，是遵何德哉？此其尤大彰明较著者也[13]。若至近世[14]，操行不轨，专犯忌讳，而终身逸乐，富厚累世不绝。或择地而蹈之[15]，时然后出言，行不由径[16]，非公正不发愤，而遇祸灾者，不可胜数也。余甚惑焉，傥所谓天道[17]，是邪非邪？

【注释】

①或：有人。虚指代词。②天道：古代指支配人类命运的天神意志。无亲：无亲疏之分，即没有私心，没有偏心。③积仁洁行：积累仁德，使自己的行为保持高洁。④且：进层连词。七十子之徒：相传孔丘有弟子三千，贤人七十。⑤颜渊：即颜回。春秋末年鲁国人。孔丘最得意的学生。⑥空（kòng）：贫穷；空乏。⑦糟糠：借代粗劣的食物。糟，酒渣；糠，米皮。不厌：吃不饱。⑧卒：终于。蚤：通“早”。夭：夭折；未成年而死。⑨跖（zhí）：相传为春秋末期鲁国人，一说是柳下惠之弟，为横行一时的大盗，故名之为盗跖。⑩肝：用作动词，像食用动物肝脏一样。⑪暴戾：凶暴而恶戾。⑫竟：竟然。⑬彰明较著：形容极其明显。⑭近世：实指当世，这是作者有所忌讳的措辞。⑮择地而蹈之：选好地方才落步，不轻举妄动。⑯径：小路。⑰傥：倘若，如果。

子曰：“道不同，不相为谋。”[1]亦各从其志也。故曰：“富贵如可求，虽执鞭之士，吾亦为之；如不可求，从吾所好。”[2]“岁寒，然后知松柏之后凋。”[3]举世混浊，清士乃见[4]。岂以其重若彼，其轻若此哉？[5]

【注释】

①道不同，不相为谋：主张（思想、观点）不同，不互相商议。为，与。语出《论语·卫灵公》。②语出《论语·述而》。“富贵如可求”，原文为“富而可求也”。赶车的人，给帝王诸侯出行清道的人，维持市场秩序的人。③语出《论语·子罕》。④见（xiàn）：通“现”，显露。⑤历来对此句的解释不一，约有三说：第一是《索隐》的说法，认为伯夷让德之重若彼，而采薇饿死之轻若此；或者说，操行不轨，富厚累代，是其重若彼，公正发愤而遇祸灾，是其轻若此。第二是《正义》的说法，重谓盗跖等，轻谓夷、齐、由、光等。第三是顾炎武的说法，认为其重若彼，谓俗人之重富贵；其轻若此，谓清士之轻富贵。

“君子疾没世而名不称焉[1]。”贾子曰[2]：“贪夫徇财[3]，烈士徇名[4]，夸者死权[5]，众庶冯生[⑥]。”“同明相照，同类相求。”[⑦]“云从龙，风从虎，圣人作而万物睹。”[⑧]伯夷、叔齐虽贤，得夫子而名益彰；颜渊虽笃学，附骥尾而行益显[⑨]。岩穴之士[⑩]，趣舍有时[⑪]，若此类，名堙灭而不称[⑫]，悲夫！闾巷之人[⑬]，欲砥行立名者[⑭]，非附青云之士[⑮]，恶能施于后世哉[⑯]？

【注释】

①语出《论语·卫灵公》。疾：痛恨。②贾子：贾谊。③徇（xùn）：通“殉”。以身从物；为了达到某种目的而牺牲性命。④烈士：有志立功创业的人，与今义不同。⑤夸者：贪权势而矜夸的人。⑥众庶：民众；百姓。冯（píng）：通“凭”。依靠。⑦语本《易·乾·文言》，原文作“同声相应，同气相求。”⑧语出《易·乾·文言》。⑨附骥尾：苍蝇附骥尾而行千里，比喻颜回因受到孔丘的表彰而垂名后世。骥，千里马。⑩岩穴之士：隐居山野的人，即隐士。⑪趣（qū）：通“趋”。进取。舍：隐退。有时：有一定时机。⑫堙（yīn）灭：埋没。⑬闾巷之人：平民，指有才能而在下位的人。⑭砥（dǐ）：旧读 zhǐ，磨刀石。⑮青云之士：德行高尚或地位显贵的人。⑯恶（wū）：怎么。疑问副词。施（yī）：延续；留传。

管晏列传第二

管仲夷吾者[①]，颍上人也[②]。少时常与鲍叔牙游[③]，鲍叔知其贤[④]。管仲贫困，常欺鲍叔[⑤]，鲍叔终善遇之[⑥]，不以为言[⑦]。已而鲍叔事齐公子小白[⑧]，管仲事公子纠。及小白立为桓公[⑨]，公子纠死，管仲囚焉[⑩]。鲍叔遂进管仲[⑪]。管仲既用[⑫]，任政于齐，齐桓公以霸[⑬]，九合诸侯[⑭]，一匡天下[⑮]，管仲之谋也。

【注释】

①管仲夷吾（？—前 645 年）：管夷吾，字仲。后人因其谥敬，称之为“管敬仲”。②颍（yǐng）：水名。在今河南省东部和安徽省西北部。③鲍叔牙：少时和管仲友善，后因齐乱，随公子小白出奔莒，管仲则随公子纠出奔鲁。④贤：有才德。⑤常欺鲍叔：管仲与鲍叔牙在南阳一同经商，到分盈利时，管仲自己多分。⑥终：始终。⑦不以为言：不因为这件事发议论。⑧已而：不久；旋即。事：服事；侍奉。⑨及：至；等到。⑩囚：拘禁。⑪遂：就。进：举荐。⑫用：任用。⑬以：因。⑭九：这里泛指多次。⑮匡：匡正；纠正。

管仲曰：“吾始困时[①]，尝与鲍叔贾[②]，分财利多自与[③]，鲍叔不以我为贪[④]，知我贫也。吾尝为鲍叔谋事而更穷困[⑤]，鲍叔不以我为愚[⑥]，知时有利不利也[⑦]。

吾尝三仕三见逐于君[⑧]，鲍叔不以我为不肖[⑨]，知我不遭时也[⑩]。吾尝三战三走[⑪]，鲍叔不以我为怯[⑫]，知我有老母也。公子纠败，召忽死之[⑬]，吾幽囚受辱[⑭]，鲍叔不以我为无耻，知我不羞小节而耻功名不显于天下也[⑮]。生我者父母，知我者鲍子也[⑯]。”

【注释】

①始：当初。困：贫困。②尝：曾经。③多自与：多给自己。④不以：不认为。⑤谋：谋划；计划。⑥愚：笨拙。⑦时：时势；时机。⑧三仕：三次做官。三见逐：三次被驱赶。⑨不肖：不贤。⑩遭：遇；逢。⑫怯：胆怯；胆小。⑬召（shào）忽：齐国人。与管仲同时辅佐公子纠。⑭幽囚：囚禁。⑮羞：感到耻辱。以动用法。耻：以动用法。⑯知：了解；熟悉。

鲍叔既进管仲，以身下之[①]。子孙世禄于齐[②]，有封邑者十余世[③]，常为名大夫。天下不多管仲之贤而多鲍叔能知人也[④]。

【注释】

①以身下之：将自己置于管仲之下位。②世禄于齐：世代都在齐国享受俸禄。禄，古代官吏的俸给。③封邑：帝王赐给臣子的土地。④多：推重；赞美。

管仲既任政相齐[①]，以区区之齐在海滨[②]，通货积财[③]，富国强兵，与俗同好恶[④]。故其称曰[⑤]：“仓廪实而知礼节[⑥]，衣食足而知荣辱[⑦]，上服度则六亲固[⑧]。四维不张[⑨]，国乃灭亡[⑩]。下令如流水之原[⑪]，令顺民心[⑫]。”故论卑而易行[⑬]。俗之所欲[⑭]，因而予之[⑮]；俗之所否[⑯]，因而去之[⑰]。

【注释】

①任政相齐：主持政务，担任齐相。②区区：小小。③通货积财：流通货物，积累资财。④俗：民俗。好恶：喜好与厌恶。⑤其：指管夷吾。以下引语见《管子·牧民》。⑥仓廪：仓库。⑦荣辱：光荣和耻辱。⑧上：国君。服度：有两解：一、遵守法度，二、使用的衣服车马等有制度。六亲：有几种说法。一般认为指父、母、兄、弟、妻、子。固：坚固：亲密团结。⑨四维：指礼、义、廉、耻。维，纲，提网的绳。⑩乃：就。⑪令：政令。原：源头。⑫顺：顺应。⑬论卑而易行：言论平易而易于实行。⑭所欲：所想获得的。⑮予：给予。⑯所否：所反对的。⑰去：除掉。

其为政也[①]，善因祸而为福[②]，转败而为功[③]。贵轻重[④]，慎权衡[⑤]。桓公实怒少姬[⑥]，南袭蔡[⑦]，管仲因而伐楚[⑧]，责包茅不入贡于周室[⑨]。桓公实北征山戎[⑩]，而管仲因而令燕修召公之政[⑪]。于柯之会[⑫]，桓公欲背曹沫之约[⑬]，管仲因而信之[⑭]，诸侯由是归齐[⑮]。故曰：“知与之为取，政之宝也[⑯]。”

【注释】

①为政：从事政治。②善：善于。因祸为福：由祸患转化为安福。③转败而为功：转化失败因素成为有利因素。④贵：重视。轻重：本指货币，《管子》有《轻重篇》。此处指事情的轻重缓急。⑤慎：戒慎。⑥怒：恨。少姬：齐桓公夫人，

蔡缪侯之妹。少姬因荡舟失宠归蔡，蔡君将她改嫁，因而触怒桓公。⑦蔡：国名。⑧楚：国名。芈姓。始祖鬻熊。西周时立国于荆山一带，建都丹阳（今湖北省秭归县东南）。春秋时兼并周围小国，不断与晋争霸。楚庄王曾为霸主。战国时疆域更为扩大。前223年为秦所灭。详见《楚世家》。⑨责：责备。包茅：指菁茅。入贡：贡献朝廷。周室：指周朝王室或周朝廷。⑩山戎：部族名。⑪修：实行。召（shào）公：周代燕国的始祖。姬奭。⑫柯：齐地名。在今山东东阿县西南。会：盟会。⑬背：违背。曹沫：鲁国将领。⑭因而：从而。信之：使齐桓公守信。⑮由是：因此。⑯引语本于《老子》：“将欲取之，必固与之。”与：给予。

管仲富拟于公室①，有三归、反坫②，齐人不以为侈③。管仲卒，齐国遵其政，常彊于诸侯。后百余年而有晏子焉④。

【注释】

①拟：比拟；相似。公室：诸侯的家族。②三归：有几说：一、征收市场租税。二、娶了三姓女子。三、三处家庭。四、台名。五、采邑名。六、府库名。反坫（diàn）：覆酒杯的土台。③侈：奢侈；浪费。④百余年：管仲死于齐桓公四十一年（前645年），晏婴于齐灵公二十六年（前556年）出任大夫，相去仅八十九年。

晏平仲婴者①，莱之夷维人也②。事齐灵公、庄公、景公③，以节俭力行重于齐④。既相齐，食不重肉⑤，妾不衣帛⑥。其在朝，君语及之⑦，即危言⑧；语不及之，即危行⑨。国有道⑩，即顺命⑪；无道，即衡命⑫。以此三世显名于诸侯。

【注释】

①晏平仲婴（？—前500年）：晏婴，字仲，谥平。②莱：国名。地在今山东黄县东南莱子城，前567年为齐所灭。夷维：邑名。在今山东省高密市。③齐灵公：姜环。前581—前554年在位。齐庄公：姜光。前553—前548年在位。④节俭：节约俭朴。力行：尽力办事。重：重视，被动用法。⑤重（chóng）肉：两味肉食。⑥衣（yì）：穿着。帛：丝织品。⑦语及之：说到他。⑧即：则；就。⑨危行（xíng）：直道而行。⑩有道：指治理合乎原则，国泰民安。⑪顺命：顺从命令。⑫衡命：衡量命令，谓可行则行。

越石父贤①，在缧绁中②。晏子出，遭之涂③，解左骖赎之④，载归。弗谢⑤，入闺⑥。久之，越石父请绝⑦。宴子戄然⑧，摄衣冠谢曰⑨：“婴虽不仁⑩，免子于厄⑪，何子求绝之速也？”石父曰：“不然。吾闻君子诎于不知己而信于知己者⑫。方吾在缧绁中⑬，彼不知我也⑭。夫子既已感寤而赎我⑮，是知己；知己而无礼，固不如在缧绁之中。”晏子于是延入为上客⑯。

【注释】

①越石父：一说为晋国中牟人，卖身做奴隶。②缧绁（léi xiè）：拘系犯人的绳索，引申为囚禁。③涂：通“途”。④左骖（cān）：古代一车套四马，居中的两匹称服，居外的两匹称骖，骖居左故称左骖。⑤弗：不。⑥闺：宫中的小门。⑦绝：断绝

交往。⑧愳（jù）：敬畏貌。⑨摄：整理。谢：道歉。⑩仁：善良、宽厚、慈爱。⑪子：古代表敬意的对称词。⑫诎（qū）：通“屈”。委屈。信（shēn）：通“伸”。伸直。⑬方：当。⑭彼：他（们）。⑮夫子：古时对人的一般敬称。感寤：感发醒悟。⑯延：请。上客：高等宾客。

晏子为齐相①，出②，其御之妻从门间而窥其夫③。其夫为相御④，拥大盖⑤，策驷马⑥，意气扬扬⑦，甚自得也⑧。既而归⑨，其妻请去⑩。夫问其故⑪。妻曰：“晏子长不满六尺，身相齐国⑫，名显诸侯⑬。今者妾观其出，志念深矣⑭，常有以自下者⑮。今子长八尺，乃为人仆御⑯，然子之意自以为足⑰，妾是以求去也⑱。”其后夫自抑损⑲。晏子怪而问之⑳，御以实对。晏子荐以为大夫㉑。

【注释】

①相：官名。执政大臣。②出：外出。③御：车夫。门间（jiān）：门缝。间，缝隙。④御：驾驶车马。⑤大盖：车盖。⑥策：鞭打。驷（sì）马：古代一车套四马。⑦扬扬：得意貌。⑧自得：自我得意。⑨既：已；完。⑩请去：请求离去。⑪故：原因。⑫相：任相。动词。⑬显：显赫。⑭志念：意念；抱负。深：深远。⑮常：恒，总是。有以自下者：具有自谦的品德。下，退让。⑯仆御：驾驶车马的奴仆。⑰自以为足：自己认为很满足。⑱是以：以是；因此。⑲抑损：谦逊。⑳怪：感到奇怪。㉑荐：举荐。大夫：官名。

太史公曰：吾读管氏《牧民》《山高》《乘马》《轻重》《九府》①，及《晏子春秋》②，详哉其言之也。既见其著书，欲观其行事，故次其传③。至其书，世多有之，是以不论，论其轶事④。

【注释】

①《牧民》《山高》《乘马》《轻重》《九府》：皆《管子》篇名。《管子》，原本八十六篇，亡佚十篇，现存七十六篇。内容庞杂，包含有道、名、法等家的思想以及天文、历数、舆地、经济和农业等知识。②《晏子春秋》：旧题晏婴撰。③次：编列。传：传记。④轶（yì）事：世人不甚知道的事迹，多指未经史书记载的事迹。轶，通“逸”，散失。

管仲，世所谓贤臣，然孔子小之①。岂以为周道衰微②，桓公既贤，而不勉之至王，乃称霸哉③？语曰④：“将顺其美⑤，匡救其恶⑥，故上下能相亲也⑦。”岂管仲之谓乎？

【注释】

①小：认为器量狭小。以动用法。②衰微：衰败微弱。③乃：却。④引语出于《孝经·事君》。⑤将顺：顺势助成。⑥匡：改正。救：禁止。恶：丑恶。⑦上下：指君臣百姓。

方晏子伏庄公尸哭之①，成礼然后去，岂所谓“见义不为无勇”者邪？至其谏说②，犯君之颜③，此所谓“进思尽忠，退思补过”者哉④！假令晏子而在⑤，余虽为之执鞭⑥，所忻慕焉⑦。

【注释】

①晏子伏庄公尸：齐国大夫崔杼因奸情杀死庄公，晏婴去到崔家，枕庄公尸股而哭之，尽君臣之礼而出。②谏说：规劝说服。③犯君之颜：冒犯君主威严的表情。④引语出于《孝经·事君》。⑤假：假若。⑥执鞭：指驶马驾车做奴仆。⑦忻（xīn）慕：羡慕。

老子韩非列传第三

老子者[①]，楚苦县厉乡曲仁里人也[②]，姓李氏，名耳，字聃，周守藏室之史也[③]。

【注释】

①老子：春秋末期道家学派的创始人。②楚：国名。③周：朝代名。公元前11 世纪周武王灭商后建立，建都于镐（hào。今西安市长安区西北）。藏室：藏书室。

孔子适周[①]，将问礼于老子。老子曰："子所言者[②]，其人与骨皆已朽矣，独其言在耳。且君子得其时则驾[③]，不得其时则蓬累而行[④]。吾闻之，良贾深藏若虚[⑤]，君子盛德，容貌若愚[⑥]。去子之骄气与多欲，态色与淫志[⑦]，是皆无益于子之身[⑧]。吾所以告子，若是而已。"孔子去[⑨]，谓弟子曰："鸟，吾知其能飞；鱼，吾知其能游；兽，吾知其能走[⑩]。走者可以为罔[⑪]，游者可以为纶[⑫]，飞者可以为矰[⑬]。至于龙吾不能知，其乘风云而上天。吾今日见老子，其犹龙邪！"

【注释】

①适：到。周：此处指东周国都洛邑。②子：古代对男子的尊称。③且：况且。驾：驾车，这里引申为做官。④蓬累：蓬，飞蓬，多年生草本植物，开白花，叶细，子实有毛，风吹根断，随风转移。累，行之状。⑤贾（gǔ）：商人。深藏若虚：深藏货物，不让人知道，看去好像空虚无物的样子。⑥盛德：大德。⑦态色：神态表情。犹如今天所说的派头。淫志：过高的志向。⑧是：这（些）。代词。⑨去：离开。⑩走：跑。⑪罔：通"网"。捕兽的器具。⑫纶（lún）：钓丝。⑬矰（zēng）：一种用丝绳系住的射飞鸟的短箭。

老子修道德[①]，其学以自隐无名为务[②]。居周久之，见周之衰，乃遂去[③]。至关[④]，关令尹喜曰[⑤]："子将隐矣，强为我著书。"于是老子乃著书上下篇，言道德之意五千余言而去，莫知其所终[⑥]。

【注释】

①道德：这里是道家学派的术语。②隐：隐而不显。无名：不求名。务：追求。这里指所追求的东西。③乃遂：于是就。④关：指散关，即大散关，在今陕西省宝鸡市西南。⑤关令：负责守关的人。尹喜：周大夫。道家学派的人。⑥莫：没有人。无指代词。

或曰[1]：老莱子亦楚人也[2]，著书十五篇，言道家之用，与孔子同时云。盖老子百有六十余岁[3]，或言二百余岁，以其修道而养寿也[4]。

【注释】

①或：有人。虚指代词。②老莱子：春秋末年楚国隐士。③盖：传疑副词。④养寿：养身以求长寿。

自孔子死之后百二十九年，而史记周太史儋见秦献公曰[1]："始秦与周合，合五百岁而离，离七十岁而霸王者出焉[2]。"或曰儋即老子，或曰非也，世莫知其然否[3]。老子，隐君子也。

【注释】

①史记：有两解：一说，"记"是动词，史籍或史官记载着。一说，"史记"是秦以前史书的通称。太史：官名。儋（dān）：人名。秦献公：嬴师隰。约前384—前362年在位。②《周本纪》和《秦本纪》的记载皆作"十七岁"，与这里的离合顺序相反。③然：对。否：不对。

老子之子名宗，宗为魏将[1]，封于段干[2]。宗子注，注子宫，宫玄孙假，假仕于汉孝文帝[3]。而假之子解为胶西王卬太傅[4]，因家于齐焉[5]。

【注释】

①魏：国名。开国君主魏斯。建都安邑（今山西夏县西北）。疆域有今陕西省、山西省交界地区直到河南省东北部。为战国七雄之一。前225年被秦所灭。②段干：魏邑名。今地不详。一说在今山西安邑县，一说在今山西芮城县。③注、宫、假：均人名。汉孝文帝（前203—前157年）：刘恒。前179—前157年在位。④胶西：郡、国名。地在今山东省胶河以西一带，治所在高密（今高密市西南）。卬（áng）：刘卬。汉高帝孙，悼惠王刘肥之子。太傅：官名。周代设置，为辅佐国君的官。⑤家：居住。动词。齐：国名。

世之学老子者则绌儒学[1]，儒学亦绌老子。"道不同不相为谋"[2]，岂谓是邪[3]？李耳无为自化，清静自正[4]。

【注释】

①绌（chù）：通"黜"。排斥。儒学：指以孔丘为代表的儒家学派。②道不同不相为谋：出自《论语·卫灵公》。③岂：难道。邪（yé）：表疑问的语气助词。④无为自化，清静自正：《老子》有"我无为而民自化，我好静而民自正"。意思是：我清静无为，人民自然会变得正直。

庄子者[①]，蒙人也[②]，名周。周尝为蒙漆园吏[③]，与梁惠王、齐宣王同时[④]。其学无所不窥[⑤]，然其要本归于老子之言[⑥]。故其著书十余万言，大抵率寓言也[⑦]。作《渔父》《盗跖》《胠箧》[⑧]，以诋訿孔子之徒[⑨]，以明老子之术。《畏累虚》《亢桑子》之属[⑩]，皆空语无事实。然善属书离辞[⑪]，指事类情，用剽剥儒、墨[⑫]虽当世宿学不能自解免也[⑬]。其言洸洋自恣以适己[⑭]，故自王公大人不能器之[⑮]。

【注释】

①庄子（前 369？—前 288 年？）：战国时著名的思想家。②蒙：地名。在今河南省商丘市东北。③尝：曾经。漆园：地名。在今山东省菏泽县北。④梁惠王：即魏惠王，名罃。前 370—前 319 年在位。齐宣王：田辟强。约前 320—前 302 年在位。⑤窥：暗中偷看。⑥要：要旨。本：本源。⑦大抵：大致。率：类似。⑧《渔父》《盗跖（zhí）》《胠箧（qū qiè）》：都是《庄子》一书的篇名。⑨诋訿（dǐ zǐ）：诋毁，诽谤。⑩《畏累虚》、《亢桑子》：《庄子》一书的篇名。⑪离：陈列，这里指铺写。⑫剽（piáo）剥：攻击。⑬宿学：学识渊博的人。解免：解脱，避免。⑭洸（huǎng）洋：水势浩大的样子，用来比喻议论恣肆。适己：随个人的心意。⑮器之：以之为器。器，使用，利用，以动用法。

楚威王闻庄周贤[①]，使使厚币迎之[②]，许以为相。庄周笑谓楚使者曰："千金，重利；卿相，尊位也。子独不见郊祭之牺牛乎[③]？养食之数岁[④]，衣以文绣[⑤]，以入大庙[⑥]。当是之时，虽欲为孤豚[⑦]，岂可得乎？子亟去[⑧]，无污我[⑨]。我宁游戏污渎之中自快[⑩]，无为有国者所羁[⑪]，终身不仕，以快吾志焉[⑫]。"

【注释】

①楚威王：熊商。前 339—前 329 年在位。②使使（shǐ shǐ）：派使者。前一"使"字是动词，后一"使"字是名词。③独：相当于"难道"。反诘副词。郊祭：古代帝王每年冬至在都城南郊祭天。牺牛：用作祭品的牛。④食（sì）：喂养。⑤衣（yì）：穿着。文绣：有花纹的刺绣品。⑥大庙：即太庙。帝王的祖庙。⑦孤豚（tún）：孤独的小猪。⑧亟（jí）：赶快。⑨无：莫，不要。⑩宁：宁愿。渎（dú）：水沟。快：愉快。⑪为：被。羁（jī）：束缚：约束。⑫志：心情。

申不害者[①]，京人也[②]，故郑之贱臣[③]。学术以干韩昭侯[④]，昭侯用为相。内修政教[⑤]，外应诸侯[⑥]，十五年。终申子之身，国治兵强[⑦]，无侵韩者。

申子之学本于黄老而主刑名[⑧]。著书二篇，号曰《申子》。

【注释】

①申不害（？—前 337 年）：战国时法家代表人物，著有《申子》六篇，今大多已散佚。②京：郑邑名。③郑：国名。开国君主是郑桓公（姬友）。公元前 806 年被封于郑（今陕西省华县东）郑武公继位，迁都新郑（今河南省新郑市）。春秋初为强国，后渐弱。前 375 年被韩国所灭。④干（gān）：求取，这里指求官。韩昭侯：前 362—前 333 年在位。⑤修：治理。⑥应：应对。⑦治：

安定。⑧黄老："黄"指黄帝，传说是我国原始社会最早的部落联盟首领；"老"指老子。刑名：刑，通"形"，指形体或事实。名，名称，指言论或主张。"刑名"是先秦法家提出的一种学说，主张循名责实，审察名称和事物是否相符，言论和实际是否一致。

韩非者[1]，韩之诸公子也[2]。喜刑名法术之学[3]，而其归本于黄老[4]。非为人口吃[5]，不能道说[6]，而善著书。与李斯俱事荀卿[7]，斯自以为不如非。

【注释】

①韩非（前280—前233年），战国末期法家著名的代表人物。②韩：国名。战国七雄之一。③法术：法，法度，法家商鞅主张治国应以法度为根本。术，权术，法家申不害主张君主驾驭臣下应用权术。④归：归宿，引申为宗旨。⑤口吃（jí）：结巴。⑥道：说。道说：谈论。⑦李斯（？—前208年）：秦代政治家，楚上蔡（今河南省上蔡县西南）人。战国末入秦，被秦王政（始皇）任为客卿。荀卿：荀况。赵国人。儒家人物，但在他的思想中又包含着很多法家的因素。著有《荀子》。

非见韩之削弱，数以书谏韩王[1]，韩王不能用。于是韩非疾治国不务修明其法制[2]，执势以御其臣下[3]，富国强兵而以求人任贤，反举浮淫之蠹而加之于功实之上[4]。以为儒者用文乱法[5]，而侠者以武犯禁[6]。宽则宠名誉之人[7]，急则用介胄之士[8]。今者所养非所用，所用非所养。悲廉直不容于邪枉之臣[9]，观往者得失之变[10]，故作《孤愤》《五蠹》《内外储》《说林》《说难》十余万言[11]。

【注释】

①数（shuò）：屡次。书：文章；奏章。韩王：指韩王安。公元前238—前230年在位。②疾：痛恨。务：致力于。③执：掌握。势：权势。御：驾驶；控制。④举：提拔。浮淫：虚浮淫侈。蠹（dù）：蛀虫。这里比喻像蛀虫那样危害国家的人，即韩非在《五蠹》篇所指的学者、言谈者等。功实：功效实利，此代指农耕者和士兵。韩非主张除五蠹之人而重耕战之士。⑤文：指儒家的典籍。法：法治。⑥侠：指有武艺、讲义气、爱打抱不平的人。⑦宽：宽缓，指国家和平时期。名誉之人：负有声誉的人，泛指儒、侠一类人物。⑧急：紧张，指战争时期。胄（zhòu）：古代打仗时用来保护头脸的帽子。介胄之士：指披甲戴盔的武士。⑨廉直：指具有廉洁正直品德的人。⑩往者：指历史。得失：成功和失败。⑪《孤愤》《五蠹》《内外储》《说林》《说难》：都是《韩非子》一书的篇名。

然韩非知说之难[1]，为《说难》书甚具[2]，终死于秦[3]，不能自脱[4]。

【注释】

①说（shuì）：游说。②具：完备；周详。③终：结果。秦：国名。开国君主是秦襄公，因护送周平王东迁有功，被分封为诸侯。④脱：避免。此指避免祸害。

《说难》曰：

凡说之难，非吾知之有以说之难也[①]；又非吾辩之难能明吾意之难也[②]；又非吾敢横失能尽之难也[③]。凡说之难，在知所说之心[④]，可以吾说当之[⑤]。

【注释】

①知之：知道事理。之，事理。②辩：口才。③横失（yì）：纵横如意，无所顾忌。失，通“佚”“逸”。④所说：游说的对象，指君主。⑤以：用；拿。当（dāng）：适应。

所说出于为名高者也[①]，而说之以厚利，则见下节而遇卑贱[②]，必弃远矣[③]。所说出于厚利者也，而说之以名高，则见无心而远事情[④]，必不收矣[⑤]。所说实为厚利而显为名高者也[⑥]，而说之以名高，则阳收其身而实疏之[⑦]；若说之以厚利，则阴用其言而显弃其身[⑧]。此之不可不知也。

【注释】

①为：追求。名高：高尚的名声。②见：被（看作）。下节：志节卑下。遇：待遇。③弃远：抛弃，疏远。④无心：没有头脑。远事情：远于事情。⑤收：接受；录用。⑥实：实际上。显：公开。⑦阳：表面上。⑧阴：暗中。

夫事以密成[①]，语以泄败。未必其身泄之也[②]，而语及其所匿之事[③]，如是者身危。贵人有过端[④]，而说者明言善议以推其恶者[⑤]，则身危。周泽未渥也而语极知[⑥]，说行而有功则德亡[⑦]，说不行而有败则见疑[⑧]，如是者身危。夫贵人得计而欲自以为功[⑨]，说者与知焉[⑩]，则身危。彼显有所出事[⑪]，乃自以为也故[⑫]，说者与知焉，则身危。强之以其所必不为[⑬]，止之以其所不能已者，身危。故曰：与之论大人[⑭]，则以为间己[⑮]；与之论细人[⑯]，则以为粥权[⑰]。论其所爱，则以为借资[⑱]；论其所憎，则以为尝己[⑲]。径省其辞[⑳]，则不知而屈之[㉑]；泛滥博文[㉒]，则多而久之[㉓]。顺事陈意[㉔]，

则曰怯懦而不尽；虑事广肆[㉕]，则曰草野而倨侮[㉖]。此说之难，不可不知也。

【注释】

①夫（fú）：发语词。以：因为；由于。②身：本人，指游说者。③及：触及；连及。匿：隐藏。④贵人：此指君主。⑤善议：巧妙的议论。⑥周：亲密。泽：恩惠。渥（wò）：深厚。语极知：把他所知道的全部说出来。极，穷尽，全部。⑦德：功德。亡：通“忘”。⑧见疑：被怀疑。⑨得计：计谋得当。⑩与（yù）：参与。⑪彼：指君主。出事：做事。⑫也：疑为“他”，形误。⑬强（qiǎng）：勉强。其：他，指君主。为：做。⑭大人：指君主的大臣。⑮间（jiàn）己：离间自己（君主）与大臣的关系。间，离间。⑯细人：小人；地位低下的人。⑰粥（yù）权：卖弄权势。粥，通“鬻（yù）”，卖。⑱借：借助；依靠。资：资本；凭借。⑲尝：试探。⑳径省其辞：说话直截了当。㉑知：通“智”。屈之：使他受到委屈。㉒泛滥：比喻夸夸其谈，不着边际。博文：辞藻丰富。㉓久：长。表时间。㉔陈：陈述。㉕广：周到。肆：不受拘束。㉖草野：粗野。倨（jù）侮：傲慢。

凡说之务[①]，在知饰所说之所敬[②]，而灭其所丑[③]。彼自知其计[④]，则毋以其

失穷之[5]；自勇其断，则毋以其敌怒之[6]；自多其力[7]，则毋以其难概之[8]。规异事与同计[9]，誉异人与同行者[10]，则以饰之无伤也[11]。有与同失者，则明饰其无失也[12]。大忠无所拂悟[13]，辞言无所击排[14]，乃后申其辩知焉[15]。此所以亲近不疑，知尽之难也[16]。得旷日弥久[17]，而周泽既渥[18]，深计而不疑[19]，交争而不罪[20]，乃明计利害以致其功[21]，直指是非以饰其身[22]，以此相持[23]，此说之成也[24]。

【注释】

①务：要旨。②饰：文饰；美化。③灭：掩盖。④自知（zhì）：自己认为高明。⑤毋：不要。失：过失，指君主以往的过失。⑥敌：敌人；对立面。一说，“敌”通“謫”，过错。⑦多：夸耀。⑧概：古代量谷物时刮平斗斛的器具。引申为压抑，限止。⑨规：谋划。异事：另一件事。同计：指与君主计划相同。⑩誉：称赞。异人：另一个人。同行：指与君主行为相同。⑪无伤：没有害处。⑫无失：没有过失。⑬大忠：对君主非常忠诚。拂悟：通“咈忤”（fú wǔ），违逆。⑭击排：攻击排斥。⑮申：通“伸”，施展。⑯知尽：把知道的全部讲出来。⑰得：等到。弥久：很久。⑱既：已经。⑲深计：深远的计谋。⑳交争：交锋争论。㉑明计：明白衡量、辨析。致：达到；获得。㉒直指：直接指出，说话没有顾虑。饰：修治；端正。一说，“饰”通“饬（chì）”，整治。㉓持：扶助。㉔成：成功。

伊尹为庖[1]，百里奚为虏[2]，皆所由干其上也[3]。故此二子者，皆圣人也，犹不能无役身而涉世如此其污也[4]，则非能仕之所设也[5]。

【注释】

①伊尹：商汤的相。尹为官名。庖（páo）：厨师。②百里奚：春秋时虞国大夫。③皆所由干其上：都是由此求得他们的君主的重用。④役身：身为贱役。涉世：生活在世上。污：脏。韩非认为为庖、为虏是卑污之事。⑤能仕之所设：当依《韩非子·说难》作“能士之所耻”。能士，智能之士。

宋有富人[1]，天雨墙坏。其子曰“不筑且有盗[2]”，其邻人之父亦云[3]，暮而果大亡其财[4]，其家甚知其子而疑邻人之父[5]。昔者郑武公欲伐胡[6]，乃以其子妻之[7]。因问群臣曰[8]：“吾欲用兵，谁可伐者[9]？”关其思曰[10]：“胡可伐。”乃戮关其思[11]，曰：“胡，兄弟之国也[12]，子言伐之，何也？”胡君闻之，以郑为亲己而不备郑。郑人袭胡，取之[13]。此二说者[14]，其知皆当矣，然而甚者为戮[15]，薄者见疑[16]。非知之难也，处知则难矣[17]。

【注释】

①宋：国名。子姓。开国君主是微子启，建都商丘（今河南省商丘市南）。②且：将。③云：说。④亡：失，此指被窃。⑤知：通“智”，聪明。以动用法。⑥郑武公：姬掘突。前770—前744年在位。他先后攻灭郐（kuài）和东虢（guó），建立郑国，都新郑。胡：国名。地在今安徽省阜阳县，一说在今河南省郾城县一带。前495年为楚所灭。⑦子：指女儿。古时儿、女都称子。妻（qì）之：嫁给他为妻。妻，动词。⑧因：于是。⑨伐：公开进攻叫伐。⑩关其思：郑国大臣。⑪戮：杀。

⑫兄弟之国：兄弟，亲戚的通称。⑬取：拔；占领。⑭二说者：指邻人之父和关其思。⑮甚者：重的，过头的。为、见：都表被动。⑯薄者：轻的。⑰处知：处理所了解的事情。

昔者弥子瑕见爱于卫君①。卫国之法②，窃驾君车者罪至刖③。既而弥子之母病④，人闻，往夜告之，弥子矫驾君车而出⑤。君闻之而贤之曰⑥："孝哉，为母之故而犯刖罪！"与君游果园，弥子食桃而甘⑦，不尽而奉君⑧。君曰："爱我哉，忘其口而念我！"及弥子色衰而爱弛⑨，得罪于君。君曰："是尝矫驾吾车⑩，又尝食我以其余桃⑪。"故弥子之行未变于初也⑫，前见贤而后获罪者⑬，爱憎之至变也⑭。故有爱于主，则知当而加亲⑮；见憎于主⑯，则罪当而加疏。故谏说之士不可不察爱憎之主而后说之矣⑰。

【注释】

①弥子瑕：人名。见爱：被宠爱。卫君：指卫灵公。春秋时卫国君主。②卫国：国名。地在今河南省东北部和河北省、山东省部分地区。开国君主是周武王的弟弟康叔，建都朝歌（今河南省淇县）。③刖（yùe）：砍掉脚的酷刑。④既而：不久。⑤矫：假托（君命）。⑥贤：以动用法。⑦甘：甜美。⑧不尽：没有吃完。奉：奉献。⑨弛：松；减退。⑩是：这个人。⑪食（sì）：给吃。余桃：这里指咬剩的桃子。⑫初：当初，指过去。⑬见贤：被以为贤。⑭至变：极大的变化。至，极。⑮当：适当。加亲：更加亲密。⑯见憎：被憎恨。⑰爱憎之主：指君主的爱憎。

夫龙之为虫也①，可扰狎而骑也②。然其喉下有逆鳞径尺③，人有婴之④，则必杀人⑤。人主亦有逆鳞，说之者能无婴人主之逆鳞，则几矣⑥。

【注释】

①龙之为虫：古人认为龙属于虫类，所以把龙称为虫。②扰：驯养。狎（xiá）：亲近；戏弄。③逆鳞：倒长的鳞片。径尺：长一尺左右。④婴：通"撄（yīng）"。触动。⑤杀：伤害。⑥几（jī）：差不多。

人或传其书至秦①。秦王见《孤愤》《五蠹》之书②，曰："嗟乎③，寡人得见此人与之游④，死不恨矣！"李斯曰："此韩非之所著书也。"秦因急攻韩。韩王始不用非⑤，及急，乃遣非使秦。秦王悦之，未信用。李斯、姚贾害之⑥，毁之曰："韩非，韩之诸公子也。今王欲并诸侯，非终为韩不为秦，此人之情也。今王不用，久留而归之，此自遗患也，不如以过法诛之⑦。"秦王以为然，下吏治非⑧。李斯使人遗非药⑨，使自杀。韩非欲自陈⑩，不得见。秦王后悔之，使人赦之，非已死矣。

申子、韩子皆著书，传于后世，学者多有。余独悲韩子为《说难》而不能自脱耳。

【注释】

①或：有的。虚指代词。②秦王：指秦始皇嬴政（前259—前210年）。秦王朝的建立者，前246—前210年在位。③嗟（jiē）乎：感叹词。④寡人：寡德之人。

古代君主的谦称。游：相处；交游。⑤韩王：指韩安。⑥姚贾：魏国人，秦国大臣。⑦过法诛之：找出过错按法律杀掉他。⑧下吏：下交给狱吏。⑨遗（wèi）：给。⑩陈：陈述意见。

太史公曰：老子所贵道，虚无[①]，因应变化于无为[②]，故著书辞称微妙难识。庄子散道德[③]，放论[④]，要亦归之自然[⑤]。申子卑卑[⑥]，施之于名实[⑦]。韩子引绳墨[⑧]，切事情[⑨]，明是非，其极惨礉少恩[⑩]。皆原于道德之意[⑪]，而老子深远矣。

【注释】

①虚无：指道的本体无所不在，但又无形可见。②因应：随机应变。无为：顺应自然，不求有所作为。③散：不受约束。④放：放肆。⑤要：根本；宗旨。⑥卑卑：自强不息。⑦施：用。⑧引：依据。⑨切：断；决断。⑩惨礉（hé）：残酷苛刻。礉，核实，引申为苛刻。⑪原：通“源”。

司马穰苴列传第四

司马穰苴者[①]，田完之苗裔也[②]。齐景公时[③]，晋伐阿、鄄[④]，而燕侵河上[⑤]，齐师败绩[⑥]。景公患之。晏婴乃荐田穰苴曰[⑦]：“穰苴虽田氏庶孽[⑧]，然其人文能附众[⑨]，武能威敌[⑩]，愿君试之。”景公召穰苴，与语兵事，大说之[⑪]，以为将军，将兵扞燕晋之师[⑫]。

【注释】

①司马：官名。西周开始设置，春秋、战国时沿用，掌管军政和军赋。穰苴（ráng jū）：春秋时齐国人，本姓田，精通兵法，因做过司马，所以称为司马穰苴。②田完：春秋时人，陈厉公的儿子。③齐景公（？—前490年）：春秋时齐国国君，姓姜名杵臼。④晋：春秋时国名，到战国时分为韩、赵、魏三国。这里的晋当指魏国。阿、鄄：齐国地名。阿，即今山东阳谷县东北阿城镇。鄄（juàn），今山东鄄城县北。⑤燕：古国名，在今河北省北部和辽宁省西部。⑥败绩：大败。⑦晏婴（？—前500年）：字平仲，春秋时代齐国人，曾任齐国的相国，是当时有名的政治家和外交家。⑧庶孽（niè）：即庶子。⑨附众：使大家亲近。⑩威：威服。⑪说：同“悦”。⑫扞（hàn）：通“捍”。抵御。

穰苴曰：“臣素卑贱，君擢之闾伍之中[①]，加之大夫之上，士卒未附，百姓不信[②]，人微权轻。愿得君之宠臣，国之所尊，以监军，乃可。”于是景公许之，使庄贾往[③]。

【注释】

①擢（zhuó）：选拔；提升。闾伍：即闾里，平民居住的地方。②信：信任。③庄贾：齐国大夫，齐景公的宠臣。

穰苴既辞，与庄贾约曰："旦日日中会于军门[①]。"穰苴先驰至军，立表下漏[②]，待贾。贾素骄贵，以为将己之军而己为监，不甚急；亲戚、左右送之[③]，留饮。日中而贾不至。穰苴则仆表决漏[④]，入[⑤]，行军勒兵[⑥]，申明约束[⑦]。约束既定，夕时，庄贾乃至。穰苴曰："何后期为[⑧]？"贾谢曰："不佞[⑨]，大夫亲戚送之，故留。"穰苴曰："将，受命之日，则忘其家；临军约束，则忘其亲；援枹鼓之急[⑩]，则忘其身。今敌国深侵，邦内骚动，士卒暴露于境[⑪]，君寝不安席[⑫]，食不甘味，百姓之命皆悬于君[⑬]，何谓相送乎？"召军正问曰[⑭]："军法期而后至者云何[⑮]？"对曰："当斩。"庄贾惧，使人驰报景公，请救。既往，未及反[⑯]，于是遂斩庄贾以徇三军[⑰]。三军之士皆振慄[⑱]。

【注释】

①旦日：明天。军门：营门。②立表下漏：表和漏都是古代用来计时的仪器。③左右：指亲近的人。④仆表：将用来看日影计时的木杆拉倒。仆，放倒。决漏：把铜壶里的水放掉。⑤入：指进入军营。⑥行军勒兵：巡视军队，指挥士兵。⑦申明：宣布。⑧期：指约定的时间。⑨不佞（nìng）：不才，没有才能，是自称的谦辞。⑩援：拿。枹（fú）鼓：指战鼓或警鼓。⑪暴（pù）露：日晒夜露。⑫君：国君，指齐景公。⑬君：敬称，相当于"您"。这里指庄贾。⑭军正：军法官。⑮云何：怎么说。⑯反：通"返"。⑰于是：在这个时候。三军：军队的统称。⑱振慄：发抖。

久之，景公遣使者持节赦贾[①]，驰入军中。穰苴曰："将在军，君令有所不受[②]。"问军正曰："驰三军法何？"正曰："当斩。"使者大惧。穰苴曰："君之使不可杀之。"乃斩其仆、车之左驸、马之左骖[③]，以徇三军。遣使者还报，然后行。

【注释】

①节：符节。②将在军，君令有所不受：意思是说，将领在外面统率部队，对于国君的命令不能随意听从，以免贻误军机。③驸：通"辅"，车轮外的两根直木，用来增强车辐的承载力。骖（cān）：古代用三匹马或四匹马拉车，两边的马叫"骖"。

士卒次舍、井灶饮食、问疾医药[①]，身自拊循之[②]。悉取将军之资粮享士卒[③]，身与士卒平分粮食，最比其羸弱者[④]。三日而后勒兵。病者皆求行，争奋出为之赴战。

【注释】

①次舍：宿营。次，停留。②身自：亲自。身，自身。拊循：安抚；抚慰。③资粮：财物和粮食。④最比（bǐ）：尤其照顾到。最，尤其，极。比，及，到。

晋师闻之，为罢去[①]；燕师闻之，度水而解[②]。于是追击之，遂取所亡封内故境而引兵归[③]。

【注释】

①罢：撤退。②度水而解：北渡黄河，撤兵解围。③亡：丧失。封内故境：封国内原有的土地，即沦陷的土地。

未至国[①]，释兵旅[②]，解约束，誓盟而后入邑。景公与诸大夫郊迎，劳师成礼[③]，然后反归寝[④]。既见穰苴，尊为大司马[⑤]。田氏日以益尊于齐。

【注释】

①国：国都。②释兵旅：解除武装。释，消除。③成礼：行礼完毕。④寝：指寝宫。⑤尊：尊奉。指尊敬的任命。

已而大夫鲍氏、高、国之属害之[①]，谮于景公[②]。景公退穰苴，苴发疾而死。田乞、田豹之徒由此怨高、国等[③]。其后及田常杀简公[④]，尽灭高子、国子之族。至常曾孙和，因自立，为齐威王[⑤]，用兵行威，大放穰苴之法[⑥]，而诸侯朝齐。

【注释】

①已而：不久。大夫鲍氏、高、国之属：指当时在齐国掌有实权的卿大夫鲍牧、高昭氏（名张）、国惠子（名夏）等一班人。齐国势力较大的有国、高、崔、庆、鲍、田诸家。害：忌妒。②谮（zèn）：进谗言；说人家的坏话。③田乞：即田僖子。齐景公时大夫，田完五世孙田无宇之子。④田常：即陈成子。齐国大臣，名恒，一作“常”，田乞之子。⑤至常曾孙和，因自立为齐威王：此文有错简。⑥放（fǎng）：通“仿”。效法。

齐威王使大夫追论古者《司马兵法》[①]，而附穰苴于其中，因号曰《司马穰苴兵法》[②]。

【注释】

①齐威王（？—前320年）：在位时，任用邹忌为相，田忌、孙膑为将和军师，改革政治，国力渐强。②《司马穰苴兵法》：古代兵书。

太史公曰：余读《司马兵法》，闳廓深远[①]，虽三代征伐[②]，未能竟其义[③]，如其文也，亦少褒矣[④]。若夫穰苴，区区为小国行师[⑤]，何暇及《司马兵法》之揖让乎[⑥]？世既多《司马兵法》[⑦]，以故不论，著穰苴之列传焉。

【注释】

①闳（hóng）廓：宏大。②三代：指夏、商、周三个朝代。③竟：尽。④褒：称赞。⑤区区：小。⑥揖让：古代宾主相见的礼节，这里指谦逊、礼让。⑦多：推重；称赞。